目 录

第一部分 文章

003 关于古代东方社会的社会性质问题

016 试论古代印度河流域文化的特点及其产生的原因

031 《佛国记》与古代印度史的研究

045 地理因素在印度历史发展中的作用

061 浅谈印度古代史的分期问题

075 有关印度铁器时代开始年代的问题

085 略论早期中印关系的特点

第二部分 译著节选

095 《印度社会》出版说明

097 《高级印度史》译者前言

100 《印度文化史》译者的话

107 《印度文化史》第32章 印度对中国的影响

第三部分 著作节选

117 《简明印度史》上篇

    117 导论

    126 第一章 远古时代

    134 第二章 古代印度河流域的文化

    142 第三章 印度雅利安人国家的产生与发展

目 录 CONTENTS

- 167 第四章 孔雀帝国
- 184 第五章 孔雀帝国瓦解后的印度与奴隶制的解体
- 199 第六章 上古印度的文化
- 212 第七章 笈多帝国时期的印度
- 228 第八章 戒日帝国的兴亡与地区王国间的斗争
- 246 第九章 德里苏丹国的统治
- 267 第十章 莫卧儿帝国的建立与巩固
- 290 第十一章 莫卧儿王朝的兴衰和外国势力的入侵
- 311 第十二章 中古时代印度的文化

331 《古代印度河流域的文化》（全文）

- 332 一、古代印度河流域文化的产生和发展
- 334 二、古代印度河流域文化的主要成就
- 347 三、古代印度河流域文化的衰落
- 349 四、古代印度河流域文化的历史意义

前　言

涂厚善（1919—2007），字瀚池，湖北武汉人，1943年毕业于西南联合大学历史系，1949年又考入中原大学（华中师范大学前身之一），结业后留校任教，长期从事世界史领域的教学科研工作，直至1992年在华中师范大学荣休。

涂厚善先生一生勤于学习和研究，在世界史领域做出了突出贡献，是新中国成立后国内世界史学科发展的主要奠基人之一。从20世纪50年代起，涂先生就开始充分利用俄文资料，参加翻译俄文赫梯法典和亚述法典，编写《外国历史小丛书》和知识丛书《古代两河流域的文化》（商务印书馆1964年版），跨出世界古代史研究的第一步。1971年，涂先生又参加合译了《挪威简史》（湖北人民出版社1973年版）和《丹麦王国史》（湖北人民出版社1973年版）。1978年华中师范学院历史研究所印度史研究室成立后，在继续收集外文图书资料、招收研究生的同时，涂先生带领自己的研究团队在印度史研究领域奋力开拓，取得了丰硕成果，在国内印度史学界产生了重大影响，以至于在国内古代印度史研究领域，出现了"南涂北崔"（"北崔"指东北师范大学的崔连仲先生）的美谈。除了发表多篇印度史领域的专题论文和翻译/编撰出版多部印度史著作外，涂先生主持的印度史研究室还编译发行了17期《印度史研究资料》，而他本人亦在晚年坚持为《南亚大词典》编写了中世纪印度部分的全部词条，计达14万余字。

在华中师范大学喜迎 120 周年校庆之际，由华中师范大学印度研究中心负责编辑的这部《涂厚善论著选》收集了涂厚善先生不同时期发表的七篇重要的印度史专题文章、翻译出版的三部印度史译著的节选和其主持或单独撰写的两部著作的节选，以期能够全面反映涂厚善先生在印度史领域做出的历史性贡献。

当然，由于涂厚善先生已经辞世多年，我们尽管已经做出了很大努力，但所搜集到的涂先生印度史领域的著述未必十分完整，在一些细节问题上也可能存在纰漏。如有不妥之处，敬请广大读者批评雅正！

华中师范大学印度研究中心主任　马　敏
执行主任　王立新

第一部分 文章

关于古代东方社会的社会性质问题

古代东方社会的社会性质问题，是史学界长期争论的一个问题。因为在古代东方，奴隶人数较少，社会的主要生产劳动者是公社农民。这与希腊、罗马大不一样，那里奴隶人数很多，在生产的各个部门、特别是农业手工业方面都使用奴隶劳动，所以引起了争论。斯大林的《论辩证唯物主义和历史唯物主义》对奴隶社会的概括，除其他的论述外，关于奴隶人数与奴隶劳动在社会生产中的地位，他的说法是："……这时已经有可能迫使大多数人服从少数人并且把大多数人变为奴隶。这里社会一切成员在生产过程中那种共同的自由的劳动没有了，占主要地位的是受不劳动的奴隶主剥削的奴隶的强迫劳动。"① 根据这个说法，就只有希腊、罗马才是奴隶社会，古代东方就不是奴隶社会了。这是世界古代史的一个关键问题，它涉及世界史的整个体系和人类社会发展的普遍规律以及马克思主义的基本原理等问题，是值得进一步加以讨论和研究的问题。

否认古代东方是奴隶社会的，有以下几说：一是前封建说，持这种说法的认为："在东方的前封建时期，社会是具有两重性的，其剥削奴隶是奴隶制，其剥削公社成员则是封建式的，而以后者为主导。"② "古

---

① 斯大林：《论辩证唯物主义和历史唯物主义》，见《列宁主义问题》，中共中央马克思恩格斯列宁斯大林著作编译局译，人民出版社1971年版，第650页。
② 束世澂：《论"早期奴隶制"应定名为前封建制》，载《华东师范大学学报》，1957年第2期。

代两河流域的历史,至少是有封建制的成分的,最明显的是极普及的租佃制度和隶属农民的身份。"① 国外也有人认为古代近东社会的整个状态,按其特征最好不定为"奴隶"社会,而定为"前封建的"(pre-feudal)社会②。二是原始封建说,认为原始社会解体后的阶段人们主要从事农业,剥削主要是榨取农产品的剩余,即封建制的萌芽形式,因此,应是原始封建制(proto-feudal)。并认为奴隶制在原始封建制社会内发生,在特定的条件下才成为主导的生产方式。说这要具备的条件是:社会经济有一定的发展,有剥削奴隶劳动的需要与可能;邻近有落后的部落,可以提供大量廉价的奴隶;和有防止奴隶逃跑的自然条件(如海洋环绕、山岭阻隔)。而古代东方不具备这种条件,因此,不是奴隶社会③。或者认为古代印度"一方面是对公社成员的原始封建剥削,即向他们征收国税作为贡品,另一方面是对家内奴隶的剥削"。奴隶制在印度历史上没有能够成为占优势的生产方式④。三是封建说,认为整个古代社会全是封建社会,奴隶制只是一种经济成分,某些地区、某些年代它多一些,另外一些地区、年代它少一些。世界上根本就没有奴隶社会⑤。此外还有些说法。看来,对这些问题采取科学的态度,进行认真的讨论,使它越辩越明,是很有必要的。对于国外有些人故意制造种种谬论,企图反对五种生产方式的划分,否定人类社会发展的共同规律,以否定无产阶级革命和共产主义,则是需要加以批驳的。那种极力宣扬东方社会发展的特殊性,认为东方一直存在封建主义、停滞落后,没有独立发展的能力,从而为帝国主义和社会帝国主义的侵略服务,是很反动的。如 Carl A. 魏特夫胡说东方是"水力社会",官僚制度、东方

---

① 童书业:《从租佃制度与隶属农民的身份探讨古巴比伦社会的性质》,载《历史研究》,1956 年第 5 期。

② R. A. 麦利基什维尼:《对古代近东社会经济制度问题的某些看法》,载《古史通报》,1975 年第 2 期。

③ 乔安·西蒙:《社会发展中的各阶段》,载《今日马克思主义》,1962 年第 6 期。

④ 奥西波夫:《十世纪前印度简史》,李稼年译,生活·读书·新知三联书店 1957 年版,第 41 页。

⑤ 柯比商诺夫语,见《东方国家历史发展中的共性与个性》,1966 年莫斯科版。编选者在编选本书时已尽量完善作者所援引资料的出处信息,但仍有部分囿于技术问题无法补全。后不赘述。

专制主义一成不变。他于1957年出版的《东方专制主义——极权国家的比较研究》，目的就是攻击我们的无产阶级专政。因此，关于古代东方社会的社会性质问题，既是一个科学问题，也是无产阶级与资产阶级、马克思主义与修正主义斗争的一个重要问题。为了发展马克思主义的历史科学，为了反帝反修，使历史科学、特别是世界古代史更好地为无产阶级政治服务，我们的史学工作者要积极参加这场辩论。

在古代东方社会性质问题上引起争论的，首先是理论根据的问题，由于对马、恩著作的有关论述有不同的理解，因而得出不同的看法。马克思第一次作为人类社会发展阶段的有关古代东方社会性质的论述，是1859年的《政治经济学批判》序言中的一段话："大体说来，亚细亚的、古代的、封建的和现代资产阶级的生产方式可以看做是社会经济形态演进的几个时代。"① 于是有人根据"亚细亚生产方式"这一概念提出不同的看法。这里不准备对一些说法进行分析评论，只就马、恩著作中的论述谈一点看法。我们认为经典作家对东方社会性质的认识和对社会形态划分的理论是有一个发展过程的。代表他们的成熟看法的著作，即1884年恩格斯为执行马克思遗言而写的巨著《家庭、私有制和国家的起源》。恩格斯在这部著作中明确提出："奴隶制是古代世界所固有的第一个剥削形式；继之而来的是中世纪的农奴制和近代的雇佣劳动制。这就是文明时代的三大时期所特有的三大奴役形式。"② 两年多以后，即1887年1月，恩格斯在他的《美国工人运动》一文中又十分明确地指出："在亚细亚古代和古典古代，阶级压迫的主要形式是奴隶制，即与其说是群众被剥夺了土地，不如说他们的人身被占有。"③ 这些论述，十分清楚地说明了古代东方的社会形态是奴隶制社会而不是其他。因

---

① 马克思、恩格斯：《马克思恩格斯选集》（第二卷），中共中央马克思恩格斯列宁斯大林著作编译局编译，人民出版社1972年版，第83页。
② 马克思、恩格斯：《马克思恩格斯选集》（第四卷），中共中央马克思恩格斯列宁斯大林著作编译局编译，人民出版社1972年版，第172页。
③ 马克思、恩格斯：《马克思恩格斯选集》（第四卷），中共中央马克思恩格斯列宁斯大林著作编译局编译，人民出版社1972年版，第258~259页。

此,对于马克思主义的论述,我们要作实事求是的、科学的和历史的分析,不能根据片言只语,对重大问题作轻率的结论。

引起争论的还有马克思在《摩尔根〈古代社会〉一书摘要》中提到的:"现代家庭在萌芽时,不仅包含着奴隶制(servitus),而且也包含着农奴制,因为它从一开始就是同田间耕作的劳役有关的。它以缩影的形式包含了一切后来在社会及其国家中广泛发展起来的对立。"① 那种认为古代东方社会是封建社会的人就以此为根据,认为古代东方社会甚至整个古代(包括希腊、罗马)都可以成为农奴制。我们认为这种社会发展的可能性必须具备一定的历史条件,那就是生产力的发展要有一定的水平,同时罗马世界的奴隶制已经衰败过时,入侵的日耳曼人和斯拉夫人才能不须经过奴隶制阶段由原始公社解体直接发展成为封建农奴制。与此类似,恩格斯在《反杜林论》的一处注释里说得很清楚。他说:"包含着整个资本主义生产方式的萌芽的雇佣劳动是很古老的;它个别地和分散地同奴隶制度并存了几百年。但是只有在历史前提已经具备时,这一萌芽才能发展成资本主义生产方式。"② 这就告诉我们,如果不讲历史条件,认为只要有萌芽形式就能成为资本主义社会,这就和资产阶级史学者认为古巴比伦有雇佣劳动、借贷关系等现象就是资本主义社会的说法,没有什么不同了。这种说法无论在理论上和史实上都是没有根据的。

另一个产生争论的是恩格斯在 1882 年 12 月 22 日致马克思的信中提到的关于农奴制的问题。恩格斯写道:"毫无疑问,农奴制和依附关系并不是某种特有的中世纪封建形式,在征服者迫使当地居民为其耕种土地的地方,我们到处,或者就几乎到处都可以看到,——例如在特萨利亚很早就有了。这一事实甚至曾经使我和另一些人在中世纪农奴制问

---

① 马克思、恩格斯:《马克思恩格斯选集》(第四卷),中共中央马克思恩格斯列宁斯大林著作编译局编译,人民出版社 1972 年版,第 53 页。
② 马克思、恩格斯:《马克思恩格斯选集》(第三卷),中共中央马克思恩格斯列宁斯大林著作编译局编译,人民出版社 1972 年版,第 311 页。

题上感到迷惑不解；人们很爱轻易地单纯用征服说明它，这样解决问题又顺当又省事。"① 因此，有人认为农奴制产生得很早，古代东方社会的那种耕种土地、向土地所有者纳租纳贡服役的制度也就可以看作农奴制了。这只是从表面现象上来看问题，因为恩格斯讲得很清楚，农奴制这种剥削形式不是中世纪所特有的，但中世纪农奴制的产生是不能单纯用征服来说明的，它的形成有其社会经济的具体内容，即经历了奴隶制经济的危机、奴隶制关系的解体、奴隶起义等变革才逐步实现的。古代东方社会中在没有经历这种社会经济变革以前，那种纳贡服劳役的剥削形式应当说仍是属于奴隶社会范畴的。

此外，由于经典著作中译文的差错也引起了一些争论。如《家庭、私有制和国家的起源》，人民出版社 1954 年版第 157 页一段译文是："他们既没有使自己的这种隶属形式达到充分发展的奴隶制，也没有达到古代的劳动奴隶制，更没有达到东方的家庭奴隶制……" 1972 年已根据德文原文作了更正，即 "……他们还没有达到充分发展的奴隶制：既没有达到古代的劳动奴隶制，也没有达到东方的家庭奴隶制……"② 由此可见，原来的译文和原文的出入是很大的。这是恩格斯对古代东方奴隶制的发展水平的一个很明确的指示，对我们探讨古代东方社会的社会性质是很重要的。

还有在马克思、恩格斯生活的时代，埃及和两河流域等古代东方地区许多重要文献资料和古代文物都还未发现。如研究古巴比伦社会经济的重要资料《汉谟拉比法典》是在 1901 年发现的，大量赫梯文献也是 1906—1912 年才发掘出来的，其他就不一一列举了。因此，如何根据马克思主义的基本原理，运用经典作家的立场、观点和方法，具体研究分析这些新发现的资料，从中得出新的结论，进一步充实发展马克思主

---

① 马克思、恩格斯：《马克思恩格斯全集》（第三十五卷），中共中央马克思恩格斯列宁斯大林著作编译局编译，人民出版社 1971 年版，第 131 页。
② 马克思、恩格斯：《马克思恩格斯选集》（第四卷），中共中央马克思恩格斯列宁斯大林著作编译局编译，人民出版社 1972 年版，第 153 页。

义，就是一个十分重要的任务。

其次，由于资料方面的原因引起争论也是一个很重要的因素。古代东方的原始文献资料，包括有关社会经济的资料，除少数地区外一般还是比较丰富的。但由于这些文献都是用古代文字书写的，经过译读必然夹杂了译者的观点和见解。尤其是涉及社会性质的一些专门术语和解说，译法不同，说明问题也就有差别了。如古代印度的首陀罗种姓，据科尔布鲁克的译法是"隶属的人"（servile man），而海斯等则译解为"农奴"（serfs）。《赫梯法典》第39条中的"萨舍"一词，俄译本解说为"军士的义务"，英译本却作"封建义务"。拉丁文中 servitus 一词就有奴隶制（slavery）和农奴制（serfdom）两个意思，如何取舍就必须很好研究了。有些地区的原始资料的时间断限也还没有定论，如《政事论》，有的认为编成于公元前4世纪，有的则定为公元后3世纪。因而引用时不免有不同的看法。有一些资料的作者本身的观点和取材问题也是值得注意的。如塞琉古王国驻印度孔雀王朝的使臣美伽斯梯尼对印度见闻的记载提道："一切印度人都是自由人，没有一个印度人是奴隶。在这一点上来说，拉西第蒙人和印度人的情形完全符合。但是拉西第蒙人身边有奴隶，这就是做奴隶工作的希洛人；而印度人身边没有任何人是奴隶，尤其是印度人中没有人是奴隶。"[①] 所以，有些否定印度古代存在奴隶社会的文章就是以这个材料为主要依据的。其实这不过是美伽斯梯尼按照希腊人的观点，在印度找不到希腊式的奴隶，就误以为印度没有奴隶罢了。

上面已就引起争论的理论根据和资料来源中的问题谈了我们的初步看法，下面就着重在奴隶人数、奴隶劳动在社会生产中所占的地位进一步谈谈我们的看法，首先就奴隶劳动在古代东方社会社会生产中所占的地位来看，我们认为是占主导地位的。这表现在以下几个方面。

[①] 转引自中国人民大学中国历史教研室编译：《历史问题译丛》（第二本），1953年版，第115页。

一、奴隶制经济在古代东方逐步取得主导地位。这可以从两方面说明：

（一）奴隶制经济比旧的村社经济远为进步，它是由小到大、向前发展的。原始社会解体奴隶社会开始时，奴隶人数都是比较少的，奴隶劳动的使用也是有限的，大量存在的是带着原始残余的村社经济。但是随着时间的推移，生产力的提高，得到发展的是基本上适合生产力水平要求的奴隶制经济。因而村社经济日渐削弱，奴隶制经济取得主导地位。村社土地就为奴隶主贵族、神庙、王室所侵占。小农经济不断分化。小农对生产虽有积极性，但本身很脆弱，在当时生产力水平非常低下的情况下，是不能和尽量榨取奴隶劳动力因而实现扩大再生产的奴隶制庄园相比的。贫困的公社农民逐渐失去土地，处境接近奴隶。直到后来，生产力再进一步发展，需要对劳动有一定兴趣的劳动者时，奴隶制生产关系开始不再适应生产力的发展，只有在这时才能出现封建关系的萌芽。如萨珊伊朗的依附农民（巴拉哈）和笈多王朝时期印度的"民户"等就是这方面的例子。

（二）奴隶制剥削形式制约着其他经济关系。如村社经济这时已不是过去的共同的自由的劳动、平均的分配，而是打上了"奴隶制的标记"，村社内部有了不同的等级和奴隶。村社劳役也被转化为奴隶主上层和奴隶占有制国家剥削劳动群众的形式。又如租佃关系、雇佣关系、借贷关系等也都受着奴隶制关系的制约。具有这些关系绝不意味着就是封建剥削、资本主义剥削，因为在奴隶社会内同样存在有这些关系。奴隶社会内的佃农与封建农奴不同，他们的人身是自由的，不因着于土地，土地所有者不能将他们出卖。他们承租土地的租金是很重的，以古巴比伦为例，《汉谟拉比法典》规定：租种田地的租金是收成的二分之一或三分之一，租种果园的则要付出收成的三分之二。在当时的生产水平下，剩余是不多的。加上遇有灾荒，损失仅由佃农负担[①]。因此，他

[①] 《汉谟拉比法典》第45、46、53、64、65等条，见林志纯主编：《世界通史资料选辑（上古部分）》，商务印书馆1962年版，第67~69页。

们大多贫困，不得不借债，结果往往沦为债奴，始终逃不了奴隶主阶级的控制与剥削。雇工的情况也相同。法律规定的工资极低，如印度《那罗陀法论》中提到，农业雇工工资是收成的十分之一。劳动条件很苛刻，《摩奴法论》规定，雇工非因病而不作既定工作，则不仅没有工资，而且要受罚，罚金八克里什那拉。《政事论》中说，如果已领工资而未作工，则强断其指。凡浪费（材料）、盗窃、逃亡的人，也要受同样处罚。雇工在当时条件下同样受奴隶主阶级的控制与剥削。佃农、雇工的最后出路不是成为游民、乞丐就是沦为奴隶。借贷关系也是以债务人成为债奴而告终。由此可见，这些关系都带有奴隶制残酷剥削的特点。

二、奴隶劳动是构成当时在社会经济中占重要地位的王室经济、神庙经济和其他私有经济的主要基础。农业是整个古代世界的决定性的生产部门，有大量奴隶参加农业生产。这方面以两河流域乌尔第三王朝时期最为典型，当时王室庄园占有全国五分之三以上的土地。这种庄园包括农庄、牧场、种植园和各种手工作坊，遍布于全国各地。根据各类工作监督人关于使用他们管理下劳动力的年报的泥版，在庄园里劳动的，主要是女奴隶（启姆），多为战俘，此外是过去的公社成员演变为奴隶的右鲁什。这些奴隶在监工的鞭子下进行生产，整年劳动，得到的口粮极少。据有的经济表报记载：女奴一个月只得大麦 22 公斤，童奴 8.25 公斤。孕妇、儿童都得参加沉重的劳动①。奴隶不堪虐待，死亡率极高。据统计，在一个王室经济中，一年内 170 个奴隶就死亡 50 多个，另一个女奴隶劳动营中共 185 人，一月之内就死去 57 人。古代埃及的王室农庄和大臣与寺庙的农庄一般都使用奴隶。当时的墓画中常常看到有成批战俘被缚着双手送往埃及。还可以看到在庄园里从事繁忙劳动的耕田者、种园艺者、牧人等，其中有些无疑就是战俘奴隶。中王国的一份记载（布鲁克林纸草）提到一个大官赠给他的妻子 95 名奴隶，有些奴

---

① 《苏美尔经济报告文献》，见杨人楩主编：《古代埃及与古代两河流域》，日知选译，生活·读书·新知三联书店 1957 年版，第 68～74 页。（日知为林志纯的笔名。——编者）

隶就应用在农业生产上。第十八王朝中期，吐特谟斯三世把一部分俘虏送给阿蒙神庙"作为农民，以便耕种土地，以便生产粮食，以便充实（专作）供神用的（领地）仓廪"①。古代印度王室和僧侣贵族的农庄、牧场也大部分使用奴隶劳动。据《政事论》记载："农业监督得用奴隶、雇工以及囚徒在国王土地上播种。"囚徒罪犯也是奴隶来源之一。牧场的放牧、取奶等各项劳动也大部分由奴隶承担。婆罗门僧侣贵族的庄园也有大量的奴隶从事农业生产。佛教文献中曾记有装满农具的五百牛车和成百奴隶作为维萨阿卡娅的嫁妆②。大量农具和奴隶并（并）提，说明奴隶是大农庄的劳动者。一般中小奴隶主也使用奴隶。《摩奴法典》中列举分遗产的项目时，提到 kinasa（耕地者）和传种的公牛、车乘、装饰品、房屋等，将耕地者作为财产，可见其身份就是奴隶。波斯国王、王族与达官显贵的大庄园中干活的有格尔达。他们大半来自战俘，身上有烙印，显然就是奴隶。此外，如赫梯国王与寺院经济（包括田野、果园、牧场）也都使用战俘奴隶。腓尼基耕种梯田的也是奴隶。又古代东方由于"气候和土地条件，特别是从撒哈拉经过阿拉伯、波斯、印度和鞑靼区直至最高的亚洲高原的一片广大的沙漠地带，使利用渠道和水利工程的人工灌溉设施成了东方农业的基础"③。经营农业的第一个条件是人工灌溉。水利工程的繁重劳动也大量使用奴隶。这一切都可以说明奴隶劳动在当时最主要的生产部门（农业）中所占的重要地位。

三、奴隶劳动在手工业生产、在采矿和建筑等各方面也占有重要地位。古代埃及的王室、大官和神庙农庄设有各种手工作坊，如食品、织布、木匠、造船、制陶、锻冶、珠宝等作坊，这些作坊中的劳动者一部

---

① 转引自弗兰采夫主编：《世界通史》（第一卷），文运、王瓘、北京编译社等译，生活·读书·新知三联书店，1959年版第456页。

② 转引自D.R.查纳纳：《巴利文和梵文文献中所描写的古代印度的奴隶制》，1960年新德里版，第42页。

③ 马克思、恩格斯：《马克思恩格斯选集》（第二卷），中共中央马克思恩格斯列宁斯大林著作编译局编译，人民出版社1972年版，第64页。

分就是奴隶。奴隶还用来在采石坊开采石材，建造金字塔。农产品加工也使用奴隶，从中王国传下的一幅图画，上面画有在磨谷器上非常吃力地磨谷的女奴（第十八王朝中期）的图画中，叙利亚俘虏在监工的棍棒监督下制砖砌墙。古代两河流域很早就使用奴隶从事纺织、缝纫、冶金、酿酒等劳动，也从事各种建筑工程。古代印度孔雀王朝是奴隶制的兴盛时期。手工作坊也大部使用奴隶劳动，《政事论》中提到的"纺羊毛、纺菩提树纤维、纺棉花、纺大麻及亚麻，得使用……女奴隶……女婢"。同样，奴隶也用在采矿和建筑（如架桥、修路等）方面。至于其他一些生产辅助劳动，如脱谷、打水、浇园、收割、搬运、榨油等以及清扫、劈柴、洗物、做饭等家务劳动更是大量使用奴隶、特别是女奴的劳动。

四、在上层建筑方面，奴隶制关系和奴隶主阶级意识形态也占主导地位。既然"它（国家）照例是最强大的、在经济上占统治地位的阶级的国家，这个阶级借助于国家而在政治上也成为占统治地位的阶级……"[1]，那么，看政治上占统治地位的是什么阶级也有助于说明当时的国家是什么阶级的国家，当时的社会是什么性质的社会。古代东方的国家，从最初的城邦统治者起到后来专制帝国的君主，他们本身都是奴隶主，代表奴隶主阶级的利益。他们对外为了扩大奴隶主阶级的利益进行侵略战争，掠夺土地和奴隶。这方面的史实很多，这里就不列举了。对内制定维护私有制、奴隶制的法律，镇压奴隶和其他劳动人民的反抗。留下的法律文献很多，前面已经提到一些，这里不再重复。奴隶主统治阶级除了使用军队、监狱、各种强制机关对付人民群众外，还利用宗教神学来控制和麻醉人民。如赫梯的宗教认为侵犯地界就触犯了神灵，就要对田地净秽并对犯者处罚[2]。又如印度婆罗门教把瓦尔那制度神圣化，说成

---

[1] 马克思、恩格斯：《马克思恩格斯选集》（第四卷），中共中央马克思恩格斯列宁斯大林著作编译局编译，人民出版社1972年版，第168页。

[2] 《赫梯法典》第168条，见林志纯主编：《世界通史资料选辑（上古部分）》，商务印书馆1962年版，第160页。

是造物神梵天的创造。以上例证说明宗教被用来维护私有者的地产、巩固僧侣贵族和军事贵族的特权地位。当时的文学作品也大多是以奴隶主统治者为中心人物，如古埃及卡捷什战役叙事诗、西努海特的故事等颂扬神和国王的赞歌、描绘贵族大臣的传记故事。造型艺术也是尽力表现国王的英勇伟大与受命于神的思想。如古代两河流域阿卡德王纳拉姆辛的石柱突出国王的威武形象，又用他头部的角形装饰和顶端的巨星标志着受神护佑的国王的神圣。还有刻画汉谟拉比王和他的法典的石碑，国王肃立在太阳神（也是司法之神）沙乌什面前，从后者手里接受权杖，表明王权律令源出于神。此外，如一般文献中把奴隶看成与牲畜一样，以"头"计算，古代印度就把奴隶说成是"两条腿动物"。这一些都反映了奴隶主阶级的意识形态。

上述几点可以说明，在古代东方社会中农业手工业等主要生产部门都使用奴隶劳动，奴隶劳动在当时的社会生产中是占主导地位的，因此，奴隶制经济逐步取代村社经济而占主导地位，拥有强大奴隶制经济力量的奴隶主阶级在政治上、在意识形态上也取得了统治地位。这样的社会，正如恩格斯明确指出的，古代东方社会阶级压迫的主要形式是奴隶制。

最后，关于奴隶的数目问题，先要明确一点，在古代奴隶社会对人口是不可能有任何确切的统计或估计的。恩格斯在《家庭、私有制和国家的起源》中对雅典全盛时代的人口统计引用了一个数字，即自由公民总数，连妇女和儿童在内，约为九万人，男女奴隶为三十六万五千人，外邦人和释放的奴隶为四万五千人[①]。另外也有人估计，在雅典全盛时期，即公元前438年，雅典全部人口为四十万，其中自由民十六万八千，外邦人三万二千，奴隶二十万。在公元前431年，则有很多说法：一说雅典公民约有十一至十四万人，奴隶约七万人；一说前者为六万

[①] 马克思、恩格斯：《马克思恩格斯选集》（第四卷），中共中央马克思恩格斯列宁斯大林著作编译局编译，人民出版社1972年版，第115页。

人，后者七万人；还有认为雅典公民及其家属约有十三万五千至十四万人，奴隶则有二十至二十一万人。各家说法出入很大，不过除极个别的以外，一般认为奴隶人数是多于自由民的。和雅典相比，古代东方有关奴隶的统计数字是不多的。仅就现有的资料来看，古代东方参加生产的奴隶人数和奴隶在总人口中的比率是：在苏美尔时期，拉格什的全部人口约十二三万，其中四分之一是奴隶。到乌尔第三王朝，奴隶制经济有了发展，奴隶人数约占总人口的三分之一弱。从绝对数字看，乌尔王室庄园根据发给奴隶的给养数量来计算，在庄园中劳动的奴隶有三千多人。古巴比伦时期，一般中、小奴隶主也占有三五个奴隶。到亚述帝国，中、小奴隶主就拥有五至二十个奴隶，奴隶成为奴隶主地产上农业生产的主要负担者。古代印度方面，根据《埃卡彭纳本生经》（第149篇）记载，在栗呫婆族的奴隶制国家吠舍离国中，全部人口十六万八千人中只有七千七百零七人是奴隶主，约占总人口的5%，而其余的除去约占总人口三分之一的中间阶级外，奴隶就占总人口的60%①。古代埃及在新王国时期，奴隶数目有较多的增加，奴隶主阶级一般占有奴隶的数字是：王室和神庙拥有的奴隶最多。第二十王朝统治中期阿蒙神庙祭司管辖下的奴隶就有八万人左右。有的大官也有成百上千的奴隶。中等阶层的中下级官吏、商人、普通祭司和军官等，有的也占有几十个奴隶。连一个牧人也有一两个男女奴隶，一个看门人也有三个女奴隶。第十八王朝时一个士兵在一次出征时就获得了四十六个奴隶。但是，总的说来，古代东方社会的奴隶数目大多是少于自由民的。这又如何说明奴隶劳动在社会生产中占主导地位呢？

奴隶劳动在社会生产中占主导地位是要有一定数量的奴隶参加生产，并且在某一生产部门中占多数。如乌尔第三王朝的王室庄园和新王国阿蒙神庙的农庄这一些在当时社会生产中占主导地位的生产部门，奴

---

① 转引自R. P. 萨拉夫：《印度社会：印度历代各族人民革命斗争的历程》，华中师范学院历史系翻译组译，商务印书馆1977年版，第127页。

隶劳动是主要的。在这个意义上说,奴隶劳动在社会生产中还是占主导地位的。是否占主导地位主要应从质的变化来看,古代东方社会内奴隶制经济开始只是少量的,处于从属地位,大量的是村社经济。但奴隶制经济比村社经济进步,是有发展前途的。当然,两者之间也是有矛盾的,但奴隶制经济不断由小变大,在奴隶主阶级凭借其奴隶制经济的力量在政治上取得统治地位后,他们对村社经济的广大村社成员已取得支配的地位。矛盾的对立面发生了变化,"事物的性质,主要地是由取得支配地位的矛盾的主要方面所规定的①"。因此,随着奴隶制国家的建立,古代东方社会的社会性质也就由原始社会变为奴隶社会了。尽管当时还存在在数量上占多数的发展程度不同的各种村社形式,但奴隶制国家和社会已取得支配地位。同样,在整个人类社会的发展过程中,由于世界各地发展的不平衡,在公元前四千年代末和三千年代初,埃及和两河流域首先进入奴隶社会,当时世界上广大地区还是处在原始部落时代,这里也有一个数量关系。尽管那时奴隶社会占的地区很小,但是,世界上奴隶制时代已经开始,它是新出现的社会制度,是历史发展规律所决定的,在当时世界上是代表主导发展方向的。因此,即令古代东方社会奴隶人数虽少,但在社会生产中已占了主导地位,特别是它代表了社会发展的质的变化和占主导的方面,所以,可以肯定古代东方社会是奴隶社会。这就是我们的结论。

(原载《华中师院学报》1979 年第 1 期)

---

① 毛泽东:《毛泽东选集》(一卷本),人民出版社 1964 年版,第 298 页。

试论古代印度河流域文化的特点及其产生的原因

印度河流域是人类文明的发祥地之一。古代印度河流域的文化有不少重要的成就,它构成了古代印度文化的一个基础。它与古代世界其他文明地区,特别是西南亚的两河流域和伊朗的文化很早就有了交往,后者对它的发展还有很大的影响。至今,这一文化给印度社会在宗教、习俗、服饰等方面都留下了痕迹。因此,对这一文化的研究,不仅可以使我们了解古代印度文化的渊源及其与各种文化之间的关系,同时也有助于我们了解今天的印度次大陆的人民,有利于促进我国和南亚各国人民友好事业的发展。但是,由于印度河流域文化遗址曾遭到一定程度的破坏,在殖民统治时期缺乏有计划的发掘[1],我们能够接触到的考古资料很不充分;又由于对印度河流域发现的文字至今尚未译读成功,很多问题还不能作出明确的结论。这里只能就现有的一些资料,对这一文化的特点及其产生的原因,作一初步的探讨。

古代印度河流域文化的遗址自1922年发掘以来,迄今已发现有二百多处。它的范围比较广:东起北方邦密拉特县的阿拉姆吉尔普尔,西至俾路支的达巴尔科特与苏特卡根·多尔;北自旁遮普的鲁帕尔与古姆拉谷,南达古吉拉特的巴加特拉夫。据估计总面积约为1200×700平方哩[2],大于古代两河流域或尼罗河流域文化当时的地理范围。经发掘考

---

[1] D.D.高善必:《印度史研究导论》,1956年孟买版,第51页。又见尼赫鲁:《印度的发现》,齐文译,世界知识出版社1956年版,第74页。

[2] 1哩=5280英尺=1.609 344千米。——编者

察，对印度河文化存在的年代，各家有不同的说法：最初主持发掘这一文化的约翰·马歇尔认为是公元前3250—前2750年，后来，皮戈特和惠勒估计为公元前2500—前1500年，1964年塔塔学会的D. P. 阿格拉瓦尔根据放射性碳素测算年代，定为公元前2300—前1750年。因此，现在一般学者认为是公元前2500—前1700年较恰当①。这一文化存在的时间不过是五百到一千年之间，比古代两河流域或尼罗河流域的文化要短得多，连克里特·迈锡尼文化也赶不上。但在文化成就方面，无论是城市建筑、工艺技术、雕刻艺术等都和当时世界其他文明地区的成就不相上下，特别是城市规划和它的下水道体系的完善更是独具特色。

根据发掘的材料，我们认为古代印度河流域的文化有以下一些特点：

第一，这一文化是青铜时代的文化。这时生产力的水平已经有相当高的发展，铜器和青铜器大量地采用：这些金属器不仅有装饰品、武器，而且有生产和生活用具，如锛、锯、凿、刀、针、锥、鱼钩等；当时人们已经知道融解金属矿石，还能对金、银、铜、锡、铅等多种金属进行锻冶、铸造和焊接，还学会了使用cire perdue（熔蜡）法，即用蜡做模型糊上泥土，加热后使蜡熔化，泥土成为硬的铸模，然后倒入青铜溶液，铸造青铜器②。虽然由于锡很稀少，青铜是铜锡的合金，因而比较贵重，不能完全取代石器，但不能因此就否定印度河流域文化不是青铜时代的文化③。

---

① 沙希·阿斯塔纳：《远古至公元前300年印度与他国交往的历史的考古》，1976年版，第37页注1。

② 斯·皮戈特：《史前印度》，1950年版，第198页。

③ 约翰·马歇尔（《摩亨约·达罗与印度河文明》）与D. H. 戈尔登（《印度文化的史前背景》）都认为印度河流域文化是金石并用时代的文化。本来铜器、青铜器和初期的铁器都不能完全取代石器，都是和石器并存的。因此，铜器、青铜器和早期铁器时代都可以称为金石并用时代。但是由在铜器时代人们对金属性能的掌握及开采、提炼金属的方法都很差，因此，石器在生产中继续起着重大的作用。到了青铜时代，青铜比铜硬，熔点比铜低，铸造质量也好得多，说明人们对金属性能有了进一步的了解。只是由于矿石稀少，才不能全部取代石器。但青铜器时代毕竟不同于铜器时代。因此，考古科学上只把铜器时代列入金石并用时代或铜石并用时代。青铜时代则是金属器时代的一个新阶段。参考A. H. 达尼著，I. H. 库雷希主编：《巴基斯坦简史》（第一卷），四川大学外语系翻译组译，四川人民出版社1974年版，第57～58页。

第二，这一文化是城市文化，但其基础仍是建立在农业上的。印度河流域的居民主要从事农业。发现的粮食作物有大麦、小麦，据另一些材料看，也可能有水稻。经济作物有棉花、胡麻，它可能是世界上最早的一个植棉地区。另外，还有蔬菜、豆类、瓜果、椰枣等园艺作物。经研究可能多是木制农具（如耕地的木犁，收割用的竹片），但没有保存下来，已发现的农具有类似石凿的燧石犁头（印度学者 D. D. 高善必不同意这是犁，他认为农具只有印章上刻画的有齿的耙，当时人就是用耙耕地）、青铜的鹤嘴锄与镰刀。碾谷的手磨有大量的发现。城市内建有规模宏大的谷仓，如哈拉帕的谷仓面积就有 169×135 平方呎①。有的还有粮食加工场。这一切都说明当时农业的发达和重要。

畜牧业方面，已驯养的牲畜有水牛、牦牛、黄牛、山羊、绵羊、猪、象、狗、鸡、骆驼等，提供耕畜和运输的兽力，又是人们肉食的来源，还有羊毛可作纺织原料，这一部门在当时经济中也占重要地位。

手工业除粮食加工外，还有棉、毛纺织等，纺锤和锭盘发现的很多就足以证明。有些包过银瓶的棉布碎片也有发现。有的棉布还用茜草染成红色，染工的大桶也会发现。贮藏粮食、油类等农产品的容器和生活用具的制造有制陶业。陶器的特点是：大多用陶轮制造，形式匀称，有平底大瓮、尖嘴瓶、尖底杯等，种类很多，素陶多、彩陶是在红色滑泥上着黑色彩饰，绘有几何图案、树木、人物、鸟兽等形象，还有上了彩釉、色彩鲜丽的陶器。制陶业是很发达的。冶金业与金属加工业制造农具、武器和工具。此外，还有珠宝业，也是印度河流域文化的一个特点。这些手工业大多与农业有关，随着农业而发展，在城市经济中也有着它的重要地位。

遗物中发现的铜、铅、锡等金属原料和贵重石料都是本地不出产而由外界运入的，还发现有大量砝码、陶制牛车模型、青铜玩具车、陶片及印章上有船的图形，这样表明商业运输业的发展。

经济的发展促进了城市的形成，在这基础上出现了城市的文化，又

---

① 呎，即英尺，1 呎＝30.48 厘米。——编者

随着城市经济的繁荣，人口也有了增长。关于城市人口的估计数字，有的认为多到十万人，有的又认为只有两万多人，一般认为是三万五千人①。供养这样大量的人口，衣食的主要来源靠的是农业。因此，这是印度河流域城市文化的一个特点。

第三，这一文化可以认为是早期奴隶制社会的文化。由于缺乏更有说服力的材料，只能根据现有资料加以推论，即许多实物都表明了财富的分化和阶级对立的状况。如房屋建筑，有的是二三层楼的高楼大厦，有许多房间和庭院，浴室及下水道等设施也很齐全；有的是非常简陋、拥挤的平房或茅舍，没有别的设备。又如装饰品，有的是金玉珠宝制成，有的是泥土贝壳做的；殉葬物甚至儿童玩具也都有这种区别。印章中有的描绘奴隶被奴隶主拷打的情景。许多赤土陶像，是头上戴着满布刺痕的圆形便帽的男人形象，他们紧抱双膝蹲着，颈下有一个前面凸出的奇怪的项圈。斯·皮戈特认为这些陶像就是奴隶，D. H. 戈尔登又认为是人牺②。人牺也是早期奴隶制社会常有的现象。印章上也有描绘用人牺祭神的图形等等。又从经济发展的水平看，当时的印度河流域的社会同两河流域、尼罗河流域的奴隶制社会很相像，这也可以算是一个旁证，表明印度河流域的社会是早期奴隶制社会，因为在印度当时的生产水平下，造窑烧砖、建造高楼大厦必然要役使众多的奴隶和工匠，正如在埃及建造金字塔一样。所以，这时的文化也就是早期奴隶制社会的文化。

第四，这一文化有一定的城市建筑规划和它的极为完善的下水道体系。这个建筑规划包括下水道体系在当时世界上是非常突出的，可以说是这一文化对人类社会的一个重大贡献。城市建筑和下水道体系的规划

---

① 《英国百科全书》第9卷，1976年版，第388页；又见 K. A. 安东诺瓦等：《印度简史》，1973年版，第16页。

② 斯·皮戈特：《史前印度》，1950年版，第170页（转引自 R. P. 萨拉夫：《印度社会：印度历史各族人民革命斗争的历程》，华中师范学院历史系翻译组译，商务印书馆1977年版，第138页）；又见 D. H. 戈尔登：《印度文化的史前背景》，1958年版。

及其建造特点的具体表现是：（1）整个城市的布局分为城堡和下城两个不同的区域。城堡区矗立在防洪的堤坝上，地势较下城区高，这里周围有一道防御城墙，每隔一段距离还有方形棱堡。城堡区可能是行政中心。下城区地面较广，街道房屋较多，一般是商业区和居住区。（2）城市交通方面。街道的分布很有条理，有成直角相交的，有平行的，有大街小巷。街道宽狭不一，一般由9呎到34呎。主要街道又直又宽，长达半哩。现已发现当时车辆经过时留下的轨迹，由此得知车的宽度是3呎6吋①，和今天当地的车相同。因此，大道上可以并排行走九辆车。街道两侧有一排排整齐的房屋，还有为了便于交通，在十字路口转弯处的房屋墙角砌成圆形。（3）城市建筑一般都包括规模较大的宫殿和行政大厦、设备较好的谷仓和浴室，还有旅社和饭馆、手工业作坊、商店等，再就是大小不等、设备不同的住房。这些房屋大多使用烧砖建造。砖的形状、大小都有一定的规格。屋柱也是砖砌的，是方形或矩形，还有发现圆柱。屋顶是平的。由于木质结构不能保存，现在留下的砖墙房屋没有雕画装饰的外表。在这一文化兴盛的时期，这些房屋的建筑都不能侵占街道的地面，陶工作坊也不许设在市区内，防止烧窑的烟灰污染。（4）重要建筑物地点的选择以及结构安排都十分注意实用方便。如哈拉帕的谷仓地址选在河边，便于从水路运输粮食。谷仓附近有谷类加工的场地和劳动者住宿的小屋，便于就近加工和对劳动力的使用与管理。谷仓注意通风设备，保持仓内干燥，以免谷物潮湿霉烂。这类专门用作谷仓的建筑迄今还没有在古代世界其他地区发现过。又如摩亨约·达罗的大浴室的建造，非常注意供水、排水和储水的设施。浴池的附近有专门的水井给浴池供水。为了使浴池不漏水，在池的底层和四周都用了一吋厚的沥青，夹在砖墙里。浴池又有一条一人高的拱形结构的沟道相接，有水闸可以启闭，以便随时排水。浴池占地面39×23平方呎，深8呎，下到浴池的阶梯附近，还有为不愿或不能去深水处的人准备的

---

① 吋，即英寸，1吋＝2.54厘米。——编者

平台。除大浴池外还有一些小浴室，每个浴室有一个放置水罐的高平台，大概是供热水浴用的。这些小浴室的门都不是互相正对着的，门内又有侧柱遮挡，因此，浴者彼此不会干扰，室外也看不到室内，安排得很好。(5)一般的住屋结构也具有特点：它是以庭院为活动的中心。庭院周围建有房屋，外墙无窗，窗门大多朝向庭院。大门在侧道小巷内，门内有看门人的门房，通过一个不长的过道就进入庭院。厨房在庭院的一角，附近有储藏室、浴室、水井等，污水通过陶制导管流入街道水沟。有楼房的墙比较厚，一般是二层楼也有三层楼。有的是用砖砌成的楼梯上下，有的无梯、可能是木梯，没有保存下来。楼上有起居室、卧室，也有浴室，后者用垂直的管道排除污水。楼下还建有厕所，粪便通过倾斜的沟道流到屋外陶制容器或街道旁的暗沟内，保持清洁。(6)城市规划有供水设备和非常完善的下水道体系。水的供应有水井。几乎每一住屋都有自己的水井，两屋之间又有公共水井。排水主干渠道在大的街道和街巷下，深1～2呎，宽9吋～1呎6吋，是用砖砌的，上面用砖或石盖着。各个住屋有排水的陶器管道，一根陶管套一根，和街道主沟相通，流入主沟前有污水坑。主沟每隔一定距离也有一水坑，并有下到水坑的阶梯，便于人们清除沟中积存的渣滓，以免沟道淤塞。又有大的阴沟排走急雨时的积水。所有这些水井和沟道都是设计周密、工程精良的。

第五，有着相当统一的度量衡体制。从印度河流域各地发现的砖块的大小和青铜器的成分都比较相同，又城市建设中街道、房屋及下水道体系整齐划一，这都说明已有了统一的度量衡体制。各种砝码的发现更是这一体制存在的确证。这些砝码是由浅燧石、硬黑石、石灰石等不易磨损的石料制成，可以保持分量准确不变；也有用易于毁损的黏土、雪花石膏、冻石、鹅卵石制的，这种石料容易磨制。砝码通常是立方体，也有圆锥体，还有桶状和圆柱状的，磨制得比较光滑。木制秤杆不曾保存下来，青铜秤杆只保留了一部分。秤盘有青铜制的，也有陶制的。砝码的单位重量为0.875克，最大的砝码是10 970克。发现最多的砝码是13.64克，大致是单位砝码重量的十六倍。按照砝码重量，其比例为

1、2、8/3、4、8、16、32、64、160、200、320、640、1600等。较低的砝码用的二进位制，较高的则为十进位制。贵重的珍宝珠玉的匠人和商人是用的小砝码，其他则用大砝码。

量长度的尺被发现的有两种：一种是长6.62吋的介壳尺，上面保存有九段明确的标记，每段平均为0.264吋，五段为一组，等于1.32吋，有一特别标记。看来采用的是十进位制，一尺即为13.2吋。另有一种是青铜杆尺的片段，长1.5吋，有四段完整的准确的标记，每段为0.367吋。这是属于古代世界广泛流行的20.62吋为1腕尺的体系。腕尺下的单位还有掌和指，哈拉帕半指长的量度的准确度达到百分之0.3。介壳尺与腕尺两种量度同时采用。

第六，这一文化有一些具有一定风格的雕像，特别是拥有大量刻有文字与图画的印章和护符。发现的雕像不多。在雕像中，石灰石制的人像在风格上比较刻板。最著名的是一个身上围着有三叶草图案披肩的男半身像，这一雕像面部胡须修整，头发从头的中部分开，束以发带，鼻子尖削，两眼半闭，好像是在沉思中的祭司的雕像。人物雕像中造型优美的石刻像有两个：一个是红色砂岩刻制的男人躯干像，腹部稍有突出，人体肌肉的线条表现得很好；还有一个是灰色石灰石刻制的舞者雕像，右腿伫立，左腿前举，腰身与双臂向左微倾，仿佛婆娑起舞，姿态十分匀称和谐。又动物雕像比较逼真，冻石刻制的猛犬像很生动。陶像中大量是动物像，刻画的公牛陶像能够体现出活力。人物陶像以妇女像较多，这些像多是裸体，只有一条狭带围住腰部，头上戴有扇形头饰。还有许多前面已经提到的可能是奴隶的小陶像。青铜像中比较出色的是舞女像，这座舞女像身材苗条，神态安详自若，她一手扶着臀部，一手靠在大腿附近，一腿略向上抬，右手上戴了许多手镯，从手掌下直到肩上都戴满了。但手和腿较长，与身体比例不大相称。又水牛与公羊的青铜像铸造得很好，水牛仰头扫角，表现得很有气势。此外，雕像还有两个特色：一是以小巧著称，如一个约半时长的石刻像，刻画着两个猴挤在一起取暖；又如一个不到二吋高上了釉的陶像，塑的是一只坐着的小松鼠，这个松鼠的尾巴翘在后面，前爪捧着食物在咀嚼，十分逗人喜爱。二是使用镶嵌手法增加其真实感。如石灰石公牛像的头部有安装其他材料制成的耳和角的窝洞，陶制人像的眼为椭圆形，用小泥珠嵌入，表示瞳孔眼珠；又如上述的两座杰出的石刻人像，其头和手都是独立的，安装在躯干的颈部和肩部的窝洞内，可以活动。

刻有文字与雕画的印章与护符也是一种雕刻艺术。除了文字还未能译读成功外，那些生动的雕画反映了当时人们丰富的社会生活与思想内容，令人感到很大兴趣。同时，这些印章的工艺也是相当完美的，可以说是对古代工艺的重要贡献。已发现的印章有二千多枚，在摩亨约·达罗一处就有一千二百多枚，数量超过一半。这些印章的制作材料是皂石、彩陶、象牙，也有铜和黏土。制作方法是先用锯将石切开，制成大小不等的各种形状，然后用刀和凿子加上磨粉修整，再以小凿和锥或三角形雕刻刀刻写文字与图画。刻写完毕就涂上一层碱，加热，于是就能制造成表面白色、有光泽的印章。印章一般是方印，背后凿成有孔的印纽，便于手握，又可用绳穿起系挂在身上防止丢失，印的大小由半吋到二吋半不等。有方形、圆形、矩形、圆筒形等，有的有图有文、有的只有文字，有的有印纽、有的没有，种类很多，用途也不一，有的印章上的图形是为了美观或兼有辟邪的意义，铭文有的是姓名与头衔等，如在古代两河流域的乌玛会发现一捆印度棉织物，捆包上盖有印记，还有箱口、瓶口也用印记封闭，就表明这是财物的所有者或制造者的标记。护符与印章差别不大，它们大多类似狭长的圆柱形印章，刻有图画，或者本身就是塑像，如鸽、羚羊、兔等。铜印符是方形或长方形的铜片，刻有图和铭文，也有只刻铭文的。护符就是用来庇护佩戴者免除邪魔的侵害的。

这些印章和护符上刻画的内容具有以下一些特色：（1）大多是写实的，描画的是当时印度常见的动物，如牦牛、水牛、野牛、象、犀牛、虎、鳄鱼、羚羊等，在手法上很注意表现这些动物筋肉、骨骼与皮肤纹络的真实感。描画人物的较少，描画的植物只有菩提树较常见，还有无花果树、橡胶树等。(2)除描画静态的动物外，还有不少印章刻画人或动物的活动情景。如有一枚印章刻画一个人在用沙多夫（扬水器），有四颗印章刻画同一图景，即一个智斗猛虎的人藏在树上，一手紧握树枝，一手向前伸着，树下猛虎仰望着躲在树上的人，感到无可奈何。还有描绘人在用有倒刺的枪攻打水牛，也有描绘一头水牛将六个向它进攻的人击败在地，还有描绘人一个筋斗翻过牛背的情景等。刻画的形象都很生动。(3)印章上还刻有当时印度的建筑和桌、凳、笼、船只等生活和交通用具，以及小手鼓、竖琴、七弦琴等乐器。(4)不少印章还刻画有宗教和神话传说的内容，如十字、同心圆、卐字符号、三叶草图案、独角兽（虎、牡牛等）、多头兽（有野牛、老虎、羚羊的头的怪兽等）、复合动物（人脸、象牙、象身、牛角、羊的前腿、虎的后腿及其尾巴等四不像的兽类），有一颗印章刻画了一位头上有牛角王冠的三面神，他的身边有象、虎、犀牛、水牛，座下有双鹿，这些群兽向他朝拜。还有一枚印章刻着菩提树中一位头上长角的裸体女神，她的面前有一位头上长角的跪拜者，后面跟着一头人面山羊，下方伫立着七个长辫子的侍女。还有的印章和护符刻着对眼镜蛇的崇拜，或刻着吉尔伽美士勇士与双虎相斗、半人半兽的恩奇都与有角的神虎战斗等形象。

关于印章和护符上的铭文，虽还不能译读出来，但从表面看，也可以看到以下一些特点：

(1)直线线条组成的象形文字，字体清晰；(2)从已发现的五百多个符号来看，形式上没有大的变化；(3)根据某些字的重复出现、象形字动物面向等，可以推断出这一文字的读写次序头一行是从右到左，第二行是从左到右，第三行又从右到左，余以类推；(4)有的符号表示音节，有的表示意义，还有的表示重音或数字，也有两个或两个以上符号的组合；(5)与当时世界上其他地区的文字在图形上虽有某些相似，但没有明显的内在联系。

第七，这一文化还充分显示出制造珠宝妆饰品、生活和娱乐用品的高超技巧。印度河流域是古代世界珠宝装饰品的一个重要产地。在强胡·达罗发现有专门制珠宝的店铺，罗塔尔也有这种作坊。珠宝饰品的原料是宝石和次宝石，如玛瑙、碧玉、玉髓、紫晶、水晶、硬玉和青金石、绿松石、蛇纹石、玄武岩、角砾岩等，还有金、银、琥珀金、铜、青铜等金属和介壳、彩陶、黏土等。制珠宝选择石料时，不仅要注意品种，还要考虑色泽、纹理。制作的工艺水平不很高，如将五片玉髓和深红玉髓依其纹理、色泽拼合而制成的石珠竟像一个完整无瑕的天然石珠。又如在石珠上绘制图案是用苏打液在玛瑙上绘画后加热，即有白色图案，或用耐酸铜在白色石珠上描画，就能有黑色图案。最难的是钻孔，在坚硬的宝石上钻出很直很光滑的孔，的确不是易事，制法是在石的一端作成杯状凹洞，然后加上刚砂或石英粉这一类的磨料，再用1.5吋长直径0.12吋的小石钻钻动。即使最熟练的匠人也需要相当久的时间，才能钻好一孔。根据今天的试验，钻进一毫米就要二十分钟。一般三吋长的念珠就得要整整二十四小时。制成的珠在形状、大小、色彩等方面都各不相同，以形状为例就有球形、圆柱形、盘形、桶形、扇形等。项链就是将这些不同种类的珠子每隔一定数目加上一个金盘或小珠，最后两头又用三角形或半圆形的饰物串成互相对称，色彩鲜明，颇为美观的珠链。其他金银饰物有头饰、佩带、鼻饰、耳环、臂钏、手镯、指环、脚镯、腰带、胸饰、纽扣等。在陶像、雕像及印章刻画的图像中都可以看到当时人们佩戴这类饰品。哈拉帕和摩亨约·达罗留下的文物中也发现有这种饰品，种类数量都不少。

当时人们的生活用品也是相当齐全的。如饮食用具除锅盘碗碟外，还有杓、杯、制饼模子、擦肉具等；缝补编织工具有铜针、青铜针、骨锥、象牙锥；家具有床、桌、椅等；照明有陶灯、介壳灯和铜灯，还发现有陶制烛台，表明当时可能已有棉心蜡烛或脂烛；有趣的是还有穿孔陶器，底部有一大孔，周围有许多小孔，可能是一种过滤的容器；还有烧炭取暖的圆柱形陶器、泥土制的捕鼠器和喂养虫、鸟的陶笼等；修饰面容的梳妆台、青铜镜、化妆盒、象牙梳、剃刀、化妆用具还有穿孔器、耳构子和镊子，再有盛香粉、口红、眼膏的化妆瓶和介壳盒等。云母石制的男半身像面部的修饰与青铜舞女发式的优美都可以作为当时人们使用化妆品美容的例证。

  印度河流域的人们还爱好游乐。最流行的娱乐是掷骰子。现存的平板象牙骰子较多，也有陶骰子。还有投方形象牙杖的游戏，以跌落方式定输赢。至于圆形象牙杖和象牙做的小鱼游戏，如何玩法还不知道。其他还有棋类和"九柱戏"，九柱戏即用球和弹子去滚碰，碰倒竖立的象牙柱子就为胜。再如舞蹈、奏乐、斗牛、斗鸡以及养鸟、钓鱼、射猎等也都是当时的娱乐活动。儿童也有特制的玩具，除石弹、泥偶等简易玩具外，还有拨浪鼓、陶制的鸟形哨等音响玩具，色彩鲜明而又坚固耐用。比较复杂的有羊拉小泥车、用绳索牵动手脚活动的猴儿等，都是容易引起儿童兴味的玩具。

  第八，这一文化的宗教信仰和埋葬制度。关于它的宗教信仰发掘的材料不多，迄今既没有发现庙宇和神坛之类的建筑，也没有发现被作为神来崇拜的塑像。尽管如此，仍然可以找出它的宗教信仰的色彩来。惠勒认为在摩亨约·达罗发现的一座占地52×40平方呎的小型建筑，庭院内有砖砌的直径四呎的环状建筑，是用来保护其中栽种的圣树的。屋内有对称的楼梯，而没有其他生活设备。其中有一座高6.9吋的白色石灰人头像，胡须已修整，并用狭带束发。附近还有无头的雪花石膏刻像。也许这就是被崇拜的神像[①]。因此这有可能是神庙建筑。他的看法还没有得到公认。又有人认为大浴室就是河神的庙，鳄鱼可能是印度河神，因此，有对鳄鱼的崇拜和沐浴仪式[②]。这种说法也没有更充分的根据。

  [①] M.惠勒：《印度河文明》，1960年版，第40页。
  [②] R.C.马宗达：《印度人民的历史与文化》第1卷《吠陀时代》，1952年版，第188～189页。

但是，根据对陶像、石像和印章护符的雕画来加以研究，还是可以看出宗教信仰色彩来的。首先，对地母神的崇拜是以农业为基础的印度河流域文化中最盛行的。许多妇女陶像可能就是这种神像。在前面已经提到过的，她的形象是半裸体，戴有精致的头饰、项圈、耳环等大量的妆饰品。这可能就是当地人们崇拜的肥沃之神。印章上所刻的裸体妇女的子宫内长出植物的图像也可以证明这一点。说明她是农村之神或家庭守护之神，她主宰生育和给崇拜者降福，因此备受人们的崇敬。

其次，印章上刻画的三面神是男神中最著称的。他也几乎是裸体。胸前有三角形胸饰，每只手都戴有三个较大的手镯和八个较小的手镯。他也可能是四面神，连同身边的四兽，而主管四方。他有兽中之王的称号。刻画同一形象的另外两个印章稍有不同，即头上的两角间都有一小枝花或叶，这也表明他可能是植物之神或肥沃之神。

与以上两种神相关联的是原始的对生殖器的崇拜，具体体现在对象征生殖器的圆柱形石和石环的崇拜上。

此外，当时人们还保留了对动物、植物、水、火等的崇拜。

由此可见，当时的印度河流域的宗教信仰内容主要与生育和农业生产有关，保留了原始信仰的成分。

关于死、葬制度已发现的有三种：一是埋葬。1937年和1946年两次在哈拉帕发掘了五十七座墓葬。墓葬的方向是坐北朝南，墓主的饰物和化妆用具都是殉葬物。有的右手中指戴着铜环，还佩戴项链、手镯或珠串，另有涂眼的化妆用具。有的墓内有有柄铜镜。有的墓主脚边有灯和鸡骨。有的有木棺，尸体包在芦草做的尸衣内。墓穴很大，可以容纳陶罐多到四十个。二是天葬。即先将尸体暴露野外，任鸟兽等啄食，然后将残骸和瓦罐、珠石、介壳瓢等小件殉葬物一并置于瓮内掩埋。三是火葬。即先将尸体火化，然后将骨灰连同殉葬物放在瓮中埋葬。

以上八点就是古代印度河流域文化的特点。这当中以前三点为带根本性的特点。因为它们反映了当时生产力发展的水平、生产关系的性质和经济基础的状况，所以它们是这一文化产生的基础。

古代印度河流域的文化之所以有这些特点，主要是由于以下因素构成的：

一、对原始文化的继承。尽管摩亨约·达罗的最下层还没有发掘出来，目前不可能得到最后的论证。但是根据最近的考古发掘，已经可以看出这一文化是在印度土著中从原始文化发展来的线索了。在哈拉帕和摩亨约·达罗的较早地层里都会发现阿姆里和俾路支农业文化的陶器，表明它们早期是发生在农业基础上的村落文化。巴基斯坦考古学者在科特·迪季的发掘，发现古代建筑早已分为城堡和居住区的两部分布局，城市规划的雏形已经形成。说明城市文化在印度河流域城市文化出现之先就已经萌芽。所以印度河流域文化是在印度本地从原始的农业文化逐步发展而成的。另外，古代印度河流域文化中还保留了不少原始文化的成分，如宗教中对生殖器、对动植物和对水、火的崇拜等。这也可以说明它的一些特点是继承原始文化而产生的。

二、在长期的生产斗争中，对自然条件的改造与利用，促进了文化的迅速发展。公元前三千年代印度河流域的气候比今天要潮湿得多，雨量比较充足和稳定。印度河及其支流萨腊斯伐提河和德里沙得伐提河等的定期泛滥，河流又经常改道，淹没沿岸地区，造成大片沼泽。沼泽、丛林与野兽都是人类进行生产的障碍。人们要改造这种不利的自然条件就必须和它进行不断的斗争。要防止水患，人们就必须构筑防护堤，并不断提高屋基。排干城市积水就需要有计划有系统的兴修下水道。为了使建筑物牢固持久，人们淘汰了泥砖而用烧砖。因为泥砖不宜搞高层建筑，在气候潮湿的条件下不能经久，特别是对修沟道与浴室更不适宜。因此，印度河流域的各项建筑大都使用烧砖。当然这也与河流附近植物繁茂，能提供充足的燃料有关。胶结砖块的胶泥含有大量石灰，煅烧石灰石需要更多的火力。大浴室使用的沥青是从石沥青中提炼出来，也要大量的燃料。印度河流域有充分的树木可以满足这一要求。同时，当时有了比较先进的生产工具，可以利用青铜斧和锯开伐森林，这既取得了建筑材料和燃料，又开拓了土地，促进了生产的发展。所以他们建造了比较坚固的楼房和十分完善的城市设备，耕地的面积也扩大了，加之它土壤肥沃，农业发展迅速，大量的粮食运进城市，就有修建大谷仓、粮食加工与管理等一系列的问题需要解决。

在农业手工业发展的基础上，对内对外的商业贸易也发达起来。来往车辆增多，外来的人口也增多了。城市的街道建设、旅馆、餐馆、仓库、市场也都兴修了。有了社会经济的发达，生活享受的要求也有了增长。日用生活品逐渐齐备，珠宝玩具的制造也得到发展。因此，这一城市文化就迅速发展到了较高的水平。

三、阶级分化与阶级斗争给这一文化留下了很深的烙印。阶级分化在物质文化上的反映前面已有所论述，这里还要指出的是富人奴隶主的物质享受都是耗费穷人、奴隶的大量心血创造出来的。穷人、奴隶整日劳动一无所得，富人奴隶主坐享其成。后者害怕前者的反抗，为了维护自己的利益，建立城堡多方戒备，在房屋建造上也有特色。面向街道的墙没有窗户，窗门多向着屋内庭院，而且又高又小。这样，既可以防盗，又使阳光不致射入屋内。门开在侧道边，还有专门的门房和守门人看守，交通要道也有守护人员。谷仓附近、城堡塔楼都备有泥弹丸、陶球，作为投掷的攻防武器。当然，这也是为了防御外敌。

四、先进地区特别是西南亚文化的影响。这方面的例证很多，如一些印章上刻画的题材就受古代两河流域文化苏美尔印章的影响。那里的英雄吉尔伽美士与恩奇都分别同狮与天牛斗的图景，在印度河流域的印章上只是把狮和天牛换成了虎和有角的神虎。原因可能是印度河流域居民当时还不知道有狮，他们认为虎是最凶猛的野兽，因此就改以虎作为英雄的对手了。还有如使用沥青防止漏水、蚀刻玛瑙珠、锛斧的制造，甚至埋葬用棺和以芦苇作尸衣包裹尸体等可能都受苏美尔文化的影响。

五、各族人民文化的融合。这一文化的特点自然与其创造者有关。根据发掘到的尸骨和石雕人像、青铜铸人像等的分析，印度河流域当时居民大约有四种不同的人种，即原始澳语人、地中海人、阿尔派因人

（也属于地中海系）和蒙古人等。由于他们的文化的融合因而呈现出上述一些特点。但是，关于这方面的具体情况还须进一步的研究，才能得出更科学的分析和结论。

参考资料

[1] 约翰·马歇尔：《摩亨约·达罗与印度河文明》，1931 年版。

[2] E. 马开：《摩亨约·达罗的进一步发掘》，1938 年版。

[3] M. 惠勒：《印度河文明》，1960 年版。

[4] 斯·皮戈特：《史前印度》，1950 年版。

[5] R. C. 马宗达：《印度人民的历史与文化》第 1 卷《吠陀时代》，1952 年版。

[6] B. 马开：《印度河文明》，1935 年版。

[7] M. 惠勒：《早期的印度与巴基斯坦》，1959 年版。

[8] D. H. 戈尔登：《印度文化的史前背景》，1958 年版。

[9] V. G. 柴尔德：《远古东方的新发现》，1954 年版。

[10] D. D. 高善必：《印度史研究导论》，1956 年孟买版。

[11] B. G. 郭盖尔：《古代印度史与文化》，1956 年版。

[12] A. H. 达尼：《巴基斯坦简史》（第一卷），四川人民出版社 1974 年版。

[13] 赫罗兹尼：《西亚细亚、印度和克里特上古史》，谢德风、孙秉莹译，生活·读书·新知三联书店 1958 年版。

[14] R. 穆凯吉：《印度文化与艺术》，1959 年版。

[15] G. 劳林逊：《印度文化简史》，1952 年版。

[16] K. A. 安东诺瓦等：《印度简史》，1973 年版。

[17] A. B. 格拉西谟夫：《古代印度文化》，1975 年版。

[18]《英国百科全书》（第 9 卷）等，1976 年版。

（原载《华中师院学报》1979 年第 4 期）

《佛国记》与古代印度史的研究

《佛国记》① 这部书有《天竺国记》《历游天竺记传》《东晋沙门法显自记游天竺事》等不同的名称，也有称作《法显传》的。这是东晋高僧法显去印度求佛经返国后写成的旅行记。他的初稿写于公元 414 年，即他回国后的第二年，到 416 年又作了一些补充增订。它记载了法显前后花了十三年四个月的时间（399 年 3 月由长安出发，412 年 7 月在青州登陆）游历约三十国的经过，法显在印度时正是笈多帝国的黄金时代旃陀罗笈多二世，超日王统治的时期。这位国王的文治和武功都很有成绩，但除了铭刻和钱币外，没有留下其他文字记载。法显的著作正好填补了这一空白。这部书涉及当时的国家制度、社会生活、风土人情、宗教派别以及中印之间的水陆交通等，写得十分生动具体。又法显从西到东、由北往南走遍了印度的大部分地区，他学习过梵语梵书，对印度社会能够有比较全面和深入的了解，他的著述比较真实可靠，有一定的参考价值。因此，这部著作被公认为是研究古代印度史、特别是研究笈多时期的历史提供了宝贵的资料。这部书能一直保存到今天，成为世界名著之一，其本身就说明了它的重要价值。如许多专门论著都引用了这本书的资料，全书也先后被译成法、英、日等多种文字，有的并附上考证

---

① 本文采用的《佛国记》版本是 1955 年文学古籍刊行社出版的《法显传》，这是北京图书馆藏本《宋绍兴初思溪藏法显传》的影印本。本文中所引的《佛国记》各段均出自该书，不另加注。

和注释以及译者的研究成果①。但是，过去对这部书的可靠性、它所提供的资料以及对古代印度史研究的意义，作专门论述的还不多，本文试就这些方面进行探讨。以下分两方面来论述。

一、《佛国记》启示的学习印度的正确态度

这部书对研究古代印度史的重要意义首先在于，它告诉我们法显对印度的学习有明确的目的、坚定的意志、刻苦的精神和务实的方法。我们知道，我国自魏晋以来，佛教日趋发达，对佛经的学习要求也随之提高。当时传教僧侣和佛教经典大多来自西域各国，不是直接从佛教发祥地印度传来。早期对佛经的译述既不完全，又系辗转传译，有不少语义不明、互有出入的地方，不能满足佛学研究的需要。又佛教寺院和僧侣的增多，对寺院的管理、僧侣的生活行事缺乏经典戒律的约束，情形十分混乱，影响佛教的发展。以上这些情况表明需要直接从印度引进佛教经典，特别是律藏的经书。法显在国内多年寺院生活与学习佛学中，深知这一需要非常迫切。誓志寻求律藏，并"令戒律流通汉地"，这就是他去印度求法、学习的目的，也是当时佛教发展的客观要求。

他有了明确的学习目的，就决心亲自去印度取经求法，意志十分坚定，不达目的，誓不罢休。尽管他的年龄已有六十五岁的高龄，但对长途跋涉却毫不畏惧。他六十七岁翻越葱岭，六十八岁时又越过小雪山（即苏莱曼山脉），七十七岁时航行印度洋，这在今天的条件下也是不容易的。而在离今天一千五百多年的时候，人们对自然界缺乏认识，对自然现象往往看成是无法抗拒的神怪的活动。交通工具又落后，连罗盘指南针都没有得到利用，如法显提道："沙河中多有恶鬼热风，迂则皆死，无一全者。上无飞鸟，下无走兽，遍望极目，欲求度处，则莫知所拟，

---

① 重要译本有 1836 年 Abel Rémusat 的法文本，1869 年 S. Beal 的英文本，1877 年和 1923 年 H. A. Giles 的英文本，1886 年 James Legge 的英文本等。

唯以死人枯骨为标帜耳。""葱岭冬夏有雪，又有毒龙。若失其意，则吐毒风雨雪、飞砂砾石，遇此难者，万无一全。""大海弥漫无边，不识东西，唯望日月星辰而进。若阴雨时，为逐风去亦无准。当夜暗时，但见大浪相搏，晃然火色，鼋鳖水性怪异之属。商人荒遽，不知那向。海深无底，又无下石住处。至天晴已，乃知东西，还复望正而进。若值伏石，则无活路。"虽然沿途有这样的艰难险阻，法显终于一一闯过来了，由此可见他的顽强意志。法显确定目的后，为了达到目的不惜牺牲的事例还有很多。他去耆阇崛山参拜佛迹一事就很能说明问题。这座山是释迦牟尼过去讲经的一个地方，十分闻名，称为灵鹫山。但山路非常险，又有狮子野兽出没。当地僧侣劝法显不去。法显说，"远涉数万，誓到灵鹫。身命不期，出息非保，岂可使识年之诚，既至而废耶！虽有险难，吾不惧也。"他下了决心，早将生死置之度外，因此能够奋勇前往，并只身在山上露宿一晚。对吃人野兽，毫不介意①。

除了自然界的险阻外，法显还经历了一些人事间的磨难。由于五胡十六国分裂割据，战争频繁，行旅很不安全。法显刚出发时就遇见"张掖大乱，道路不通"。水路也同样不安全，"海中多有抄贼，遇辄无全"。还有由于宗教派别不同，有时也受到歧视和排斥。法显为大乘教派，经过盛行小乘教派的茑夷国时就受到了冷遇，甚至连供应食宿都成问题。又在去广州途中遇"黑风暴雨"，诸婆罗门就认为船上有了佛徒法显，才使他们遭难，要把法显留在海岛。幸而有人护持，否则法显就难以返国了。还有法显同行的僧侣有的中途返回，有的死在异乡，有的留住印度，只剩下法显一人，这对法显也是一个考验。特别是最后唯一的同伴由于羡慕印度佛法，"众僧威仪，触事可观"而留住印度，甚至发誓"自今已去，至得佛愿，不生边地（指中国——笔者）"。可是当时年已过七十岁的法显却不顾回程艰难、个人安危，一心想的是祖国佛学事

---

① （梁）慧皎撰：《高僧传》（卷三），见《影印宋碛砂藏经》（第466册），上海影印宋版藏经会1936年版。

业,毅然决然独自携带律经佛法回国,这也是他意志顽强的一个表现。

他在学习方面的顽强精神表现在他晚年刻苦学习梵文。学习外国文是一件难事,对老年人来说更是不易。由于当时印度僧侣只是口头传授佛经戒律,没有文字记载,法显为了获取确实可靠的资料,就在佛教文化中心巴连弗邑①住了三年学梵书梵语,以便写律抄录经典。他在《佛国记》中迻译了一些梵文专门术语。如"般遮越师"(五年大会)、"竺刹尸罗"(截头)、"尸摩赊那"(弃死人墓田)等,又回国后与印度来华僧人佛驮跋陀罗(即觉贤)共译出《摩诃僧祇众律》《大般泥洹经》《杂阿毗昙心》等共六部六十三卷,有一百多万言②。由此可见,他的梵文造诣还是很深的。这是他勤奋学习的成果。他的顽强学习精神还表现在他学习的进取心很强,不满足于已有的成就。法显在巴连弗邑抄写律经后到多摩梨帝国,又住两年写经及画佛像,在师子国③也留了两年又求得了国内所没有的重要的戒律经典,这才满载而归。刚回到国内,他不顾旅途劳顿,尽管青州刺史留他住下,他的回答却是"贫道投身于不反之地,志在弘通,所期未果,不得久停"。就是说他不惜牺牲生命西行求法,目的在于将律经佛法传播于国内。现在目的还没有达到,他要争取在有生之年(当时他已将近八十岁),完成这一使命。因此,他立即赶到建康道场寺着手译经。年迈老人表现得多么坚强④!

他的学习方法是务实的。这表现在以下几方面:(1)他是针对我国佛教佛学中的实际问题即经律缺失乖违的问题来确定学习目的和内容。因此,他去印后一心寻求律藏。在北印度未能得到,就远至中印度,直到获得重要的律藏。他还注意搜求国内所没有的经典。(2)在学习中他

---

① 即华氏城,今巴特那。
② (梁)慧皎:《高僧传》(卷三),见《影印宋碛砂藏经》(第466册),上海影印宋版藏经会1936年版。
③ 狮子国是斯里兰卡的古称。——编者
④ (梁)慧皎:《高僧传》(卷三),见《影印宋碛砂藏经》(第466册),上海影印宋版藏经会1936年版。

注意追本求源，又比较各派学说从而决定去取。如认为《摩诃僧祇众律》是最初和最完备的经律，他说这是"佛在世时最初大众所行也"，"自余十八部，各有师资，大归不异，于小小不同，或用开塞，但此最是广说备悉者"。（3）他注意文字记载和数据，力求切实可靠。他学习梵书梵语，就是为了保存和掌握第一手的资料。他的记述对数据及具体形象很是重视。如建筑雕画、人物妆饰、形体大小、旅途长短等都写得清楚明白。（4）他还注意参观访问，又结合文字记载，相互印证。他亲自参观了佛的各处遗迹，又访问了当地土人，如关于佛教东传的时间问题，他曾访问新头河（即印度河）沿岸土人，据称"古老相传，自立弥勒菩萨像后，便有天竺沙门赍经律过此河者"。立像的时间是佛死后三百余年，大致相当周平王时。因此，他认为这就是佛法开始东传的时间。同时，对汉明帝梦金人的记载，他就认为是有来由的了。（5）他是有闻必录，如不曾亲见或已遗忘，则加以说明。正如与他同时的僧人对他这本书的看法是"言辄依实"①。如关于波罗越寺的记述，法显未能亲自前往，只是将土人所说记下。又如在师子国听天竺道人诵经，作《佛国记》时遗忘具体年数，也附加注明。

最后必须着重指出的是，法显的正确的学习态度是基于他对祖国的佛学事业的雄心壮志。他并不图个人的名利享受，因此能够临危不惧，长途跋涉，战胜艰难险阻；尤其可贵的是他不贪图异国的佛教生活美好而忘本。法显之所以能够做到这一点也不是偶然的，这是由于他有着深厚的爱国和爱乡土之情。从他自己的论述中就可以看到这一点，他说："法显去汉地积年，所与交接悉异域人。山川草木，举目无旧。又同行分披，或留或亡，顾影唯己，心常怀悲。忽于此玉像边，见商人以晋地一白绢扇供养，不觉凄然，泪下满目。"他见到故乡的一把小绢扇，就引起了无限的感慨，可见他思乡的深情。因此，能够为了祖国的佛学事

---

① 法显：《法显传》，文学古籍刊行社1955年版，第51页。

业健康的发展而牺牲一切。

但是，我们也必须指出，由于法显是一个虔诚的佛教徒，思想上有着浓厚的宗教迷信色彩，往往把神话传说信以为真。他的学习印度的目的只是为佛教事业服务。这也是我们必须注意的。但他的这种学习态度对我们研究印度史还是有教益的。

二、《佛国记》提供的研究古代印度的重要资料

这部书的内容大致可以分为三部分，即（一）法显的旅途经历；（二）有关佛教的问题；（三）一般生活见闻。这三部分都对研究古代印度提供了一些资料，现分述于下：

第一部分包括三方面的内容：（1）法显从长安出发经西域各国进入印度西北部的陆路行程。（2）法显在印度境内经历各国的行程。（3）法显在印度东部海岸多摩梨帝国（即今米德纳普尔县的塔姆卢克）坐海船经师子国、耶婆提国返回国内的水路行程。这一部分涉及地理及中印交通方面的资料较多。它提供了与古代印度有关的资料是：（甲）印中交通水陆两路的路线、沿线的重要地区地理状况、路程、来往人员以及当时的交通条件等，特别是水路关于航船大小、装备、港口、包括利用信风的航海术等。这是研究古代中印交通史的第一手资料，也是探讨古代印度人民的航海贸易史的重要资料。（乙）印度境内一些国家的方位，各国之间相距的旅程、气候、地形的变化，城市的大小以及与佛教有关的名胜古迹、寺庙僧侣的数目等。这对研究古代印度政治区划、地理沿革、城市发展、交通往来与文物遗址也有一定的参考价值。

第二部分是本书的主要部分。法显是佛教徒，去印度学习的目的也是为了解决佛教方面的问题，因此，《佛国记》中记载最多的是有关印度佛教的资料。这些资料大致可以归成以下类：（1）关于佛陀的生平的传说故事，从释迦牟尼的出生于净饭王论民园，堕地行七步，二龙王浴

太子身，太子出城东门见病人迴车，太子遣车匿白马还，菩萨本苦行六年，佛入水洗浴，天案树枝得攀出池，弥家女奉佛乳糜，贝多树下经受魔王玉女考验，佛得道，转法轮以至般泥洹等。还有佛陀的种种善行，如割肉贸鸽、施眼施头、投身喂饿虎等。（2）佛教与外道以及佛教内部派别的斗争。佛在世时，外道一面与佛论辩，一面设计陷害，如遣外道女有意与佛接近，后又当众指责佛的行为不端或杀害所派外道女而加恶名于佛。有的还在饭中下毒，有的用象，有的投石均欲杀害佛陀。佛死后这些外道与佛教徒争夺精舍，破坏佛塔、佛的纪念物等。佛教本身也有大乘小乘教派之争。如筶夷国盛行小乘教派，对大乘教派就有歧视，前面已经提到。（3）印度各地佛教势力与佛教对西域各国及师子国等地的扩展。当时北印度、西印度如乌苌国有五百僧伽蓝，皆小乘学。犍陀卫国也多小乘学。罗夷国近三千僧兼大小乘学。跋那国也有三千多僧侣，为小乘学。毗荼国兼大小乘学。中印度摩头罗国捕那河沿岸有二十僧伽蓝，可有三千僧。僧伽施国有僧尼千人，杂大小乘学。东印度多摩梨帝国有二十四僧伽蓝，尽有僧住。佛教传入西域，在西域各国的势力不小。如鄯善国国王信佛，有四千余僧，悉小乘学。筶夷国也相同。于阗国为当时佛教在西域的中心，有僧众数万人，多大乘学，瞿摩帝寺就有三千僧侣，可见势力之大。西域诸国僧俗都信佛教，各国有自己的语言，但出家人都学习印度语言和书籍。子合国国王是虔诚佛徒，有千余僧，多大乘学。竭义国国王举行五年一度的施舍大会，佛法亦盛。印度以南师子国也有佛教传入。国王奉佛教，无畏山寺有五千僧，都城内交叉路口设立说法堂，每月讲道三天。全国供养僧众达六万人，仅都城内国王供养就有五六千人。跋提精舍有二千僧，摩诃毗诃罗精舍有三千僧。由师子国东去到耶婆提国（即今苏门答腊和爪哇岛），这里主要是外道婆罗门势力，佛教徒极少。由以上可以看到法显当时佛教势力在西域各国和师子国影响较大，甚至超过印度本土。（4）与佛教有关的印度各国统治者的部分事迹。如赞助佛教的有拘萨罗的波斯匿王、孔雀王朝的阿育王、贵霜的迦腻色伽王等。初拟毒害佛陀后又信奉佛教的阿阇世王等。(5)关于佛教的一些习俗、仪式及庆典活动。如僧人每年夏季雨期三个月中停止外出,入禅静坐称"夏坐"或"安居"的习俗。奉迎大礼"头面礼足",即拜倒在对方脚下为最尊敬的礼仪。僧侣进膳规定,闻揵声入食堂,"威仪齐肃,次第而坐,一切寂然,器钵无声,净人益食,不得相唤,但以手指麾"。接待客僧,主僧须代担衣钵,给洗足水,涂足油与非时浆(根据佛教戒律,正午后不能进食,只能饮苏油、蜜、果汁等,称为非时浆),休息片刻后根据受戒的时间长短分配房舍卧具。罗汉葬仪即火葬的仪式。行像仪式即用四轮车载运佛像巡行,一年一度。出佛顶骨、出佛齿受供养礼拜。众僧说法大会。说法结束时,供养舍利弗塔有香花、通宵点灯火,并扮演舍利弗(原为婆罗门)向佛陀要求出家情节以及大目莲、大迦叶出家故事等。(6)关于佛教的一切名胜古迹。这里有佛陀活动留下的遗迹,如佛的足迹、晒衣石、度恶龙处、剪发爪处、嚼杨枝(净齿)处等;佛的遗物遗体,如锡杖、佛钵、佛牙、佛顶骨等;后人纪念佛的雕像、起的佛塔、精舍、僧伽蓝等。(7)关于佛教的一种社会历史观。法显在师子国听见一天竺道人诵的经文中说:"昔人寿极长,但为恶甚,作诸非法,故我等寿命遂尔短促,乃至十岁。我今共行诸善,起慈悲心,修行仁义。如是各行信义,展转寿倍,乃至八万岁。"又说:"佛法灭后人寿转短。乃至五岁十岁之时,粳米酥油,皆悉化灭。人民极恶,捉木则变成刀杖,共相伤割杀。其中有福者逃避入山,恶人相杀尽已,还复来出。"意思是修行就有佛法,就能增长寿命。佛法消失,为非作歹发生,就有杀戮,人寿就变短促。以此说明人事变化,宣传佛法善行的重要。又说:"佛钵本在毗舍离,今在犍陀卫,竟若千百年,当复至西月氏国,若千百年,当至于阗国,住若千百年当至屈茨国,若千百年当复来到汉地,住若千百年当复至师子国,若千百年当还中天竺。"佛钵可能标志佛教中心。因此,这里的含义可能表明佛教中心有转移。

这一部分有关佛教的资料对探讨印度佛教史有一定的参考价值，特别是法显亲自见到的佛教在印度各地的势力、佛教徒的习俗、仪式与庆典活动以及佛教的历史文物是比较翔实可靠的。当然，这一部分夹杂的宗教迷信内容特别多，也是我们应当注意的。

第三部分可能是法显附带记录的，是本书的次要部分。但作为研究古代印度的资料来说，它却是最有价值的。因为这是法显亲自的见闻，除了他对佛法教化下的印度有一定程度的美化外，一般来说，是比较可信的。其中一些涉及社会经济、等级制度方面的资料为古代印度史上这一时期唯一完整的文字记载。这一时期又是印度社会历史转变的时期，因此，它是十分宝贵的。

这部分的内容大致可以分为以下几个方面：（1）有关社会经济的问题。如笈多王朝时农业劳动者的状况。《佛国记》中提道："从是（指摩头罗国）以南名为中国（即笈多帝国的中心地区）。中国寒暑调和，无霜雪。人民殷乐，无户籍官法，唯耕王地者，乃输地利，欲去便去，欲住便住。"这是一条重要的资料，但是如何说明它的含义却不大容易。一种解释认为当时印度征收地租以村社为单位，所以从法显看来就是没有户籍，耕王田者才交租，而且"欲去便去，欲住便住"这只是表面的自由，实际是对村社强迫要求耕种关系，所谓去只能是回到村社去①。这种说法认为农民有二：村社农民和耕王田者。既然由村社交租，国家就不需各户花名册了。不耕王田就得回村社耕田，实际上并不能自由。印度著名的通史著作《印度人民的历史与文化》中引用1886年版詹姆斯·莱格的《佛国记》译本，对这段的解释是：笈多王朝的强大军队足以维持境内的和平秩序，因而不需要严密的警察管制与刑法约束。人们不必要登记户口和留意地方官员的法规。人们要去就去，要留就留②。

---

① 金克木：《梵语文学史》，人民文学出版社1964年版，第188～189页。
② R.C.马宗达：《印度人民的历史与文化》第3卷《古典时代》，1954年孟买版，第346页。

这又是一种解释。英国著名印度史学者 V. A. 史密斯在他的《牛津印度史》(1923年版)中则认为法显的记载表明笈多帝国在公元五世纪初治理得很好,政府对于人民没有不必要的干预,人们来去听其自便,不用登记或通行证①。还有一些其他说法,但都与以上说法有些大同小异,这里就不一一列举了。但是,哪一种说法正确呢?究竟应当如何理解法显的原意呢?从法显的记载整个来看,他经常把所见到的东西和本国的联系起来,加以比较。如法显至鄯善国看到俗人衣服就认为大致和汉地一样,不同的是兽毛制的。又在竭叉国提到,自葱岭已前,草木果实都和汉地不同,只有竹、安石榴、甘蔗是和汉地相同的。到中印度,法显见了一部抄律即萨婆多众律,就说是秦地僧侣所奉行的。所以,法显总是用自己的生活经历和学识来比较说明外国的事物。由此可见,要正确了解法显的记载,必须了解他本人的生活经历和学识。我们知道法显生活的时代是我国东晋,他青年时又在农村做过农活,他对晋代农村情况是熟悉的。晋代为了控制劳动力,增加剥削收入,实行户调制,王法规定有户籍及各种租课办法。因此,法显在文中说的就是指印度笈多王朝与中国晋代不同,印度农民没有户籍和各种调课,人民耕种王田才交租,而且去留不受约束。这样的理解可能更切合一些。如果要深切了解这一条资料的历史意义,还必须从印度历史上看看印度农民地位有什么变化。根据《政事论》记载,印度孔雀王朝时期王室农庄主要由奴隶耕种,奴隶用逃亡来反抗奴隶主的压迫,可见他们不能自由去留。根据法显的记载,到了笈多王朝时期,这一状况就发生了根本的变化。王田的耕种者的人身有了自由,他们已经不是奴隶而是佃农。这说明笈多王朝是封建主建立的,封建主在政治上已占统治地位。它标志着印度封建社会的开始。这条记载的重要性由此可见。法显还提到另一种农业劳动者,那就是"民户"。他们被作为财产看待,同田宅、园圃、牛犊一道

---

① V. A. 史密斯:《牛津印度史》,1923年牛津版,第154~156页。

并列，属于国王、贵族和殷富之家所有。这些人往往把他们和田产、牲畜等一并赠送给寺庙。从法显记载中还可以看到他们与"人民"不同，在地方发生灾荒时也不能离开他们的主人和土地，他们的地位显然接近奴隶，他们是有人身依附关系的农民。他们以户为单位，是便于主人对他们的控制。

又如土地制度的问题。法显除提到"王地"以外，还提到国王、贵族、殷富之家的田产，还有他们对寺庙的赠地。特别是国王的赐地，在提到师子国国王赠赐寺庙土地时写得很具体："王笃信佛法，欲为众僧作新精舍，先设大会饭食僧，供养已，乃选好上牛一双，金银宝物，庄校角上，作好金犁，王自耕顷四边，然后割给民户田宅，书以铁券。自是已后，代代相承，无敢废易。"师子国文物制度多受印度影响，因此，这种赠赐方式可供研究印度这一时期赠地制度的参考。此外《布梨哈斯跋提法论》中关于国王赐地文书的格式①也可以印证。这些都提到赐地文书铁券书录后，王王相传，无敢废易，反映了这种赐地已逐渐成为世袭的私有地。此外，法显提到"王之侍卫左右，皆有供禄"，这里是指国王的护卫（主要是军人）都享有俸禄。根据《布梨哈斯跋提法论》提到王之侍从的份地问题，可以说明护卫的俸禄就是禄田份地②。到了玄奘时期"宰牧、辅臣、庶官、僚佐，各有分地，自食封邑"③。文武官职均有了封邑禄田。这就确立了封建食邑制。

又如商业贸易问题。法显提到"货易则用贝齿"，同时还提到有罪者罚"钱"。另外，在那竭国提到用"银钱"买五茎华供养，拘萨罗国提到须达长者布"金钱"买地，达嚫国提到用"钱货"雇响导。这些虽不全是笈多时所有，但说明印度货币种类还是很多的。考古发掘属于笈多这一时期的钱币种类和数量也很多。这反映当时商业的繁盛。法显又

---

① J.乔利泽：《布梨哈斯跋提法论》Ⅷ. 12-16，见《东方圣书》第33卷，1889年版。
② J.乔利泽：《布梨哈斯跋提法论》Ⅷ. 12-16，见《东方圣书》第33卷，1889年版。
③ 玄奘：《大唐西域记》，上海人民出版社1977年版，第41页。

提到多摩梨帝国是海口，有商船来往，师子国的建国与发展商业有关。最后，法显提到五百贾客给佛陀送麨蜜的传说，说明早期佛教是受到商人支持的。

又如各地的经济状况。法显提到繁荣富庶的地区与兴旺发达的城市有"人民殷乐"的中国（笈多帝国的中心地区），"其国丰饶、人民炽盛、最乐无比"的僧伽施国，"民人富盛"的摩竭提国巴连弗邑。荒凉衰落的地方与城邑有拘萨罗国舍卫城"城内人民希旷，都有二百余家"，蓝莫国拘夷那竭城"城中人民亦希旷，止有众僧民户"，迦维罗卫国"大空荒，人民希疏，道路怖畏，白象师子，不可妄行"，还有迦维罗卫城也是"城中都无王民，甚如垧荒，只有众僧民户数十家而已"。此外，王舍旧城，伽耶城都很"空荒"。我们知道笈多帝国一般来说是经济繁荣富强、人口众多的国家。可是从法显提供的资料使我们注意到还有荒凉的地区。至于荒凉的原因，可能与战争有关。法显没有提到这一点，但从笈多帝国建立前的战乱以及王朝早期诸帝的频繁军事活动可以作这样的推论。当然具体的原因还须进一步探讨。

（2）有关政治法律的问题。法显的《佛国记》提道："王治不用刑罔，有罪者但罚其钱，随事轻重。虽复谋为恶逆，不过截右手而已。"这说明当时笈多王朝的刑法是很宽大的，不判死刑或其他重刑，连重大的叛逆罪只是处以断右手的刑。其他罪行只是根据情节轻重确定罚款多少。当时罪犯不多，法显没有提到盗贼，他在印度各国游历时没有遭到偷盗劫夺。这是政局统一稳定、经济富庶的结果，又与当时的道德风尚"竞行仁义"和社会福利事业也有关系。

又法显比较详尽地记载了印度境内一些国家的情况，但却只字未提笈多王朝的统治，连他访问印度时在位的著名的超日王的名号也没有在他的记载中出现。这固然是由于他专心注意宗教事务忽视世俗问题，但也反映了一定的客观情况。那就是当时印度封建割据还比较严重，各地各自为政，显示不出中央政权的权威。其次，超日王对佛教既没有什么建树如阿育王,也没有什么损害如阿阇世王,他是一个虔诚的信服毗湿奴的教徒。因此,法显没有论述,这也是可以理解的。

(3) 有关等级制度的问题。法显记载中有:在阿育王时代,一位婆罗门深受国王敬重,国王去访问时不敢和他并坐,国王出自敬爱的心和他握手,事后他就洗净自己的手。可见婆罗门种姓不肯接近较低种姓防止污染,早已存在。到了法显游印时,他就见到名为恶人的旃荼罗,他们"与人别居,若入城市,则击木以自异,人则识而避之,不相唐突"。这说明他们就是不可接触的贱民。这些贱民有专门的职业(如法显所说是猎师、卖肉的)与住处,和与一般人不同的生活习惯(杀生、饮酒、食葱蒜)。从他们是猎师来看,可能他们原来是生活在山区或丛林地区的落后部落,后来才成为最低级的种姓。这和《摩奴法典》的记载是吻合的①。又根据《佛本生经》记载,旃荼罗还可以进城赶集,有的甚至和婆罗门同伴,虽然也受到歧视,但还没有如法显所说的那样严重②。《佛本生经》的记载是反映在法显以前的状况,由此可以看到在笈多王朝时期种姓压迫是加强了。

(4) 有关社会习俗风尚、福利事业等。法显提到巴连弗邑"竞行仁义","长者居士,各于城中立福德医药舍。凡国中贫穷孤独残跛一切病人,皆诣此舍,种种供给。医师看病,随宜饮食及汤药,皆令得安,差者自去"。中印度还有九十六种外道在道傍建立"福德舍",为过往旅客及僧侣供应住宿饮食。他还提到中印度"举国人民悉不杀生,不饮酒,不食葱蒜"。又说"国中不养猪鸡,不卖生口,市无屠沽及沽酒者"。不过他说是全国人民如此,未免有些夸大。因为婆罗门祭神要用牺牲,还有超日王以杀狮者的形象铭刻在他发行的黄金铸币上③。因此,在这里法显的说法是不准确的。

---

① 《摩奴法典》Ⅹ.51-56,A.C.伯内尔、E.W.霍普金斯译,1884年版。
② 林志纯主编:《世界通史资料选辑(上古部分)》,商务印书馆1962年版,第204~205页。
③ 金克木:《梵语文学史》,人民文学出版社1964年版,第22页。

其他如法显的关于"夏坐"的记载，他的夏坐执行得非常严格，无论在什么情况下（如在船上）他都按时进行。因此，根据这一记载推算法显的行程是很可靠的。同时，这也是研究印度古代天文历法的一项重要资料①。又法显记载路程用的单位是"由延"、里、步等。"由延"是古代印度一天行军的里程，约为三十里，具体数字因时代、地区不同而有差异。这是确定古代印度各地区远近的重要依据。

法显记载中没有单独提到耆那教。可能它在当时已不占什么优势，特别是和佛教没有发生利害冲突。这也可以为研究古代印度宗教史提供一个线索。

综上所述，可见法显的《佛国记》这部书对古代印度史的研究有很大贡献。法显学习印度有一种不畏险的战斗精神。这一直鼓舞着后代的人们。玄奘、义净等佛学大师和中印文化交流史上有功绩的我国僧侣学者大多受到法显的激励。我们今天研究南亚也要有这股劲头！法显这部书提供的研究古代印度的资料已为国内外研究印度史的专家学者所普遍采用。如印度的马宗达、潘狄迦，英国的史密斯、拉普森，苏联的奥西波夫，日本的足立喜六和我国的季羡林、金克木等在他们的专著中都高度评价了法显的这本书。但是如何运用马克思主义历史唯物主义原理，一方面进一步深入挖掘这些资料的内在含义，一方面又与其他文献实物相互印证、综合分析，对这些资料作出恰如其分、符合历史实际的说明，这就有待于今后继续努力了。

（原载《华中师院学报》1981年第3期）

---

① 贺昌群：《古代西域交通与法显印度巡礼》，湖北人民出版社1956年版，第35页。

地理因素在印度历史发展中的作用

地理环境是人类社会发展中经常起作用的因素之一。但是，绝不能过分夸大它的作用，把它说成是决定人类社会历史发展的因素，它只能加速或延缓人类社会的发展。这一基本理论问题是马克思主义早已解决了的，不过，如何运用这一原理来论述地理环境在某个国家历史中的具体作用，还是需要探讨的。马克思在论述印度的社会历史时，提到印度的地形、幅员、气候和土地条件、自然物产等等及其对印度社会的影响。因此，要结合实际来学习这一原理，最好是从印度开始。本文拟就这一问题谈谈自己的认识。

一、印度的地理环境及其特点

印度位于亚洲南部中央，是一个大半岛，西北通过巴基斯坦和伊朗、阿富汗接壤；北方有一部分同中国直接接界，一部分通过尼泊尔、不丹和中国接壤；东北和孟加拉、中国、缅甸接界。印度的西边是阿拉伯海，与波斯湾、红海相通；南边是印度洋，东南方有斯里兰卡岛；东边是孟加拉湾，水路可通缅甸、马来半岛和苏门答腊岛，经马六甲海峡而进入广阔的太平洋。印度在世界上占有比较重要的地理位置。是东西交通和文明交流的重要中间站，又是历史上北方游牧民族南下争夺的目标之一。这是印度地理环境的一个特点。

其次，印度基本上是与外界隔绝的地区。北边是高耸的喀喇昆仑山脉和喜马拉雅山脉，其主脉平均海拔超过六千公尺①，层峦重叠、山势陡峭、十分险峻，又终年积雪不化，这些山脉是难以逾越的天险，构成印度北方的屏障。东北方面也是崇山峻岭，又丛林密布，加上暑热瘴气、毒蛇毒草，行旅很是艰难。西北边经过巴基斯坦通过兴都库什山的一些隘口（开伯尔、波伦、穆拉等）可通往中亚和阿富汗，这是印度与外界陆路交往的唯一重要孔道。但峡道迂曲狭长，有的沿途有荒凉沙漠，来往也是不易，东、西、南、三面临海，海岸线比较平直、缺乏良港。海岸附近很少岛屿，印度洋又多风暴，不便航行。印度就是这样由高山和海洋围绕的地区，在地理上形成一个独立的单元。这是又一个特点。

第三，印度幅员辽阔，总面积约二百九十五万平方公里，在世界各国中占第七位。印度内地地形十分复杂，有最高的山脉、高大的高原、广阔的平原、干旱的沙漠、阴湿的低地、水量充足的河流和夏季干涸的水系，几乎具备有各种类型的地貌。气候雨量各地差异也很大，有终年积雪不化的寒冷地区，也有炎热的热带气候的地方。雨量分布也极不均匀，有世界上降雨量最多的地方，也有几乎终年无雨的地区，年雨量相差达一百多倍。各地每年雨量大小、降雨时间长短也有变化。因此，印度各地的自然条件是不同的。印度各地之间的联系也是比较困难的。如文迪亚山脉就阻碍南北印度的交往。这就更加加深了各地的差异，形成印度地理环境的第三个特点。

第四，由于印度面积大，各地气候与自然条件的差别也大，因此，印度的动植物种类很多。森林占全国土地总面积五分之一以上。有很多珍贵树木和奇禽异兽。印度的矿产很丰富，铁矿蕴藏量居世界第五位。煤、锰和黄金不少，原子能原料与水力资源也有一定数量。印度河流平原地区与半岛沿海平原由于水量充足、气候适宜、土壤肥沃等有利条

---

① 公尺，米的旧称。——编者

件，特别适于农业的发展。印度半岛西部的黑棉土适于种植棉花。印度有丰富的物产和动力资源。这是它的地理环境的第四个特点。

马克思在《不列颠在印度的统治》一文中从地形与物产方面，把印度和意大利进行类比，指出在政治结构上两者的共同点；恩格斯在1853年6月6日致马克思的信中，又根据气候和土壤的性质，把印度归于北非、阿拉伯、波斯和中亚的类型，因而影响农业生产与土地制度。这说明一个地方的地理环境对其政治、经济的发展是有关联和影响的。

二、地理环境对印度经济、政治等方面的影响

地理环境对印度的经济、政治、军事、文化四个方面均有一定的影响，以下分别加以论述。

（一）经济方面，地理环境为印度远古人类的生存准备了物质条件。远古人类需要采集果实和根茎，或猎取小兽作为食物，又要喝水。还有为了挖掘根块、打击野兽，人们需要用木石作工具和武器。这些食物、饮水和工具原料都是地理环境提供的。但不是任何地方都具备这些条件，如丛林密布的恒河平原、拉贾斯坦的沙漠地区和高山峻岭的喜马拉雅山脉就缺乏这些物产而不适于人们生活。印度各地发现远古人类遗址的地方则一般都靠近水边和森林又盛产石料。如旁遮普的西瓦利克山麓、杰卢姆河、切纳布河及索安河流域平原有河水、果树和砾岩；东南拉贾斯坦的昌巴尔河富有石英岩，在吉拉特的萨巴马蒂河流域有砂砾，米尔扎普尔的贝兰河流域产质地良好的砂岩又多岩洞，南印度的纳巴达河流域有石英岩，哥达瓦利河流域有各种珍贵石料与暗色岩，泰米尔纳杜的科尔塔拉亚尔流域有红土砾岩、片麻岩等，这些地方都是远古人类活动的地方。由此可见，远古时期印度人的生活领域是要受到地理条件限制的。

气候的冷热变化自然影响远古人类和动植物的分布。北印度有喜马

拉雅山的冰河期与间冰期的更替，气候也就有冷热的变化。第一间冰期末出现于索安河流域的人类，因气候的变冷，人们和兽类就向南迁徙。印度的南部特别是东南部远古人类的遗址比印度北部和西北部要多，就是这一原因。但也有人认为，南印度是最早出现人类的地方，他们在第一冰河期结束气候变暖时才向北方迁徙。不管哪一种说法对，气候对远古人类的分布是有影响的，这是肯定的。

印度丰富的自然资源为人类社会进一步的发展提供了可能性。除了大量石材为远古人类制作工具和武器外，还有各种树木可作棍棒。复合工具的把柄、搭盖棚架等。另外有些资源如铁、铜等金属矿产以及原子能原料，则必须在社会生产力、科技水平有了提高后，才能加以利用。如人们知道用火、学会摩擦取火后才能够冶炼金属。金属器具才能制造出来加以使用。有了铜器、青铜器特别是铁器（铁斧和铁锹），就可以大规模地清除森林使之变为耕地和牧场；使用耕畜和带有铁铧的犁，土地耕种就可以大面积进行，农业、畜牧业和工商业就有大的发展。在东南拉贾斯坦的阿哈尔，发现了铜矿，又有了铜的冶炼法，这个地方就成为印度金石并用时代重要的文化中心之一。

不过，物产丰富也有一定的副作用。因印度气候比较温暖，人们对衣食的需要量是不大的。而有利的自然条件在生产力水平比较低的情况下，即在使用青铜器时，农产品也很丰富，也能得到剩余产品。人们的生活可过，就不注意对生产工具的改进。这就影响了社会的进步。还有因为印度与外界交通困难，印度内地也彼此隔绝，一个地区多余的产品无法交换它所缺少的产品。正如马克思所指出的，"由于印度极端缺乏运输和交换各种生产品的工具，所以它的生产力陷入瘫痪状态。自然物产是丰富的，但由于缺乏交换的工具而使社会非常穷困，这种情况在印度比世界任何一个地方都要严重"。

印度各地自然条件的差异对这些地方的经济发展显然有一定的影响，因而造成各地区历史发展的不平衡。在人类定居生活以后，这种状况就更为突出。恒河流域与南印度沿海地带土壤很松,易于翻耕,又土质肥沃、雨水充足,适于农业的发展,农作物产量较高。但是,这是在铁器发明以后,铁斧砍掉了恒河流域的巨大森林,农田才被开垦出来。人们有了经常的、可靠的食物源泉,定居的村社就出现了,社会经济有了进一步的发展。不适于农业生产的地区、如德干高原、拉贾斯坦西北沙漠地带、高山、沼泽地区等,这里的人们有的过着畜牧狩猎的生活,仍保持原始的野蛮状态,人口也很稀少,与农业地区的状况完全不同。

印度农业村社的发展和自然条件的变化有着密切的关系。由于气候炎热,土壤的水分容易蒸发,如果季风雨来得不及时,或是雨量不充分,农作物就会干死。如果雨量太多、太快或冷热变化剧烈,丰收在望的粮食也会被暴雨、冰雹的打击和洪水的冲洗而毁于一旦,有人作过粗略的统计,平均每五年在一个有限范围内就会发生一次农产品的短缺,每十年在较大的地区就有一次饥荒,每五十年或一百年就有波及几个邦的大灾难。历史上有记载的一次饥荒发生在德里苏丹菲鲁兹·沙·卡尔吉的统治时期,许多人饥饿难忍,只得投河自尽。还有1769年的一次荒年中由于许多野兽饿死,老虎在荒野找不到食物就跑到巴瓦帕尔城镇伤害了四百多人。此类悲惨事例,史籍多有记载。这使得印度社会经济受到严重的创伤,尽管每次灾乱之后,同样结构的村社又会重现,但社会的进展是受到影响的。

其次,印度的农村公社基本上是自给自足的,男耕女织,过着闭关自守的生活,造成印度各地的孤立状态。正如马克思所指出的,这种状态就是"它过去处于停滞状态的主要原因"。在这方面,自然条件(山川沙漠)的阻隔,道路的缺少也是造成这种孤立状态的一个因素。

(二)政治方面,上面已经提到印度各地经济发展是和这些地方自然条件的好坏有关,随着经济的发展,这些地方的社会政治也有了变化。北印度恒河流域与南印度沿海平原很早就形成了国家,可以说也和有利的自然条件有关。国家的职能除了一般作为政治统治机构以外,还由于自然条件的不同而有不同的社会职能。由于河流经常泛滥，定居的村社往往修土墙防水淹，又防野兽或外族袭击。这多半在秋天容易发生水灾的时候兴修，《梨俱吠陀》中就用 saradi（秋天的）来形容这种土墙，后来这发展成为城市的卫城。这原来是社会共同兴建的，国家形成后就成了国家的职能。又印度农业需要灌溉，筑堤坝、开沟渠也是公社集体经管的，有了国家后，这也成为国家重要的经济职能。

有利的自然条件也是一个国家能够强盛、向外扩张成为帝国的一个重要条件。如摩揭陀国能够称霸列国时代，逐渐统一北印度；后来孔雀王朝又能在这一基础上继续向外扩张，建立了一个除南印度一角外，整个南亚次大陆和今天阿富汗的一部分都包括在内的空前大帝国，原因之一就是它占据了恒河下游及其支流宋河、甘达克河、加格拉河汇合处的重要位置。河流灌溉的土地肥沃，河流还有利于航运与贸易，恒河三角洲可以有对海外贸易的利益，因此，经济繁荣富强。国家有充足的税收，可供养大量军队。邻近的丛林提供建筑木材，还为军队供应战象。国内蕴藏的铁矿，可制造武器，又能进行有利的铁器贸易。国内许多河流四通八达，便于政治控制，又能作为很好的防御手段。这些地理条件对摩揭陀成为军事强国，后又发展为孔雀帝国，是有重要意义的。

我们知道，印度政治统一的时期，在历史上是比较短暂的，而长期的四分五裂，在一定程度上也有地理方面的原因。这便是：（一）幅员太大，加上山川阻隔交通困难，不易达到政治统一。印度面积差不多等于除去苏联部分的整个欧洲，内地如交迪亚山脉就阻碍了北印度的强国深入南印。因为派军队远征要长途跋涉，还要运输给养，耗费很大。征服后的统治也要驻军，军费行政费开支也多；而且一有变乱，不能及时对付。因此，德里苏丹时期阿拉-乌德-丁·基尔吉出兵南征的目的只在掳掠财富而不是建立政治统治。东西方面也有类似情况，华氏城的阿育王要得到呾叉始罗变乱的信息，就要至少一个月的时间，派军队到那里又要几个月，不便控制。（二）气候与地理条件的差异，使各地区具有不同的经济利益，有着不同的文化特色。这些地区之间又有自然障碍，影响彼此交往，长期以来形成独立的政治单位。如北方的侨萨罗、摩揭陀、高达、文伽、阿槃底、拉塔与须吻他，南方的羯陵伽、安度罗、马哈拉施特拉、卡尔纳塔、哲罗、朱罗与潘迪亚等古王国似乎都有着永恒的生命。它们不关心帝国的兴衰，始终保持离心的、孤立的倾向。（三）作为社会基层组织的广大农村公社是分散孤立的，只效忠于家族公社，对整个帝国的命运十分冷漠。因而，印度的政治统一要靠武力才能建立起来，用的是军事行政的力量。一旦这种力量消失，统一体就分解成为甚至像"村庄那样多的各自独立和互相敌对的国家"。

印度内部的分裂给外来的侵略者创造了机会，印度自然资源的丰富又引起外族的觊觎。地理环境给外来者安排了进入印度的孔道。在海路未被人利用以前与外界的交往靠的是陆路，其中最便利的途径是以印度西北方，即通过位于阿富汗边界附近的开伯尔山口到巴基斯坦而进入印度。从雅利安人起，接着是波斯人、希腊人、塞种人、突厥人、蒙古人等都是沿这一路线而来。对印度人防御不利的是塔尔沙漠梗阻在印度河与恒河两个流域之间，无法动用北印度全部资源来对付入侵者，只能凭借印度河部分的力量。这一沙漠虽也能阻挡由印度河下游来的敌人，但在其北方却给敌人的进军留下一个空隙。印度人只注意内争，对外闭塞，不明敌情，因此，一直不能阻止外族的侵入。外来侵略者削弱了印度统一王朝的实力，如匈奴人之对笈多王朝、蒙古人之对德里苏丹，这也是破坏印度政治统一的一个因素。西北方来的野蛮侵略者不久就被文化发展较高的当地居民所同化，他们成为印度政治生活中一支重要的力量，影响印度历史的发展。

15世纪末形势有了新的变化。葡人发现绕非洲南端好望角东来的新航路，打破了土耳其人与阿拉伯人对东西方贸易的控制。荷兰、英国和法国继葡人之后东来。他们分别占领了印度东、西海岸的一些地方，一贯忽视海防的印度政府无法对付。这些殖民强盗互相争夺的结果，最终是英国取得胜利。英国建立了一个统一的庞大的英印帝国。从地理上来看，英国于1757年经过普拉西战役占领孟加拉，接着是比哈尔和奥里萨恒河中下游的富庶地区，这便奠定了英国制服法、荷，统治印度的基础。因此有人认为这一战役不仅决定孟加拉也决定了印度的命运，成为印度历史上的一个转折点。接着英国经过四次迈索尔战争控制了南印度，又在三次马拉塔战争后获得印度历代中央政府所在地德里，最后在1838—1849年中战胜锡克教徒和阿富汗人，吞并了旁遮普和信德，据有可以击退来自中亚细亚的任何侵犯的战略要地，于是才在东印度大陆全境建立了不列颠的统治。英国拥有了繁荣富庶的恒河流域，又占据了能够攻守的军事要地，掌握了制海权与重要港口、能保持与本国的联系又能控制海外贸易，因而才取得了胜利。

历史上印度人向外扩张的情况是罕见的。除其他因素外，也可以从地理方面找到原因。印度次大陆范围广阔、各国林立、争战不休。在印度本土取得统一已属不易，因此无力向外扩张。何况邻近地区并不比印度本土富裕。仅有的一次是德里苏丹穆罕默德·图格鲁克于1337—1338年出兵十万打算远征中国与印度间的一些倔强不屈的部族，因为高山丛林阻碍，又逢雨季，行军艰难，给养又缺，结果几乎全军覆没。印度的海外发展同样很少。因为邻近无岛屿，离东非和印度支那半岛都相距较远，向海外扩张需要建造船舰，耗费大，海上航行又多风险，加之印度大陆上有充分空间扩展。16世纪以前又没有海上来的威胁，因此，一直未受到印度统治者的重视。只有南印度沿海国家，因海岸线较北印长，内陆面积又较小，各国均有海洋航运的传统。11世纪初，拉金德拉·朱罗一世时取得几乎全部印度东海岸，他曾向海外发展，建立了包括锡兰、马来半岛一部分、尼科巴群岛在内的海上强国。后来终因海外作战负担太重，印度的朱罗本土又受邻国攻击，不得不放弃海上的经营。这些例子都说明，由于地理条件的制约，印度无论陆上或海上都未能向外扩张。

（三）军事方面，地理环境对印度军事的影响主要通过战争而表现出来。由于地形关系而构成的足以掩护国家政治中心，经济命脉的战略要地的保持，在战争中是十分重要的。印度陆上的防御主要在西北边境。由开伯尔山口向东南前进的侵略者只有一条经由在塔尔沙漠与阿拉瓦利山脉间的平原通往德里北方的道路。一过德里便是比较平坦的恒河平原，往南直到文迪亚山脉才遇到阻碍。因此，德里北方的平原是印度人抵抗外族入侵的战略要地。帕尼帕特·塔拉因等著名战场都在这里。1526年巴卑尔在帕尼帕特的胜利就奠定了莫卧儿人在印度统治的基础。而1191年拉杰普特人在塔拉因的失败则使穆斯林得以南下控制北印度。同样，由西往东去孟加拉也有一条处在丘纳尔与特利阿加里之间的狭长通道，沿途许多高地如罗塔斯、卡林贾尔、瓜利奥尔等均可设防。这是进出孟加拉的门户，易守难攻。因此，这也是孟加拉经常叛离德里中央政权的依靠。

其次，印度的气候对军事活动也有一定的影响。高温、暴雨的季节是不适于军事行动的。它对不适应水土的外来侵略者更是不利。马克思在论述1857年印度民族大起义的一些文章中多次提到这个问题。如"在德里城下的战斗中，烈日对士兵的危害甚于敌人的枪弹"，"欧洲人在雨季或潮湿地带只要一劳累，痢疾、霍乱和疟疾便跟踪而来"，"气候使新开来的部队受到极大的消耗"，等等。又季风来临，海军活动也被迫停止。1758年第三次卡纳蒂克战争中英国海军舰队在季风开始前不得不撤离缺乏避风港口的马德拉斯。这样类似的例子是很多的。当然，这些影响都不关大局。

（四）文化方面，地理环境对印度文化的影响是很明显的。人们创造的文化，不论是物质文化还是精神文化都脱离不了人们生活在其中的地理环境，因此，就表现出地理方面的特点。如印度产棉花，棉织品就十分精细。又天气潮湿、常有水患，房屋建筑就多使用烧砖和注意下水道和屋基的建造。印度宏伟的崇山峻岭、奔腾的河流、繁花茂林、奇禽异兽这一些美好的景物就成为文学艺术的题材,如著名诗人迦梨陀娑的名诗《云使》和《鸠摩罗出世》就是以雪山(喜马拉雅山)为背景,《时令之环》更是以鲜艳色彩直接描绘印度各季节的景物。山奇大塔的各门雕刻刻画的是印度的孔雀、象猴、龙蛇,各种花木;它展现在人们眼前的是印度大自然的奇妙诗篇。

宗教神话中也反映出地理环境的作用。印度气候酷热,雨水不足,常造成干旱,有时又暴雨成灾。水的问题关系重大。在古代神话中就提到天神因陀罗杀死围困水的巨龙,劈开大山解放了河水,使七河奔流注入大海。这反映了人们对水的渴望及其与自然的斗争。印度司风雨之神也很多,除因陀罗外,还有摩录多、伐育、楼陀罗、巴健耶等,反映了对季风雨的重视。自然现象的变化在古代已引起印度人的注意。他们还试图了解这些变化与人事的关系。如《火神往世书》中就提到如果有空中充满烟雾,太阳、月亮的圆盘上见到斑点,恒星、行星遭到遮蔽等现象的地方就会有厄运。又如有陨石雨、地震、雷击、飓风、日蚀、月蚀、流星光发生时就有饥荒等。由于当时生产力水平低下,人们的认识能力很差,只能看到一些表面现象,无法了解这些现象的原因和规律。人们不能控制自然力,就把一切变化归之于神,把人世的祸福寄托于命运的安排。因此,印度宗教学说比较盛行。

印度气候炎热,蚊虫多,易滋生疫病。印度人从古以来就得和疾病作斗争,因此,医药学比较发达。

此外,水陆通道有助于商业的交往,也促进文化的传播与交流。如恒河流域文化比较发达,印度西北部接受了希腊文化的影响,产生了犍陀罗的艺术。而在深山丛林中与世隔绝的地区,则至今还保存着原始的文化,如东印度山区的那加人、中印度高原的比尔人等。

从以上四方面来看,我们可以得出以下的几点认识:

(一)地理环境对印度的社会经济发展,国家的统一和分裂,军事、文化的活动都有着不同程度的影响,有的只关系到一时一地一事,有的则牵涉全局。

（二）地理环境影响印度历史的程度、大小和社会生产力发展水平有密切的关系。在火与金属（青铜器与铁器）未被利用以前，地理条件的限制就大得多。

（三）河流在印度一直是比较重要的自然条件，政治、经济、文化各方面的发展都与它有关。印度人对河流是十分重视的，特别是恒河被称为圣河。

（四）自然条件的差异影响了印度各地历史发展的不平衡。在人类定居以后，这种情况更为明显。

三、地理因素对印度社会历史发展的作用

地理环境既然对印度历史有多方面的影响，它对印度社会历史的发展究竟起了什么作用呢？我们认为，首先，它不起决定的作用。因为，如果说起了决定性的作用，那么，地理条件变化了，印度的社会性质也要跟着起变化。反之，如果地理条件不变，社会性质就不应变化。我们来看印度的情况。印度的地理条件不是一成不变的。它的变化大致可以分为两类：一是自然界本身的变化，如在人类出现以后有冰河期的变迁、地震的发生、地壳的升降、河流的改道等等。一是由于人类活动造成的变化，如焚烧、砍伐树木逐步造成森林的消失，挖水井、开沟渠使沙漠变为良田等。前者的变化是人力无法控制的，往往破坏性很大，造成生命财产的损失。在这种情况下，人们不是逃避、如冰河时代的南下，就是在灾祸过去再重整家园、如印度河流域城市有七次重建。后一种变化又有两种情况：一是由于人们还认识不到自己的行动对自然界带来的较远的影响；因而只顾眼前利益，焚烧树木作为燃料，砍伐树木，把森林开为耕地，但却破坏生态平衡，造成水土流失，气候变得干燥。一度兴盛的印度河文明的荒废，这种地理条件的变化可能是原因之一。

一种是兴修水利,解决干旱;又修筑道路桥梁便于往来。如孔雀王朝时修建和维护大道,建造大量沟渠水坝等,社会经济就能得到发展。但是,这些变化都没有决定印度社会性质的演变。例如自然界变化较大的原始时代,对人类生活的影响确实也很大,有的人群在大自然的变革中由于不适应而遭到灭绝。但生存下来的人群仍然过着原始公社的生活。进入阶级社会后的三四千年中,印度的地理条件没有很大的变化,但印度社会却经历了孔雀王朝的奴隶制帝国、笈多王朝的封建制帝国、英国统治的殖民地时期直到印度的独立这一系列的变化。由此可见,不能说地理条件决定了印度社会的发展。

其次,如果说地理条件决定社会性质的变化,那么,良好的自然条件必然使生活在其中的人们有着进步的社会制度。也就是说,自然条件的优劣决定了社会发展水平的高低。事实好像也是这样,如富庶的恒河流域中下游一带早已进入奴隶制社会,而德干高原的山地和森林地区却仍然是原始部落。但是,这里得先指出自然条件的优劣是要看人们的生活需要与生产能力来决定。原始时代人们需要的是食物,最初是使用石器,过着采集、狩猎生活。这一时期榛莽丛生、缺乏石料的恒河平原就不是良好的自然条件了。直到有了铁器和农业以后,经过人工开垦后的恒河流域,由于有着土壤的肥力,才成为了优越的地理环境。因此,这已经是经过人工劳动改造过的自然条件在起作用了。到了近代科技生产发展,需要的是钢铁、煤炭等工业原料和水力资源等。有这些富源的地方,人们又有能力开发和利用,当然就是良好的自然条件。因此,这里起决定作用的还是生产力发展的水平而不是单纯的地理条件。

另一方面,单纯的地理条件即使再好,也正如马克思在《资本论》中所说的,"只提供剩余劳动的可能性,从而只提供剩余价值或剩余产品的可能性,而绝不能提供它的现实性"。如印度有些原始部落"田地由血缘亲属共同耕种,收获时,各取一年给养所需之量,烧毁其余,免得人们懒散,无事可做"。他们就是这样处理剩余产品。只有出现了私有制，生产关系有了变化，剥削剩余劳动才成为现实。因此，自然条件并不决定社会制度。可是，有人对这一论点提出反驳。他们说马克思和恩格斯都认为东方各民族（包括印度）没有达到土地私有制，"主要是由于气候和土壤的性质，特别是由于大沙漠地带，这个地带从撒哈拉经过阿拉伯、波斯、印度和鞑靼直到亚洲高原的最高地区"。这不是明显地说自然条件对社会制度起了决定性的作用吗？这是对马克思和恩格斯的论述的曲解。马克思和恩格斯的原意是说，由于印度的自然条件的特点，经营农业必须要有人工灌溉。在当时生产力水平比较低的情况下，也就是马克思所说的"文明程度太低"，个体经营无能为力，必须依靠公社、省或中央政府来办理。因此，就维护了公社所有制，阻碍了它向土地私有制的发展。不是自然条件决定了印度不能有土地私有制，而是它起了阻碍社会发展的作用。

地理条件是否决定中央集权专制呢？人们往往认为印度的自然条件决定农业需要人工灌溉，大规模的灌溉设施又要中央政府来经管，这就决定了中央集权专制制度。这完全是表面的联系。因为人工灌溉是印度人在经营农业中和旱涝灾害作斗争的结果，而专制制度则是在阶级斗争中统治阶级对人民所采取的一种统治形式，二者之间完全没有必然的联系。在印度经营农业需要人工灌溉，不论在什么制度下都是如此。列国时代的共和制城邦中，农田水利不是照样进行吗？在地方各自为政的时期，农业灌溉就不是在中央集权专制政府下进行。另外，专制政府也不一定就经管人工灌溉。如像马克思所指出的英国东印度公司的统治是"在亚洲式的专制基础上建立起来的欧洲式的专制"，它只顾掠夺和统治，不管人工灌溉。还有没有人工灌溉的国家（如古代罗马、近代英法等国）也都有专制制度。由此可见，自然条件要求的人工灌溉并不决定一个国家的政治制度。

地理环境对印度社会发展起了什么作用呢？由于印度自然条件的差异影响了各地历史发展的不平衡，因此，不能一概而论。这里先就印度历史发展的主要中心地区（恒河流域及沿海平原地区）来说，这里的地理环境对印度历史的发展在人类文化初期起过促进作用，而在较高的发展阶段则又起阻碍的作用。因为在文化初期，人们生活需要以衣食为主，印度适于农业地区的自然条件比古代希腊罗马优越，如印度河流域在使用铜器、青铜器条件下，恒河流域在使用铁器时，就能取得剩余产品，进入阶级社会。前者比希腊罗马约早一千几百年，后者也早一二世纪。恒河流域还有利于航运，对古代印度经济、文化的繁荣与大帝国的出现提供了条件。这一切都可以说是地理环境促进了印度社会的发展。

不过，由于印度自然条件要求灌溉农业，最初曾经经营水利的农村公社延续了下来（农村公社残存的原因还有很多，这里仅就地理方面来看），障碍了生产关系向私有制的转化，影响了社会的发展。到了较高的发展阶段，农村公社组织更趋严密，生产范围仅限于自给自足、农业和手工业结合在一起，最顽强地保持传统的生产方式。这样，由于灌溉农业需要保存下来的农村公社就成为印度社会发展停滞的重要原因。农村公社与外界很少联系，造成道路缺少，而自然条件的阻隔，交通的困难，又使公社的孤立状态长久存在下去，地理环境在这方面对印度社会的发展就起了延缓的作用。

就印度其他地区来说，由于自然条件的差异造成印度各地区经济利益、文化传统各不相同，政治上四分五裂，影响了印度经济的发展，也起了延缓社会发展的作用。

直到近代，英国殖民主义用武力统一了印度各地，又用电报、铁路解决了交通联系的困难，轮船发展了海外航运，使印度摆脱了孤立状态。另一方面，不列颠的蒸汽和科学在印度全境把农业和手工业的结合彻底摧毁了，破坏了农村公社，因而打破了传统的生产方式对生产力的束缚。由铁路带来现代工业，印度的面貌改观了。可是文明的英国人追求的只是从印度居民的血液中榨取黄金。印度物质世界的一切变化既不给印度人民带来自由，也不曾根本改善他们的社会状况。由此可以看到，要使地理环境完全受人们利用，使它充分发挥促进或加速社会发展的作用，克服它的不利方面，仅靠生产力的发展还是不够的，要使人民真正受益，社会迅速进步，关键还在于由人民掌握生产力。人民取得政权后，在科学的指导下进行物质生产，自然力才能充分用来为人类谋福利。

参考资料

［1］马克思：《不列颠在印度的统治》，见马克思、恩格斯：《马克思恩格斯全集》（第九卷），中共中央马克思恩格斯列宁斯大林著作编译局译，人民出版社1961年版。

［2］马克思：《不列颠在印度统治的未来结果》，见马克思、恩格斯：《马克思恩格斯全集》（第九卷），中共中央马克思恩格斯列宁斯大林著作编译局译，人民出版社1961年版。

［3］马克思：《东印度公司，它的历史与结果》，见马克思、恩格斯：《马克思恩格斯全集》（第九卷），中共中央马克思恩格斯列宁斯大林著作编译局译，人民出版社1961年版。

［4］马克思：《印度起义》，见马克思、恩格斯：《马克思恩格斯全集》（第十二卷），中共中央马克思恩格斯列宁斯大林著作编译局译，人民出版社1961年版。

［5］马克思：《资本主义生产以前的各种形式》，见马克思、恩格斯：《马克思恩格斯全集》（第四十六卷），中共中央马克思恩格斯列宁斯大林著作编译局译，人民出版社，1961年版。

［6］马克思：《资本论》，郭大力、王亚南译，人民出版社1953年版。

［7］恩格斯：《印度军队》，见马克思、恩格斯：《马克思恩格斯全集》（第十二卷），中共中央马克思恩格斯列宁斯大林著作编译局译，人民出版社1961年版。

[8] 恩格斯：《英国军队在印度》，见马克思、恩格斯：《马克思恩格斯全集》（第十二卷），中共中央马克思恩格斯列宁斯大林著作编译局译，人民出版社1961年版。

[9] 恩格斯：《暴力论》，见马克思、恩格斯：《马克思恩格斯全集》（第二十卷），中共中央马克思恩格斯列宁斯大林著作编译局译，人民出版社1961年版。

[10] 恩格斯：《致马克思（1853年6月6日）》，见马克思、恩格斯：《马克思恩格斯全集》（第二十八卷），中共中央马克思恩格斯列宁斯大林著作编译局译，人民出版社1961年版。

[11] R.C.马宗达等：《印度人民的历史与文化》第一卷《吠陀时代》，1952年版。

[12] R.C.马宗达等：《高级印度史》，1978年版。

[13] K.C.贾因：《印度的史前史和原始史》，1979年新德里版。

[14] K.M.潘尼迦：《印度和印度洋》，世界知识出版社1962年版。

[15] 苏联科学院主编：《世界通史》十卷本，苏联国家政治书籍出版社1955年版。

[16] 《英国百科全书》，《印度次大陆的历史》条，1978年版。

[17] 《苏联大百科全书》，《印度》条，1953年版。

[18] 维特威尔：《世界经济地理》，生活·读书·新知三联书店1953年版。

（原载《华中师院学报》1983年第6期）

浅谈印度古代史的分期问题
——试论印度封建社会的开端

印度古代史的分期问题是研究印度古代史的一个关键，它对古代印度历史人物和事件的分析与批判，对古代印度文化成就的理解与评价，都有着十分重要的意义。这一问题不解决，对其他问题就不可能取得明确统一的认识。如对释迦牟尼的评价，主张当时是奴隶制社会发展时期的，就认为他是代表新兴奴隶主阶级的利益，是进步的历史人物；而主张当时是奴隶制衰落封建制兴起时期的，则认为他是维护旧的没落的奴隶主阶级的利益，是反动的历史人物。两者的结论恰恰相反①。

另外，印度古代史的分期问题也是我们学习无产阶级革命导师马克思和恩格斯的原著、学习马克思主义的历史唯物主义的一个很好的课题。我们知道马克思和恩格斯对社会历史的分期、对古代印度的社会形态都有重要的论述，这是我们划分古代印度历史阶段的理论指导，我们一定要认真地学习。

还有，印度古代历史的分期问题和亚洲其他国家古代史的分期问题也有关联，它们的古代社会都有一些类似的特点，如灌溉农业、农村公社、家庭奴隶制等，因此它们的分期问题也必然有共同的地方。解决一

---

① 前者见《世界上古史纲》编写组：《世界上古史纲》（上册），人民出版社1979年版，第388页；后者 R.P. 见萨拉夫：《印度社会：印度历代各族人民革命斗争的历程》，华中师范学院历史系翻译组译，商务印书馆1977年版，第492~494页。

个国家的分期问题，对其他国家的历史分期一定有参考价值。

由上述各点可以看到探讨印度古代史分期问题的重要性。

这一问题和我国古代史的分期一样，也是国内外学者争论不休的一个问题。资产阶级历史学者为了研究方便起见，也曾对印度历史的发展阶段作过一些划分，但他们不是把印度历史看成统治王朝更替的历史，就是从宗教文化的角度划分印度历史为三个时期，即印度教时代、伊斯兰教时代和英国人统治时代。这些学者根本不承认历史发展的规律性，他们的分期完全是任意的、不科学的。这种分期不能说明前一时期与后一时期的根本区别，也不能说明二者之间的必然联系，因此这种分期不能反映历史发展的真实过程。

科学的历史分期只能根据马克思主义的历史唯物主义原则来划分，即按照占统治地位的生产关系的性质将印度历史划分为原始共产主义社会、奴隶制社会、封建社会、殖民地半封建社会以及性质尚未确定的现代印度社会。印度古代史就包括原始共产主义社会和奴隶制社会两个阶段，但结合印度历史的具体实际，各国学者的分歧仍很大。如有的认为公元前3000年印度已进入奴隶制社会，公元前542年则是印度封建社会的开端；有的则认为公元前六世纪才有阶级国家出现，公元七世纪才进入封建社会；还有一些人否认印度存在奴隶制社会，他们认为奴隶制在印度没有成为占优势的生产方式。我国研究印度史的学者对分期问题也有不同的看法。关于印度奴隶制社会的上限，各家说法出入不大，一般认为是公元前一千年代初。如果算上哈拉帕文化，就应提前到公元前2500年。但对封建社会的上限，则大致有以下三说：（1）公元前五六世纪，印度奴隶社会开始向封建社会过渡；（2）印度由奴隶制向封建制的过渡，大约开始于公元一二世纪，基本完成于公元四世纪；（3）公元五至七世纪印度封建社会形成的时期①。

---

① 第一说见季羡林著《罗摩衍那初探》，第二说见《世界上古史纲》，第三说见郭守田主编《世界通史资料选辑（中古部分）》。

分期问题还包括原始社会、奴隶社会内部各发展阶段的划分，问题比较复杂，因为印度各地社会发展不平衡，南北印度的发展也各有特色，对这些问题本文暂不讨论，下面着重讨论一下印度封建社会的开端问题。在有关这一问题的种种说法中，值得注意的有两种倾向。一种倾向是向西欧封建社会的开始时间靠拢，那就是以公元五世纪西罗马帝国灭亡，奴隶制社会结束为界线。罗马帝国是奴隶制发展到极盛时期的帝国，似乎必然首先进入封建社会。这样，中国则应在公元五至六世纪南北朝时期才开始封建化，印度封建社会的开始就应在公元六至七世纪，它们都有着类似的外族入侵问题。主张这一说法的人往往引用恩格斯的话："只有野蛮人才能使一个在垂死的文明中挣扎的世界年轻起来。""……使欧洲返老还童的，并不是他们的特殊的民族特点，而只是他们的野蛮状态，他们的氏族制度而已。"① 这些野蛮人是罗马帝国奴隶的重要来源，他们同帝国境内的奴隶有着亲族关系，同受帝国奴隶主的压榨，因此，应把这种外族的入侵看成是内因，似乎任何奴隶制社会都必须有野蛮人的入侵才能产生封建制的变革。如果这是普遍规律，那么就必须和"事物发展的根本原因，不是在事物的外部而是在事物的内部，在于事物内部的矛盾性"② 这一原则协调起来，因此，就把这种外力解释为内因。另一种倾向是向中国封建社会的开始时间靠近。中国奴隶社会向封建社会过渡的时间比较公认的意见是春秋时期（公元前 770—前 476 年），那么，印度的封建化就提前到公元前五至六世纪，即摩揭陀的频毗娑罗就建立了封建国家，或至迟在公元前四世纪的孔雀王朝已是封建王朝。中国古代社会和印度古代社会有许多共同的和类似的特点。在上述时期内两国都是战乱频繁，政治经济经历着巨大的变化，意识形态领域是诸子百家争鸣，思想十分活跃。在这里，恩格斯关于"历史上

---

① 恩格斯：《家庭、私有制和国家的起源》，见马克思、恩格斯：《马克思恩格斯选集》（第四卷），中共中央马克思恩格斯列宁斯大林著作编译局编译，人民出版社 1972 年版，第 152～153 页。

② 毛泽东：《矛盾论》，人民出版社 1952 年版。

的伟大转折点有宗教变迁相伴随,只是就迄今存在的三种世界宗教——佛教、基督教和伊斯兰教而言"的提法①也是说明这个时期印度有重大变革的一个理论根据。以上两种倾向都是以某一国家的社会变革为模式,以其变革的时间为基准来研究印度古代的分期问题,这自然是不妥当的。探讨某一国家的历史分期问题固然需要和同一类型或具有典型意义的国家的社会历史进行比较研究,固然要考虑当时世界形势的发展以及国家间的相互影响,但是更主要的是对印度古代社会本身发展变革的研究。我们不能脱离印度自身的特点及其内在矛盾的演化来探讨印度古代史的分期。

  为了研究印度古代社会的发展变化,我个人认为首先必须全面地、系统地学习和领会马克思主义的历史唯物主义以及马克思、恩格斯有关封建主义产生的一般论述和关于印度古代社会的论述,比如生产力的发展受到奴隶制的限制,迫切要求消灭奴隶制;奴隶制已经无利可图因而灭亡了;新的生产力要求生产者在生产中能表现出某种主动性,愿意劳动,对劳动感兴趣,换言之,即劳动者的地位需要有根本的变化,以及这一切在家庭奴隶制、种姓制与村社制度等结合的古代印度社会如何实现。这就是我们要在马克思主义的理论指导下结合古代印度社会实际进行学习和研究的课题。

  另外,我们还要认真发掘、精确地分析和审订史料。印度古代史缺乏历史文献,又没有史学著作(如类似我国司马迁的《史记》、希腊希罗多德的《历史》等),仅有一些家谱、史诗、往世书等。这些资料往往夹杂神话传说,又没有确切的年代记录,因此我们对已有的文献资料要仔细审订,以求得某一历史时期的确切史料。又由于这些文献最初只是口头相传,后来才有文字记载,彼此传抄,因此,在编成定本以前,

---

① 恩格斯:《路德维希·费尔巴哈和德国古典哲学的终结》,见马克思、恩格斯:《马克思恩格斯选集》(第四卷),中共中央马克思恩格斯列宁斯大林著作编译局编译,人民出版社1972年版,第231页。

常有后人的增删改动。如史诗《罗摩衍那》《摩诃婆罗多》等的编成都经历了较长的时间，它们反映的历史也就不是只限于这些文献编者当时的状况，必然还包括定本以前文献流传时期的状况。因此，在使用这类资料时必须严格区分它所反映的具体时代与地区。除以上这些少量的历史文献外，研究古代印度还必须从多方面发掘、广泛搜集有关资料。比如法典（包括法经、法论），这是反映统治阶级利益的，其中有些条款（如释放奴隶的规定等）也反映了被统治阶级的斗争。当然，法典逐渐僵化，不能反映千变万化的社会实际，这是我们要注意的。又如涉及政治学说和制度的政治文献、宗教经典、文学作品、字典辞书等也都有某一时期的社会经济状况和各阶层人民生活状况的反映。此外，外国旅行家、官员、僧侣的见闻也是很有价值的，不过由于作者是外国人，往往以异国人的眼光论述印度的事物，这也是值得注意的。最后，考古发掘得到的碑铭、钱币等文物，比较切实可靠，又有年代记载，需要充分利用。

根据以上要求探讨印度封建社会的产生，我们还须做很多工作。在当前的条件下，对这一问题自己只能谈一点粗浅的认识。我是同意公元四世纪笈多王朝的建立是印度封建时代的开始这一说法的，原因有以下几点：

一、从生产力的发展来看。由贵霜帝国到笈多帝国，这一时期印度经济特别是农业有了相当的发展。这表现在以下一些方面：（1）生产工具的改进。带铁铧的、比较轻便的犁成为主要的农具；此外，还出现不少的铁制农具。在《布梨哈斯跋提法典》《长寿字库》等古代文献中就有关于这样犁的详细描述。在呾叉始罗的考古发掘中发现了公元一世纪的农具遗物，其中有月锄、铲、镰刀与鹤嘴锄等，比以前都有了改进，有的是新式农具。（2）农艺知识的增长。当时已知区别不同土壤，分别谷物种类，实行轮作制。如《长寿字库》就提到适于不同农作物的各种类型的土地。又知道施肥，并研究植物病害，设法防护。（3）耕作技术与农田管理要求的提高。在播种前要求翻地二至三遍,果树种植要有一定的间距,收获后要打谷、磨谷、簸谷、晒谷,然后才入仓。(4) 水利灌溉的发展与耕地面积的扩大。笈多王朝以前各地已陆续兴修水利,如公元前一世纪羯陵伽的卡罗毗拉留下的哈色贡法铭文就提到他扩大了灌溉网。公元二世纪中叶邬阇衍那的塞种州长手下的官员建筑新水坝巩固著名的苏达尔桑纳湖水利工程,防旱防涝。随着沟渠池塘的修建,使沼泽排去积水,旱地获得水利,耕地面积也就扩大了。(5) 耕畜的广泛使用与牧养的改进。注意家畜的增殖与防病的措施。(6) 农作物种类与产量的增加。公元初几个世纪的文献,如《长寿字库》《大唐西域记》等就提到主要农作物有几种水稻,还有小麦、大麦、黍,豆类有扁豆、绿豆,油料作物有芝麻、芥子、构酱,经济作物有棉花、大麻、亚麻、靛蓝、甘蔗等。园艺方面,蔬菜果树种类也有增加。蔬菜有黄瓜、南瓜、葫芦、萝卜、葱、蒜以及胡椒、姜等调味品。水果有芒果、甜瓜、罗望子果、未杜迦果、枣、橙、桃、梨、梅、杏、葡萄、石榴、香蕉等,许多地区还栽种椰子树。桑树种植与养蚕业也兴盛起来。农作物产量有些增加,每年可收获二到三次。公元二世纪的《红海漫游记》提到稻米与小麦的出口就表明了这一点。

  与农业有关的手工业也得到发展。在这方面,纺织工业最为发达,文字史料和考古资料都证实了这种情况。纺织原料有棉、毛、丝麻等。织物花色品种很多,如绫罗绸缎、毛毯地毡均有制作。织平纹细布的技术很高,公元一世纪最精致的棉布称恒河棉布,东孟加拉和恒河三角洲所产杜库拉布色白柔软,北孟加拉的色黑,表面像宝石一样光滑。希腊地理学家斯特拉波曾提到印度人用精美的细布做的花袍和绣有金线饰有宝石的衣服。《长寿字库》《大唐西域记》《蜀利沙本行》等书和钱币面上刻画的人物,壁画、浮雕的人像等都有各种服饰衣着的描绘。铁、铜、金、宝石、盐等矿产的开采和冶炼也有很大的进展。公元二至三世纪的医学名著《阇罗迦本集》中就提到用金、银、铅、铜、青铜等制成的器具。在旧德里库特布尖塔附近的梅哈劳利有公元五世纪兴建的著名铁柱，柱高 7.25 公尺，重达 6.5 吨，上面刻有旃陀罗王（可能就是超日王）的军功事迹，经过千余年的风吹雨淋，至今仍未锈蚀，说明冶炼技术水平之高。宝石雕刻已成为专门学问，戛日的《广集》提到当时已知的二十种不同的宝石，并描述各种宝石的色泽、性质及其产地。建筑方面用砖石代替竹木，已建有阿旃陀石窟等著名建筑，还有如塔莱等地的砖塔庙宇。这时期已能制造载百人以上的大型多桨帆船，并利用季风在海洋上航行。对外贸易十分活跃。出口物品有纺织品、象牙制品、珍珠首饰、胡椒香料、靛蓝染料和珍异禽兽等。这一切都表明这一时期的工农业生产有很大的发展，生产力水平有了相当的提高。与公元前四到二世纪的孔雀王朝时期相比，我们就可以明显地看到这种发展。以农业为例，孔雀王朝时期虽已有了犁、锄、耙和镰刀，但都比较粗糙简陋，犁很笨重，只能把地犁出沟痕、而不能把地层翻过来。耕作技术低下，又不能因地制宜，这种生产不需要生产者精心操作，但要耗费大量体力，田地主人需要设置监工才能强制受压榨的生产者进行劳动。到了笈多王朝，生产力的发展要求生产者关心劳动生产，并要掌握一定的技术，即要求他们对劳动有兴趣，能表现出某种主动性和积极性。由于产量的提高，使生产者在纳租以后还有剩余，可以进行再生产，因此增加了劳动的积极性。笈多王朝时期的生产力状况显然已具备封建社会的特点了。

二、从生产关系的演变来看，首先是土地制度的变化。孔雀王朝时期，土地是国王所有，国王作为奴隶主阶级的代表成为全国土地的最高所有者，无论是《摩奴法典》、《政事论》、佛教经典和希腊人麦伽斯梯尼都有这样的看法。但是实际上对土地的占有有以下几种情况：（1）国家和国王直接占有的土地，包括森林、水源、矿藏、未开垦的荒地、国王经营的农庄和移民村。国王经营的农庄由奴隶、雇工和囚徒耕种，由农业主管人直接掌管（《政事论》第2卷第24章）。移民村是由外国人或本国其他地区的过剩人口耕种的，他们须向国家纳税才能终生耕种分得的土地，如能及时缴纳应纳的税额，还可获得谷物、牲畜和金钱的供应，以便使他们更好地耕种土地，增加国家收入。村内已有贫富之分，有的雇工、有奴隶，有的贫穷无靠。参加公共建筑的劳役，富人可以由他的仆人和公牛代替，出一份费用而不用亲自服役（《政事论》第2卷第1章）。(2) 奴隶主贵族和寺庙占有的土地。这种土地主要是国王的赏赐，也有通过买卖、继承、开荒和侵占而取得的。国王赏赐的土地不得出卖、转让或抵押，国王只是赐予该土地的田赋税收，田地仍为国王所有，由村社农民耕种。贵族僧侣扩展的土地，如婆罗门科西亚·戈塔的农庄有一千迦犁沙（一迦梨沙约为一英亩①），他将其中一半租给佃户，一半由自己的奴仆耕种（《佛本生经》卷4，第276篇）。有的婆罗门拥有使用五百具耕犁的田地（《杂阿含经》卷4）。这类田地主要由奴隶耕种，也有使用雇工或出租的。(3) 公社占有的土地。由于各地经济发展不平衡，土地占有的情况也不一样，一些边远地区还继续保持原始的氏族部落公社。据亚历山大部将尼亚库斯称，他们是共同耕种，平均分配产品（《斯特拉波》第15卷第1章第66段），土地自然是公社所有。另一些发展较缓慢的地区，土地定期分配。大部分地区的公社，土地已不再重分，逐步形成土地的个人占有，接着出现土地买卖的现象，土地的私人所有就这样产生了。这在摩奴法典时代（公元前三世纪至公元三世纪）就已经有了迹象。此后，法典、佛经等文献都有不少有关土地私有的例证。这些私有者带着自己的人到田地里去干活（《本生经》第389个故事），"自己的人"可能指的是自己的儿子、奴隶或者分成农等。

到了笈多王朝时期，私人土地所有制有了进一步的发展。法律上对取得不动产的途径有所增加，对买卖土地的条件也有了放松。如《布梨哈斯跋提法典》列举出七种途径，比《乔达摩法典》增加了两种。《那

---

① 1英亩＝0.004 047平方千米。——编者

罗陀法典》规定出让土地只要求当场公布出让契约,不像《摩奴法典》规定的那样需要邻人即劳动公社成员预先同意。维护土地私有者利益的法律条文也增多了。在这个时期,国王的封赐地也逐渐变成私有地。《布梨哈斯跋提法典》提到国王封赐土地时应颁给铜牌,载明某王赐某地与某某,并申明所赐土地可与日月同寿、传之子孙万代不可剥夺或削减,又以天堂地狱为誓,表明封地的不可剥夺,这些赐地就成为受封者世袭的私有土地。官吏的禄田也同样演变为私有地。这时的劳动者,耕种王地的,乃输地利,欲去便去,欲住便住(法显著《佛国记》)。他们是只交纳地租、没有人身依附关系的自由佃农。与赐地一道,赠送给寺庙的还有民户、牛犊等(《佛国记》),而没有提到奴隶,而在前一时期的佛经中则田宅、田业、田地同妻子、奴婢、畜生并提(《佛般泥洹经》卷上、《中阿含经》卷7、《增阿含经》卷27)。这种民户据法显记载是不能随意离开主人和土地的,他们也被看成是一种可以转赠的财产,是依附农民。封建的土地所有制就这样代替了奴隶主土地所有制。

其次再看剥削关系与劳动者地位的变化。上面已经提到孔雀王朝是奴隶制剥削关系,佛经描述奴隶是在监工铁棍的威胁下劳动的,有的还戴着铁链,有的用烧红的铁在身上烙印,吃的是酸粥,穿的只有一片围腰布,几乎是赤身露体。主人对待奴隶可以打骂、伤害甚至杀死。他们的地位如同畜牲,主人可以出卖或典押自己的奴隶。《政事论》把他们看成是两条腿的畜牲,和四条腿的并列(第2卷第35章)。他们不能出庭作证,也没有代主人签订契约的法律资格。尽管印度的奴隶与希腊、罗马的不同,他们有有限的财产权,还能有自己的家庭生活,他们的待遇也得到一定的保障,如使奴隶搬运死者、清扫粪便或残余食物,或使女奴为男主人洗澡,破坏女奴的贞操,奴隶主就要丧失抵押的奴隶(《政事论》第3卷第13章),不过这些并不能改变他们受奴役的地位,他们的经济始终是受奴隶主制约的。《摩奴法典》就明确提到,奴隶与妻子一样,都被认为是没有财产的,所获得的财富属于他们的所有者(第8卷第416条)。

在奴隶制剥削关系的影响下，户工的生活也接近奴隶，工资十分微薄，维持生活十分艰难，以致有人宁愿献身为牺牲，求得报酬供养老母（《本生经》卷3第325篇）。在规定期限内如没有交出产品，不仅没有工资而且要受罚，不符合质量标准也要受罚，甚至受残害身体（如断指）的处分（《政事论》第2卷第14、23章）。农村公社成员在奴隶制国家统治下同样受到沉重的剥削，他们要向国家缴纳巴伽税即田赋，数额为田地收获物的六分之一，特殊情况下有时提高到四分之一或降低到八分之一；此外，有贡税（巴利税）、财产税（kala）、牧场税（vivita）、勘查定居税（rajju）和警察税（chorarajju），在王子出生时还须交纳乳金等。因此，农民仇恨征收巴利税的税吏，称他们是吃人的恶魔。农民还须服强制性的劳役，无偿地修建灌溉工程，而用水时仍须缴纳水费（《政事论》）。税吏还不时借口掘盐、制糖破坏村庄土地，他们还要索取蔬菜和花卉、牧草、木柴，并以牵走耕牛威胁农民。这些税吏的勒索与恶行在得到豁免特权的奴隶主田庄里是没有的。

到了笈多王朝，封建的剥削关系取代了奴隶制。奴隶已很少使用在生产上，而由自由佃农、依附农民和雇工代替他们。关于田租，这时的法律没有明文规定，根据公元七世纪义净的记载，租种僧院土地由僧院供应耕牛，田租一般为产量的六分之一，有时因季节而有增减。看来农民负担比以前有了显著减轻。雇工的情况也是如此。农业方面的雇工自备衣食，可以得到收成的三分之一，从主人处取得衣食，则为五分之一（《布梨哈斯跋提法典》）。当然，法典代表雇主的利益，对能工作而不干活的雇工除退还工钱外，还须罚款，保留了前一时期的规定。

劳动者地位的变化在种姓制方面也有反映。首陀罗原是包括奴隶的，是从事手工业、农牧渔业的最低种姓。吠舍是一般公社成员，从事农、牧、工、商等业。这时吠舍内部有了分化，成为专事"贸迁有无，逐利远近"的商贾，而首陀罗则是"肆力畴陇，勤身稼穑"的农人。他们与原为吠舍的公社成员地位接近，成为依附农民（《大唐西域记》《法显传》）。

三、从上层建筑来看。上述变化在维护统治阶级利益的法典里表现得最明显。奴隶解放的条件和仪式在较晚出的《那罗陀法典》中规定最为详尽,这反映了奴隶要求解放的斗争成果,同时也说明奴隶制的解体,蓄养奴隶并不十分有利,因而奴隶主在有了一定补偿后即可将还释放。法典尽力维护封建主的利益,国王赐地(甚至包括封地)文书格式都有明文规定(《布梨哈斯跋提法典》),表明不可剥夺和侵犯。其次在政治制度上,随着封建土地所有制的形成,封建统治权也产生了。在边区被征服的地方有了封建君主的藩臣(阿拉哈巴德地方的石柱铭文),他们享有一定的独立地,他们以纳贡、朝觐表示效忠。赐地文书表明了封建等级制的产生,官吏的地位不再以与最高统治者的亲属关系远近和领地奴隶的数量大小来决定,而决定于封地的大小和依附农民的数量。国王分封大臣的土地,受封者又赏赐其臣属,这也形成等级的附庸臣属关系。领主在领地内享有一定的权利(如铸币、司法等权)。其三在思想文化上,当时的文学作品就出现了对社会矛盾与斗争现实情况的反映,有的作为背景,有的是主题。比较进步的作品更对劳动人民的遭遇表示同情,但同时也有了封建道德的说教。如《薄伽梵往世书》《诃利世系》等都描绘了牧童黑天对自己生活的热情歌唱以及对压迫他们的国王进行的斗争和胜利。戏剧《神童传》突出政治斗争的主题,突出贱民打进宫殿控制暴君的情节。剧本《小泥车》则以牧人领导的反抗国王的斗争为背景表现城市贫民、穷困破产的商人、妓女奴隶、按摩匠、流浪汉等与奴隶主恶霸间的矛盾和斗争。反动阵营的内部不断解体,他们使用的奴隶和车夫,还有帮闲清客、甚至禁军教头都纷纷转向起义的一边,反动派十分孤立,虽终国王被杀,被压迫的人民得到了解放。作者对贱民、奴隶给予了深厚的同情,而对奴隶主恶霸则进行了无情的鞭挞挞如在第十幕中刽子手说:"虽然我们出生在贱民的家族,我们却不是贱民。那些迫害善良人的罪人才是贱民。"① 这一些作品反映了奴隶制

---

① 金克木:《梵语文学史》,人民文学出版社1964年版,第277页。

解体时期人民的斗争与愿望。名剧《沙恭达罗》则反映封建制建立后的矛盾和斗争,主要是城乡间的矛盾和农民对地主的斗争。沙恭达罗在受到损害侮辱之后,尽管她是十分柔弱的少女,也忍无可忍地咒骂地主恶霸的头子(国王)是"骗子,戴着一副道德的面具,你好比一个陷人的坑,上面盖着花草……"① 同时剧中也提出了妻子应当绝对服从丈夫这一类的封建道德。其四是人民的富庶,文化的繁荣。在文学、艺术、哲学、政治、天文、医药、建筑等多种学科中出现了著名的学者和有价值的作品,这反映了封建制的建立适应了当时的社会状况,因而有了经济的发展和文化的昌盛。

以上这些方面都可以说明印度从孔雀王朝到笈多王朝是奴隶制由极盛到衰微、解体以及向封建制过渡、封建制形成的时期。印度奴隶制在孔雀王朝时发展到极盛,奴隶不能忍受剥削和压迫,起而反抗奴隶主的统治。他们采取消极怠工、逃亡以至叛乱等方式进行斗争,严重损害了奴隶主的利益;加之奴价昂贵(比同时期希腊奴隶价高,高于牛、马的价格)②,奴隶主感到在生产中使用奴隶既危险又无利可图。随着孔雀王朝的衰亡,奴隶制也衰微了。印度奴隶制的解体和向封建制的过渡是从贵霜帝国开始的。东西方贸易的发展,印度文化与希腊文化、中国文化的交流刺激了印度的工农业生产,促进了农村公社内部的分化,阶级关系和种姓制度都有了变化,民族矛盾阶级矛盾都很尖锐,奴隶制的贵霜帝国被倾覆了。公元二世纪后,印度境内又是小国纷争的局面。公元320年笈多王朝开始建立帝国,实行封建剥削,这就是印度封建社会的开端。

古代印度社会如何由奴隶制向封建制过渡,由于这一时期历史资料比较贫乏,我们对过渡的具体情况还无法说明。有的强调大夏人、塞种

---

① 迦梨陀娑,《沙恭达罗》,王维克译,人民文学出版社1954年版,第73页。
② 《政事论(第3卷第16章)》《雅日纳瓦尔基亚法经(第2卷第147节)》,见中国人民大学中国历史教研室编译:《历史问题译丛》(第二本),1953年版,第104页。

人和大月氏贵霜人的入侵在摧毁印度奴隶制社会方面起了决定性的作用。但除了贵霜人以外，这些人的活动主要偏重于印度西北部。贵霜人建立的仍然是奴隶制帝国，因此，这一说法还值得研究。我个人认为印度的奴隶制社会主要是家庭奴隶制。奴隶有一定的财产权，又有自己的家庭，和农奴已比较接近。生产的进一步发展要求生产者有自己的经济，能够对生产关心，有一定的积极性和主动性。家庭奴隶制不能适应这种要求，在被压迫人民对奴隶制国家（包括贵霜）不断冲击的情况下，适合新的生产力要求的农奴制就建立起来了。这一转变过程与西罗马奴隶制帝国的灭亡不同，没有大规模的、激烈的奴隶起义与"蛮族"入侵相结合的联合打击，政治、经济、社会、文化各方面都没有遭受巨大的破坏。孔雀王朝的中央集权君主专制官僚制度继续保持下来，繁盛的城市及对外贸易仍得到发展，农村公社及种姓制度都基本上存留着，文化也在过去奴隶社会文化的基础上有了进一步的繁荣，这些都和西欧封建制的形成不一样。

最后对封建社会开端的标志问题也谈一点粗浅的看法。首先，我不同意说铁器的使用是印度封建社会开端的一个标志。因为生产力的性质和水平并不只是表现为使用什么样的工具，关键是要看能否生产剩余产品以供剥削，即除维持劳动者最低生活水平外还有剩余，能如此，那就有可能出现阶级社会。生产者对生产劳动有一定的积极性，才能掌握更高的生产技术和更完善的生产工具，这样的生产者和生产工具才能生产更多的剩余产品，这样就可能出现比较高级的社会。因此，古代希腊、罗马在使用铁器时才进入奴隶社会，而古代亚非一些地区如埃及、美索不达米亚则在铜石并用时代就已成为阶级社会。亚述、波斯使用铁器，仍然是奴隶社会。印度也不例外，公元前十世纪印度就已发现铁器（在中央邦），而当时社会还是吠陀时代奴隶制社会初期阶段，显然不是封建社会。

其次，土地私有制的出现也不能作为印度封建社会开端的标志。因

为土地私有制究竟是封建主私有还是奴隶主私有，要看采用的剥削制度才能确定。如果所有者采用奴隶制剥削，他们不仅占有土地而且还占有劳动者奴隶，那就只能是奴隶制社会。在古代希腊、罗马是这样，在古代印度孔雀王朝时期也是这样。上面的论述已经说明孔雀王朝时的土地所有者是奴隶主而不是封建主，因此不是封建社会。

最后，确定社会的性质主要看什么阶级在政治上取得了统治地位。因为这个政治上的统治阶级就代表了"取得支配地位的矛盾的主要方面"[①]，因而也就决定了这一社会的性质。《法显传》及赐地文书碑铭材料说明，笈多王朝是封建主在政治上取得统治地位的第一个封建王朝，因此，我们把笈多王朝的建立作为古代印度封建社会开始的标志。

（原载《南亚研究》1983 年 7 月 2 日）

---

① 毛泽东：《矛盾论》，人民出版社 1952 年版。

有关印度铁器时代开始年代的问题

铁器的出现是社会生产发展的一个极其重要的标志。恩格斯就曾指出"它（指铁器的原料——笔者）是在历史上起过革命作用的各种原料中最后的和最重要的一种原料"①。又说"铁使更大面积的农田耕作，开垦广阔的森林地区成为可能；它给手工业工人提供了一种其坚固和锐利非石头或当时所知道的其他金属所能抵挡的工具"②。与铁器相关联的生产力的提高对社会的发展变化有着很大的影响，恩格斯就以铁矿的冶炼开始野蛮时代的高级阶段，也就是向文明过渡的重要阶段。因此，铁器时代开始的年代是一个十分重要的年代，是必须认真探讨的问题。

有关印度铁器时代开始的年代问题，学者们说法很多。其中比较重要的有以下几种：一是公元前5世纪说。M.惠勒认为铁器工艺的知识是在公元前5世纪随着波斯人的入侵而传入印度的③。S.沃尔伯特说得更加详细。他提到"很可能是在雅利安人向东迁移到现今的比哈尔邦时才发现了铁。那里有丰富的铁矿床，直到今天还继续开采着。雅利安人

---

① 恩格斯：《家庭、私有制和国家的起源》，见马克思、恩格斯：《马克思恩格斯选集》（第四卷），中共中央马克思恩格斯列宁斯大林著作编译局编译，人民出版社1972年版，第159页。

② 恩格斯：《家庭、私有制和国家的起源》，见马克思、恩格斯：《马克思恩格斯选集》（第四卷），中共中央马克思恩格斯列宁斯大林著作编译局编译，人民出版社1972年版，第159页。

③ M.惠勒：《早期的印度与巴基斯坦》，1959年版，第24页。

到这里的年代不可能在公元前 1000 年前。在此以前，铁的使用已由西方赫梯人从发现铁的中心地区传到波斯；可能随着入侵的波斯人的新浪潮而传入印度，因为它的使用最初是与马具的栓钉和其他部分以及武器有关"①。《牛津印度史》也说"目前在印度没有可靠的证据证明在公元前 6 世纪以前有了铁器的使用"②。

另一种说法是公元前 9 世纪说。V. 特里帕认为铁器时代开始于约公元前 800 年③。R. 塔帕尔也认为在印度铁的使用最早时间一般的说法大约以公元前 800 年为多，晚近在某些年代更早的遗址中发现了铁器，因而这一年代也要提前④。N. R. 班纳吉则认为在印度早在公元前 1000 年开始制作铁器而大约在公元前 800 年比较普及⑤。

第三种说法是公元前 12 世纪左右。K. C. 贾因认为在北印度发现使用铁器最早，最重要的遗址是在北方邦的阿特兰吉凯拉，它是与绘画灰陶一道出土的，据碳 14 定年为公元前 1025 ± 110 年，铁器包括扁斧、匕首、锄头、箭头、矛头、鱼钩与钳子。在中央邦萨格尔县的埃兰发现的较早的两件铁器则是与黑红二色陶并存，它们的年代据碳 14 定年分别为公元前 1265 年与 1040 年。在南印度的哈卢尔，铁器时代开始于公元前 1105 年⑥。

第四种说法是公元前 20 世纪中期以前。K. C. 瓦尔马认为铁器在印度开始使用的时间是公元前 1900 年到前 1500 年间，其根据是在拉贾斯坦南部的阿哈尔发现的铁器，经碳 14 定年，又据树木年代校正，两种样品的年代分别为公元前 1900 年和公元前 1570 年。这一新说法是值得注意的，本文将在后面加以论述⑦。

---

① S. 沃尔伯特：《印度新历史》，1982 年牛津版，第 30 页。
② V. A. 史密斯：《牛津印度史》，1981 年第 4 版 1982 年再版，第 35 页。
③ V. 特里帕提，D. P. 阿格拉瓦尔、A. 科什编：《放射性碳素与印度考古学》，1973 年版，第 272～278 页。
④ R. 塔帕尔：《印度史》第 1 卷，1966 年版 1977 年再版，第 25 页，第 30 页注。
⑤ N. R. 班纳吉：《印度的铁器时代》，1965 年版，第 29、162～169 页。
⑥ K. C. 贾因：《印度的史前史和原始史》，1979 年新德里版，第 191～193 页。
⑦ 瓦尔马：《铁器时代、吠陀与历史上的城市化》，见 R. K. 沙马尔编：《印度考古学的新观点》，1892 年版，第 158～173 页。

此外，还有一些极端的看法，如有的人认为印度在公元前250年前找不到使用铁器的证据，但也有人认为南印度是世界上最早发明铁器制造的地方①。为什么学者们对这一问题会有这么多不同的看法呢？

当然，由于考古方面不断有新的发现，这一年代是会随之而有变化的。又由于印度考古工作有计划的、系统的、科学的发掘开始得较晚，开展得也不充分，得到的成果不多，特别是早期铁器数量本来就少，发掘到的就更少。学者们有的认为是孤证，不足为凭；有的则引以为例。加之，定年的标准不同，因此，结论就有很大的差异。随着发掘资料的增多，定年方法的改进，各种观点可能逐渐趋向统一。

但是，造成不同看法的原因还有考古学家和历史学家的指导思想问题。有的受了帝国主义殖民主义思想的毒害，有的则受有民族沙文主义思想的影响。如有些西方的印度学学者极力贬低古代印度的文明，他们声称"大多数吠陀颂诗极其幼稚、使人厌烦、低级平庸"②，印度社会停滞落后，印度文明多靠外人传入。他们一概拒绝承认印度考古发现的新成果，认为都不可靠；坚持印度的铁器制造是由波斯人传入的，而后者又和小亚、西亚等铁器的发源地有关。因此，印度铁器时代的开始年代不可能早于这些地区。另一些印度学学者，特别是印度本国的学者在反抗殖民主义的斗争中也利用史学做武器，驳斥了殖民主义史学对印度历史的污蔑与歪曲；但有些却极力宣扬印度文明的伟大，甚至连种姓制、早婚、萨蒂等落后的、反动的社会制度和习俗也都加以赞颂，过分强调印度文明的久远，因而认为南印度出现铁器在世界上是最早的。因此，要准确确定铁器时代的年代问题还须充分尊重客观史实，不能有丝毫主观臆断，恰如其分地评价印度社会历史的地位。这一切只有运用始终站在现实历史的基础上的马克思主义的唯物主义历史观，在这种科学

---

① 布里奇特、雷蒙德·奥尔欣：《印度与巴基斯坦文明的起源》，1982年剑桥版，第309页。

② 马克司·缪勒：《出自德国作坊里的片屑》，1866年版，第27页。

的思想指导下才能做到。

客观史实在这里主要指考古发掘得到的资料。但由于印度考古资料在现阶段并不充分，有些又缺乏科学的整理，有的发掘报告没有发表，因此文献资料还必须充分利用。不过文献资料能够得到正确的说明也得靠考古资料。两者需要互相印证，但以考古资料为主。如吠陀经典是印度最早的文献，在《梨俱吠陀》中有几处提到"ayas"（阿亚斯），并说看来它很硬、有延展性，可以捶打成器并使其锐利。这显然指的是金属，但它是什么金属呢？最初，M. 威廉斯编的《梵英字典》及其他字典，把这一字都解作"铁、金属"。P. 尼奥吉的《古代印度的铁器》、N. R. 班纳吉的《印度的铁器时代》等专著也都认为是"铁"。后来，学者们研究印欧语，找不到"铁"的同源的词，在其他印欧语中 ayas 的同词源的字意思是"铜、青铜"。因此，根据文献资料与语言学方面的分析，ayas 只能作"铜、青铜"解，印度的铁器时代不可能上溯到梨俱吠陀时期。现在，新的考古发现明确证实至迟梨俱吠陀时代的后期已经有了铁器，ayas 又可引申有"铁"的意思了。因此，文献中 ayas 一词的含义是要根据考古资料来确定的。但文献资料也可提供一些考古发掘不易得到或甚至无法得到的材料，在探讨和论证铁器出现时间问题时有着参考的价值。如《梨俱吠陀》中还描述了当时冶炼铁匠叫作 karmara。它还提到名目繁多的铁制器皿、工具和武器，《梨俱吠陀》第一卷和第十卷都有 asi 这个词，意思是"黑色的刀"。在《阿闼婆吠陀》中 ayas 有红黑两种，红色 ayas 就指的是青铜，黑色 ayas 指的是铁，这已为考古资料证实。因此，黑色的刀就意味着是铁制的刀，用来宰割动物。《梨俱吠陀》的这两卷是比较晚出的，年代据瓦尔马的看法约为公元前 1400 年①。由此可见，印度铁器时代的年代不会晚于这一年代。《梨俱吠陀》中提到的其他铁器有 parasu（小斧）与 svadhiti（斧），用

---

① 瓦尔马：《铁器时代、吠陀与历史上的城市化》，见 R. K. 沙马尔编：《印度考古学的新观点》，1892 年版，第 158、173 页。

来砍伐树木，建造住屋；还有 vasi（凿子）、vrika（犁）、kshura（剃刀）等工具，ishu（箭）、kriti（匕首）、khadga（剑）、varman（盔甲）等武器①。这与阿特兰吉凯拉出土的铁器种类之多相近似。考古文物中表明使用绘画灰陶的人已是农民，饲养的畜类中有马，住在泥巴墙砌的屋子里，使用铜器和铁器。吠陀文献中描述的当时的经济生活也就是这种情景②。因此，在确定铁器时代的年代问题中，文献资料是不能忽视的，它们可以作为重要的旁证。

阿特兰吉凯拉的考古资料有多种铁器的制作，说明铁器工艺已有了相当的进步。因为早期铁器时代冶炼技术很原始，据古吉拉特南部塔特瓦早期冶铁遗址的发掘与赫格德的调查，古代印度冶铁工艺是用生吹法。这就是将矿石焙烧、敲碎，然后和木炭一道放在黏土做的小炉内，炉壁有通风小孔，插上陶管用皮风箱把空气压入，使氧化铁还原为铁块，这是一种含有杂质的铁块。再将它放在平炉内加热锻炼，不断碳化，杂质变成熔渣。然后锤打掉熔渣，锤成薄片。铁匠再用这些铁片锻接成各种器具。用生吹法炼铁，一半以上的铁变成熔渣，费工费料③。初期更是如此。炼出的铁比较稀少，一般都作为珍贵的装饰品。只有到大量炼出铁块后，才会有多种铁器的制作。因此，阿特兰吉凯拉和梨俱吠陀时期的后期都不能算作铁器时代开始的时期。我们只可以说印度铁器时代的开始不晚于公元前1400年。

至于印度铁器时代的开始年代最早可能是哪一年代的问题，就现有资料来说，是公元前1900—前1500年间。这一年代范围和一些考古学家就世界史上铁器制造的发展过程提出的印度的铁器制造年代是吻合的。他们的说法是，就全世界来说，一般认为最迟从公元前3000年起，古代苏美尔人和埃及人就已知道陨石铁，前者称之为"天降之火"

---

① N.R.班纳吉:《印度的铁器时代》，1965年版，第29、162~169页。
② R.塔帕尔:《印度史》第1卷，1966年版1977年再版，第25页，第30页注。
③ 布里奇特、雷蒙德·奥尔欣:《印度与巴基斯坦文明的起源》，1982年剑桥版，第310页；A.B.阿尔次霍夫斯基:《考古学通论》，1956年版，第103页。

(anbar)，后者也有类似的名称"天降黑铜"。他们极为珍视，用它制成铁念珠、护符等小型饰物放在王室墓葬中殉葬。这些殉葬铁器物在考古发掘中都已发现，年代为公元前 2900—前 2300 年不等①。冶炼铁矿，打制成器可能从公元前 30 世纪开始，地区是西亚。到了公元前 20 世纪，小亚、埃及、南亚与爱琴世界都有铁器制作了。印度在索拉什特拉和南拉贾斯坦的阿哈尔发现的铁器年代就属于公元前 20 世纪②。

其次，要探讨的一个问题是，印度铁器是由外界传入的还是本地制造的？关于冶铁术的传播问题，学者们也有不同的说法。一说是赫梯传播冶铁术。这一说又有两派：一派认为，在美索不达米亚与叙利亚北部的米坦尼本是冶铁制作最早的国家，它于公元前 1365 年为赫梯人击败并被占领。赫梯人得到了冶铁术。另一派认为公元前 19 世纪赫梯已有铁器，当时的铁环现已发现。赫梯人掌握冶铁术就一直保密到公元前 1200 年赫梯崩溃时才外传。据说许多地方的冶铁术都是由这里传出的③。印度的冶铁也是由赫梯传到波斯，再由波斯传入的。另一说是赫梯并非传播冶铁术的地方。因为早在公元前 14 世纪，在埃及法老与赫梯国王来往的信札中就有关于铁的问题，这些文献资料是在埃及阿马尔纳出土的。希罗多德的《历史》中也提到古埃及建筑大金字塔时使用了铁器④。这已得到考古资料的证实，在基泽的大金字塔中就发现有两件铁器，年代约为公元前 2900 年，不过当时铁器还很稀少⑤。印度根据上文提到的考古资料和文献资料都表明在公元前 1400 年时铁器工艺已相当发达。这也在所谓公元前 1200 年赫梯崩溃后冶铁术才外传之前。

---

① L. 科特雷尔编：《考古学百科全书》，第 235～236 页；S. 皮戈特编：《文明的黎明》，1961 年版，第 186 页。

② 阿哈尔的铁器时代引自《阿哈尔发掘报告（1961—1962 年）》，1969 年刊印，第 5～6 页。

③ D. H. 戈登：《印度与巴基斯坦早期使用的金属》，第 67 页；罗伯特·W. 埃里克编：《旧世界与考古学的年代学》中"安纳托利亚年代学"，1965 年版，第 113、117～118、126 页。

④ 希罗多德：《历史》第 2 卷，第 125 页；第 7 卷，第 65 页。

⑤ 《英国百科全书》第 9 卷，1981 年版，第 894 页。

因此，印度的冶铁术也不可能是来源于赫梯。这里不仅是年代不合的问题还有其他论证。下面我们将给说明。

我们认为印度的铁器制作是独自发展的。理由有以下几点：

（1）印度有丰富的铁矿。除东北印度比哈尔南部的矿藏外，在西北印度，玄奘所称的磔迦国即今巴基斯坦的旁遮普，就"出金、银、鍮石、铜、铁"①。梅伽斯梯尼称印度地下藏有各种矿脉，"有大量的金、银、铜、铁，甚至锡及其他金属，制作用具、饰物及武器装备"②。印度在哈拉巴文化以前，约公元前2700年就有冶铜的技术，在约公元前2000年阿哈尔已有冶炼的炉灶，已逐渐具备炼铁的技术基础。因而早在绘画灰陶文化阶段就已有铁器流传。在阿喜掣多罗（今罗希尔坎德地区的拉姆那加尔）和哈斯提纳普尔，与铁器、灰陶同时出土的有大量熔渣③，这些都可以证明印度很早就有自制的铁器，不是外界传入的。

（2）印度各地的考古发掘证明，在公元前1900—前1400年已有了铁器，但数量不多。首先是阿哈尔，其次是比拉克（在今巴基斯坦的俾路支省）和哈卢尔，后有埃兰。到公元前1400—前900年，以上地区铁器数量与种类都增多，又有一些新的地区出现铁器，可以说整个印度除北方的克什米尔，东北的阿萨姆、东方的奥里萨与南方的喀拉拉和泰米尔纳德外，都有了铁器工艺。今后进一步的发掘很可能在这些没有铁器工艺的地区也会发现有这一时期的铁器④。这就说明印度的铁器在公元前1000年前后就已相当普及。印度的铁器发展史和世界史上其他地区铁器的发展是一致的，先很稀少，后渐增多。没有因受外来影响而突然加快的迹象。最早发现铁器的阿哈尔，出土有约十二件铁器还有熔渣⑤，也就说明是本地制造，不是从外界输入的铁器。

---

① 玄奘：《大唐西域记》，上海人民出版社1977年版，第83页。
② 麦克林德尔编译：《梅伽斯梯尼与阿里安描述的古代印度》，第31页。
③ 《印度考古学评论》1963—1964年、1964—1965年，《古代印度》1954—1955年第10、11期第13、97页。
④ R. K. 沙马尔编：《印度考古学的新观点》，1982年版，第158页。
⑤ M. D. N. 萨希：《阿哈尔的铁器》，见《印度原始历史论文集》，第365~367页；布里奇特、雷蒙德·奥尔欣：《印度与巴基斯坦文明的起源》，1982年剑桥版，第325页。

（3）主张印度铁器来源于外地的说法，前文已提到有小亚赫梯说，还有波斯说。赫梯说的不能成立，波斯说也不攻自破。因在赫梯冶铁术于公元前1200年外传以前，印度已在阿哈尔、比拉克、哈卢尔、埃兰等地都有了铁器，证明不是赫梯传入的。印度既然已有了铁器，就不能认为到公元前5世纪才由波斯传入了。另外，根据文献资料这时期不仅记载有可能是Serican和Parthian即中国和帕提亚铁器运入印度，那是因为这两处的铁器质量最好[1]，也记载有从公元前6世纪起，印度铁器已在推罗市场上出售，以"光铁"著称。据考证这就是指的印度钢[2]。克泰西阿斯（公元前415—前397年）也提到献给波斯皇帝的两柄宝贵的剑，就是用这种印度钢制成，质量精良，举世闻名。有了这样高超的炼钢技术，当然不会再由波斯来传授炼铁术了。还有希罗多德的《历史》中曾经提到波斯帝国皇帝薛西斯（公元前485—前465年）出征希腊的大军只有印度部队的装备是"带着藤弓和安着铁头的藤箭"[3]。来自其他地方的部队都没有用铁做箭头，因为这是容易消耗的。这也可以说明印度当时铁器已相当多了。如果公元前5世纪才从波斯传入铁器，短短二三十年内是不能发展到这一程度的。

综上所述，就现有资料来看，瓦尔马关于印度的铁器时代开始的年代不早于公元前1900年，但不晚于公元前1400年，或者说是公元前20世纪初期或中期以前，这是印度本地生产发展的结果，不是从赫梯或波斯传入的说法是可以接受的。但究竟是用公元前1900年还是公元前1500年为标志呢？如果将印度铁器时代的开始年代定到公元前1900年，那就会牵涉到印度史上的许多问题：首先是这一铁器文化与哈拉巴文化的关系问题。因为后一文化是在约公元前1750年衰亡的，这两种文化必然并存了一百几十年。两者在地理位置上也比较接近，如阿哈尔

---

[1] 普林尼：《自然史》第2卷，第144页；《政事论》第2卷第13章。
[2] 《旧约·以西结书》，第27章，第19节；R. N. 萨莱托雷：《印度早期经济史》，1973年版，第248页。
[3] 希罗多德：《历史》第2卷，第125页；第7卷，第65页。

就在哈拉巴文化后期重要商业中心罗塔尔的北方。两种文化之间应当有交往，但哈拉巴文化并没有发现铁器。这两个文化之间究竟是什么关系呢？这是值得探讨的。其次是吠陀时代的年代问题。一般教科书把吠陀时代的年代列为约公元前1500—前600年，其中梨俱吠陀时代则为约公元前1500—前900年。前文已经提到梨俱吠陀时代的后期出现asi的铁器。那是在公元前1400年。已经将年代提前了，我们知道吠陀中有红色ayas与黑色ayas分别指青铜器与铁器。梨俱吠陀时代早期的ayas没有这种区别，根据与其他印欧语比较研究，应是指铜与青铜。那就是这一时期还没有发现铁器，考古资料表明印度在公元前1900年就已有了铁器。因此，梨俱吠陀时代的年代也得大大提前。第三是关于雅利安人的问题，《梨俱吠陀》是反映雅利安人入侵印度的主要资料，一般认为大约从公元前20世纪后期开始，也就是公元前1500年前后，雅利安人的部落才一批批从西北方侵入印度次大陆。现在，这一年代也得提前了。因此，将印度铁器时代开始年代提到公元前1900年，那么，有相互关联的事件和年代都要有变动和重新说明。而且在公元前1900年之后到前1500年之间在印度还没有发现铁器，前后不相衔接。因而对公元前1900年开始铁器时代的说法须进一步研究。但如果定到公元前20世纪中期，即公元前1500年，前面的三个问题就可以说得通。因此，就现有资料看，公元前1500年这一年代就是比较恰当的。

最后，由这一问题的探讨，使我们产生以下几点认识：第一，我们知道研究古代印度史的一个难题是文献资料的年代不易确定。如《政事论》的年代就有从公元前4世纪到公元三四世纪等不同的说法。因此，一般认为考古资料的年代是不成问题的。现在看来，尽管有比较新的各种测试方法（如碳14的定年等），由于抽样的不同，结论也就不一样。要取得一致的认识就必须有更科学的测试和多方面资料的综合鉴定，这也不是容易的事情。第二，有关文化的起源与传播的问题是一个很易引起争论的问题，一些别有用心的人往往在这方面做文章。如种族论者强调某些优秀种族是文化的创造者,他们负有使命开化愚昧落后的地区,统治全世界,殖民主义者就是利用这种说法提出传播文化为他们的侵略罪行辩护。我们当然要批判这种观点,不能盲从所谓印度文化西来说,但也不能把印度说成是一切文明的源泉。应当根据历史事实,唯物地客观地提出我们的看法。第三,铁器的出现不能作为社会性质变化的标志。这一方面是因为铁器的出现是由少而多,它最初是装饰品,后来才成为生产工具,并不能立即对社会生产发生作用。另一方面,铁器只是生产力的一个组成部分,生产力的发展到和其生产关系出现矛盾以及矛盾的激化,最终爆发社会革命,这也是一个过程。因此,不能认为铁器的开始使用就标志新社会的开端。

(原载《华中师范大学学报(哲社版)》1986年第6期)

略论早期中印关系的特点

中印两国都是历史悠久的文明古国,两国之间经济文化的交流、外交的往还有了几千年的历史。本文仅就早期中印关系的发展,粗略地探讨一下这一时期中印交往的特点。所谓"早期"是指以中印交往开始时起到双方互通使节在政治上初步确立关系时止。根据现有资料,这一时期起于公元前三千纪新石器时期,止于公元前二至前一世纪汉武帝派使臣去印度,印度也有使臣回访之后,中国与印度各地均已有使臣往还。

早期中印关系大致有以下几个特点:

第一,早期中印交往是以物质文化的交流开始的,在整个早期也是以物质文化的交流为主。早在公元前三千纪新石器时期克什米尔谷地的布尔扎霍姆考古遗址就存在着中印交往最早的痕迹。这里出土的石器,特别是长方形有孔石刀与斧、玉石珠,还有各种形式的骨器,如尖状器、钻子、针与标枪,以及穴居与用犬殉葬等都是印度本地传统文化中所没有的,但却与中国北部新石器文化的特点相同,很可能出自中国①。又印度东北部阿萨姆的德奥杰利·哈丁遗址发现的绳纹陶碎片、特殊类型的石斧,如宽扁斧、长方形斧与有柄斧、肩状凿等都受到中国南部新石器影响。制作工具的石料硬玉也不是本地出产,而是上缅甸和中国西部云南附近所产。印度河流域文明器物中使用的玉石则是出自帕米尔,以及我国新疆和西藏。其他的印度新石器文化,如布拉马普特拉

---

① 布里奇特、雷蒙德·奥尔欣:《印度与巴基斯坦文明的起源》,1982年剑桥版,第111~116页。

河流域的果阿尔帕拉的石器工具与中国西北部的半山斧完全相似,那加山地的斧与中国仰韶文化的斧可以对照,敲击技术和玉石斧都似乎来自中国①,等等。因此,中印早期交往可以说是在公元前三千纪新石器时期开始的,是从物质文化交流开始的。

属于文字记载有关早期中印交往的资料有莱库佩列记述的公元前425—前375年间印度航海者曾经马六甲海峡、苏门答腊、爪哇而到中国东部海岸,即山东、浙江沿海,带来印度洋、波斯湾的珍珠等②。还有基本反映印度孔雀帝国时期状况的《政事论》记有"中国的成捆的丝",我国《史记》的《大宛列传》记有中国四川的竹杖和布在印度市场出售。《汉书》的《地理志》也记有由中国南部出发到黄支国的中国官商,带着黄金杂缯去购买明珠、璧琉璃与奇石异物。黄支国经多数学者考证,认为是南印度达罗毗荼国都城建志补罗,在今印度马德拉斯邦的康契普腊姆。《史记》《汉书》提到中印交易的时间是在公元前二世纪汉武帝时。当时中印贸易已相当发展,但主要是各地特产的交换、物质文化的交流。

第二,早期中印交往的道路是在不断的探索中开拓的。我国西部与西南部和印度北部与东北部有将近三千公里的接壤。但这些边境地区不是高山深谷,无法逾越;就是崇山峻岭、丛林密布,加之暑热瘴气、毒蛇毒草,险阻难行。海路从离印度较近的我国南部出发,也有四千多海里的航程才能到达印度,风浪险恶,行旅艰难。在这样的自然条件下探索道路,是十分危险的,有时甚至牺牲生命。这不是某一个人能够完成的,而是要靠几代人的努力,并且往往是各族人民共同的努力。张骞开拓的西域道、去印度的道路,就是许多人不断探索而完成的。这条道路在甘肃西部出阳关以西就是白龙堆大沙漠,再西还要经塔克拉玛干大沙漠。这些都是上无飞鸟、下无走兽,一望无际的地方。只有靠人畜骸骨

---

① 布里奇特、雷蒙德·奥尔欣:《印度与巴基斯坦文明的起源》,1982年剑桥版,第120~121页;又见M.惠勒:《印度河文明》,1953年剑桥版,第59页。
② 转引自羽溪了谛:《西域之佛教》,贺昌群译,商务印书馆1956年版,第32页。

及驼马粪为标志,也就是靠前人探索留下的痕迹来辨认去向,继续前进。一些游牧部落对这条路的开拓也作出了贡献。如大月氏原居敦煌、祁连间,后为匈奴击破,败走大宛,更西迁大夏①。他们显然熟悉其中一段路程。张骞从陇西出发,靠的是奴隶出身的匈奴人甘父作向导,到大宛后又靠大宛王派的译员与向导送到康居,再由康居人转送到大夏,由大夏而知道去印度的道路。他就是这样依各族人民的帮助而达到目的。

但张骞已感到这条路易受匈奴人控制,打算探索新路。他在大夏看到四川的竹杖和布,是由印度转销来的。他了解到印度在大夏东南数千里,而大夏又在中国西南一万二千里,因此,印度离四川不远,又有四川的特产,可见四川到印度一定有路可通,而且是一条既近又安全、从汉朝通往西方的捷径。但是,具体路线还得要探索。汉朝派人从四川向西南分四路寻找,但为当地少数民族所阻,有的使者甚至被杀,探路结果失败。不过,商人仍能寻路而走。西方国家也在探索着东去的道路,如约在公元前200年,大夏希腊国王攸提德漠斯就曾派人探索到中国的道路,结果也没有成功②。总之,探索与开拓道路是早期中印交往的一个重要内容。

第三,早期中印交往既有陆路也有海路,但以陆路为主。这是由于水路特别是海上航行需要具备的条件比陆路要多。首先,造船必须有好的木料,船的结构在接合处要紧密无缝。当时的造船法只是用椰树纤维缝合船板,很不牢靠③。这些船只经不起风浪的冲击,常发生船舱漏水进水,必须有专门舀水的水手,经常有船只失事。反映公元前五世纪左右的印度社会的《佛本生经》就提到这些情况④。又远海航行的船只要

---

① 见《史记·大宛列传》及《汉书·西域传》。
② 李约瑟:《中国科学技术史》(第一卷第二分册),《中国科学技术史》翻译小组译,科学出版社1975年版,第380、363~364页。
③ 莫蒂·詹德拉:《古代印度的商业与商路》,1977年新德里版,第226、61~62、119页。
④ 莫蒂·詹德拉:《古代印度的商业与商路》,1977年新德里版,第226、61~62、119页。

相当大,它能装载除旅客与货物以外,还要带足航程中所需的粮食与淡水。为了对付海盗还要配备战士,这种大船的制造比小船更难。其次,船长和水手必须有熟练的航海技术,能利用海流、掌握航向,在风浪中驾驶船只。他们还须熟悉航行经过地区的风向与气象变化、停泊口岸与避风地点、那里的潮汐变化、水深与水底状况,以便抛锚与停靠。此外,他们还须了解海中鲨鱼、鲸鱼、箭鱼、大海龟等的出没动向,以免它们冲坏船只、伤害乘客。特别在早期,人们不知道利用季风,只能沿海岸进行,因此,容易触礁,并易受海匪洗劫。当然,陆路行旅也要有一定条件,如在沙漠荒野中行走要带饮水与干粮;山林谷地常有盗贼或野兽,行人要带有防身武器;贩运货物要有车辆驮畜;也要有熟悉路线的向导。陆路经历的艰险也不小,如《汉书·西域传》所记,"又历大头痛、小头痛之山,赤土、身热之阪,令人身热无色,头痛呕吐,驴畜尽然。又有三池、盘石阪,道陿者尺六七寸,长者径三十里。临峥嵘不测之深,行者骑步相持,绳索相引,二千余里乃到县度。畜队,未半阬谷尽靡碎;人堕,势不得相收视"。但与海路相比,陆路无车马也可以徒步行走;遇险可以设法逃避;沿途城邑村社,可供食宿休息,有危难也可求助。《政事论》提到当时印度借钱经商的利率高低是依其风险大小来决定。一般利率为5%,但如通过森林的行商借款利率为10%,经营海外贸易的商人借款利率高达20%。这也可能是早期中印交往以陆路为主的一个原因吧。

  第四,早期中印之间有直接的交往,也有间接的交往,但间接的较多。中印之间直接的交往见于史籍的可能是上文中提到的我国四川与印度之间竹杖与布的贸易,还有从我国南部到黄支国的海上贸易,这都是公元前二世纪的事情。但前者有我国西南边境各族处于居间地位,后者须经马来半岛与缅甸南部国家,他们供应粮食,以蛮夷贾船转送,也起了中介作用。从考古资料论证,间接交往的事例较多。大多是游牧部落在中印之间移动,使中印的物质文化得到交流。如殷商青铜文化的斧和印度东北部那加山地的斧相似。殷商文化又与中亚卡拉索克文化相同。可能是中国北部的部落被迫迁到欧亚草原,因而将中国文化传入中亚,然后经伊朗到印度。但这只是推断,缺乏中国文化西传的具体论证。后来,属于公元前六至前四世纪巴泽雷克墓的发现则颇能说明问题。这墓在中亚乌拉于河畔,墓中发现的随葬品有中国的丝织品、玉器、漆器、青铜器和整匹中国丝绸、布、铜镜等,也有织成波斯帝国风格的骑士、麋鹿、玫瑰花或怪兽花纹的毛毯①。公元前五世纪后半叶波斯市场有中国的丝,波斯宫殿使用印度象牙②。由此可见,中国物质文化先传入中亚,再经波斯而到印度。后来西迁的匈奴人、塞种人、大月氏人等通过中国君主的赏赐,或以畜产品交换或进行掠夺,将中国丝绸等特产传入中亚、辗转经波斯以至印度。印度史诗《摩诃婆罗多》中提到的吉罗陀人,是住在尼泊尔东部的部落,也是贩运中国产品到印度的人③。这些中间转手的人往往垄断中印贸易,从中取利;有时甚至没收货物、人畜,阻隔中印交往。因此,中印都有意寻求直接交往的途径。

第五,在早期中印交往中,除有游牧部落的迁徙起作用外,还有移民的开拓与各族人民的开始融合。本来游牧部落逐水草而居,也是一种移民,但不稳定。这里提到的移民主要是指农业地区的人移居他区,也有游牧部落迁至新地区,受当地土著农业文化的影响而成为农业居民。如大月氏征服大夏后改以农为业。又地处交通要道,商业也兴盛,形成城镇。波斯帝国和希腊马其顿在征服的地区移民屯垦,建立城邑④。孔雀帝国也有移民开拓,建新定居地区的政策⑤。我国秦汉时期同样有将罪犯、恶少年等戍边,有的全家迁居。这都有利于西域地区商路的发展和中印的交往。

另一方面,随着东、西方商业往来的发展,中印都逐渐向商业通道沿线移民,各族杂居,开始了民族的融合。有关于阗建国的传说就反映

---

① 王治来:《中亚史纲》,湖南教育出版社1986年版,第49~50、44、46、65页。
② 王治来:《中亚史纲》,湖南教育出版社1986年版,第49~50、44、46、65页。
③ 莫蒂·詹德拉:《古代印度的商业与商路》,1977年新德里版,第226、61~62、119页。
④ 王治来:《中亚史纲》,湖南教育出版社1986年版,第49~50、44、46、65页。
⑤ 《政事论》第2卷第1章。

了这一情况。据《大唐西域记》这一传说的大致内容是，阿育王太子在呾叉始罗国被抉目后，又与其臣属豪族被逐到雪山北荒谷，即于阗。在那里他被尊奉为王。这时东方皇帝之子也受到流放，在东界称王。最初互不知晓，一次打猎时相遇。后来为了争夺王位发生战斗。结果东王胜利，斩西王之首，建立统一城邦。但他年老无嗣，求神赐子。在神像额上剖出小儿，以地乳哺育。因此国号瞿萨旦那，意即地乳。《西藏传》也有类似故事，说是阿育王后生子，有奇相。占卜者称其父王在世时，此儿也当为王。阿育王惧其将夺王位，下令弃之。不料王子得到地上突出的乳房哺养，因而不死，称为瞿萨旦那。当时中国国王有子九百九十九人，欲得一子以满千数，祈求于神，神遂将瞿萨旦那赐之。此弃儿长大后，为其他兄弟所不容。他请王赐许自得一国之地，因而带领万人到于阗，同时，阿育王宰相耶舍因扩张其家族势力，为王所恨。耶舍遂率七千人也到于阗。他得知瞿萨旦那为王族，建议共同建国。但两人对领地的划分有争议，几动干戈。后经神调停和解。瞿萨旦那为王，耶舍为相。前者的从属为中国人，后者的为印度人，分居于阗河的下游和上游。两地之间则中、印杂居。这种故事传说都含有东西移民的发展与冲突融合的痕迹。另外，这一带考古发掘得到的文物资料包括语言文字及人物画像等，经专家研究均认为有中、印两国移民在此生活。于阗后成为中、印交往和文化交流的中心，移民是起了作用的①。

第六，早期中印交往最终出现政府间的接触，于是除了商人、移民等的交往外，又有了国家使节的往还，相互的了解也加深了。这是由于中、印政治经济势力已有相当的发展，因此，才出现了这样的局面。我们知道中国从秦朝才开始统一，但为时很短。汉初国力不足，对匈奴的掠夺只能忍让、和亲。到汉武帝时，经过多年休养生息，政治巩固、经济实力增强，才有条件对抗匈奴、向外扩张，因而有了张骞的两次出使西域。第一次了解到印度的方位与概况。第二次张骞就派副使到印度等

---

① 羽溪了谛：《西域之佛教》，贺昌群译，商务印书馆1956年版，第185~201页。参见周连宽：《大唐西域记史地研究丛稿》，中华书局1984年版，第229~236页。

国，根据《史记·大宛列传》是在武帝元狩四年，即公元前119年。同一记载还说"骞所遣使通大夏之属者，皆颇与其人俱来"。也就是说印度等国也有使节回访。此后，汉朝在河西地区建立了武威、张掖、酒泉、敦煌四郡，又派兵驻守轮台、渠犁、伊循等地，维护了交通大道的安全；随着移民实边，修驿站、置亭障、立烽火台，加强信息的联系；屯田积谷，供应往来使者，改善了旅行条件，又奖励出使外国，对来访外使也赏赐优厚。因而来往使节较以往逐渐增多①。

西方从波斯帝国起，后经希腊马其顿到塞琉古帝国与印度孔雀帝国，都注意修筑道路，设立城堡，并移民实边，进行军事屯垦，建立驿站客店。这都有利于东西通道及通往印度的商路的开拓与维护。到汉武帝时，印度孔雀帝国已经衰落，著名的大夏希腊王弥兰王（公元前165—前130年在位）曾一度统治旁遮普和喀布尔，也注意维护通中国的商路，其都城奢羯罗就位于印度到大夏的商道上。这都为印度使节的东去提供了条件。

这时期中国和印度西北部、北部及东南部的国家都有使节往来，陆路水路都有，但这些使节仍具有经营商业的性质，有的甚至并不是国家官员。如汉使持千金及金马换取大宛善马，从水路去黄支国的汉朝官员也是带着黄金杂缯去买明珠、琉璃等。外来使者也夹杂有商贩，汉武帝时杜钦就提到罽宾"奉献者皆行贾贱人，欲通货市买，以献为名"②。这种状况一直在中印关系上保持了很长的时间。

在早期阶段结束时，中印虽已有使节往还，但人数少，又不定期，除交易外，别无其他利害关系，因此很不稳定。如《汉书·西域传》所称"罽宾实利赏赐贾市，其使数年而一至云"。罽宾这些国家自知离汉朝较远，汉兵难至，而且沿途来往易受匈奴威胁，匈奴曾与大宛等合谋，杀汉使及身毒国使，阻隔东西交通③。乌孙以西至安息等国离匈奴

---

① 见《史记·大宛列传》及《汉书·西域传》。
② 见《汉书·西域传》。
③ 见《汉书·张骞李广利传》。

近，慑于其威势，对匈奴使者只要有单于信件就供应所需，不敢怠慢。对汉使则要用币物购买，并有意制造麻烦①。因此，早期中印关系的程度是不深的。

尽管如此，中印交往毕竟有了增长，彼此间的了解也增多。如《汉书》对印度的了解比《史记》显然增多、增广，除身毒外，还对罽宾、黄支等也有记述。印度人对中国的了解最初很不够，印度史诗《摩诃婆罗多》的《毗湿摩篇》与《大会篇》都提到"支那人""支那的马"，《罗摩衍那》的《猴国篇》也有"支那人"和"产丝的地方"。有的学者认为"支那"是"秦"的对音，也有认为是"丝国"的意思。又有认为"丝国"最初指运丝西去的西伯利亚各部落，到罗马帝国初期才用以指中国②。这些都说明当时印度对中国的认识模糊，留下的记载很少。

综上所论，可见早期中印关系的特点是明显的，这是和中、印的地理条件与其早期发展水平相适应的。中印交往开始较早，初期游牧部落起了中介作用，随着中、印社会经济的发展与人口的增长，对外扩张与移民的开拓，中印之间有了交往的海陆通道与沿路的城镇，由物质文化的交流而开始了政府间的接触，中印之间的关系有了新的开展。但这一进展是缓慢的，交往的人次不多，交易的品种有限，并以上层统治阶级享受的奢侈品为主，又一直保持原始物物交换的传统。这与中、印以农业为本，安土重迁，中国汉朝重农抑商政策、印度的种姓限制，还有中、印国内政局的动荡与中间国家或部落对贸易的垄断与阻隔破坏是有关的。随着各族的迁徙、杂居与融合，到公元一至二世纪，贵霜帝国与东汉帝国的扩张，中、印在前期交往的基础上，精神文化的交流以佛教为中心渐趋于重要地位，中印关系进入了一个新的时期。

(原载《华中师范大学学报（哲社版）》1990年第5期)

---

① 见《汉书·西域传》。
② 李约瑟：《中国科学技术史》（第一卷第二分册），《中国科学技术史》翻译小组译，科学出版社1975年版，第380、363~364页。

第二部分 译著节选

《印度社会》*出版说明

本书作者 R. P. 萨拉夫，查谟人，毕业于印度哈拉尔大学法律系。除本书外，作者还著有《科学辩证法》《为什么印度革命还不能达到目的》等书。

萨拉夫是印度共产党党员。1964 年 10 月印度共产党"七大"清除了叛徒丹吉集团，改称印度共产党（马克思主义者），他被选为中央委员。随着印共（马）党内路线斗争的发展，不同意印共（马）领导人的修正主义路线的党员，于 1967 年 11 月成立印度共产党革命派全国协调委员会，他是该委员会的成员。1969 年 4 月，这个委员会宣布成立印度共产党（马克思列宁主义），他当选为中央政治局委员。

在本书中，作者阐述了 1947 年以前印度历史的发展过程，分析了印度社会诸问题，揭露了印度剥削阶级和帝国主义的罪恶，抨击了社会帝国主义、帝国主义及其印度走卒所散布的各种谬论，歌颂了印度劳动人民的历史功绩，论证了人民革命的伟大历史作用，这对于我们了解印度社会、印度人民和印度革命是有一定帮助的。

但是，由于作者受主客观条件的限制，本书的史实、资料以及引文

---

* 该书全名为《印度社会：印度历代各族人民革命斗争的历程》，是由印度共产党人 R. P. 萨拉夫撰写的一部印度历史著作（R. P. Saraf：*The Indian Society：A Process of Peoples' Revolutionary Struggle Though The Ages*，published by M. Yousuf, Progressive Studies, Kashmir, 1974），由华中师范学院（华中师范大学前身）历史系翻译组共同译出，1977 年由商务印书馆出版。此处收录为该书中文版的"出版说明"部分。

方面都有一些疏漏和错误之处，关于这样一些问题，凡已发现者，均在译文中加注说明。原书排印也有一些错误，翻译时或则径作更正，或则加注说明。脚注中未说明系译者注者，均为作者注。

中译本是根据优素夫主持的进步书社1974年4月英文本第一版译出。原书第二章"生命的起源和发展"，与印度历史关系不大，因此删去未用。原书缺页，已在有关部分注明。为了便于读者查阅，书后增加了译名对照表。切口一边的数字系原书页码。

本书系由华中师院历史系翻译组翻译校订，外语系英语专业部分教师和72级部分工农兵学员参加了一些章节的翻译工作。

《高级印度史》译者前言

本书是由印度著名历史学家R.C.马宗达、H.C.赖乔杜里与卡利金卡尔·达塔三位教授合著的。马宗达曾任达卡大学副校长、贝拿勒斯印度教大学印度学学院院长等职,并荣获印度科学院历史所名誉所长的头衔。他著有《古代印度》《印度士兵的兵变与1857年起义》《印度自由运动史》《孟加拉古代及中世纪史》,又曾主编《印度人民的历史与文化》等书。赖乔杜里为加尔各答大学历史教授,讲授古代印度历史与文化,其重要著作为《古代印度政治史》《印度古迹的研究》等。达塔为巴特那大学副校长、历史教授,著作有《论印度现代史最近的研究》《十八世纪印度的社会生活与经济状况概观》等。

本书是一部印度历史教科书,在印度史学界也是一部有代表性的学术专著。它论述的是从旧石器时代起至1978年本书第四版出版时止的印度通史。对这一漫长时期的历史,本书按传统的分期法划分为三个时期:古代、中古与近代,其中中古与近代又各分为前后两个阶段。对1947年印度独立以后的历史,则以附录的形式论述一些作者认为对印度未来有影响的重大事件。编写现代史的这种体例是独具一格的。本书内容有以下几点特色:(一)它着重论述的是政治史,但也有相当章节

---

* 该书是由印度著名历史学家R.C.马宗达、H.C.赖乔杜里和卡利金卡尔·达塔三位教授合著的印度通史著作,由张澍霖、夏炎德、刘继兴、范铁城和朱万麟等人译出,由涂厚善先生总校,1986年由商务印书馆出版。此处收录为涂厚善先生为该书撰写的"译者前言"。

阐明社会，经济与文化等方面的演变。在政治史中，除叙述人物与事件外，还对政治制度、政治学说与国际关系等有所论述。它涉及的问题虽多，但基本上按年代的顺序叙述，各个问题均有简明的标题，彼此之间又有一定的内在联系。因此，线索比较清楚。（二）本书的取材大多采用铭文、古钱、文献档案等第一手资料，对相互矛盾的材料能进行比较分析、考证和核实，再作出适当的取舍。对争论的问题，一般均将各种有代表性的看法进行简要的介绍和评论，然后提出自己的看法。对暂时不能作结论的问题，也都有明确的交待。因此，资料比较丰富。（三）本书对沿革地理比较重视，对各种制度的来龙去脉及其意义、历史事件的前因后果及其影响、历史人物的生平及其建树都有具体的分析与评价。（四）本书所附的参考书目比较系统，又有王朝世系表、大事年表便于查考，插图与地图也能配合书中内容，供学习时参阅。因此，对印度史的学习和研究来说，本书是有参考价值的。但应该指出，本书对印度进入阶级社会后社会历史的变化，多半是描绘一般历史的进程，如在社会经济方面论述的是各时期行业的分工协作与生活的富庶舒适，对贫富的悬殊虽也有涉及，但提到人民的困苦时往往把原因归结为自然灾害或某些官员措施不当，它过多地肯定了统治者的活动，甚至加以美化，对人民群众在历史上的作用则很少提及，在政治方面，它着重于统治者的品性才能、经历与帝王世系的更迭，又常用命运或偶然事件来说明历史人物的成败，而不从阶级关系来认识和分析历史事件，因而不能揭示印度历史演变的本质及其发展的真实原因。本书对英国殖民主义者的侵略与统治的狡诈手段、凶恶面目和残酷掠夺的本性，虽有所叙述，但揭露和批判都不够深刻，对印度人民的反英斗争，如1857年的民族大起义，则力图贬低其意义，以上这些是本书的主要问题。此外，还应指出，本书所附参考书目中，对与作者观点对立的学者（如D. D.科桑比、R.塔帕尔、R. S.沙尔马等）的专著竟无一本列入，这也是应当注意的一个缺陷。最后，本书用附录形式论述现代史虽有其特色，但涉及的问题过多，内容却十分简略。因此全部附录删去未用。

中译本的印度古代史部分由张澍霖根据1950年本书第二版译出初稿，李开物校订，近代部分上、下篇由夏炎德根据同一版本译出初稿，李开物作了部分校订，最后由华中师范学院历史系印度史研究室部分同志根据本书1978年第四版补译印度中古史部分（上篇译者为范铁城，下篇为朱万麟。此外，刘继兴、闵光沛也翻译了部分增添的章节）。又根据新版对全书重新作了校订（冈光沛、曹植福、刘继兴、范铁城作了部分初校，对全书重新校订的为涂厚善）。

本书地图十幅，全部译制刊用。插图若干帧，只选用其中清晰可取者，刊登于本书的最前面。书中所附印地文、梵文等字母上的符号，因排字困难均已去掉。为了便于读者查阅原书，切口一边附有原书页码，但各篇的世系表上则不附有原书页码，以免产生误解。我们在校译过程中曾得到中国社会科学院南亚研究所金克木、刘国楠、蒋忠新等同志、北京师大刘家和同志、四川大学张毅同志、外文出版发行事业管理局谢望藩同志、云南省东南亚历史研究所邹启宇同志等的帮助，特此志谢。还有其他一些同志也曾给我们这样那样的帮助，这里就不一一列举了。但特别要提出的是商务印书馆的责任编辑陈廷祐同志，他对本书的译稿提出了许多中肯的意见，使我们的译稿避免了一些错误，我们向他表示衷心的感谢。

最后，由于我们对印度史缺乏研究，外文水平不高，错误之处在所难免，欢迎批评指正。

涂厚善

1983年5月

《印度文化史》译者的话

印度文化是世界上有代表性的文化之一，与中国、伊斯兰、西方等文化并列。它的古老渊源与长期持续发展在世界文化中只有中国文化能和它媲美，它对世界文化宝库作出了巨大的贡献，对中国文化、对与我国邻近的东南亚各国文化也有很深的影响。因此，研究它的历史发展十分必要，对正在建设社会主义新文化的我国人民尤其如此。这部《印度文化史》是从4000多年前的印度河文明开始到1947年印度独立初期关于印度文化发展的一部通史。它正是适合我们需要的一部学术著作。

这本书是由澳大利亚籍国际知名学者、伦敦大学文学博士A. L. 巴沙姆教授主编的。巴沙姆为澳国立大学讲授"亚洲文明"的教授，曾在英国伦敦大学东方与非洲研究所指导博士生工作达三十多年，门生多人在世界各地从事印度史的研究和教学。他本人专精古代印度的宗教与文学。其重要著作有《印度奇迹》，这是一部享有盛誉的学术著作，有多种文字的译本。他还写有《印度历史与文化研究》《古代印度文化的各个方面》等。他写的论文评论涉及面极广，包括印度的历史、考古、宗教、文学、艺术、科学等约有六七十篇，他还主编《亚洲季风区诸文明》等。学者们认为他是对古代印度遗产进行重新估价的三位重要专家

---

* 由英国著名历史学家和印度学家A. L. 巴沙姆（1914—1986）主编、华中师范大学历史研究所印度史研究室共同译出的这部《印度文化史》（商务印书馆，1997年版）由涂厚善先生总校。此处收录为涂厚善先生撰写的"译者的话"，后续另有他本人翻译的第32章"印度对中国的影响"。

之一，另两位为 D. D. 高善必和罗米拉·塔帕尔，后者曾受教于他。他在本书中除负责编辑外还撰写了"序论"、"结论"和"中世纪印度教印度"三章。

参加本书撰稿的除巴沙姆外还有 27 位学者。他们大多从事所写篇章有关专题的教学和研究工作，有的并写有专著。以下简略加以介绍：如执笔"印度河文明"一章的 B. B. 勒尔为古代印度文化与考古学教授，又曾任印度考古总监，亲自主持印度河文明遗址卡利班根的发掘工作，著有《独立后的印度考古学》；执笔"阿育王的印度与笈多时代"的 R. 塔帕尔为研究古代印度史的专家，著有《印度史》第 1 卷与《阿育王与孔雀王朝的衰落》等专著；执笔"哲学"章的达斯·古普塔曾写有《印度哲学史》五卷本；执笔"莫卧儿人与英国人"的 P. 斯皮尔就曾写过同名的专著，还写有《牛津印度近代史》《莫卧儿人的曙光》等；又如"印度教"由曾任贝拿勒斯印度教大学副校长、讲授东方宗教的知名学者 S. 拉达克里希南执笔，他还是《印度哲学》《东方宗教与西方思想》等的作者；"印度与欧洲的早期接触"和"印度与近代西方"两章则由写过同名专著的前德干学院院长 H. G. 罗林森执笔；"古代和近代的语言"由牛津大学梵语讲座 T. 伯罗教授执笔，他还写有《梵语》专著，与此有关的"早期雅利安人"也由他执笔；"古典文学"由著有《印度诗文》三卷的梵文与印度研究教授 A. K. 沃德执笔；"锡克教"由著有《古鲁纳那克与锡克教》的 H. 麦克劳德执笔；"音乐"由著有《北印度音乐的拉格》的 N. 贾伊拉兹波易执笔；"穆斯林统治王朝"、"印度中世纪的伊斯兰教"与"印度与中世纪伊斯兰教世界"三章由讲授南亚文明的高级讲师 S. A. A. 里兹维执笔，他著有《阿克巴在位时期的宗教与思想史》《16、17 世纪北印度穆斯林的信仰复兴运动》等；"伊斯兰教的改革运动"由讲授伊斯兰教研究的教授 A. 艾哈迈德执笔，他著有《印度与巴基斯坦的伊斯兰教的现代主义》；还有如写有《达罗毗荼文学》专论的 J. P. 马尔执笔"早期达罗毗荼人"；写有《德国对印度文化的反应》专论的印度学西藏学教授弗·威廉执笔"印度与近代西方"的后半部;著有《邦迪绘画》的P.金德拉执笔"中世纪印度的袖珍画",他是南亚语言与文明系和艺术系教授;著有《印度绘画》的达勒姆大学东方艺术博物馆馆长P.S.罗森执笔"早期的艺术和建筑";著有《埃及与巴勒斯坦的穆斯林建筑》的建筑学院讲师M.S.布里格斯执笔"印度的穆斯林建筑";写有《中国艺术中的"莲花经"》的J.L.戴维森执笔"印度对中国的影响"。最后,"耆那教"则由耆那学教授A.N.邬波陀耶执笔;"佛教"由僧伽罗克悉多比丘执笔;"中世纪印度文学"与"近代文学"2章由曾任印度文学学会秘书的克·克利帕拉尼执笔;"社会政治思想和制度"由伦敦大学东方法律学教授J.邓肯·M.德列特执笔;"中世纪印度教虔诚派"与"英属印度的印度教宗教和社会改革"二章由讲授南亚文明的高级讲师J.T.F.乔登斯执笔;"科学"由伦敦大学哲学与科学博士H.J.J.温特执笔,还有南亚史高级讲师J.B.哈里森执笔"葡萄牙人";曾任历史教授的A.拉姆执笔"印度对古代东南亚的影响";历史讲师H.欧文执笔"民族主义运动"。

由此可见,本书的编辑和撰稿人都有比较深厚的专业基础,一般都有丰富的研究工作经验,有的并取得过重大的学术成果,因而各章都有较高的学术质量,最后又经过巴沙姆的精心编排,全书就成为一部很有特色的学术专著。

这部书的特点有以下几点:(1)本书分四部分,头三部分是从印度历史的发展说明印度文化的发展及其在各时期所取得的成就,以至形成印度人民宝贵的历史遗产;第四部分又从与外国交往的历史进程中说明文化的交流与相互影响以及印度文化对世界文化的贡献。这两方面都有确凿的史实表明印度的文化不是停滞不变而是逐渐积累、演变和发展,印度不是与世隔绝、孤立的而是直接间接与外界交往的。这便有力地驳斥了西方殖民主义者歪曲印度文化的一些谬论。

（2）由于文化的兴衰与统治者的扶植或压制、时局的平静或战乱、经济的繁荣或匮乏、国际交往的开放或闭塞密切相关，因此，本书十分强调印度文化发展的历史背景的论述。因而在正文前编制了简明的年表，分栏标出同时期印度北南两方，最后发展到全印的政治经济大事，文化与宗教的大事和国外大事，帮助读者掌握印度文化发展时的国内国际历史形势与各时期的主要文化成就。在序论中编者又简要介绍了印度历史发展与文化演变的基本线索。正文中还设置专章（如 5、6、17、28 等章）比较具体地说明当时政治经济的变化，特别是对文化有影响的方面。其他各章中也注意到这种背景的介绍，用历史的线索使全书各章连结成一个整体。

（3）本书很重视印度文化产生的自然条件，即次大陆的土地和气候。序论简明扼要地概括了它的特点及其对人类生存和文化发展的重要意义。这些自然条件和入居印度的各族人民是编者认为的印度高度发展的文明赖以存在的基础，并将继续制约着印度人民未来的生活。特别是对创造印度文化的重要种族，如雅利安人、达罗毗荼人等，本书有专章论述。在这些章里，与文化发展有密切关系的语言文字占有首要的地位，编者运用比较语言学探讨各族的起源、迁徙与扩展、原有文化及与外族关系等，对随后迁居或入侵印度的阿拉伯人、突厥人、葡萄牙人、英国人等，本书也有相当的篇幅的论述，因为他们带来了一些新的文化，丰富了印度的文化，对印度文化的演变产生了深刻的影响。又编者重视各族的语言文字问题，还因为这种文字的史料多半是第一手的资料，对论证问题更有说服力。

（4）分期问题是研究历史发展的重要问题。本书把印度文化史的发展分为三部分：①古代的遗产；②穆斯林统治的时代；③挑战与反应——西方人的到来。对某一方面的文化也有其本身阶段的划分，如语言中印度雅利安语有古代、中古、近代之分，中古印度雅利安语还可以分为三期；文学有古典文学、中世纪文学与现代文学；建筑艺术也有早期建筑、穆斯林建筑（中世纪绘画）与现代建筑艺术；又如佛教、哲学、民族主义运动等也都有分期。有的如文学，各期均有专章；有的如建筑艺术则用两章，现代部分则在结论章中提到；有的如佛教等在一章中论述。作者概括了各时期的特点与成就，从而也说明了其间的变化。

除了这种前后对比的论述以外，各方面的比较研究也是本书的重要特色之一。不同时期如孔雀王朝与笈多王朝的对比，不同地区如荷马时代与吠陀时代的对比，印度封建制与西欧的比较，印度宗教改革与西方宗教改革的比较，不同教派如耆那教与佛教的比较，不同类型、不同风格等都有一定的比较对照，有比较就可以有鉴别，可以更深刻具体的了解其特点。另一方面，从比较中看到的差异可以启发人们思考，探索差异产生的原因。如研究1526年莫卧儿人到来时的印度和1761年莫卧儿人崩溃时印度的差异，就可以看到莫卧儿人对印度的作用。这样的探讨是很有意义的。

（5）本书善于发掘史料与运用史料，并重视新的发现和新的研究成果。如从《政事论》、从迦梨陀娑的剧本中搜集当时有关使用齿轮机械的科学知识资料；如运用古代印度的谚语、格言来探讨古代印度的政治理想等。新的资料与研究成果除在正文中运用外，有的更用附录形式特别标明。如科学一章的附录提到，芬兰语言学家们利用一种计算机方法释读印度河的文字似乎可以表明天文学的28宿之说源出于哈拉巴，这就大大提前了28宿之说开始的时间；又如东南亚的考古学是当前发展最快的学科领域，因而编者就特请在这方面有研究的H. H. E. 卢夫斯博士给本书第31章原文后增加了附录，它提到由于该地区考古的新发现，印度文化对这一地区影响的一些旧的看法就得要改变了。编者在本书结论中还声称，由于对过去的知识迅速增多，看法也日新月异变得更快，因此，书写的内容要随时准备用新的成果来更替。这种求新的精神是值得称道的。

（6）印度文化的历史是悠久的，内容又丰富多彩，本书的篇幅不大却能有比较全面的介绍，这是由于本书能够简明扼要说明问题，对一些复杂深奥的问题也能做到深入浅出。虽是学术著作，却不带学究气，能为一般读者所接受。又配合正文选用了一些地图和图片。因此，这本书对我们了解印度文化，研究印度文化，很有参考价值。

当然，本书也有其不足之处。主要的是本书忽视了印度物质文化方面的成就，如棉的种植、棉纺织业的发明、制糖术等，有的完全没有提到，有的虽有涉及却未给以应有的地位，对唯物主义的哲学也未给予应有的评价，如对顺世论，只作为一般的异端教派，加以简略介绍。对这种学派受攻击、著作被毁的情况也完全不提。其次本书还忽视了东方文化对印度的影响。特别是古代中国的文化，如对文化发展起巨大作用的造纸术和印刷术都是中国发明的，从中国直接、间接传入印度。本书中虽提到这些发明是国外传入，但未提到中国。又如老子著作曾译为梵文传入印度，对印度宗教哲学有一定影响，本书也未提到。本书有关的章节名称提的是《印度对古代东南亚的影响》《印度对中国的影响》，这便限定了印度文化只是单方面对这些地区传播、施加影响，这是不符合实际情况的。本书在政治观点上也存在着一些问题，如结论一章中认为英国比较容易和迅速撤出印度是英国少数有识之士早已有此认识，而不提印度人民要求民族自决的长期斗争。对印巴冲突不提英帝国主义"分而治之"造成的恶果，对印中边界纠纷竟归结为中国的侵略，而不能认识到这是英帝国主义侵略的遗产所造成的。事实是印度继承了英帝国主义的衣钵，侵占了中国的领土，而不是相反。最后编者在本书前言注中已提到对印度文化的一项重要成就"舞蹈"，没有专章，这是一大缺陷。还有前后各章有些观点不一致，编者已加注说明，这里就不一一列举了。

中译本是根据本书1975年版①由华中师范大学历史研究所印度史研究室闵光沛、庄万友、陶笑虹、周柏青、涂厚善等分工译出初稿并相互进行初校（分工章节译者名列在"译者的话"之后②），还有范铁城、游巧荣（外语系）、蒲亨强（音乐系）参加了部分章节的初译工作。对全书进行校订的为闵光沛，最后由涂厚善总校。

本书的译名原则基本上与我们翻译的《高级印度史》（商务印书馆1986年版）相同，这里不再赘述。书中所附印地文、梵文等字母上的符号，因排字困难均已去掉。为了便于读者查阅原书，切口一边附有原书页码，11幅地图均按原书绘制并译成中文。

我们在校译过程中曾得到北京大学金克木教授、中国社会科学院亚洲太平洋研究所黄心川教授、北京师大史学研究所刘家和教授等的帮助，特此志谢，还有一些其他同志也曾对我们的工作给予帮助和关心，这里一并感谢。最后要特别提出的是商务印书馆的责任编辑陈廷祐先生，他尽管已经离休，仍坚持要把本书审编完稿。这使我们铭感不尽。

最后，由于我们对印度史研究不够，尤其是对印度文化史的一些专业理论和知识不甚熟悉，外文水平不高，错误之处在所难免，欢迎批评指正。

涂厚善
1992年4月

---

① 其中"印度词语发音注意事项"与中文译本关系不大，"撰稿人名单"基本上已见"译者的话"，因此，这两部分删去未用。供"进一步阅读的书目"绝大部分均无中文译本，故原文未译，仍作为附录刊用。

② 译者及其分工的章节表列于下。闵光沛译12、13、15、30、31、33、34、35，共8章。庄万友译2、14、21、23、24、25、29，共7章。陶笑虹译3、4、10、11、26、27、28，共7章与"编者前言"。周柏青译5、7、8、9、20、22，共6章与"年表、地图及图片说明"。范铁城译1、17、18、19，共4章。涂厚善，32；蒲亨强，16；游巧荣，6。各1章。

《印度文化史》第32章
印度对中国的影响[*]

佛教是印度对中国的贡献。并且，这种贡献对接受国的宗教、哲学与艺术有着如此令人震惊并能导致大发展的效果，以致渗透到中国文化的整个结构。

我们知道佛教是在公元69年前传到中国的，因为正是那时在洛阳城建了白马寺。可能较早已有一些接触，但不曾有什么影响。不过，在公元一二世纪时期中国叛乱频仍、经济灾难重重，国家四分五裂，正是这时，显然中国已准备接受对它陌生的西方邻居的宗教哲学信条。由儒家思想维系有数世纪之久的中国自身的传统，已被一部分冒充儒家的人和另一部分公开赞成法家的极权主义哲学的人所削弱，这个传统到了动荡不定的地步。道家的哲学思想已退化到这种程度，它竟成为从事炼丹术与巫术的方士的工具。理性主义思想主要由王充（公元27—约97）所传播，但与他类似的怀疑主义甚至更有力地促进了汉代社会的瓦解。当传统、理想与社会结构正处在同时解体的时候，既不是王充，也不是任何其他个人能够指明中国思想的前途。只有佛教能够，并且做到了这一点。

在国泰民安的时候，像中国这种有悠久传统又畏惧和憎恨外族的国家里，一种外国宗教（例如佛教）的传入是很少有成功机会的。但是汉

---

[*] 本章原作者为J. 勒鲁瓦·戴维森。选入时有改动。

朝最后几个世纪的状况却对佛教传法师有利，不管他是直接从印度来的，还是来自佛教已深深扎根的中亚都是如此。

佛教有着多方面的内容，因此能够对中国社会不同部门的人都有吸引力。改宗的和尚、善行方便的大师，对他们的传教工作毫无顾忌地选择策略。不过，为了给尊重书本有长期传统的人们留下深刻的印象，最基本的还是靠佛教经书，到一定时候经书就出现了。已知的最早经文《四十二章经》编成于公元1世纪，这一经书是小乘教义的简明本。

到了3世纪末，在翻译印度佛经方面无论在量和质上都有很大的进展。这是在僧人竺法护（260—313）指导下完成的，他本人就是一位出色的翻译家。但产生众多优美汉文译本的却是来自中亚的卓越的传教僧人鸠摩罗什与其大译场的助手们一道译出的。到公元5世纪初他们已译成的佛经典籍，在文人学士享有权威的国度里深受欢迎。鸠摩罗什的宏大作品为佛教的支持者提供了一个经书宝库。

佛教的最基本教义需要向那些从未接触过像"业"、"轮回"与"涅槃"这种哲理概念的人们讲授。那些被剥夺者对一种模糊的、遥远的又不能理解的"涅槃"理想是不怎么动心的，而对可能立即转生到阿弥陀佛或弥勒佛的极乐世界却受到吸引。专心注意对各种不同佛的天堂①旳崇信发展得很快；这些信仰不要求信徒具有深奥的哲学知识。从无法预言的生死轮回中得救的方法是容易的，只要信仰佛、信仰菩萨，或甚至相信佛经中几句真言就能办到。这类经就是《妙法莲华经》《阿弥陀经》，或任何一种《弥勒经》。实际上，这种宗教信仰最终是起源于印度的巴克提概念。

如果佛教吸引广大群众是由于有来世进天堂的报答，或甚至今世的更为眼前的利益，它对中国的许多知识分子则有深一层的号召力，混乱的战争把他们的国家分裂为许多敌对的王国；他们的幻想破灭了，又受到了冷遇。可是，他们却为佛学注释者精心编制的形而上学和分析入微的哲理所倾倒。

---

① 如东方阿閦佛的香积世界，南方宝相佛的欢喜世界，西方阿弥陀佛的极乐世界，北方微妙声佛的莲花世界等。——译者

其他部门的人则为那些传法师非凡的力量所吸引，他们通过巫术的动作表现他们宗教的效力。这方面恰当的例证就是佛图澄的传教经历。这是阿瑟·F.赖特教授研究的课题。佛图澄为4世纪时的一位宗教徒，投奔于名为石勒的军帅手下。他曾演出简单的魔术戏法，开始给石勒留下深刻的印象。随后，他因被认为能够唤雨、治病，或许更重要的是成功地参谋军事（这不是佛教徒固有的职能）而得势。

在公元5世纪时，佛教赢得中国信徒的人数有惊人的增长。和尚、尼姑、教士与寺院成倍地增加得如此迅速，以致在444年与446年朝廷对他们采取了镇压的措施①。对教士的指责总是有理由的，与其说是宗教的原因，倒不如说是道德与政治的原因。有很多人必定是为了逃避兵役才去做和尚的。而且，寺院里的松弛放纵也是政府采取惩罚措施的其他理由。

尽管佛教遭受了偶尔的挫折，全体居民中仍有很大百分比的人为了这种或那种原因被劝说去信奉这个新的宗教。皈依的教徒、庙宇与寺院机构的数目继续在全国激增。充满佛教思想的一些概念终于传入儒家哲学中。儒家士大夫不时的迫害和攻击并不能阻止佛教势力的增长。甚至在中国经过几个世纪的分裂以后，到隋朝（581—618年）统一的时候，这个来自国外的宗教竟成为帝国内一个稳定的力量。隋朝统治者为了得到他的许多臣民的支持，便自比为转轮王②；又像一位后代的阿育王，在多次战斗胜利之后，他也提倡佛教的十善业③。王室和政府对佛教的支持，事实上成为隋朝统治下国家的政策问题。而且，在公元591年，隋朝的末帝杨广召开佛僧大会，由天台宗创始人智𫖮主持，会上皇帝亲自许下作为一位在家佛教信徒的"菩萨愿"④。

---

① 指北魏太武帝时用崔浩言，崇尚道教，摧毁佛法，毁佛寺，坑沙门，焚经像。——译者

② 转轮王（Chakravartin），印度古代神话中的圣王，因手持轮宝而得名，佛教袭用其说。——译者

③ "十善业"是佛教的基本道德信条，即不杀生、不偷盗、不邪淫、不妄语、不两色、不恶口、不绮语、不贪欲、不嗔恚、不邪见。——译者

④ 指隋开皇十一年（591年）晋王杨广（当时尚未即帝位）请智𫖮到扬州为其授菩萨戒。——译者

唐朝（618—907年）的初期，佛教在朝廷享有相当高的威信，甚至被熟练地使用来支配政事。在这方面，篡位的武后（684—710）竟走到这种地步，使人编写佛经，在经中预言未来的弥勒佛将转世为妇女而她注定要统治中国①。为了保持这种欺骗，皇后不时把自己打扮成菩萨。

不过，佛教在尘世的成就却导致了它最后的失败。正如佛教曾逐渐巧妙地进入混乱时期的中国一样，它在公元9世纪发生类似的分裂时期内也大大丧失了元气和势力。外来宗教是适合当时情况需要的替罪羊，845年对佛教的种种严重的迫害②，极大地削弱了正统佛教的影响。尽管佛教作为民间宗教存在下来，但它有了变化，因它与道教融合了，又与本地崇拜的信仰和迷信结合起来。不过，"业"的概念却永远铭刻在中国人的思想中，如同关于来世的天堂和地狱的种种印度的幻象一样。佛教引起的冲动是来自禅宗。根据传说，后者的根源是在6世纪③。对这个著名的、异乎寻常的佛教宗派，胡适博士曾描绘为中国人对佛教的"屏弃"（rejection）。但是，应当指出禅宗哲学的一些方面十分近似传统佛教的另一分支密宗。它在公元9世纪中国迫害佛教时曾流行于印度。

随着正统佛教的衰落，儒学胜利了；但这是充分渗透了佛学思想的儒学。所以，阿瑟·F.赖特教授说到，这对生活在汉代的儒家来说将是不可理解的。甚至连包括以经验为根据的自然秩序的儒学基本理想，专门术语"礼"的定义也改变成为大乘教派的一种先验的、绝对的道义。有宋一代（960—1279年）的新儒学仍然以佛教哲学为依据。甚至

---

① 唐武后天授元年（690年）僧法明等10人伪造《大云经》4卷，称武则天是弥勒佛转世，当代唐为天子。——译者

② 指唐武宗会昌五年（845年）时废佛法，毁寺4600，僧坊、住所7万余，毁铜像、钟磬以铸钱，令僧尼还俗26万5千人，收田数千万顷，奴婢15万人，对佛教打击极重。——译者

③ 传说禅宗创始人为菩提达摩（？—528），南印度人，南朝刘宋末年到广州，又往洛阳、嵩山等地传禅学，为中国禅宗初祖。——译者

近到明朝（1368—1644年），最著名的新儒学家王阳明（1472—1529）也被他的对手批评为是一位隐蔽的佛教徒。确实，他的灵感按其特性是来自佛教禅宗。

在建立清朝（1636—1912年）的满族统治下，佛教一度又得到王室的赞赏。但这时西藏的影响盛行，印度的理想便为复杂的仪式弄得模糊了。使中国得到新活力的该是欧洲而不是亚洲了。

我们曾提到印度对中国的贡献是佛教。对此，我们还应增加商业，它是沿着这些传法师开拓的漫长而艰难的路程一道来的。随着中国在唐朝统治下领土的扩张，丝绸运往西方，交换那些沿着同一路线向东流入的丰富的外来物品。从印度运来香（供焚香用的）、水果、花卉和调味品。而且，还传来音乐，在唐朝京城流行；又传入有关天文学发现的资料。据说甚至在8世纪，印度的3个家族①就垄断了唐朝计算官方历法的职位。一个世纪后，一位名叫瞿昙悉达的印度人在宣宗皇帝统治（846—859年）时主持司天台。他试图传入"零"与正弦函数表，但印度人的这些发明未为中国人所接受。

虽然大多数来自国外的影响是短暂的，但印度艺术产生的影响却很持久。中国人接受佛教引起了中国艺术的深刻变化。这不仅是因为这一宗教的性质，而且也是因为在印度和中亚逐渐形成的艺术形式的性质。中国艺匠既接受了全新的宗教，也就吸收了一些名目全新的艺术主题与风格。

在佛教到来之前，庞大规模的人形雕像是很稀少的。日常崇拜中不需要它们。雕匠的技术大多用于与祖先崇拜有关的复杂的丧葬礼仪的需要。大的雕刻物通常是兽形，是专门用在到陵墓举行礼仪的进路即灵道上。墓室内有说教性的浮雕，描绘的或是历史事件或是关于道家或儒家传说的题材，还有大量的大小适当的小塑像，用来伴随死者未来的

---

① 3个家族即迦叶氏、瞿昙氏与俱摩罗氏，瞿昙氏世代任职唐朝司天监。——译者

生活。

中国现在保存的佛教艺术品中最早的实例或许是大约公元200年在四川嘉定的崖墓入口门楣上的一尊小的浮雕佛像。佛是坐像,右手举起,作"无畏法印",意为"无所畏惧"。这一佛像尽管形体小又是浮雕,却是体现以后几个世纪宗教观和审美观的无数佛像中的一个典范。不过,在风格上,它几乎是同时流行于犍陀罗地区的佛像类型的一个直接的仿制品。

四川佛像上繁重衣饰的同一中心的褶痕,使人们对它的来源毫不怀疑。对于约一个世纪后,铸造于公元338年的最早有年代的佛像,也是如此。这尊佛像(现存于旧金山的布伦戴奇收藏馆)仍然保持有犍陀罗传统,但是中国艺术家将衣饰的褶痕稍许弄平,又对佛像的面容加以抽象化,因而留下中国艺术的痕迹。这两尊佛像特别重要,因为它们必定是受到印度肖像画法早期影响大量产品中偶然幸存下来的几件。许多记载讲到很多巨大的、不可思议的肖像,其中有些据信是由印度奇迹般地运来的,有些甚至据说曾与阿育王有关。这便使它们比在印度的任何人形佛像还要古老得多。这些肖像享有的这种特殊声望持续了好几个世纪。举例来说,一座寺庙由于有着在公元6世纪发现后就安置在寺内的一尊雕像,因而受到伟大的唐太宗的拜谒,他对这个肖像的历史久远印象极深,因而为其神殿加以修饰。印度肖像的这种声望的另一反响是在一幅绘画(发现于敦煌,现保存在伦敦与新德里)的片段中可以见到。画中某位中国信徒仔细地描摹形形色色的佛和菩萨的雕像。然而他描摹的一切原型显然是出自印度的,其中一个实际上可认定为优填王作的佛像①。许多报道中都提到这一类型的佛像曾经奇迹般地传到了中国。

印度的艺术不仅储藏各种肖像,由此可以仿制描摹。它还有着一种灵感。到公元5世纪的第3个25年时,中国雕刻家在云岗把印度风格

---

① 优填王(Udayana),一译邬陀衍那王,为公元前6世纪跋沙国(在北印度)国王,据《增一阿含经》第28卷,他曾刻檀木作佛像,以示对佛的怀念。——译者

（已适用于中亚）改造成为纯中国的形态。对衣饰平面的与线条的风路上的仿效和古代的形体塑造而成的佛像，反映了觉者最深奥的教义。这些肖像被清楚地认识到是人像，而从肖像画法上则再看作是神像。但是风格的抽象化使它们不能直接看成是人像而线条的简洁也使它们体现的概念显得特别突出。

我们已经指明，佛教在公元6世纪时已适应中国的情况。重实效的中国观念，使得狂热的天堂崇拜者即净土宗取得支配地位。我们能从许多铭文中推断，来世的目标就是天堂。如果它不是最终的目的，也是成为对抽象的、难以确切表达的"涅槃"的一个可以接受的替代物。这种折中物或许是潜意识的，反映于佛教雕刻的肖像画法和风格上。在中国以观音闻名的阿婆卢吉低舍波罗①成为大众最喜爱的菩萨。这时中国艺术的典型直线性正向着立体的自然主义方向发展。雕刻家更精巧地对人像进行造型，更自由地处理衣饰；画家正达到超越画面进入更深远的空间。向自然主义发展的行动似乎是对天堂崇拜中所固有的实利主义的反应。看来很明显，中国信徒的目的集中在阿弥陀佛的西方极乐世界上。他要在肖像中找到经典描述的"乐土"，通过壮丽的雕像而能具体显示出其富贵景象。

在公元7世纪，当佛教实际上成为国教时，印度艺术对中国有了最后一次大的影响。早先，尽管中国佛教徒是在改变信仰的阵痛中，达到一种理想主义与热情洋溢的正教的顶峰，他的艺术还不能表达出在竭力仿效印度肥胖的肖像所特有的美感时的任何影响。但是在公元700年左右，各种艺术都在世间的唐朝统治者治理下蓬勃发展时，中国雕刻彻底浸透了印度笈多和笈多以后各种人形的特性，显示热情、人性并给人以美的感受。

---

① 阿婆卢吉低舍婆罗（Avalokitesvara），意译为"观世音"，菩萨名。指遇难众生只要诵念其名号，菩萨即时观其音声，前往搭救，故名。因唐朝讳太宗李世民之名，故去"世"字而称"观音"。——译者

公元 845 年佛教遭受的严重迫害大大削弱了这个宗教。不过，它还在禅宗名义下继续是一个有创造性的力量。中国绘画是禅宗艺术传达思想感情的主要工具。印度已不再对中国文化有重大的影响了。然而，佛教尽管遭到敌视和出现变化，它的韧性甚至在最近的年代里，出人意料地不是由别的因素而正是由中华人民共和国表现出来。佛教的传统号召力还是存在的。

第三部分 著作节选

《简明印度史》*上篇

导　　论

　　印度是世界上有着悠久历史的文明古国之一。印度这一名称的来历也有一段历史，它最初并不是国名，而是一个地理名称，是由"信度"（Sindhu，意为河流）演变而来的。希腊史学家希罗多德承袭波斯人的说法，称印度河以东的地区为印度，后来西方人就保留了这一名称。我国的《史记》称之为身毒，后又有天竺、贤豆诸名，直到唐代，玄奘在他的《大唐西域记》中才开始用印度这一译名，但仍是指南亚次大陆整个地区。古代印度人自称本土为"婆罗多伐娑"（Bharatavarsha，意为"婆罗多王统治的地区"）。现今的印度共和国一方面沿用了"印度"这一名称，另一方面又用本国传统的"婆罗多"名称为国名。但要注意的是"印度"这一名词包括的地理范围在历史上是有很大变化的。古代印度包括了今天的巴基斯坦、印度、孟加拉和尼泊尔等国，讲述今天印度共和国的古代史时，势必涉及巴基斯坦、孟加拉等国的古代史。

　　印度位于亚洲南部，北方为高耸的喜马拉雅山脉，南部是伸入印度

---

　　* 该书由华中师范大学印度史研究室著，上篇总共十二章由涂厚善先生主编，除了第一章第一节（高兴）和第十、十一章（范铁城），其余各章节均由涂厚善先生本人执笔完成。为了完整呈现这一编内容，本文集也收入了由高兴和范铁城撰写的章节。

洋的半岛，东为孟加拉湾，西为阿拉伯海。由于周边有山脉和海洋的阻隔，在地理上形成一个单独的地区。印度幅员辽阔，面积约297.47万平方公里，在世界各国中占第七位。在地形上，印度可以分为三部分：北部是喜马拉雅山山脉地带，中部是印度河—恒河河流平原地带，南部半岛除沿海比较狭窄的平原洼地外主要为德干高原地带。山地地势险峻，高山积雪不化，山峦丛林密布，人迹罕至。高原有森林矿产，但气候干燥，自然条件较差。只有河流平原地区水量充足、土壤肥沃，气候适宜，有利于农业的发展，工商业也比较发达，人口稠密，这里是印度最早进入文明时期的地区，也是印度历史发展的中心地区。自然条件的差异对印度各地经济文化发展的不平衡性起了一定的作用。印度内地的彼此隔绝，如文迪亚山脉就阻碍南北印度之间的交往，来往的艰难，阻塞了经济文化的沟通，因而更加增大了各地之间发展的差距。对外交通更不容易，北边喜马拉雅山、喀喇昆仑山都是难以逾越的高山。只有在印度西北部经巴基斯坦到阿富汗有几条通过兴都库什山的山路（开伯尔、波伦、穆拉等）可以和外界联系。这在海上航运兴起之前，几乎是唯一的对外交往的孔道。水运方面，恒河可以通航，是印度内地重要的交通命脉，有着巨大的经济意义。它很早就受到印度人的崇拜，是他们的"圣河"。海路可以西通西南亚、东非与地中海沿岸，东到东南亚与远东。据《史记》《汉书》记载，在公元前2世纪左右，印度与我国在水陆两方面都已有了交往。

印度人口众多，1981年统计为683 810 051人，在世界各国中占第2位，仅次于我国。印度的人种、语言、宗教信仰和生活习俗都很复杂。远古的土著人现在还不能确定，一般认为孟达人与汉藏人是较早的居民，达罗毗荼人也可能是早期的土著人种。到公元前2000年左右，属于印欧语系的印度雅利安人侵入印度。以上这几种人就是今天印度民族的主要成分。后来又有波斯人、希腊人、大夏人、塞种人、大月氏人、匈奴人、阿拉伯人、土耳其人、阿富汗人、蒙古人、阿比西尼亚人与欧洲人等先后前来，因而构成印度民族的复杂性。印度的语言与方言有 1500 多种，其中主要语言有 15 种。这些语言大致可以归为四类：①印度雅利安语系。在北印度和西印度使用，包括印地语、旁遮普语、古吉拉特语、马拉提语、乌尔都语、克什米尔语、奥里亚语等；②达罗毗荼语系。在南印度使用，有泰米尔语、泰卢固语、马拉雅拉姆语等；③汉藏语系。在印度北部使用，如阿豪马语、伽罗语等；④孟达语系，主要为部落人用语。如柯尔语、桑塔尔语等。但英语是官方使用语言。宗教信仰方面，信仰印度教的约占总人口的 83%，信仰伊斯兰教的占 11%，其余则信仰基督教、锡克教、佛教、耆那教或琐罗亚斯特教等，各个种族部落、各种教派的生活习俗各有不同。

自远古迄今，印度有 4500 多年的文明史。约公元前 2500 年，印度河流域首先进入文明时期，大约 800 年后这一文明衰亡。到公元前约 1500 年，雅利安人从西北方入侵，并向南、向东扩张。恒河流域逐渐得到开发，在这里出现了阶级和国家，形成了婆罗门教，印度进入列国时代（公元前 600—前 400 年）。这一时期工商业经济发展较快，社会分化加剧，阶级斗争尖锐，新旧思想与教派争斗激烈，摩揭陀在各国兼并战争中渐占上风。到约公元前 324 年，孔雀王朝以摩揭陀为基础在印度建立了第一个统一的帝国，佛教成为国教。但统一的局面维持了 137 年就解体了。外族乘机入侵统治，政治分裂，直到公元 320 年左右，摩揭陀的笈多王朝才再度统一。笈多王朝时期梵语文学艺术兴盛，婆罗门教演变为印度教。到公元 6 世纪中叶，笈多势力衰落，印度又四分五裂。此后，到公元 10 世纪，先是信奉伊斯兰教的突厥人，后又有阿富汗人由西北入侵，征服印度。1206 年建立德里苏丹国。苏丹在极盛时期只能统治北印度和德干；即使这样，也没有维持很久。到 1414 年图格鲁克王朝灭亡后，苏丹国已名存实亡。1526 年突厥化的蒙古人后裔巴布尔建立莫卧儿帝国，印度才又得到统一。到奥朗则布时（1658—1707 年）帝国衰落。公元 1510 年葡萄牙殖民者由海路东来，接着荷兰、英、法等国殖民者也先后前来，各自占领据点相互争夺。英国殖民者组成的东印度公司最终取得优势，它于1757年在普拉西战败印度，从此印度便逐渐沦为英国的殖民地。印度人民不断反抗英国的殖民统治，终于在1857年爆发了大起义，但却因英国的血腥镇压而失败。然而印度人民的反英斗争仍前仆后继，并在亚洲人民反殖民主义斗争的浪潮中不断增长。他们在资产阶级领导下，有组织的斗争，使印度民族解放运动进入了新的阶段。第二次世界大战后这种斗争在国大党、穆斯林联盟的领导下又有新的高涨。印度工人罢工、农民反抗和士兵起义震撼了英国的殖民统治。1947年6月英国被迫让步，准备退出印度。同年8月印度和巴基斯坦两个国家诞生，结束了英国的殖民统治。印度独立后的几十年内，除两年多一点的时间外，全由国大党执政。社会经济虽有较大发展，但资本主义体制的内在矛盾也在深化。印度人民的斗争还在继续。以上是印度历史的基本轮廓，也是本教材的主要线索。

　　印度的历史具有以下一些明显的特点：第一，政治上的分裂多于统一。在印度共和国以前的历史过程中，统一的时期只有750多年，占整个历史时期的1/6。分裂易于遭受外来侵略和外族的征服。16世纪以前外族多由陆路，从西北方的山口入侵，以后则由海路从西方东来侵入。第二，印度各地历史发展很不平衡。边远山地的原始部落和河流平原的文明社会同时并存。各地自然条件的差异与隔绝是造成这种分裂状况的外部原因，这又导致政治上的分裂。第三，村社制度的长期存在。印度是农业国，至今仍有70%的人口从事农业。它很早就有了村社制度，各个村社经济上自给自足，过着闭关自守的生活。各地处于孤立状态，因而社会发展缓慢。第四，种姓制度历久不衰。随着社会分化，奴隶制的形成，印度出现种姓制度。后来，社会劳动分工进一步发展，产生称为"阇提"的新的职业集团，又有了贱民制度，种姓制更为复杂。各种姓之间地位悬殊，特别是贱民地位极为低下，受着非人的待遇。1950年印度宪法虽然宣布取消贱民制，但在实际生活中并未能废止歧视。第五，富有特色的印度文化传统连绵不断。印度文化在发展过程中不断吸收了古代两河流域以及伊朗、希腊、罗马、中国、阿拉伯和西欧等地的文化，但仍保持印度文化固有的特色。这种特色表现在宗教哲学特别发达，文学艺术深受宗教影响。它的精神是"出世的"，表现形式有着很大差别，如马克思在1853年撰写的《不列颠在印度的统治》一文中所指出的，印度宗教"既是纵欲享乐的宗教，又是自我折磨的禁欲主义的宗教"。尽管各走极端，基调却都是脱离现实的。

印度史的史料基本上可分为以下两大类：

（一）遗物与遗迹。主要是考古发掘到的人类生产与生活用具。如各种石器、陶器、铜器、铁器、金银饰品、各种雕像、塑像等以及原始人的洞穴、炉灶、洞窟壁画、器物上的花纹彩饰等遗迹。这些主要属于远古时期。有文字以后的文物，如各种印章、碑铭（阿育王的诏谕、笈多王朝的德政碑、宗教许愿文、赐田文书等），各种古钱（各地统治者发行的金、银、铜币，行会铸造的钱币，还有大夏、希腊、安息、罗马、中国等外国钱币）、雕刻、绘画等艺术品以及古代城镇遗迹、宫殿、寺庙、陵墓等。这些都是第一手的重要资料。有的已成为如古钱学、碑铭学、纹章学、古文字学等专门学科的研究对象。

（二）文献记载。古代印度专门记载历史事件的文献或编年年代记迄今没有发现。印度人称作伊提哈萨（Itihasa）的作品，有些类似历史书。其中包括往世书（Puranas）、事录（Itivritta）、传说（Akhyayika）、有例证的故事（Udaharana）、法论与政事论等。还有史诗也是和历史有关的。史诗和往世书中都有有关帝王世系的部分，但都带有神话传说的性质，事实与幻想交织在一起。它们的编写时间也不明确，又有后人修订、增加的内容。因此，需要仔细分析辨别，才能从中提炼一些有用的史料。早期的编年史是贵霜时期在丝绸上写的王朝编年记。笈多王朝以后有国家档案保管大臣，有记载善恶灾异的机构及类似我国史诰的尼罗蔽荼（Nilapita，意译为"青藏"），还有如《诸王世系》

一类的年代记等。德里苏丹时期也设有史官，编年史的撰写有了发展，如《纳西尔通史》是穆斯林世界的一本通史，《菲罗兹王朝史》《穆巴拉克王朝史》等都是名作。莫卧儿王朝统治时期有帝王本人撰写的或由与他们有亲密关系的人编写的《回忆录》。这些都是当时极其重要的史料。其他重要史料还有《历史选集》《列王纪》《高级历史》《精华录》等。近现代的史料比较丰富，奥朗则布及其后继者时代的邸报、各国东印度公司的档案，英国统治时期印度政府的官报以及各种文书资料等。后者现留在印度国家档案局，马德拉斯、孟买等地的档案处和伦敦的印度事务部与皇家亚洲协会图书馆等处。各种政治团体，如印度国大党、全印穆斯林联盟的档案，政治活动家的传记，各种报刊的报道等也都是一些价值大小不等的重要资料。

其他文献著述，特别是古代中世纪时期的文献著述不多，但这些记述也有重要的史料价值。属于这一类的如吠陀文献、佛教经典、耆那教经典等宗教经典；《政事论》《摩奴法论》等政法著作；文学戏剧如《五卷书》《小泥车》《指环印》《沙恭达罗》《结髻记》等；还有与历史关系密切的传记文学，如《佛所行赞》《罗摩本行》《曷利沙本行》《毗讫罗曼加本行》等；甚至像《大疏》《长寿字库》等文法词书，以及像《阁罗迦本集》《加尔吉集》等天文学、医学作品也都能提供一些宝贵的资料。德里苏丹和莫卧儿帝王时期的各种方言文学作品也是如此。

外国人的记述也是很重要的史料来源。这包括外交使节、宗教朝圣者、商人、旅行家等的游记见闻。在缺少本地史籍的时期，外国人对印度的记述更是特别重要，它们填补了印度古代史的一些空白。又由于现存为数不多的印度古代文献往往不标明编写时间，因此就要借助外国记载来考订一些历史事件发生的年代。如马其顿亚历山大入侵印度的事件以及月护王在位的年代，就是靠希腊人的记述才为人们所知。这方面的名著有希罗多德的《历史》，他根据波斯资料，对印度有片断的描述。亚历山大远征时的部将如海军大将尼阿卡斯等和塞琉古王国驻孔雀王朝使节梅伽斯梯尼也都对印度有记述。原作虽已失传,但保留在其他希腊人(如阿里安、斯特拉波等)的著作中。这是他们的亲身经历,是比较珍贵的史料。罗马帝国时期佚名作者的《厄里特里亚海周游记》、托勒密的《地理学》、普林尼的《自然史》等对古代印度的地理与历史也有记载。中国史籍中对印度以及与印度有关的种族,如塞种、大夏、安息、大月氏、匈奴、突厥、蒙古等都有记载。中国佛教僧侣法显、玄奘、义净等访问印度的记述(《法显传》《大唐西域记》《南海寄归内法传》《大唐西域求法高僧传》)对印度的政治、经济、社会、宗教文化等方面都有比较翔实具体的资料。随郑和下"西洋"的马欢,费信和巩珍也对印度沿海地区的见闻有不少生动的描述。古代中国的文献中有关印度各个时期的资料,相当丰富,以至印度的一些史学家竟认为"如果没有中国文献,重建印度史将是不可能的"。这种说法并不夸张。阿拉伯地理学家马苏迪、商人苏莱曼、旅行家伊本·巴图泰等,威尼斯商人马可·波罗、俄国商人尼基丁、英国商人拉尔夫·菲奇、耶稣会传教士蒙塞拉特、法国旅行家泰文尼尔、贝尼埃等对印度的记述,也都能提供一些值得研究的史料。

  史学方面,正如上面提到的,古代印度缺乏历史著作,有的只是带有神话传说性质的帝王世系。后来可能受到中国史学的影响,在北方边区有了编年史。穆斯林时期编年纪事更加增多,主要是帝王统治者的政治史。随着英国对印度的侵略与殖民统治的建立,殖民当局为了治理印度的需要,注意对印度历史的研究,1817年出版了詹姆斯·米尔的三卷本《英属印度史》。这本书认为印度人愚昧落后、缺乏自治能力,印度社会停滞不前,只有依靠英国法规才能改变这种状况。另一本著名的英国人写的历史著作是文森特·A.史密斯编写的《牛津印度史》。这本书强调印度有长期暴虐的专制传统,是英国人的到来才结束了这种传统。这些英国人写的印度史对印度史学的发展虽有一定的影响,但其指导思想却是有意无意为英国殖民统治提供历史依据,因而必然对印度历史进行一些歪曲的描述。在反对英国殖民主义的斗争中,印度学者对英国人的这些观点自然会有反响,他们也开展了对本国历史的研究。自班达卡尔的《德干早期历史》开始,著名的作品有 R. C. 马宗达主编的《印度人民的历史与文化》、赖乔杜里的《古代印度政治史》、戈萨尔的《古代印度土地制度》等,其他断代史、专史等也不少。这些作品的主要特点是大力宣扬印度民族优秀的历史传统与巨大的文化成就,这既是对英国印度史学的一种批判,又是为了激发印度民族争取独立自主的斗志,提高民族的自信心。但它们缺乏科学的理论体系,多罗列现象,不能揭示印度历史演变的本质及其发展的真实原因;又在肯定印度历史传统与文化成就中有些美化与夸大。到19世纪中叶,马克思主义产生,马克思对印度的研究十分重视。他在1853年6月发表了《不列颠在印度的统治》,7月又发表了《不列颠在印度统治的未来结果》,论述印度的社会与历史。他在逝世前夕还编辑了《印度史编年稿》。接着,世界各国的马克思主义史学家运用历史唯物主义方法研究印度历史,并有不少成果。如杜德的《今日印度》、卢本的《印度文化史》、奥西波夫的《十世纪前印度简史》等。印度国内也有一些史学家开始批判以马宗达为代表的旧的民族主义史学传统。首先是 D. D. 高善必,还有 D. R. 恰纳纳、R. S. 沙尔马、R. 塔巴、伊尔凡·哈比布等。他们并不自称是马克思主义史学者,但强调研究历史要有完整系统的理论为指导,并认为生产工具与生产关系的演变是社会进化的基础。他们注意运用多种资料综合研究,强调要有史实根据。他们的代表作有《印度史研究导论》《古代印度文化与文明史纲》《古代印度奴隶制度》《印度古代的首陀罗》《阿育王与孔雀王朝的衰落》《莫卧儿印度的土地制度》等。印度史学各派在许多问题上都有各自的看法,争论很是激烈。

  印度史的分期问题是印度史研究中的一个极其重要的问题。非马克思主义史学者不重视这个问题,他们有时为了研究方便或其他目的也对印度史作了一些划分。有的根据朝代的更替,也有以国家的统一与分裂为标准,还有按照宗教文化的变化来分期的等等。迄今影响较大的分期法是詹姆斯·米尔的三分法,即把印度史分为印度教时期、穆斯林时期和英属印度时期。这种分期法由于强调外族统治,适合殖民当局的需要,而在这三个时期里印度历史也确有一些差别,因此,许多学者都采用了这种分期法。然而就它标榜的各时期的宗教来看,显然与史实不合。如在印度教时期曾有佛教的兴盛,英属印度时期,印度教和伊斯兰教仍占重要地位,等等。这种分期既不能反映各时期的特点,更不能代表印度社会本身发展的历史阶段。科学的分期法应该是运用历史唯物主义,根据占统治地位的生产力与生产关系的性质来划分,即将印度历史划分为原始公社时代、奴隶制时代、封建制时代与资本主义时代。但有的学者不同意印度有奴隶制时代,有的提出"亚细亚生产方式"的问题。对英国殖民统治时期乃至独立后的印度的社会性质,学者们也有很多不同的看法,对划分的标志、各时代的起讫以及各时期的特点等也是众说纷纭,莫衷一是。这些都有待于今后的研究和讨论。本书暂分为三篇:一、上篇《古代的印度》(从远古至公元18世纪中叶)相当于原始公社时代、奴隶制时代和封建制时代;二、中篇《殖民地时代的印度》(从18世纪中叶至1947年);三、下篇《独立后的印度》(从1947年至今),本书内容截止于1980年。

　　研究印度史有着十分重要的意义。首先是因为印度是世界上几个最古老的文明古国之一。它的文明和中国一样,一直流传至今,未曾中断。这与古代埃及和古代西亚的文明不同。这个文明主要通过佛教对亚洲国家、特别是东南亚和远东(中国、朝鲜和日本)有着深远的影响。它是人类文明的宝贵遗产,值得我们认真加以研讨。其次,印度是世界上国土大、人口多的国家之一,在历史上和当代世界政治生活中占有比较重要的地位,特别在南亚次大陆更是举足轻重。它又与我国毗邻,很早就有政治上的交往和经济文化的交流,我们研究印度史更具有独特的意义。第三,印度的历史发展与我国有很多相似之处:在古代以农业为主，自给自足，与外界联系很少；古代印度的政治发展也与我国有些相同，先是各国纷争，经过兼并而达到统一。内部分裂，外患随之而来。古代的外患都主要来自北方的游牧民族；到了近代，都受到西方殖民主义者的侵略，分别沦为殖民地与半殖民地。独立后又面临着相似的问题，即如何清除封建残余和进行经济文化建设等。因此，我们研究印度史可以和我国历史进行比较，对两国相同和不同之处可以深入分析，找出原因，探讨发展的共同规律及各自的特点，以便在史学理论上得到提高，在实践上也有所借鉴。如对当前两国经济发展的比较研究，就可以为我国的四化建设提供可备参考的经验教训。因此，研究印度史既有学术理论价值，又有很大的现实意义。

第一章 远古时代

（远古至公元前三千年代中叶）

印度远古的历史是从印度土地上发现人类的时候开始的。关于印度原始人类的种族属性，以及原始人的生活情况，有考古学发掘到的遗物遗迹，结合文献记载与民族学资料来说明。印度远古时代的人类社会与世界其他地方一样，经历了旧石器，中石器、新石器、金石并用、铁器等时代。他们在这个漫长的进程中每前进一步，都是十分艰难的。这些成就在今天看来似乎微不足道。然而在几万年以前却是创新的，有的甚至有着划时代的意义。以下我们将对这些问题加以简略的介绍。

第一节 印度次大陆远古时期的人类

印度次大陆西北部是人类发源地的边缘地区。1931—1935 年，人类学家在现今印度北部和巴基斯坦交界处的西瓦立克山地曾发现从猿到人过渡时期的腊玛古猿化石。1976 年，人类学家 D. 皮尔比姆在巴基斯坦的旁遮普省北部波托哈尔高原发现一块完整的腊玛古猿的下颌骨化石，有4只齿冠和全部齿根，定年为800万至1000万年前。虽然次大陆迄今尚未发现从腊玛古猿到完全形成的人的中间环节的早期人类化石（印度发现的最早的人类遗骸是在北方邦的萨拉伊·纳哈尔·拉伊墓葬中，年代大约为公元前8000年）①，但是人类学家和考古学家在斯利那加发现的属于可能是第一间冰期、更新世早期的石器，则表明在50万年前印度就已有人类居住。

印度次大陆远古时代居民的种族和来源问题迄今尚未完全解决，到公元前三千年代已经有了尼格罗矮黑人，原始澳语人（即后来印度中部孟达人的祖先），操汉藏语的古代蒙古利亚人（大多居住在印度北部和东北部）、阿尔卑斯人和达罗毗荼人。有的学者认为达罗毗荼人属于"纯地中海人种"，但其他学者则认为他们在语言和体型上与西亚的苏美尔人有关。在哈拉帕文化遗址，考古学家曾发现原始澳语人、古代蒙古利亚人、达罗毗荼人和阿尔卑斯人的遗骸。这些原始居民后来被雅利安人征服，有的被杀，有的逃到山中丛林，继续保持原始的生活。

第二节 旧石器时代

（50万年前至1万年前）

早期旧石器文化（50万年前至5万年前） 当地质年代的更新世中期，印度次大陆北部出现过喜马拉雅山第二冰河期和第二间冰期。次大陆早期旧石器文化遗址分布很广，除了喀拉拉、信德等地外，几乎到处都有。最早的遗址在旁遮普和克什米尔。考古学家根据地区的不同特色与器物制作的典型特点，将次大陆早期旧石器时代的石器文化大致划分为：以索安砍砸器为代表的印度北部早期旧石器文化，和以马德拉斯手斧为典型的印度南部及中部早期旧石器文化。索安石器得名于1880年发现于印度河支流索安河一带的早期旧石器。前索安石器以粗大的砾石

---

① K.C.贾因：《印度的史前史和原始史》，1979年新德里版，第25～26页。

砍砸器为代表；早期索安石器主要是单面或两面加工的砍砸器和刮削器，也有手斧和石片工具。晚期索安石器主要是石片工具。马德拉斯手斧是1863年在马德拉斯附近发现的，其他遗址主要分布于克里希纳河和通伽巴德腊河谷的石英石地区，原料主要是石英石。马德拉斯石器包括石片制的劈刀和两面打制的手斧。前期手斧用石核做成，后期则用石片。近年发现这两种类型石器的分布也非绝对按南北地域划分。这一时期的人将石片工具用于切割、刮削，石核手斧则用来挖掘。他们沿河岸而住，又多在森林边缘，既便于饮水、采集植物和狩猎小动物，也易于找到制造石器工具的原料。南印度岩洞中留下大量的灰烬，说明当时人们已知道用火。在印度虽尚未发现早期人类化石，但有早期旧石器时代的遗物，其类型和爪哇、缅甸与中国的相似，因此，有人据此认定印度早期人类来自直立猿人和北京猿人。但由于这些石器更加近似东非与南非的石器，非洲砾石文化又最古老，因此，也有可能是从东非来到印度。

中期旧石器文化（5万年前至2万年前）　中期旧石器文化的遗址首先是1954年在涅瓦萨发现的，出土的文物主要是经过两面加工的石片工具。在迈索尔邦的索拉普尔、比哈尔邦的帕斯拉等地也发现有旧石器中期的遗址。这时期的石器较早期的石器小，但类型较多，有刮削器、尖状器、砍刀、钻子、刻刀，也有小手斧、砍砸器等。使用的原料有燧石、玛瑙、玉石等，这也与早期有所不同。有的考古学家认为这种差异是受外来文化（很可能是非洲）影响造成的，但也有认为是早期的手斧砍砸器文化演变而来的。当时人们用这种石器加工木料，木器已成为重要的工具。

晚期旧石器文化（2万年前至1万年前）　目前在南亚次大陆发现的旧石器晚期的文化遗址不多。考古学家最早在1930年于安得拉邦的库诺尔发现属于旧石器晚期的石叶。这一时期的文化在南印度是以具有旧石器中期特征的石片文化为代表，在中印度和西印度有了细石器文化。后者与西亚的文化十分相似，可能是外来的。这一时期的石器主要是石叶石器和雕刻器。制作技术是在石核上朝同一方向敲出一些两边平行的叶片石器，不用更换石核，较前有了改进。自 1972 年以来，在博帕尔南比伯卡山的两处岩洞中发掘出了大量石片、石核、手斧、砍斫器和单面器等，共 4705 件，从旧石器早期、中期、晚期到中石器时代均有。这里邻近纳尔巴达河，是一个理想的狩猎采集地区，因此成了原始人群的聚居地。

第三节　中石器时代

（约公元前 8000 年至约公元前 2000 年）

中石器时代是旧石器时代到新石器时代的过渡阶段，主要以细石器为标志。其遗址广泛发现于南、北印度各地。最重要的是古吉拉特的兰格纳杰遗址，发掘出除石片、细石器、兽骨外还有人类遗骸。最大的中石器文化遗址在印度西北部的巴哥尔。旧石器人主要生活于河流沿岸，中石器人则深入远离河岸的地区。他们仍过着采集、渔猎的生活，不过以猎取小动物为主。使用的石器工具一般是由石片制成的石叶工具；最初不是几何形的，后来有了几何形；简单的尖状器，有对称的也有不对称的；各种类型的刮削器、石钻和雕刻器。他们用细石器作为箭镞，除石器外还有骨器。在他们居住的岩洞中发现有壁画①。这类壁画在北方邦与中央邦的一些岩洞中都有发现，主题大多是狩猎的情景，构图简单生动。这一时期的人已开始驯养家畜，并有了埋葬死者的习俗。人类学家根据人类遗骸认定他们与东北非的尼格罗人有关，也有人认为有古代地中海人的特点。

第四节　新石器时代

（约公元前 4000 年至约公元前 1000 年）

次大陆新石器时代遗址遍布各地，但各个地区文化发生年代的早晚

---

① 有人认为这些岩洞不是早期人类的住处，壁画是以后金石并用时代的人绘制的。参见 K.C. 贾因：《印度的史前史和原始史》，1979 年新德里版，第 93 页。

与持续时间的长短都不一致,总的年代跨度约为公元前4000—前1000年。新石器文化是以使用磨光的石器为特征,人们从采集食物过渡到生产食物,即有了畜牧业和农业,开始了定居生活。受地区的影响,次大陆新石器文化可划分为北部、南部和东部三个各具特点的部分。

北部新石器文化　它的有代表性的遗址是克什米尔的布尔扎霍姆、戈夫克拉尔和马尔坦,据放射性碳素断代,年代为约公元前2920—前1700年,其发展可分为两个阶段:

第一阶段,人们的住处是形状不规则的地穴,一般深约2公尺,穴边有柱基痕迹,可能在上面盖有木料;工具有磨光的石器(斧、石刀、磨盘等)、骨器(骨锥、骨针、鱼叉等)和手制蓆纹陶器(碗、瓶等)。第二阶段,人们放弃了地穴住处,开始用泥土和泥坯在地面上建造居所,居所内有炉灶,出现有光泽的黑色和红色陶器,并开始使用陶轮制陶。在这一阶段末期发现有一个红铜箭镞,这说明当时人们初步有了冶金的知识。有的遗址发现小麦、大麦、稻等,说明已有农业。墓葬在居住区内。在卵形墓穴内有埋葬的尸骨,有的尸体上铺有红赭石,有的生前钻过头骨,并用狗殉葬。这些特点在次大陆的传统中是见不到的,但它与中国北部新石器文化的特点(穴居、有孔的刀、骨器与用狗殉葬等)却很相近。因此,阿尔金斯和B. K.塔帕尔认为次大陆北部的新石器文化可能来自中国,但V. D.克里希纳斯瓦米则认为克什米尔磨制石器是受到俾路支斯坦的佐布河谷和伊朗高原新石器文化的影响。

南部新石器文化　次大陆南部已经发现的新石器文化遗址有布拉马吉里、桑加纳卡卢、比格利哈尔、马斯基、纳伽尔朱纳康达、乌特努尔等。据放射性碳素定年约为公元前2500—前1000年。南部新石器文化最早的形式在桑伽纳卡卢发现。第一阶段无陶器,第二阶段有陶器,磨制石器有斧、扁斧、杵、凿子等,还有石叶工具与骨器。尖柄磨光石斧是次大陆南部新石器文化的特点。这时的陶器大多是手制的,呈暗灰色，后来在马斯基才发展为陶轮制造的陶器。这时期的居民大约已知饲养牲畜与农耕。家畜有水牛、山羊和绵羊。虽然迄今还未发现谷物的遗迹，但却有马鞍形凹面磨石、砥石与石杵和磨损的人牙，这都有助于推断已有某种谷物的存在。在马斯基、布拉马吉里与比格利哈尔还发现人们利用圆木建造茅屋，屋外围以竹席糊上泥土，屋内地面抹上黏土、石灰或牛粪，一般都建在岩石或洞穴的坡面前边。在新石器晚期还发现有犁牛的赤陶像和灰黑色上涂红色泥釉的人的躯干的陶像。有的学者认为这里的石斧是来自中亚，也有人认为是来自西亚，但也有学者主张这一文化是本地独立发展成的。

东部新石器文化　这一地区发现的新石器文化中，石器、骨器和陶器的数量都很少。它可分为两大类：

阿萨姆文化：年代为公元前 4000—前 2000 年。其石器工具可分为有肩部的石凿和圆柄斧两类。陶器是手制的，表面饰有绳纹和篮纹。石器制作有四种：刃部磨制；连续敲击磨制；全部磨制与混合制造。关于这一文化的起源问题，有的学者认为是受了东南亚与中国的影响。那加山地的工具打击技术就来自中国，尖柄斧也是从东亚传入的。阿萨姆地区为数众多的绳纹陶器是东亚地区流行的，显然也是受了那里的影响。

孟加拉、比哈尔、奥里萨文化：代表性的工具类型是斧、劈、凿子，有孔工具，有肩部的锄与石锤。工具制作方法有削、敲与锤、磨等。有的石器类型受东南亚影响。在比哈尔的奇兰德新石器文化遗址内发现有少量烧焦的稻谷壳和小麦粒[①]，这表明当时人们可能已从事谷物种植，但它还不是主要的食物来源，他们仍依靠狩猎生活。这里还发现有赤陶动物塑像（牛与鸟等），赤陶蛇像较多，这可能与对蛇的崇拜有关。

---

① K.C.贾因：《印度的史前史和原始史》，1979 年新德里版，第 110 页。

第五节　金石并用时代的开始
——前哈拉帕文化
（约公元前2700年至约公元前2400年）

分布范围及产生背景　前哈拉帕文化是哈拉帕文化的前驱，其遗址有的处于哈拉帕文化的下层，有的与哈拉帕文化重叠。前哈拉帕文化分布很广，从伊朗东界到南亚次大陆西北部都有。迄今已发现的重要遗址有俾路支斯坦的基利·古尔·穆罕默德、拉纳昆代、达巴尔科特、库里·梅希；信德的阿姆里、科特·迪吉、摩亨佐·达罗、古姆拉；旁遮普的哈拉帕；拉贾斯坦的卡里班甘；古吉拉特的罗塔尔和阿富汗的蒙迪盖克等。根据美索不达米亚和伊朗的对应物的年代与放射性碳素定年，前哈拉帕文化的年代为约公元前2700—前2400年。

最早的基利·古尔·穆罕默德文化层是前陶器阶段，主要工具是磨制石器，还没有金属器，家畜有山羊、绵羊与牛。以后有了手制陶器，后来出现轮制彩陶。人们开始使用铜器，用泥砖或土坯建造房屋，有了农业，家畜饲养和定居生活。前哈拉帕文化逐步由村落向早期城镇过渡。

前哈拉帕文化的特色

金属器与石器　红铜器在各遗址都有发现，种类有斧、凿、锤、匕首、环、别针、铜条等，但数量不多。在蒙迪盖克还发现有青铜器，数量更少。工具仍以石器为主，磨制的石叶石器数量最多，还有骨器。

陶器　前哈拉帕文化的陶器主要为轮制，器壁较薄，大多在黄、红色的陶衣上施红、黑彩而形成双色或多色彩陶。描绘的图形有比较复杂的几何纹，也有动、植物纹。后来，彩纹渐趋统一，简单的带纹彩陶流行，称为"科特迪吉文化"。此外，还有素陶、灰陶。陶塑有赤陶女像，还有公牛像。在蒙迪盖克，陶器上已有陶工的符号标志，这是书写的萌芽。

经济生活　1961—1969年，考古学家B.B.拉尔等在卡里班甘发现一块属于公元前三千年代前半叶前哈拉帕文化时期带有犁沟痕迹的田地。这可能是迄今发现的世界上最早的犁耕地①。这时人们种植的作物有小麦、大麦、豆类、葡萄等，饲养的家畜有牛、绵羊、山羊。在科特迪吉等地发现有赤陶纺锤锭盘，表明已有纺织。这时期商业也有发展。中亚产的天青石和绿松石可能是通过交换而来。科特迪吉发现的赤陶块和赤陶球，大概是作衡量用的砝码。沙尔·伊·索克塔等地出土的印章也可能用于交易。在卡里班甘发现一个有单边毂的赤陶车轮，这是当时的交通工具的遗物。这些地方还发现有用赤陶、介壳与铜等制作的念珠、镯等饰品。

设防的城镇　前哈拉帕文化的遗址中出现了由村落向设防的城镇转化的过程。在蒙迪盖克的第四期，居住区有卫墙和晒干的砖块砌成的方形棱堡，并发现了宫殿和庙宇的遗迹。在科特迪吉则有城堡和外城两部分，有设防的城墙和排列整齐的街道与房屋；城墙与房屋的墙基都用石料，墙的上部则用泥砖；城墙之间有棱堡。城墙高约四五公尺，防洪水或人、畜的侵袭。城市的雏形已经初具规模。在卡里班甘、阿姆里、哈拉帕等地也都有类似的发现。

前哈拉帕文化的终结　科特迪吉的前哈拉帕文化毁于大火，留下了很厚的一层黑土，在其上层紧接着的是哈拉帕文化，因此，可能是哈拉帕人放的火。古姆拉的这一文化毁于火与战争，因为发现有战斗中投掷的陶弹丸；卡里班甘则似乎是由哈拉帕人和平取代。

本章主要参考书

[1] K.C.贾因：《印度的史前史和原始史》，1979年新德里版。

[2] 布里奇特、雷蒙德·奥尔欣：《印度与巴基斯坦文明的起源》，

---

① 布里奇特、雷德蒙·奥尔欣：《印度与巴基斯坦文明的起源》，1982年剑桥版，第161页图与192页。

1982年剑桥版。

[3] G. M. 邦加德·莱温：《古代印度的文明》，1985年新德里版。

[4] A. N. 坎纳：《印度的考古学》，1981年新德里版。

第二章　古代印度河流域的文化

（公元前2500—前1700年）

第一节　古代印度河流域的城市文明

古代印度河流域文化即哈拉帕文化，因其主要城市遗址哈拉帕而得名。它是南亚次大陆文明史的开端。早在20世纪初期以前，研究印度历史与文化的学者们都认为印度的文明史开始于公元前15世纪，即从雅利安人进入印度次大陆以后的吠陀时代开始。但自1922年以后，考古学家们（D. R. 沙尼、R. D. 巴讷吉与J. 马歇尔）对印度河流域的哈拉帕和摩亨佐·达罗城市文明的发现，才改变了这一观点，把印度古代文明史的开端提前了1000年。哈拉帕文化由于其独特的成就，在古代世界文化史上也占有重要的地位。

地理范围　迄今已发掘的哈拉帕文化遗址共250多处，其中以哈拉帕和摩亨佐·达罗两处最大，其他重要的遗址有卡里班甘、强胡达罗、科特迪吉、罗塔尔等。整个哈拉帕文化分布的范围，北从喜马拉雅山脚的鲁帕尔起，南达古吉拉特的巴加特拉夫，东自北方邦的阿拉姆吉尔普尔，西至俾路支的达巴尔科特与苏特卡根·多尔。最近在阿富汗东北部奥克苏斯河以南平原的舒尔图盖地方也发现了这一文化的遗址。据估计总的面积大约不少于128万平方公里。

年代问题　关于哈拉帕文化存在的年代，学者们有不同的说法：约翰·马歇尔认为是公元前3250—前2750年，皮戈特和惠勒估计为公元前2500—前1500年，D. P. 阿格拉瓦尔根据放射性碳素测定的年代为公元前2300—前1750年，一般学者认为比较恰当的年代是公元前2500—

前1700年。在中心地区约为公元前2300—前2000年,周边地区约为公元前2200—前1700年。有的地区还延续到公元前800年。

青铜器和铜器的生产 就目前已经出土的哈拉帕文化文物来看,社会生产已经有相当大的发展。哈拉帕人已能熟练掌握铜、青铜及金、银、锡、铅等多种金属的冶炼、锻铸、焊接及冷热加工等工艺,并能使用熔蜡铸造法,即用蜡做模型,糊上泥土,加热使蜡熔化,泥土成为硬的铸模,再倒入熔化的金属液,冷却后即铸造成器。铜器和青铜器有生产工具与生活用具,如鹤嘴锄、镰刀、锯、锛、凿、锥、小刀、针和鱼钩;镜、灯台、容器、环、镯、瓶、雕像和玩具等;还有兵器,如匕首、矛、箭镞,但无防身的盔甲。哈拉帕文化中未发现有铁器,石器仍大量使用。

社会经济 哈拉帕文化的遗址大都位于印度河流域,这里肥沃的淤泥土壤有利于农业的发展,居民主要从事农业。农产品有大麦、小麦、蔬菜、豆类、瓜果等;从在罗塔尔和兰格浦尔的泥土层和陶器内发现的糠壳和谷穗来看,似已种植水稻。经济作物中有棉花、胡麻。印度次大陆可能是世界上最早的植棉区。耕地工具有青铜鹤嘴锄,还有类似石凿的燧石犁头,有的学者认为当时无犁,只有耙[①];收割时用青铜镰刀,粮食加工有碾谷的手磨。耕地用水牛和犁牛。城市中有规模宏大的谷仓储存粮食。畜牧业也是当时重要的经济部门,驯养的家畜有山羊、绵羊、牛、犬、鸡,可能还有象,但尚不知有马。手工业除冶金铸造、粮食加工外,还有较为发达的棉、毛纺织业,出土的大批纺锤和锭盘及棉布碎片就足资证明。并已有用茜草将纺织品染成紫红色的工艺。制陶业也很发达,陶器大多是轮制的,形式匀称,种类很多,素陶较彩陶多。彩陶上的花纹多为几何形或植物形,有的还上了釉。其他如印章、雕像、珠宝制造等也是哈拉帕文化中具有特色的手工业。

---

① D.D.高善必:《印度史研究导论》,1956年孟买版,第67页。

哈拉帕文化时期商业贸易相当发达。摩亨佐·达罗是与两河流域、埃及及印度本土的古吉拉特进行贸易的内地港口，俾路支斯坦沿海的索克达戈赫、苏卡金·杜尔与坎贝湾上的罗塔尔是海上贸易港口。其中在罗塔尔还发现有一巨大砖砌船坞，东西长37公尺，南北长216公尺，高4.5公尺。当时的运输除用牛、骆驼、驴外还有车船。进口货物有来自阿富汗、伊朗等地的银，拉贾斯坦的铜，德干高原南部阿南塔普尔的黄金，还有阿富汗、伊朗、东土耳其斯坦和我国西藏的宝石等。在拉格什、基什、乌尔等古代两河流域的城市也发现有哈拉帕印章共20多枚，还有一些珠宝装饰，如有明显印度特色的肾形念珠等。哈拉帕遗物中有乌尔等地的泥釉陶器。在罗塔尔也发现有波斯湾的圆纽扣形印章。古代两河流域的文献中提到乌尔的商人与迪尔蒙、马甘和梅卢哈等地进行贸易。据学者们考证，梅卢哈就是指印度的摩亨佐·达罗或索拉什特拉。哈拉帕人已有统一的度量衡制度，量长度的尺有两种：一种用介壳尺，1尺为37.6公分①；另一种是青铜杆尺，每尺长51.8～53.6公分。重量用燧石砝码衡量，单位重量为0.875克，各砝码的重量有一定的比例。小砝码用二进位制，大的则用十进位制。

城市建筑及其设施　社会经济的发展促进了古代印度早期城市的产生。城市的规模与设施有一定的特色。哈拉帕与摩亨佐·达罗两个城市规模最大，各占地约二三百公顷，一般都分为西边卫城和东边下城两个组成部分。卫城有较高的土坯台基，与下城交往的道路不多。城市建筑规划与排水体系在古代世界城市中十分突出。

摩亨佐·达罗的遗址保存较完好，卫城是政治、宗教中心，四周有砖墙塔楼。城内主要建筑物有位于中央的宽大的公共浴室，室的中心是长方形浴池，长12公尺，宽7公尺，深约2.5公尺，两边有砖梯下到池内，池底与池壁用砖砌成，中间夹有沥青防止漏水，还有供水、排水

---

① 公分，厘米的旧称。——编者

及储水设备。大浴池可能是公众举行净身的宗教仪式的场所。大浴室东北有一组建筑群,占地 1000 余平方公尺,中间有厅堂、仓库和金属作坊,可能是高级官员和僧侣统治阶级居住的宫殿。大浴室西是一座规模宏大的粮仓,面积为 50×25 平方公尺。内部有成行的砖台,行间有过道隔开,可以通风,以保持仓内干燥。卫城南部有一个约 25 公尺见方的大厅,厅内有 20 个石基,可能是柱基。这里大约是会议厅的遗址。附近的建筑物内发现石刻男子座像和一些大石环,有的学者认为这些雕像和石环,可能是崇拜的对象,那么,这里也许就是庙宇了。

摩亨佐·达罗的下城是居民区和工商业区。街道纵横交错,排列整齐,主要大街宽达 10 公尺,街道长的有 0.8 公里。街道下面有排水道与住宅的排水沟相通,形成完整的排水系统。房屋大多用红色火砖砌成,墙用泥浆粉刷。房屋的大小、高低和设备差别很大,间或有二三层楼房。富人房屋很大,包括几套院落,房间也多,有浴室、砖井和下水道;穷人则是十分简陋、低矮的茅舍。工商业区有店铺和制陶、染布、铜匠、珠匠等作坊。

哈拉帕的遗址曾遭到破坏,从残存的遗迹中可以见到卫城的部分砖墙与城堡。卫城北有一座大粮仓,附近有打谷场,还有雇工和奴隶住的简易宿舍。根据遗址所占的面积和居住人口的密度推算,当时这两城市居民一般各有 3.5 万人左右。也有学者认为摩亨佐·达罗约为 4.125 万人,哈拉帕则为 2.35 万人左右[1]。

印章文字与宗教文化 印章文字是哈拉帕文化的一项重要成就。它主要刻在用皂石或陶土制成的印章与护符上。一些铜器和陶器上也有铭文。迄今出土的有铭文的文物已达 2500 件左右。印章大多图文并见,铭文很短,往往只有一行,文字符号 500 多个,一般是用直线条组成,字体清晰,基本符号只有 22 个。因有很多符号是象形的,因此,可能

---

[1] 《英国百科全书》第 9 卷,1976 年版,第 341 页。

还处在象形文字阶段；但又因有表示音节和重音的符号，因此，有的学者认为是向字母文字过渡的表音文字。对铭文的译读和其语言属性的研究，虽然经过学者们长期的努力，但迄今尚未解决。最近，以 A. 帕尔波拉为首的斯堪的纳维亚学者小组认为，这一文字接近达罗毗荼语，并声称已能译读一些铭文；苏联学者 Y. 克诺罗佐夫领导的小组也同意这一文字属于原始达罗毗荼语；印度学者 S. R. 拉奥则认为，这是印欧语系中的前印度雅利安语，不仅是后来印度婆罗谜文、也是早期的塞姆语字母的原型，并且也说已译读了近 500 条铭文。可是这两种说法都还未得到公认。

宗教方面，由于哈拉帕文字没有得到译读，只能根据陶像，石像和印章上的雕画等来进行探讨。佩戴大量妆饰、半裸体的许多赤陶女像，可能就是与丰产有关的母神。印章上刻画的戴有一对长角头饰和手镯的三面男神，也是裸体，身边有象、虎、犀牛和水牛，座下还有一对鹿，这可能就是后来的湿婆神。此外，还有对生殖器，对动植物，对水、火的崇拜。在卡里班甘，最近发现火神祭坛与埋有动物骨头和灰烬的坑，可能是当时用动物献祭遗迹。

哈拉帕人在埋葬死者方面有三种方式：墓葬、天葬①和火葬。在哈拉帕也发现有木棺并用芦苇裹尸的痕迹，死者可能是阿卡德人，因而采用了那里的习俗。在罗塔尔，有在同一坟内埋有一男一女尸骨的现象，这样的墓葬有好几起。有人认为这是后来的萨蒂（Sati），即寡妇自焚殉夫习俗的开端。

第二节 古代印度河流域文化的社会性质问题

阶级与国家问题 古代印度河流域文化考古发现的文物资料表明，当时已经有了财富分化和阶级对立的状况。除了上述的房屋建筑规格显

---

① 天葬：先将尸体暴露野外，任鸟兽等啄食，然后收集残骸和殉葬物等一并置于瓮内掩埋。

然有高低差别外，哈拉帕人生活中比较重视的妆饰品（包括殉葬品）也有贵贱的不同；有的制作精巧，有的粗制滥造；有的用金银珠宝制成，有的则用泥土贝壳，甚至连儿童玩具也是如此。

另外，印章上的刻画，有奴隶被主人拷打的情景，也有用人牺祭神的图形。还有许多赤陶男人像，头戴满布刺痕的圆形便帽，颈上又戴一个前部突出的项圈，紧抱双膝蹲着，考古学家斯·皮戈特认为这是奴隶的形象。有的学者还认为，一些有简短文字的小印就是奴隶和雇工的身份证①。在当时的生产水平下，建造高楼大厦、排水沟渠，甚至像粮食加工，清理下水道等繁重的劳动，都必然要役使众多的奴隶和工匠。可见当时已是阶级社会，是处于奴隶制社会的早期阶段。

社会成分与行政体制　根据考古资料，似可认定当时社会有以下一些居民成分：主持祭神的祭司，守卫城堡的战士、经营商业的商人，从事生产的手工业工匠、农民、渔夫，还有奴隶仆役。这些人的住处按职业划分，互相隔绝。一些学者认为，这些社会成分就是种姓制的萌芽。

哈拉帕文化的各城市建筑布局基本上是一致的，各城都有完善的下水道体系，连使用的泥砖规格也是相同的，又有系统的度量衡制度与文字印章等。这一切都说明存在统一的行政机构和国家组织。各城市中以哈拉帕和摩亨佐·达罗为最大，可能是两大行政中心，也可能是两个彼此独立的国家的都城。对国家的行政体制，有的学者认为是祭司的神权政治；鉴于城内有会议厅，又不曾发现表示帝王权力的痕迹，因此，有的学者认为可能是共和政治。从哈拉帕与摩亨佐·达罗谷仓规模巨大来看，这一政权征收谷物的数量很多，纳粮的范围一定包括很大一部分周围农村的农民。对政权的性质与城乡关系这些问题还需做更多的研究工作，才能得到说明。

---

① G.M.邦加德·莱温：《古代印度的文明》，1985年新德里版，第39页。

第三节　古代印度河流域文化的起源与衰亡问题

古代印度河流域文化的创造者　关于这一文化的起源与创造者的问题，说法很多。有的学者认为是苏美尔人创造的，由古代两河流域传入印度，也有学者认为是雅利安人创造的，并且说吠陀文化早于哈拉帕文化。但是，有了前哈拉帕文化的发现，就证明这一文化是从印度本地原始文化中发展而来，并不是外来的。一般认为，雅利安人进入印度是在公元前 1500 年以后，那时哈拉帕文化基本上已经消失，因而这一文化不可能是雅利安人创造的。吠陀文化也不可能早于哈拉帕文化，两种文化有很多不同点，不可能是同一种人创造的。

根据对哈拉帕文化中发掘到的尸骨、石雕人像、青铜人像等资料的分析，大致可以知道当时的居民属于四种种族类型，即原始澳语人、地中海人、蒙古利亚人与阿尔卑斯人。很多学者认为创造这一文化的是达罗毗荼人，达罗毗荼人就属于地中海人种。但由于译读印章文字与语言问题没有成功，因此，关于创造者究竟是谁的问题也没有最后解决。

哈拉帕文化的衰亡　哈拉帕文化在各地的发展是不平衡的，兴衰的时期自然也不相同。哈拉帕文化的中心城市到公元前 18 世纪已开始衰落，但在边远地区（如罗塔尔），这一文化还在继续发展，一直持续到公元前 1000 年左右。这一文化衰亡的原因还没有明确的结论。长期以来流行的说法是，由于雅利安人的入侵和破坏，才造成哈拉帕文化的毁灭。摩亨佐·达罗遗址最上层有房屋被焚烧，居民遭屠杀，尸体上有斧砍刀伤痕迹，哈拉帕的卫城也有被破坏的迹象。另外，在摩亨佐·达罗以南的地方有新类型的陶器和埋葬仪式出现，这一切都说明确有外敌的入侵。有人根据《梨俱吠陀》提到雅利安人在哈里尤皮亚地方的战斗，认为指的是哈拉帕。因此，这一入侵的外敌就是雅利安人。但雅利安人入侵印度比哈拉帕文化的衰亡要晚 200 多年，而且学者们对雅利安人是否外来也还有争议。另一种说法是，由于气候变得更加干旱，沙漠扩大，土壤日益盐碱化，迫使人们遗弃城市，造成文化的衰落。但据专家研究，这一时期的气候变化是微不足道的。还有人认为是由于洪水的危害，但哈拉帕人和洪水的斗争是经常的，摩亨佐·达罗就曾被洪水毁坏过，可是又复兴重建，前后达9次以上。为此有人提出新的解释，即约公元前1700年，在摩亨佐·达罗附近发生了地震并引起了水灾，接着又是瘟疫，因此，造成了这一地区的荒废。此外，还有人认为，由于大量砍伐森林，生态平衡遭到破坏，造成水土流失，河流改道，泛滥成灾。这一些都是用水灾来说明，但却无法解释，为何水灾后就不能再度复兴。

也有人认为，由于过分耗竭地力，影响农业的发展，致使无力维持日益增长的人口，因而出现贫困枯竭。这可能是原因之一。比较全面的看法应是，主要由于内部阶级关系的紧张，剥削的沉重，再加上前面提到的自然灾害，使生产停滞，人民的生活艰难，因而阶级矛盾更加剧烈，并给外族的入侵以可乘之机。入侵者可能是来自伊朗俾路支和邻近的部落。从此，哈拉帕文化就衰落了。这一些都是根据遗物、遗迹进行的推论。情况究竟如何还有待进一步的研究。

哈拉帕文化的历史意义　哈拉帕文化是南亚次大陆产生的最早的文化，在人类文明的一些方面都有其独特的成就。种植棉花与发明棉纺技术是对人类穿衣问题的重大贡献，这一发明对南亚次大陆和西亚的经济发展起了一定的影响；建筑技术、宏伟的城市设计规划，完整的下水道体系在古代世界是极其先进的。印章文字是印度最早的文字。雕刻艺术和珠宝妆饰等也充分显示了哈拉帕人的创造才能。这一切都成为后人的重要财富。哈拉帕文化对后来的吠陀文化有一定的影响，哈拉帕人的宗教信仰与后来的印度宗教是有联系的，埋葬习俗也对印度社会有影响，这些已如前述。此外，如古代印度钱币上的符号和印章文字相似，哈拉帕的砝码与度量衡制也在后世通行。古代印度的医书《寿命吠陀》记载了哈拉帕文化时期使用过的药物，如乌贼骨、鹿骨等。哈拉帕的寓言故事甚至流传至今。例如，罗塔尔的一个彩陶罐，描绘的图形是一只栖在树上的鸟，嘴里叼着一条鱼，树下有一个似狐狸的动物①。这一图景正如《五卷书》中描述的《聪明的狐狸》故事的情节，说的是狐狸赞美乌鸦，使它张嘴发声，因而掉下了叼着的食物，狐狸高兴地得到了它。这故事后来又见于古希腊的《伊索寓言》。今天这一寓言已流传到世界各地，它很可能就起源于哈拉帕文化。哈拉帕文化的深远意义由此可见。

本章主要参考书

[1] 施治生、廖学盛主编：《外国历史大事集》（古代部分第一分册），重庆出版社，1986 年版，第 133～145 页。

[2] G.L. 波塞尔编：《古代印度河流域的城市》，1979 年新德里版。

第三章 印度雅利安人国家的产生与发展

关于印度雅利安人的早期历史，主要是根据他们的宗教文献《吠陀》以及解释《吠陀》的诸圣书中的资料。因此，称为"吠陀时代"（约公元前 1500—前 600 年）。《吠陀》共有四部，即《梨俱吠陀》、《沙摩吠陀》、《耶柔吠陀》和《阿闼婆吠陀》。诸圣书指的是"梵书"、"森林书"和"奥义书"。四吠陀中，《梨俱吠陀》最古老，它所反映的时代称为"早期吠陀时代"（约公元前 1500—前 1000 年）。其余三部《吠陀》合称为后期吠陀，它们和"梵书"包括"森林书"与早期"奥义书"反映的时代就称为"后期吠陀时代"（约公元前 1000—前 600 年）。"吠陀时代"是雅利安人原始社会解体、阶级社会和国家开始形成的时代。接着就是"列国时代"（约公元前 600—前 324 年），这是南亚次大陆更多地区建立国家和各国发展争斗的时代。这一时代的最后时期，次

---

① A.L. 巴沙姆主编：《印度文化史》，1982 年伦敦版，第 15 页。

大陆北部各国先后为摩揭陀统一，直至孔雀帝国的建立。作为世界三大宗教之一的佛教也产生于这一时代，因此，在史学上又称为"早期佛教时代"。主要史料根据是吠陀文献、佛教和耆那教的经典等。这一时期还有一些考古资料可以与文献资料相互印证和补充。

第一节　印度雅利安人原始社会向阶级社会的过渡

（早期吠陀时代：公元前1500—前1000年）

雅利安人对南亚次大陆的入侵　公元前1500年以后，属于印欧语系的雅利安人部落一批批从西北方侵入次大陆。"雅利安人"是他们的自称，意思是"出身高贵的人"，不是什么种族的名称。对雅利安人的起源地问题，涉及印欧语系各族的共同家乡，学术界曾有过长期争论，但尚无明确结论。大多数人的意见认为是在欧亚草原，即从波兰、南俄到中亚一带。他们主要从事畜牧业，后来由于人口增长以及自然灾害等原因，被迫向外寻找新的牧场。他们已驯养马匹，并用以拖拉有轮辐的轻型车辆，迁徙、战斗具有一定优势。其中一支沿黑海东岸和里海西岸进入伊朗高原，一部分人留下，成为伊朗人的祖先。另一部分人则从约公元前1500年起继续向东经阿富汗而进入南亚次大陆西北部。这一行动延续了好几个世纪。

雅利安人对印度的入侵和征服，遭到了大概是以达罗毗荼人为主的土著居民的激烈抵抗。雅利安人称土著居民为"达萨"（Dasas）或"达休"（Dasyus），意思是"敌人"。他们把达萨说成是黑皮肤、塌鼻、语言邪恶，又崇拜男性生殖器的人。这些人有畜产，住在城堡内。雅利安人经过多次战斗，依靠马和战车，战败了土著居民，摧毁了他们的城堡，洗劫了财产。土著居民有的被杀害，有的被赶入山林，有的被奴役。这些战斗在《梨俱吠陀》中有反映，如歌颂战神因陀罗是"城堡的摧毁者""达休人的杀戮者"等。雅利安人就这样逐渐占有了原先土著居民所生活的地区，即印度河上、中游与恒河上游一带（即今巴基斯坦与印度的西北部)。这与考古文化中灰色彩陶文化的地区相当。有的学者认为雅利安人就是这种文化的创造者。他们取代的黑红二色陶器文化和赭色陶文化则分别是达罗毗荼人和孟达人创造的。

生产的发展　雅利安人进入印度次大陆以后,最初仍过着游牧生活,驯养的牲畜有牛、马、狗、山羊、绵羊等,这是他们的主要财富。后来,向土著居民学习了使用木犁、牛耕,又懂得了灌溉的技术,才过渡到农牧结合,逐渐转入定居。在《梨俱吠陀》较后的章节里,提到了耕地、播种、收获、脱粒和扬谷,可见农业经济的地位已经确立。种植的作物叫亚伐(Yava),可能是指大麦。

畜牧业一段时间内在经济生活中仍占主要地位。其中,牛在生产和生活中都有着重要的作用,因此最受重视。《梨俱吠陀》中把母牛说成是"不可宰杀的"(aghnya),反映它在经济上的重要性。人们为牛群兴旺而祈祷,部落间的战争经常是为了争夺牛群,因此,原意为"寻找牛群"的梵语 gavishti 后来就指战争。

手工业方面,过去学者认为印度人在《梨俱吠陀》时代尚未使用铁器,铁在后期吠陀中才有记载。根据考古发掘的资料,关于印度铁器时代开始年代的问题,也没有一致的意见。印度史学家 D. D. 高善必认为,次大陆早期铁器时代开端于公元前 1000 年代初,第二批雅利安人进入印度时传入从赫梯得到的有关铁器的知识①。英国考古学家 M. 惠勒则认为,铁器工艺的知识是在公元前 5 世纪随着波斯人的入侵而传入印度的。但最近几年的考古发掘表明,几乎在次大陆各地区都发现了早期铁器时代的铁器遗物。在拉贾斯坦的阿哈尔发现的铁器约 12 件,还有一些熔渣。有的学者据放射性碳素定年为公元前 1500 年左右。但这一结论还没有得到确认②。北方邦的阿特兰吉凯拉遗址出土的铁器遗物有

---

① D. D. 高善必:《古代印度文化与文明史纲》,1981 年新德里版,第 77 页。
② 奇里奇特、雷蒙德·奥尔欣:《印度与巴基斯坦文明的起源》,1982 年剑桥版,第 325～326 页。

锛、匕首、锄、箭镞、矛头、鱼钩和钳子等,据放射性碳素定年在公元前1025±110年①。由此看来,"梨俱吠陀时代"后期的雅利安人已掌握铁的冶炼和锻铸技术。《梨俱吠陀》中提到的"阿亚斯"(Ayas)是一种坚硬的、有延展性的金属,可捶打成器,并能使其锐利。学者们一度认为阿亚斯仅指铜和青铜。现在,根据新的考古发现,阿亚斯可能指铁了。到了《阿闼婆吠陀》,就用颜色来区分,黑色的阿亚斯指铁,红色阿亚斯则指铜、青铜。铁器的发现标志着生产力的巨大进步。不过铁的冶炼还待改进,才能大量生产和普遍使用。除金属冶炼、铸造外,《梨俱吠陀》中还提到木匠、织工、皮革工、珠宝匠、染匠和陶匠等,这一时期的手工行业增多了。

生产发展了,商业也跟着兴盛,当时交换的媒介是用牛、黄金和装饰品。

社会组织演变　在早期吠陀时代,雅利安人仍保存着氏族部落组织,但已开始解体。在《梨俱吠陀》中,部落称为"贾纳"(Jana),其下属组织氏族称为"维什"(Vis),维什之下有村,称为"哥罗摩"(Grama)。但这三个名词有时又几乎可以互相代用,难以区分。另外,还有"噶那"(Gana),可能是一种比较古老的部落组织形式。部落首领称"贾纳帕蒂"(Janapati),氏族长老称"维什帕蒂"(Vispati),村长则称"哥罗摩尼"(Gramani),噶那首领称"噶那帕蒂"(Granapati)。到这个时代的后期,出现了父权制大家庭(Kula),以年长的男性成员为家长(Kulapa),它是当时部落社会的基本单位。部落首领最初大概是指挥战斗的军事首领,他统治的是他的部落,而不是任何特定地区的土地。他作战是为了夺取牛群,而不是为了领土。这些首领最初大多是由选举产生的。后来,部落首领又被称为"罗阇"(Raja),随着战争的需要,权力也逐渐增大。

---

① K.C.贾因:《印度的史前史和原始史》,1979年新德里版,第191页。

吠陀文献中提到了这时期的群众会议：最古老的是全体部落成员（包括妇女在内）的大会，称为"毗达多"（Vidatha），主管选举祭司，制定法规、宗教祭祀和军事行动；可能还负责分配产品、组织娱乐活动等。在后期吠陀时代，这种会议就衰落了。后来，又有萨巴（Sabhā）与萨米提（Samiti）两种会议。一般认为，前者是长老议事会，后者是民众大会。它们与部落军事首领"罗阇"，一同构成军事民主制时期的三种权力要素。长老议事会由部落中的少数上层分子即长老参加，主管司法、行政及娱乐社交活动。民众大会由部落全体成员参加，选举军事首领，讨论立法及各种决策。萨巴和萨米提对部落首领权力的扩大起着约束作用。"萨米提"一词除有集会意义外，还有战斗的意思。因此，这个会议也具有军事性质，可能只由成年男子即战士参加。

军事民主制时期战争频繁。雅利安人除对土著非雅利安人进行征服战争外，本身各部落之间也不断发生战斗。其中最著名的是"十王之战"，即10个雅利安人部落组成的联盟反对当时最强大的婆罗多（Bharata）国王苏达斯（Sudas）的战争，结果是婆罗多国王大胜。经过多次的战争，国王的权力大大加强，萨巴逐渐蜕化为国王的咨询机构，萨米提的作用也逐渐消失了。

私有制的萌芽　雅利安人在过着游牧生活时，畜群由部落成员共同饲养、放牧，因此属于公有。后来经营农业，也是共同耕种，土地公有，收获的作物各取一年所需之量，焚毁其余。父权制大家庭产生后，私有制有了萌芽。牲畜等动产已归各大家庭所有，耕地也分配给各大家庭使用，每隔一定时期重新分配一次。《梨俱吠陀》中提到丈量土地，但未提到由个人出卖、转让、典押或赠送土地。显然，土地所有权还是属于村社的。此外，林地、牧场和荒地也仍属公有。在份地之间还有长条形称为"基里亚"（Khilya）的草地，也是供村社集体使用的。私有制的发生，氏族部落内部逐渐出现贫富的差别，剥削关系和阶级分化也随之出现。

奴隶制的出现　"达萨"本是雅利安人称呼和他们敌对的土著居民的。随着征服战争的胜利，被俘虏的达萨遭受奴役的越来越多，久而久之，达萨就成为奴隶的同义词了。当时战俘变为奴隶的方式很简单，即将自己的头发散开，分为五部分，口含一片草，向俘获者哀告"我是你的"，这样就保全了性命并成为奴隶。《梨俱吠陀》中曾提到因赌博负债而沦为奴隶者，这说明雅利安人也有因贫困而为奴的。奴隶往往被奴隶主当作礼品，互相赠送。男女奴隶主要是作为家内侍役，或从事生产的辅助劳动。但雅利安人与达萨人之间的关系并不很紧张。有的学者认为，婆罗多国王苏达斯似乎就有达萨人的血统；有些祭司和军事首领也出身非雅利安人①。

随着奴隶的出现，妇女的地位也下降了。在家长制家庭下，男子为一家之长，父亲的财产只能儿子继承，女儿只能继承母亲的嫁妆和她带到婆家来的礼品。丈夫死时，妻子举行象征性的自我牺牲仪式，这可能是后来焚身殉葬的萨蒂习俗的开端。不过，这时妇女在家庭中还受到尊敬，可以同丈夫一道主持祭祀，寡妇也可以再嫁，女孩同样受教育，学习《吠陀》，妇女还能参加毗达多部落大会，行动有一定的自由，她们的地位只是开始受到影响。

瓦尔那等级的区分　瓦尔那（Varna）一词原意为"颜色""品质"。雅利安人入侵印度时就以肤色同土著居民区别开来，当时只有雅利安瓦尔那（白肤色）与达萨瓦尔那（黑肤色）的区分。入侵者害怕与当地居民同化，丧失了自己的身份，因而强调血统的纯洁。同时，雅利安人在入侵过程中，随着氏族社会的解体，内部分为武士、祭司和一般平民三个等级。最初这种区分不是不可变换，不同等级之间也可以通婚、共餐，职业也没有世袭。如一首颂诗中提道："父亲是医生，母亲是磨谷的，我是诗人。"雅利安人的三个等级连同被征服的达萨人构成

---

① D. N. 恰：《印度古代史纲要》，1984年中译本，第28~29页。

当时的社会。

随着社会经济的发展，劳动分工的专门化，财富与阶级的进一步分化，武士与祭司权势的增大，到梨俱吠陀时代后期，这种等级划分就有了神圣的意义。在《梨俱吠陀》最后一章（也是形成最晚的一章）中的"原人颂"里提到诸神分割原人普鲁沙（Purusa）时，由其身体的不同部分产生四个不同的瓦尔那："其口转化，为婆罗门，两手制成，罗阇尼亚；尚有两腿，是为吠舍；至于两脚，作首陀罗。"[①] 婆罗门即祭司，罗阇尼亚为武士，吠舍是一般平民，首陀罗则是被征服居民。婆罗门与罗阇尼亚（也就是刹帝利）高居在上，由首陀罗和部分吠舍负担全社会各阶层居民的生活。这种说法显然是祭司为了维护自己的特权地位而捏造的神话，但也说明当时确已存在这种等级区分。这种说法对后世影响很深。

吠陀宗教信仰　　这时期雅利安人的宗教信仰是对自然的崇拜。他们相信自然界的一切变化都有神的支配。在《梨俱吠陀》中记载的神祇约有33个，其中最强大的神是因陀罗，其次是梵伦那。阿耆尼和苏摩也是著名的神。因陀罗是雷电神和战神，是带领雅利安人克服险阻，战胜一切敌人的大神、梵伦那是天神，是宇宙秩序的主宰；阿耆尼是火神，主管炉灶，是人与神间的媒介；苏摩是酒神。此外，还有风神伐育，太阳神弥陀罗（苏里耶、萨维特里、普尚、毗湿奴也都是太阳神的不同名号）和黎明女神乌莎等。大多数神祇都是男性。人们通过献祭求得神的庇护和赐福。《梨俱吠陀》的诗篇就是婆罗门祭祀吠陀诸神时的颂诗。他们相信人们死后就在死者之王阎摩的国土里生活。

第二节　印度雅利安人国家的形成

（后期吠陀时代：约公元前1000—前600年）

社会经济的发展　　自约公元前1000年以后，铁器及其种类日渐增

---

① W. T. 德巴里编：《印度传统资料》，1964年版，第15页。

多。到公元前800—前500年，先是恒河的中、下游有了铁器，后来铁器便几乎遍及次大陆。铁矿比铜矿丰富，由于冶炼术的改进与风箱的使用，使大规模制造铁器有了可能。铁器的广泛使用奠定了社会经济发展的基础。

这一时期，农业有了很大的发展，它在经济中已居主导地位。为了深耕，耕地使用的铁犁又大又重，《百道梵书》中提到这种犁要用6头、8头、12头甚至24头牛才能牵引。人们已知道使用粪肥，也已知道挖井，作畦沟进行人工灌溉。农作物的种类，除大麦外还有小麦、水稻、豆类和芝麻。人们还了解作物生长的季节，并能使一些品种一年收获两次。但人们对付危害农业生产的灾荒的能力还是有限的。除旱涝灾害外，《歌赞奥义书》中还提到冰雹、蝗虫灾害，使俱卢人离乡背井。《阿闼婆吠陀》中记有防止这些灾害的咒语，可见人们对灾害显得无能为力。

畜牧业仍受人们重视。《百道梵书》中提到"牛群意味着繁荣昌盛"，水牛看来是为从事农耕而驯养的，用于拖拉的公牛一般都受过阉割，并已有崇敬母牛的习俗，除规定的献祭外不许杀害，否则要处死刑。同时，还明确提到这时已饲养象，用以运输重物和作战。

手工业和商业也有发展。除陶工外，专门的工匠比上一时期增多了，见于后期吠陀文献中的有车匠、珠宝匠，玩具制造工、织工、绳工、编篮工、皮革工、金银匠、铁匠、石匠等。车匠从木匠中区分出来，成为手工业中受尊敬而重要的行业。弓与箭也分别由专门工匠制造。用于纺织的原料也增多了，有棉花、皮毛、大麻、亚麻等。妇女一般从事绣花、编织和洗染。船车的制造与道路的修筑有利于商业贸易的发展，《梨俱吠陀》中已提到过百桨船，《百道梵书》中也有关于摩奴建造坚固的海船准备大洪水时逃生的故事。当时水陆商业都较兴盛。如生活在山地的吉罗陀人挖高山药材以交换衣服、褥垫、皮革，属于内陆贸易①；

---

① R.C. 马宗达等：《高级印度史》，张澍霖等译，商务印书馆1986年版，第54页。

又如埃及法老木乃伊服饰用的印度靛蓝染料，迦勒底王宫中的印度杉木，乌尔月神庙的印度柚木等，则表明海外贸易的存在①。交易的主要商品有绣花布、衣服、头巾、鹿皮、羊皮毛、金银首饰、谷物、牛畜等。交换方式除物物交换外，母牛和谷物一般用作交易媒介。此外，当时似乎已有计算分量的金块和其他金属块，它们通常在赠礼中提到。如《百道梵书》提到向祭司奉献的金片，称为萨塔马纳（Satamāna）。《布里哈德拉亚卡奥义书》提到作为比赛奖品的1000头母牛，每头牛角上都挂有10个帕达（Pada）。帕达也是一种有分量的金属块，为萨塔马纳的1/4。当时文献中还提到尼什卡（nishka），原指项圈，后来也指有一定分量的金块，成为交换的价值单位。这一时期出现了专门的商人，属吠舍种姓。他们已组成行会，维护自己集团的利益，有了行会会长（Śreshthin）。《百道梵书》还提到一种叫库希丁（Kusidin）的人，是靠放债营生的。由于工商业的繁荣，城镇也出现了。

随着社会经济的发展，雅利安人的活动领域也逐渐由西向东、向北、向南各个方面扩展。对恒河中、下游丛林密布，荆棘丛生的地区，他们先是用火烧林，接着以铁斧砍伐，开辟出耕地和居住区。《百道梵书》讲述的酋长毗提诃·摩吒婆，就这样带领雅利安人的武士与农民开拓前进，过了萨达尼拉河（即今甘达克河）建立了后来的毗堤诃国土。类似的开拓，向东一直到恒河下游；向南深入文迪亚山脉，直达戈达瓦里河以北；向北扩展到克什米尔与喜马拉雅山区。雅利安人的活动中心也向东转移到由亚穆纳河到孟加拉西部的地区。

村社的演变　社会分工的发展，新的利益集团的出现，氏族部落的杂居，财富的分化，这一切导致血缘关系的纽带逐渐削弱，并为地域关系所取代。农村公社代替了氏族公社。在此时期，耕地已为父权制大家庭所长期占有，逐渐变为私有（但由于各个地区经济发展的不平衡，有

---

① R.乔塔里：《古代印度经济史》，1982年新德里版，第27页。

的农村公社仍保有定期分配制，有的甚至还有共耕制）。氏族部落首领也将侵占的土地和公有财产，以及在战争中夺取的土地等转为私有。清除森林后新开垦的土地，也成为私有地。但森林、牧场、荒地还是公有的。由于生产力水平的低下，开辟荒地、水利灌溉，建造房屋、道路等都需要集体劳动。公有制的因素依然占优势，传统的社会关系及意识形态也有利于公社的存在和发展。农村公社主要从事农业，但村社内部也有自己的手工业，如家庭纺织业、冶铁业、制陶业、木器制造业等，形成自给自足的自然经济。这一切都为印度农村公社的长期存在提供了牢固的基础。

奴隶制的成长 随着氏族部落公社的解体，各级首领侵占、掠夺大量的财富和奴隶。掠夺战争的次数和规模都超过了前一时期。大约在公元前9世纪中叶爆发的婆罗多族的大战就是其中著名的一次。根据史诗《摩诃婆罗多》的记载，几乎北印度所有的部落都卷入了这场大战。这些战争加速了奴隶制的成长。"达萨"一词在这时期的文献中多次出现，并已完全用来指奴隶；它已不仅限于黑肤色的土著部落，并不再有种族的意义。奴隶的来源除战俘奴隶、债奴、赠予的奴隶外，还有买来的奴隶和家生的奴隶。奴隶数量也有显著增加。赠送奴隶的数目，以往只是以百、以千计，到这时，如《爱达罗梵书》中所提到的国王赠送一个婆罗门的奴隶和象各以万计。尽管这些数字显然有些夸大，但比较过去确是增多了。奴隶可以有家室，但子女仍是奴隶。奴隶和牲畜一样是主人的财产，他自己没有任何财产权。妇女地位进一步下降。这时期已不许妇女同男子一道在某些宗教仪式中献祭，不许妇女参加政治活动或出席会议。男子可以一夫多妻，妇女则不能有二夫。妇女地位恶化到竟有把妇女与骰子和酒并列，称为三大邪恶的说法。父亲可以出卖自己的儿女为奴。

种姓制的形成 社会经济的发展，高级瓦尔那的财富与权势显著增长，他们与低级瓦尔那之间的差距进一步扩大，前一时期出现的瓦尔那

等级区分就演化为种姓制度,成为印度社会的一个显著特色。一般认为,印度社会包括四个种姓:

第一等级是婆罗门种姓。婆罗门（Brāhman）以拥有神圣知识（Brahma）而得名。婆罗门主管宗教祭祀,研究与传授神圣经典,因此被认为是人中之神,地位最高。他们用占卜、念咒等方术,预告所谓神意,影响国王的政治、军事等活动。他们往往作为国王的顾问,担任大祭师即"普罗希塔"（Purohita）参与国家大事。

第二等级是刹帝利种姓。刹帝利（Ksatriya）是有力量（Ksatra）的武士种姓。他们执掌军政大权,护卫正法,主宰一切。他们和婆罗门之间为争夺权利是有斗争的。刹帝利种姓认为自己应为第一等级,婆罗门只能是国王的随从。《奥义书》就提到在举行灌顶大礼时,婆罗门的席位低于刹帝利。但他们也认识到对付被统治的低级种姓,必须与婆罗门齐心协力。

第三等级是吠舍种姓。吠舍（Vaiśya）是由 Vis 而来,Vis 意思是"部落"或"村落",因此,吠舍就是部落成员或村民,也就是公社成员。他们人数比前两个等级多,主要从事畜牧、农耕与经商等业,也有放债或经营手工业的。他们接受前两个等级的统治,用布施和纳税的方式供养婆罗门和刹帝利。但他们和前两个等级一样参加入门仪式（Upanayana）,佩戴"圣线"为取得第二次诞生的标志,被称为再生族。有权参加学习吠陀、祭祀等宗教活动。

第四等级是首陀罗种姓。"首陀罗"（Sudra）这个词的起源不明,它不是雅利安人的词,可能与托勒密所说的反抗雅利安人的一个印度土著部落的名称 Sudroi① 有关。他们主要是被征服的非雅利安人,但也包括丧失了公社成员身份的雅利安人。他们的人数因新的土著部落的加入而不断增长。他们从事农、牧、渔、猎及当时被认为是低贱的职业,其

---

① 马格雷特、詹姆斯·斯塔特利编:《印度教词典》,第287页 Sudra 条。但本词典编者不同意此说。

中许多人沦为佣工和奴隶。他们不能参加入门仪式,是所谓一生族,因而被禁止参加宗教活动。他们是地位接近奴隶的平民最低层。

各种姓严格按照血统世代保持不变,为了保证种姓的纯洁,各种姓之间不得通婚,各自的职业世袭不变。但当时上述的种姓划分只是一种模式,现实的社会情况要复杂得多。如在四种姓之外,既有未受婆罗门教化、名为弗拉蒂亚人(Vrātyas)的游牧的雅利安人,也有非雅利安人的土著居民尼沙德人(Niśhādas)①。种姓之中,首陀罗有成为富人甚至为王的,有的种姓通过宗教仪式便可改变身份。同时,种姓之间的通婚也依然存在。不过,种姓制度的基本形式是在这一时期确立的。

国家的建立 随着奴隶制与种姓制的形成,阶级矛盾与阶级斗争日趋激化,军事民主制的部落组织已不能适应新的情况,作为阶级统治的国家机器就产生了。

定居生活与农村公社增强了地区意识,居民的组织已不再按氏族而是按地区或村庄来划分,而国家正是按地区组成的。大约从公元前9世纪起,一些先进地区的部落经过兼并与扩张,开始向国家过渡。与此同时,次大陆大部地区仍处于发展程度不等的氏族部落阶段。

在向国家过渡的部落里,军事首领逐渐演变为国王;祭司与武士,即拥有政治、经济实力的氏族贵族成为统治阶级;一般公社成员,由过去自愿的缴纳贡物与捐献,变为强制性纳税与服役〔如后期吠陀文献中出现了征税的人员(Bhāgadugha),还有国库司库(Samgrahitri)〕,他们与奴隶和被征服的部落一起,成为被统治阶级。

国王的职位原是由选举产生,在后来国王登基的仪式中仍保留了选举优秀者为王的痕迹。如灌顶大礼中最后一个仪式是掷骰子,又如力饮祭②的赛车有意安排国王为胜利者。但到这时,王位已出现世袭,梵书

---

① R.C.马宗达等:《高级印度史》,张澍霖等译,商务印书馆1986年版,第53~54页。
② 灌顶大礼和力饮祭都是国王登基和在位时举行的仪式,内容见R.C.马宗达等:《高级印度史》,张澍霖等译,商务印书馆1986年版,第50页。

中提到"十世相承的国王"。不过这时的国王也有因暴虐或无能而受到放逐的，这反映王权在逐步增强的同时，也受到平民反抗的约束。因此，国王往往通过各种献祭仪式表明自己取得神赋予的力量，乃至使自己等同于神，以巩固自己的统治。

最先形成的国家为俱卢国，大约是公元前 9 世纪在今恒河上游河间地，德里与塔内萨尔附近，由俱卢部落演变而成。它合并了强大的婆罗多族与普鲁族部落。环柱王（Parikshit）可能就是它的第一代国王，都城是阿桑迪瓦特。接着是般阇罗国，国土相当于今巴雷利、巴达翁及北方邦毗邻地区，都城为坎皮拉。到了约公元前 7 世纪，俱卢衰落，又有新的国家兴起。印度河上游有犍陀罗、开卡亚、摩德罗；恒河流域有乌希纳罗、婆蹉、迦尸、居萨罗、毗提诃等国。过了一个世纪后，北印度大部分部落都已先后形成国家。

婆罗门教的形成　这一时期宗教上也有很大的变化。和阶级国家的形成相适应，专门的祭司婆罗门种姓与婆罗门教形成了。在阶级统治的新形势下，人们对原始信仰的多神又有了新的认识。神的世界反映了人间的变化。地上有了国王和法庭，司雷电的天神因陀罗便成为众神之王，是国王贵族的保护神。维护宇宙秩序的天神梵伦那是天上的司法神。婆罗门祭司拥有对诸神的知识，以吠陀为圣书，垄断了宗教大权。他们将各种祭祀仪式搞得很烦琐，如马祭包括其预备仪式要进行一年到两年。在献祭中要用 600 头牡牛一同献祭。建火神祭坛则要杀人血祭，才能保证祭坛牢固。婆罗门祭司通过主持祭祀活动，得到贵族和奴隶主的大量施舍，贵族奴隶主则以此祈求神灵的庇护，使平民和奴隶更加畏惧。

婆罗门祭司采纳以往雅利安人的宗教说法，以及印度土著部落万物有灵，灵魂转世的观念[①]。整理成一套信念即婆罗门教的教义。它认为

---

① C.A.托卡列夫：《世界各民族历史上的宗教》，魏庆征译，中国社会科学出版社 1985 年版，第 311 页。

宇宙的创造者，最高主宰是大神婆罗摩，即大梵天。只有梵天（世界精神）的存在是真实的，世间一切现象都是虚幻的。因此，人们不必为现实生活的不幸而苦恼。它提出"轮回业报"，说的是人的灵魂在人死后转入另一躯壳里复生，即所谓轮回。由于人生一切身心活动都是造孽（Karma，羯磨），造了孽就有果报，这种报应通常不在今生，而在来世，因此就有轮回。善有善报，恶有恶报。这样，人生的痛苦根源就在于自己前世作了孽，这就掩盖了广大人民群众苦难的真实根源——阶级剥削和压迫。为了得到好报，就必须按婆罗门所制定的各种姓的行为规范（Dharma，达摩）行事，安分守己，从而维护剥削阶级的统治。最后解脱轮回就要不造孽，灵魂才不再投生，才能达到"梵我一致"的最高理想境界。总之，这些说教就是要使被剥削者忘掉一切痛苦，安心忍受统治阶级的剥削和压迫。因此，婆罗门教就是统治阶级有力的精神武器。

第三节　各国纷争与摩揭陀称霸

（列国时代：公元前 6 世纪—前 4 世纪）

从公元前 6 世纪起到公元前 4 世纪止的列国时代是印度国家普遍形成和发展的时期，在这一时期内，社会经济进一步发展，阶级斗争尖锐复杂，新旧思想与教派争论激烈。这一时代 200 多年的历史，内容极其丰富，是印度历史发展中的一个重要阶段。

大国分立与兼并战争　公元前 6 世纪初次大陆的政治形势是除西北部由波斯帝国侵占外，在恒河流域及其支流一带已先后形成一些大国。它们的分布情况是：由西到东在恒河以北为俱卢、般阇罗、居萨罗、迦尸、末罗、跋祇，恒河以南为婆蹉、苏罗婆、跋沙、摩揭陀、鸯伽，婆蹉以南为阿般提和支提，南印度戈达瓦里河流域有阿湿波。这些国家连同位于印度河上游的犍陀罗与甘蒲阇（公元前 518 年后为波斯帝国统治）共 16 个大国。除此以外，还有不少小的城邦，大多分布于次大陆的北方各地，如释迦、科利耶、毛里亚、巴伽、杰纳德里卡等。这些大小国家多在恒河流域东部，表明次大陆历史发展的重心已转向恒河流域的中下游一带。这些国家的政治制度有两种：共和制与君主制。一般来说，小国多为共和制，大国为君主制。共和制保留氏族部落军事民主制的传统较多；君主制国家在早期阶段也是共和制，经过兼并扩张，军事首领在战争中增长了权力和财富，后来才成为君主制。共和制国家中比较强大的是跋祇，由毗提诃、梨车、跋祇、杰纳德里卡等八九个部落联盟组成，都城吠舍厘，在今穆扎法尔布尔县。首领噶那帕蒂或噶那罗阇由选举产生，有由刹帝利家族选出的成员组成长老议事会协助。最高权力往往属于人民大会（Parisad），它由敲铜鼓召集，出席者座次、议程、发言辩论，都有规定的程序，最后作出决议。但其实权已落到刹帝利出身的贵族长老手中，他们如同国王一样，也举行灌顶仪式，并由他们的家族世袭其职位。因此，跋祇是一个贵族专政的共和国。

当时，各国之间不断发生兼并战争。最初，迦尸比较强大，它位于今北方邦的东部，都城婆逻疴斯（即今印度圣城瓦拉纳西），棉织业很发达，是宗教、学术文化的中心。迦尸控制着恒河流域中部地区，它与毗邻的居萨罗为争夺对恒河流域的控制权不断进行战争。居萨罗在战争中逐渐向外扩张，先征服北方释迦族的迦毗罗卫国，最终南向兼并了迦尸，成为一个强大的国家。在东方，鸯伽国（即今比哈尔恒河三角洲以北的地方）也与摩揭陀（今巴特那与伽耶县）为争夺恒河下游发生战争，跋祇也卷入了这场争斗。结局是摩揭陀获胜，成为在东方与居萨罗争斗的富国。在西部地区，以乌贾因为首都的阿般提，以憍赏弥（今科萨姆）为首都的跋沙两强间，为争夺对北印度内陆贸易控制权也爆发了战争。以上四强经过将近100年的战争，最后，摩揭陀先摧毁居萨罗，又击败阿般提，取得独霸北印度的地位。

摩揭陀的称霸 摩揭陀以产母牛与铁矿著称，土著居民可能属于非雅利安的基卡塔人，入侵的雅利安人为未受婆罗门教化的弗拉蒂亚人。

摩揭陀较清楚的历史始于公元前6世纪。第一位著名的国王，是哈尔扬卡王朝的频毗沙罗（Bimbisara，即瓶沙王，约公元前545年即位至公元前493年去世①）。当时摩揭陀还比较弱小，服属莺伽的统治。但摩揭陀具有有利的地理条件：国境四周有山脉、河流作为屏障，都城有五山环绕，称为山城，又筑有石墙（至今尚可见到其遗迹），易守难攻。境内土壤肥沃，农、林、矿产（铜、铁、金等）资源丰富。宋河与恒河在巴特那会合，水陆交通便利，有利于商业贸易的发展。频毗沙罗凭着这些有利的条件，又能励精图治，因此，国势大增。他整顿吏制，将官员分为行政事务、司法与军事三类，各有专职，赏罚严明。他加强税收管理，测量田地，估定收成，并设专职官员监督征收，运送国库，因而财力充足。他使用战象，使军队极具威力。他对外运用远交近攻的策略，实行扩张政策。一面与居萨罗联姻结盟，得到有大笔税金收入的迦尸村作为陪嫁；同时，又与远方的犍陀罗、阿般提通好，增强自己的地位，从而得以集中力量击灭敌对的莺伽。为便于对外交往，他在山城以北的山脚下建王舍城为新都，即今拉杰吉尔。这一时期摩揭陀的领土大为扩张，统治有8万个村镇，但这显然有些夸大。晚年他为急于想做国王的儿子阿阇世所杀。

阿阇世（Ajātaśatru，约公元前493—前462年）自立为王后，立即遭到居萨罗的反对，后者还要求收回迦尸村，跋祇、末罗等也与摩揭陀为敌。阿阇世决心对抗并继续扩张，他先在恒河与宋河会合处附近的波吒厘村筑起城堡，以便指挥战事。在与居萨罗的争斗中他轻易取胜，先是该王室内争，放弃了对迦尸的要求，并通过联姻继续和好；后来，居萨罗遭到一次大洪水袭击，势力更加衰落。对跋祇的斗争，他却作了充分的准备。除加强城堡防卫外，还派人到跋祇离间分化，并用两种新

---

① 这里的王朝世系是根据佛教文献。按照《往世书》，是以西苏纳加为首的赛苏纳加王朝为最早的王朝。参见R.C.马宗达等：《高级印度史》，张澍霖等译，商务印书馆1986年版，第63~64页。

式武器：投石器与两边有刀的战车装备部队。这样经过 16 年之久的征战，终于征服了这个共和国。从此，摩揭陀成为东印度唯一的强国。接着，阿阇世又击退阿般提的进攻，开始向西方扩张。

阿阇世以后又有四个国王（约公元前 462—前 430 年），都是杀父自立的。只有阿阇世之子曾战败阿般提，并在波吒厘村继续兴建城堡（命名为香花城），以便监管新征服的跋祇国。其他的 3 个国王都残暴无能，统治时期也很短暂。大约在公元前 430 年，最后的一个国王被起义的市民赶走，大臣西苏纳加（Sisunaga）被拥立为王。他战胜了强大的阿般提和跋沙与居萨罗的残余势力，兼并了它们的领地，使摩揭陀更加强大。他的继承人迦腊索伽迁都华氏城（即香花城）。这个经过多年营建的城市，水陆交通十分便利，对摩揭陀的发展有着重要意义。大约在公元前 364 年，迦腊索伽为出身下层的摩诃帕德摩·难陀（Mahāpadma Nanda）所杀，从此开始了难陀王朝（约公元前 364—前 324 年）的统治。

难陀王朝是第一个非刹帝利出身的王朝。摩诃帕德摩被后来的往世书说成是所有刹帝利王朝的毁灭者。他消灭了大大小小的国君，使王朝的势力向西扩展到比阿斯河流域，西南控制了孟买的南部和迈索尔的西北部，南部德干的一些地区和奥里萨的一部分也可能归属于他，摩揭陀成为次大陆最强大的国家。它拥有一支 2 万骑兵、20 万步兵、2000 辆战车和 3000 头战象组成的庞大的军队。为了应付军事行政的开支，难陀王朝通过加重税收和勒索，积累了大量财富，这在印度历史上也是很有名的。难陀王朝就这样为孔雀帝国的建立奠定了基础。

城市经济的发展　通过战争兼并结束政治上分裂的局面，这与城市经济的发展要求统一有一定的关联。本时期内农牧业继续发展，品种增多，产量增加，手工业的分工更加复杂。《佛本生经》中提到 18 种手工匠人，如木工、铁匠、皮革匠、画匠、石工、织工、象牙匠、宝石工、陶工等。他们各有自己的行会，住在同一地区，手艺是父子世代相传，受种姓制支配。印度内地和海外的商业都有新的发展,有特色的高贵陶器北方磨光黑陶传播很广,便是明证。当时内地主要商路是由婆罗疤斯和舍卫城(今拉布蒂河南岸的塞特马赫特)向四面延伸,沿恒河流域往西经旁遮普到呾叉始罗(犍陀罗的首都,在今巴基斯坦的拉瓦尔品第西北),与波斯帝国沟通;或经乌贾因与纳尔马达河流域到西海岸,或向南到德干的西北部;往东到恒河三角洲。其中以后一路的商业往来较多。海外贸易则是从印度东海岸的各港口同斯里兰卡、缅甸与西亚通商。交易的商品有纺织品、粮食、油、香料、香水、金银珠宝制品以及蔬菜、肉等副食品。当时已广泛使用货币作为交易的媒介。约公元前5世纪已有弯曲的条状银币和打印记的银币,也有铜币①。它们的分量与价值各地不同。文字也出现了,通用的字母文字是婆罗谜文,印度西北部则流行伽罗斯底文。

由于社会经济的发展,城镇数目大量增加,据亚历山大的将领之一阿瑞斯托布拉斯称,他曾见到有1000以上市镇的遗迹。在东方从瞻波(今巴尔普尔)起到西方的婆卢羯车(今布罗奇),北方从迦毗罗卫(在今尼泊尔南部)起至南边迦毗里帕塔姆(在今高韦里河流域)这一范围内,就有60个名城,比较重要的有6个大城市②。佛经中则提到所谓八大城市,即摩揭陀的王舍城、跋祇的吠舍厘城、居萨罗的舍卫城和阿踰陀城(今乌德)、迦尸的婆罗疤斯城、鸯伽的瞻波城、跋沙的憍赏弥城与犍陀罗的呾叉始罗城。这些城市都曾是大国的都城,是政治、经济和文化的中心。城市里人口众多,如王舍城就有1.8亿人,当然这个数字夸大了很多。城市中有高楼建筑,有商店、作坊,还有游乐场所。贵族、富商、工匠等生活在城市里,他们支持国王的对外扩张,要求统一,以便于工商业的发展。

---

① D. D. 高善必认为早在公元前7世纪末就已有商人发行的正式硬币,见其《古代印度文化与文明史纲》,1981年新德里版,第124~125页。

② R. 乔塔里:《古代印度经济史》,1982年新德里版,第30页。

社会矛盾的尖锐化　商品经济的发展使社会各阶层进一步分化。从住处来看，国王高墙深院的宫殿，富豪贵族砖石砌的房屋与一般平民的木屋茅舍形成了鲜明的对比。但当时的贫富并不完全由种姓决定。高级种姓固然一般都能成为豪富，如拥有军政大权的刹帝利通过搜刮、掠夺而享有大量财富，婆罗门用祭祀说教也能赢得无数财宝。然而也有一些婆罗门和刹帝利种姓却穷困潦倒，不得不从事与他们身份不相称的职业。另一方面，低级种姓如吠舍中也有小部分人因经商和放债而富有，他们依靠自己的经济实力挤入统治阶级的行列，有的成为村镇的地方官。正如大史诗《摩诃婆罗多》中所反映的"谁有财富，谁就是世上真正的人"，就能得到尊敬。不过，大多数的吠舍和几乎全部的首陀罗的生活状况是非常恶劣的。许多吠舍的地位已接近首陀罗，从事与他们相同的职业，如裁缝、陶工等。首陀罗也是饥寒交迫，遭受歧视。奴隶更备受凌辱，甚至连生命也没有保障。一些未开化的土著部落更被认为是不可接触的贱民，受到非人的待遇。他们只能以打猎为生，过着极其原始的生活。

由于既有统治阶级对各族人民的残酷压榨，也有它们内部争权夺利的冲突。因此，这一时期的矛盾斗争更形错综复杂。城市平民揭竿而起，奴隶大众群起暴动，边远地区的人民也掀起武装叛乱，统治阶级内部则钩心斗角，或策划于密室，演出宫廷政变的闹剧。国家形成较早的迦尸、居萨罗等国，其都城婆罗疤斯、舍卫城经济文化都很发达，社会矛盾很早就有所发展，因而流传下来很多的斗争故事。如《佛本生经》中提到，婆罗疤斯的一位国王很是残暴，连救他性命的恩人都要杀死，从而激起了人民群众的愤怒。当国王乘坐大象在大街上行走时，人们便从四面八方跑来，用弓箭、标枪、石块、棍棒以及一切能找到的器具冲向国王，杀死了他，把他的尸体扔到壕沟里。该书中还提到，这个国家发生了边境叛乱，国王亲自带领军队去镇压，但被打败逃跑。后来又调集军队经过激烈战斗才取得胜利。又如佛经《弥沙塞部五分律》提到，在迦毗罗卫国有"五百奴叛";玄奘的《大唐西域记》也记载有居萨罗国"群盗五百,横行邑里,跋扈城国",后为胜军王捕捉,剜去双目,丢到森林里受活罪。该书还记载有居萨罗国王毗卢择迦在征服释迦族后,杀死了男人,选了五百妇女准备带回作宫女,但这些妇女大骂不止,坚决反抗,国王恼怒,便下令将她们的手足砍掉,投入坑井中。关于统治阶级内部的斗争,除各国之间的战争外,在一国内部有如阿阇世及其以后四王的弑父自立;又有居萨罗的胜军王出国访问时,被留在国内的大臣所废以致困死国外等。反映难陀王朝建立的记载则显示了更为复杂的矛盾斗争。如《往世书》所说,这位王朝的建立者是一位首陀罗妇女所生;耆那教文献说,他是一个理发师的儿子,是通过宫廷政变取得王位的;佛教典籍说,他早年落入群盗之手,后入了伙并成为首领,然后通过武力取得王位,正如西苏纳加一样是借助人民的力量而成为国王的。

意识形态领域里的斗争　列国时代的阶级分化与对抗以及社会各阶层之间的矛盾斗争,必然在人们的思想意识方面有所反映。刹帝利在政治斗争中势力增强,不满婆罗门高居于自己之上。富裕的吠舍经济上获得了利益,也要求在政治上提高自己的地位。这些奴隶主的势力日益壮大,于是开始反对以婆罗门为代表的旧的氏族贵族的统治。另一方面,广大的劳动人民境况不断恶化,也要求改变现状。而这时期占统治地位的婆罗门种姓及其精神武器婆罗门教,仍固执旧的观念,与现实社会的变迁不相适应,表现出最顽固、最反动、最腐朽的性质,因此成为众矢之的。可是在反婆罗门特权地位的斗争中,刹帝利和吠舍的上层分子害怕劳苦大众的觉醒,并且,他们的阶级利益也和婆罗门有千丝万缕的联系,因此,他们反婆罗门的斗争是不彻底的。这种阶级及阶层的矛盾斗争的形势和特点,在意识形态领域里就出现了代表各个阶级或阶层的各种思想流派和教派。佛教文献称它本身以外的思想流派,有所谓"六大师""六十二见",或九十六种外道,耆那教文献也有所谓三百六十三种邪见的说法。这种种流派有的大同小异，有的势力不大，很快就消逝了。这里只把最有代表性，又影响较大的三派（顺世论派、耆那教和早期佛教）的主要思想及其在意识形态领域里的斗争情况作一简要的说明。

顺世论派梵语为"路伽耶陀"（Lokāyata），意思是"流行在人民中间的观点"，汉译佛经中译为"顺世外道"，或"世间行"等，它又被称为"斫婆伽"（Cārvāka）。这一学派早在公元前一千年代前半期就已出现，创始人据传为毗诃跋提，列国时代最为流行，当时的代表人物是阿夷多翅舍钦婆罗（Ajita-Kesakmbali）。该派的著作已被毁灭，其主要的思想内容只能从同时代的耆那教、佛教文献和公元8世纪的印度教资料中找到一些片断，要点是：认为世界不是神创造的，而是由地、水、火、风四大原素所构成；否认《吠陀》的权威，认为知识只能从直接的感觉得来，《吠陀》不过是骗子、伪君子和贪婪者的作品，没有什么价值；认为灵魂和肉体是统一的，不可分的，没有脱离肉体的灵魂，彻底否定婆罗门教的灵魂不死和轮回转世的说教，针对婆罗门在祭祀中大量宰杀牛群，损害农业生产，深为大众所不满的现实，激烈反对婆罗门教的祭祀杀生可以得福的说法。认为"祭祀杀的牲畜能够升天，为什么祭祀者不立即奉献自己的父亲呢？"并正确地指出，祭祀只是婆罗门谋生和发财的手段，坚决反对维护婆罗门至上地位的种姓制，说婆罗门和旃荼罗①血管中同样流着红色的血液，因此人类是生而平等的，没有什么贵贱之分，主张人的生活目的就是丢掉痛苦，追求现世的幸福，因为死亡就是生命的终结，所以反对当时一般宗教徒宣传的禁欲、苦行、为来世积德和天堂地狱的说教等等。这些简单的类比与朴素的论证，鲜明地表现了下层人民反对奴隶主统治阶级的思想意识，它是古代印度唯物主义哲学的代表，因此，它必然受到奴隶主统治阶级的压制和一切唯心主

---

① 旃荼罗（Chandala）是印度土著部落，他们的社会地位最低下，最受歧视，被认为是不可接触者（贱民）。

义派别的围攻。他们的成员受到严重打击,《摩诃婆罗多》中就曾提到一位斫婆伽遭到婆罗门的杀害。残留下来的著作片断也多被歪曲。

耆那教是反对婆罗门教的一个新宗教。耆那(Jaina)的原意是胜利者。他们认为战胜了情欲就得了道,就成为耆那。因而被称为耆那教。它出现在次大陆的东北部,那里婆罗门教的控制较弱。据耆那教的传说,该教有24位祖师,其最后一位是筏驮摩那(Vardhamāna,意为增益),并被认为是耆那教的创始人。他生活于公元前6世纪,是吠舍厘城富有的刹帝利贵族之子。30岁时出家,加入裸体苦行者的行列,修炼12年,终于在东印度里朱帕利卡河北岸杰林比卡村外娑罗树下自称达到大知大觉(Kevala-jnana,意为获得最高知识),成为耆那。耆那教徒尊称他为大雄(Mahāvira,即伟大的英雄)。以后他在恒河的中下游摩揭陀、鸯伽等地传教30年,72岁时死于比哈尔南部的白婆。耆那教的主要经典为十二支(Aṅgas)。教徒主要来自刹帝利种姓和吠舍大商人。他们反对婆罗门教和《吠陀》的权威,特别反对杀生祭祀,不承认有作为最高创造者和主持赏罚的神,认为神就是得道的先知,每一个人都有可能做到,个人靠自己的修行就能主宰自己的命运,从而否定婆罗门和《吠陀》的作用,认为世界的一切,从岩石、草木到人、神、鸟兽都有灵魂。灵魂是自生的,永恒的。人的行为造的"孽",使灵魂受到污染,就陷入轮回业报。生前行善积德,死后灵魂转世成为善人、天神;生前为恶犯罪,则死后转生降为禽兽草木。要脱离轮回,就须使灵魂净化。方法是坚持"三宝",即正信、正智、正行。意思是有完全的信仰才能求得正确的知识,因而才能导致正确的行动,使灵魂解脱情欲的束缚而最终得到洁净和幸福。正确的行动就是遵守五戒,即不伤生、不欺诳、不偷盗、戒淫欲、戒私财。耆那教特别强调不伤生,教徒走路时无意踩死蚂蚁也是罪恶;用细布罩住口鼻不是为了卫生,而是怕不自觉地吸入了微小的飞虫。耆那教徒更以严酷的苦行、自我折磨甚至舍身来解脱肉体,使灵魂得到幸福安乐。在这方面耆那教和婆罗门教一样,导致人们脱离现实斗争，这便是刹帝利和吠舍中的上层分子既反对婆罗门又害怕人民群众的斗争的表现。

到公元前4世纪末，比哈尔南部发生饥荒，耆那教徒一部分出走到南方的迈索尔，留下的教徒则在华氏城集会整理记录大雄的教义，到公元5或6世纪，才最后编辑成册。约公元1世纪时，从南方返回家乡的教徒仍保持裸体，谴责未出走的教徒穿白袍是违背教义。因此，该教就分为天衣派（Digambara）与白袍派（Svetāmbara）。两派分歧只是一些教规和习俗，并不涉及根本教义。以后天衣派恢复了衣着，两派又重新合并。耆那教至今仍是印度的一个有影响的宗教。

早期佛教，和耆那教一样，也是反婆罗门教的，但它是一个更有影响的新宗教。其创始人是乔达摩·悉达多（Gautama Siddhārtha，约公元前566—前486年）①，与我国孔子大体同时。传说他是迦毗罗卫国释迦族净饭王的太子，属刹帝利种姓。他29岁时出家，先到摩揭陀一带寻师访道，苦行6年都没有收获，最后经过独立思考在菩提伽耶的毕波罗树下自称得道。接着在恒河中下游许多地区传教40多年，80岁时死于拘尸那城（在今戈勒克布尔以东）。人们尊称他为释迦牟尼（Sākyamuni，意即释迦族的圣哲），又称佛陀（Buddha），即大彻大悟的人，因此，这一宗教就称为佛教。佛教的经典很多，包括经、律、论三部，称为三藏。汉译大藏经有多种版本，每种多的达七八千卷。早期佛教的经典主要是《阿含经》。

释迦牟尼幼年受过传统的婆罗门教育，出家后访问过当时有名的学者，又曾亲身实践了苦行。因此，他的教义的特色是兼容并蓄，带有折中的色彩。他不承认婆罗门教的人由梵天而来，神主宰一切的说法，因而含有无神论的因素，但也不赞成人由四大元素组成的顺世论的主张。他提出缘起说，认为一切事物（包括人在内）都是由内因外缘凑合而

---

① 关于他的生卒年代有近六十种说法，这里采取比较通行的中国佛教的"点记说"。可参阅吕澂：《印度佛学源流略讲》，上海人民出版社1979年版，第5~6页。

成。注重因果关系的分析，认为因果相互联系，相互依存，互为条件，事物不是常住不变，也不是消灭后不再生，而是迁流无常，相续不断。这都带有辩证法的成分。但对他来说，这种因缘分合，聚散无常，又都是虚幻的，因而否认了现实世界的客观真实性。因此，他是一位唯心主义者和宗教家。在社会问题上，他反对婆罗门教的种姓制固定不变的说法，认为种姓是由人类形成之初职业分工的不同而发生的，并不是由神创造而一成不变的，主奴是可以变化的。他特别反对婆罗门至高无上的地位，说婆罗门与其他种姓一样，都是"嫁娶产生"；并认为刹帝利"正法治民"，地位还高于婆罗门。他还提出"众生平等"之说，在佛门内甚至取消种姓的名称，以"沙门释种子"代替。这便改变了婆罗门教在宗教领域内压制首陀罗种姓的不平等状况，在一定程度上反映了被压迫种姓的平等愿望，有其积极的一面。不过，这种平等只限于宗教领域内，在俗世生活中仍是沿用婆罗门教的业力轮回、因果报应的说法，认为现实的不平等状况是人们自身前世造孽的结果。而且，佛教禁止负债人和奴隶入教，这就更加暴露出其所谓"平等"的虚伪性。

和耆那教一样，佛教也否认《吠陀》和婆罗门教的作用，但其基本教义和解脱途径却有些不同。佛教教义的核心是四谛即四条真理。这就是苦谛、集谛、灭谛和道谛。佛教的出发点就是人生是多苦的，宣扬生、老、病、死及有所求而不得等一切身心现象都是苦，这就是苦谛的内容。集谛是说明人生多苦的原因，指出人生多苦是由于欲爱而产生，欲爱求有常而一切无常，这便有了苦恼。而且欲爱必然会表现于思想、言论和行动三方面，这就造了"孽"，就不免生死轮回，永堕苦海。灭谛就是消灭苦因，也就是消灭欲爱，这样就不会造孽，不会有果报，就能超脱轮回，这就是佛教追求的目的。这种不生不灭，超脱轮回的境界，佛教称为"涅槃"（Nirvāna），意思是寂灭，实际上就是死亡。而要达到涅槃，就必须修道。道谛就是讲修道的途径和方法。必须修八正道，即正见（对四谛的正确见解）、正思维（思索四谛的真理）、正语

（不说一切非佛理之语）、正业（即身、口、意三业清净）、正命（正当生活）、正精进（勤修道法）、正念（念念不忘四谛）、正定（集中精神、禅定正）。这八正道归结起来就是要深刻理解佛教教义的道理，在实际生活中断绝欲念，用不苦不乐的方式，在静坐中体验，潜移默化达到涅槃。这就同婆罗门教、耆那教一样，有着麻醉人民的作用。

佛教代表着刹帝利和吠舍大商人的利益，但同时也符合一般人民的部分要求，因此在当时得到了很大的发展。它们组织起社团称僧伽（Sangha），游方传教，靠布施生活，后又得到国王、贵族、大商人的资助捐献，建造了寺院。有的寺院逐渐发展成为重要的教育、学术文化的中心。

释迦牟尼死后，佛教徒在摩揭陀国王阿阇世的支持下，在王舍城进行了第一次结集①，编成了最早的经藏和律藏。百年以后，由于对戒律教规的争议，佛教徒在吠舍厘进行第二次结集，结果对乞钱、饮酒、进食不得过午刻等十事是否犯戒，产生两派意见：少数有地位的上座认为是犯戒，多数则不同意，于是就分成上座部与大众部。以后又分出许多教派，这使佛教的发展受到一定的影响。但佛教迄今仍是亚洲国家中最有影响的一种宗教。

本章主要参考书

[1] R. C. 马宗达等：《高级印度史》，张澍霖等译，商务印书馆1986年版，第一篇第三到六章。

[2] L. P. 沙马尔编：《印度古代史》，1981年德里版，第5～6章。

[3] 施治生、廖学盛主编：《外国历史大事集》（古代部分第一分册），重庆出版社1986年版，第133～204页。

---

① 结集，梵文Sangili，意为"合唱"，即指佛教徒为编集佛经举行的"合诵"，即以一人为主背诵佛语，其他人补充。不是宗教会议。

第四章 孔雀帝国

（公元前 324—前 187 年）

第一节 外族侵占印度西北部与孔雀帝国的建立

波斯与希腊马其顿的先后入侵 摩揭陀在恒河流域中下游一带逐步强大的时期内，南亚次大陆的西北部先后为波斯与希腊马其顿的军队侵入并被他们所统治。从公元前 518 年起，印度河流域至拉贾普塔纳沙漠，即犍陀罗与萨蒂吉迪阿两国都在波斯帝国统治下，成为它的省份。由于这一地区比较富裕，人口众多，因此在波斯帝国内它缴纳的年贡比其他省多，在波斯出征希腊时还提供了军队。后来波斯帝国的控制减弱，到公元前 4 世纪中叶，这里就出现了一些实际上处于独立地位的国家，其中著名的有呾叉始罗、普鲁、乌刺尸等。

公元前 327 年希腊马其顿国王亚历山大在灭亡波斯帝国后，利用印度西北部小国分立，相互争斗的局面，出兵越过兴都库什山侵入旁遮普。呾叉始罗王阿姆比拟借外兵势力打击其对手普鲁王波罗斯，遂向马其顿军队提供物资和人力的支援，波罗斯则率领他的 4000 骑兵、300 辆战车、200 头战象和约 3 万人的精锐步兵准备迎击入侵者。印度人采取战象为前锋，随后是步兵、骑兵在两翼，骑兵前用战车掩护的部署。战斗开始，马其顿人避开大象，以优势骑兵集中攻打印军左翼，用骑兵的弓箭和战马的冲撞突破印军阵线。印军步兵因天雨路滑长弓不能准确射击，抵挡不住敌人的攻击；战象经不起马其顿方阵的投枪射箭，受伤发狂，不分敌我乱冲乱撞，印军大败，波罗斯身负重伤而被俘。亚历山大乘胜继续东进，渡过阿塞西尼斯河（今杰纳布河）与希德拉欧提斯河（今拉维河），到达希发西斯河（今比阿斯河），拟向恒河流域推进。但是他的士兵包括一些将领由于多年在国外征战，疲惫不堪，渴望返回故土；加上又得到情报说，东方有比普鲁王国更加强大的摩揭陀王国，他们不愿再冒险继续前进。亚历山大只得下令班师回国。为了巩固已经征服的地区，他在希达斯皮斯河（今杰卢姆河）以西建省统治，由波斯人或马其顿人任总督，印度首领辅助；以东则由归顺的印度土王波罗斯等统治，作为藩属；留下部分马其顿军驻守布色羯逻伐底（今巴基斯坦的白沙瓦以北）、呾叉始罗及其他战略要地。公元前325年，亚历山大率主力分水陆两路撤出印度。

波斯和马其顿的入侵促进了印度与西方世界的接触，开辟了印度与西方交往的陆上通道；斯凯拉克斯统率的波斯海军，尼阿科斯领导的马其顿舰队又进一步沟通了水路航线。这两次的入侵对次大陆西北部的土著部落和大小国家给予了程度不同的打击，为后来孔雀帝国征服这一地区提供了条件。波斯与马其顿采取武力扩张的手段建立帝国，又设置省督统治帝国的做法，对印度也有一定的影响。

孔雀帝国的建立与对外扩张 外族的入侵和统治早已使印度人民不满。公元前326年，一些地区已爆发了起义。亚历山大撤离后，马其顿在印度的统治濒于崩溃。出身并不高贵的旃陀罗笈多（Chandra-gupta）①在呾叉始罗的婆罗门侨底利耶（Kautilya）的辅佐下，组织起尚武的印度部落民，势力逐渐强大，大约于公元前324年在印度西北部独立称王，领导了反马其顿的斗争。接着他乘难陀王朝的末帝丹那·难陀的残酷与贪婪，国内民心思变之机，率军东进，攻下摩揭陀的首都华氏城，杀死了丹那·难陀，建立了新的王朝，仍以华氏城为国都。因他属于孔雀氏族，故其王朝称为孔雀王朝（约公元前324—前187年）。到公元前317年，他驱逐希腊马其顿驻军，占领旁遮普和信德，统一了整个次大陆北部地区。他所开创的帝国就称为孔雀帝国。

---

① 关于旃陀罗笈多的出身问题，说法很多。耆那教文献说他母亲是驯养孔雀的村长之女；《毗湿奴往世书》则称其母为首陀罗妇女，父为难陀王；佛教《大史》称其是孔雀氏族刹帝利后裔，其父早死，家贫而由牧猎人抚养成人；印度史学家罗米拉·塔帕尔称他是吠舍种姓。

这时期马其顿侵略者不甘心失败，公元前305年亚历山大部将塞琉古建立的王国进军印度，企图恢复旧日的征服地。战争的经过情况不详，结果是塞琉古把相当今天的阿富汗和俾路支斯坦一带的大片土地割让给孔雀帝国，双方还缔结了姻盟，塞琉古派使节驻在华氏城。孔雀帝国的西北边防得到了巩固。旃陀罗笈多又曾向南印度扩展，势力可能一度达到迈索尔。他死于约公元前300年。他的儿子宾头沙罗（Bindusāra）继位。宾头沙罗平息了因饥荒引起的闹事①。据传他曾向德干进军，巩固了帝国对迈索尔的统治。佛教故事说他杀死了十六座都城的君主取得了他们的领土，因此，号称"歼敌者"（Amitraghata）。但具体情况不明。在他统治期间，他曾处理了呾叉始罗爆发的起义。只有东海岸的羯陵伽（在今奥里萨）还抱敌对态度。他于公元前273年去世。帝国的最后扩张是在他的儿子阿育王统治时期（约公元前273—前236年）。约公元前262年阿育王发动了对羯陵伽的战争。羯陵伽是去南印度的水、陆二路必经之地，经济上比较富裕，军事上也很强大，阿育王费了很大的气力才征服了它。在这次战争中，"15万人被放逐，10万人被杀，好几倍的人失踪了"②，鉴于与羯陵伽的战争伤亡惨重，阿育王决定不再用兵。与半岛极南部的朱罗人、潘迪亚人等建立了友好的关系。至此，经过三代君主的努力，一个版图包括东起阿萨姆西界，西达兴都库什山，北自喜马拉雅山南麓，南抵迈索尔的庞大帝国终于建成。在古代印度史上这是一个空前的大帝国，它在当时世界上也是有影响的。

传统说法认为罽宾也包括在帝国范围内。尼泊尔贵族曾与阿育王联姻，受孔雀帝国约束。锡兰传说阿育王派王子到那里传播佛教。藏文资料认为于阗王国是中印两国政治流亡者共同建成，阿育王还曾访问过这

---

① S.恰托帕特阿亚：《由频毗沙罗到阿育王》，1977年版，转引自《印度历史杂志》60周年专号，第402页。

② 阿育王第13号岩谕。

一地区。我国云南古代传说提到阿育王曾派人到滇地宣扬佛教。所有这些都没有确凿的史料证实,不过,它可以从侧面反映出阿育王和孔雀帝国影响的深远。在阿育王的铭文诏谕中还提到叙利亚的安提奥卡斯·提奥斯,埃及的托勒密·菲拉德尔弗斯,马其顿的安提戈努斯·戈纳图斯,施勒尼的麦伽斯和伊庇鲁斯的亚历山大等同时代的国王,并与他们互派使节,向他们赠送医药。可见孔雀帝国在当时享有一定的国际声望,这在印度史上也是少有的。

第二节 孔雀帝国的政治统治

孔雀王朝的行政 旃陀罗笈多不仅是征服者,而且很有行政才能。他和憍底利耶一道建立了一套官僚机构和一支庞大的常备军,奠定了帝国的统治基础。到阿育王时代,这些行政机构得到进一步的充实①,形成了统一的专制体制。在这个帝国里,国王享有极其广泛的权力,包括政治、军事、立法、司法等各方面的大权。因此,国王是很繁忙的,据塞琉古王国使臣麦伽斯梯尼(Megasthenes)称,他在更衣或盥洗时,也得处理政务,接见使臣,听取诉讼。在国王之下,有作为咨询机构的大臣会议。高级官员(tirthas)据憍底利耶的《政事论》②记载有18个,其中主要的是曼特林(宰相)、普罗希塔(国师),尤瓦拉贾(王储)、森纳帕蒂(元帅),萨摩哈塔(税务长)与森尼达塔(司库)。此外,还有各部门的总监。管理日常事务的官员,据希腊作家斯特拉波记载,可分为三类:第一类是地方官员,有经管丈量土地、监管水闸与分配灌溉用水,督促农事的;有管理猎户的;有负责税收的;有管理道路修筑、路标设置的;还有监管与土地有关行业的,如樵夫、木匠、铁匠、矿工等的官员。第二类是城市官员,按主管的事务分为6组,每组

---

① S.恰托帕特阿亚在其《由频毗沙罗到阿育王》一书中认为宾头沙罗开始划分帝国为若干行政单位,并任命王子负责而由摩诃摩特罗辅助。他对帝国统治机构的建立也有贡献。

② 该书在公元3至4世纪时曾由后人增改,但基本内容仍保存不变。可参阅罗米拉·塔帕尔:《阿育王与孔雀王朝的衰落》,1961年牛津版,附录1。

5人。分组管理的事务是：手工业；外宾福利；生死登记；市场交易及度量衡；产品检查分类；征收商品什一税；以及其他公益事项。第三类是军事官员，按兵种不同也分为6组，每组5人。分别主管海军舰队，后勤辎重、步兵、骑兵，战车兵与战象兵。

帝国的行政区划是省、县、村三级。村为基层行政单位。村有村长，由村里的长老中选任，大村还有会计与书吏协助。他们负责登记人、畜、田亩、税收，以及修建桥梁、道路，维护村社秩序等。他们可以得到减免纳税的待遇，有的可以享有国王赐地的税收作为俸禄。村的组织在印度历代都很少变动。县有县长（Prādeśika），下有拉朱卡与尤克塔协助。前者管收税与司法，后者为秘书、会计。帝国的省除中央京都地区外，分为4省，从阿育王诏谕中得知4个省城，即北部省的呾叉始罗、西部的乌贾因、东部的托萨利和南部的苏瓦尔纳吉里①。靠近京都的中部与东部省份由国王直辖，其他省份则由王子或王室成员任总督，享有罗阇（王）的称号。他们也分别有供咨询的官员会议与负有专职的官员协助。这些地方长官因距中央较远，当时交通又不方便，往往有着广泛而独立的权力。为了牵制他们的权力，总督属下的官员可以有权直接向国王呈报政事，接受国王指示；另一方面中央定期派遣官员巡察地方。同样，总督在其辖区内也派官员定期巡视，以加强对各级官员的控制。另外，国王还设有大批密探对各类各级官员进行侦查和监督。但在帝国境内或边界上那些还保持原有组织的部落，则处在半独立的地位，与帝国的关系是松散的。据麦伽斯梯尼称"印度的部落一共有118个"②。

帝国的司法有中央与地方两级法庭，一般由行政官兼理。重大案件由国王亲自审理。民间小的纠纷由村长或长老解决，城市则由行会调处。这时已有了法典，是婆罗门根据吠陀经典、传承论述和古代习惯编

---

① 罗米拉·塔帕尔：《阿育王与孔雀王朝的衰落》，1961年牛津版，第100页。
② 阿里安：《印度志》Ⅷ.1。

成的，不是国家颁布的；内容大都只涉及宗教伦理，纯法律的部分很少。刑法惩处有罚款、断肢与死刑等。

专制帝国的统治就建立在这一庞大的官僚机构和一支拥有60万步兵、3万骑兵、9000象军，另外还有8000战车的军队基础之上，它们需要耗费国家巨额开支才能运转，据有的史家估计，这笔开支通常要占全国总收入的1/4，高时达到1/2①。此外，王室的生活费用高得惊人。这就加重了人民的负担，引起了他们对专制统治的不满，再加上新旧教派在意识形态方面的冲突也迫使国王不得不实施新的政策。

阿育王的"达摩"（Dharma）政策　　正是在这一背景下，阿育王提出了他的"达摩"政策。所谓"达摩"就是宗教伦理规范。阿育王即位初期，对外采用武力扩张；对内制造人间地狱，残害臣民。但羯陵伽战争的残酷和军队的重大伤亡的影响，以及为缓和国内日益尖锐的阶级矛盾，他深感改变政策的必要，转而用德行感化代替刀箭征服，于是提出了这一新的"达摩"政策。他把说明"达摩"的诏谕刻写在岩壁或石柱上。现已发现有14种岩刻敕令、7种石柱铭文敕令，还有小岩刻敕令、洞窟铭文等。从这些铭文材料中可以看到所谓"达摩"的具体内容就是要服从父母、尊敬师长、对亲友和好，对婆罗门和沙门慷慨、对奴仆和穷人温和，对病残老弱体恤；要克制一切残暴行为，限制杀生；应当尊重一切教派，不要不适当地赞扬自己的教派而贬低别人的教派；要公正对待犯有罪过的人等等。其基本的原则就是宽容和非暴力，其目的也只是防止矛盾激化，调和矛盾以维护帝国的统治。

阿育王除了在人烟稠密的地方，如重要的商道、宗教中心和聚居区建立石刻诏谕广为宣传"达摩"外，还派遣主管宗教的达摩大臣到各地（包括部落地区在内）、特别是帝国西部与西北边界臣民中，贯彻执行"达摩"的要求。他本人也身体力行，如停止军事征伐，禁止狩猎、斗

---

① S.沃尔伯特：《印度新历史》，1982年牛津版，第58页。

兽与宰杀牲畜，同时主办慈善事业和公共福利事业，如沿公路植树、挖井，以便利商旅；建医院和兽医院，种药草以治疗人畜；建寺院，救济贫苦老弱等。"达摩"虽然受佛教的影响，但并不等同于佛法；阿育王虽然笃信佛教，但除了小部分有关佛教的铭文外，大多数诏谕中都没有提到佛教，只是强调对一切教派（包括婆罗门教）都要一视同仁。

当然，阿育王毕竟是一位佛教徒，当时佛教势力很盛，要维护帝国的统治，这是一股不可忽视的力量。因此，阿育王支持佛教徒在华氏城召开第三次结集大会（约公元前253年），并发布诏令反对佛教分裂，将制造分裂的僧尼穿上白衣加以隔离；还向次大陆各地、希腊化国家、锡兰、黄金地（缅甸、苏门答腊等地）派出传教士宣传"达摩"、弘扬佛法。

尽管阿育王大力宣扬达摩政策，装出一副慈善面容，在铭文中自称"众神的宠爱者"，"所有臣民都是我的子女"，但并没有放弃暴力手段。他的宽容也是有限度的。如他对佛教中的异端分子毫不宽容，继续保持军队、监狱、死刑等暴力手段，并在铭文中提道："众神的宠爱者安抚帝国的森林部落，但告诫他们，要他们改恶从善，否则他虽有忏悔，却仍有力量将他们处死。"[①] 这些都表明非暴力并不是目的，目的只是巩固帝国的统治。阿育王的"达摩"政策与倡办社会慈善事业对印度社会确曾起了一定的积极作用，并对以后的统治者有着深远的影响，但并未能触动社会的根本矛盾。剥削压榨依然如故，教派冲突继续存在。如他的诏谕中就反映了官吏的专横导致了人民的不满，呾叉始罗再度起事。同时，邻邦也没有受到"达摩"与佛法的感化，阿育王死后不久，大夏希腊人就侵占了次大陆的西北部。"达摩"政策并没有达到原有的目的。

第三节　孔雀帝国的社会经济

农业、手工业与商业的发展　政治的统一与稳定使帝国的社会经济

---

① 罗米拉·塔帕尔：《阿育王与孔雀王朝的衰落》，1961年牛津版，第256页。

得以全面的发展。农业在印度的社会经济中占有重要的地位,居民中人数最多的是农民。《政事论》提到帝国政府曾组织移民开荒,建立首陀罗农民村。羯陵伽战役中俘虏的15万人也大概就是如此安置的。这样,农业人口大为增加。同时,政府很重视水利灌溉,各地开掘了沟渠、水井和池塘,又鼓励农村修建水利,注意防止旱涝、虫害等自然灾害;加之,恒河流域土壤肥沃,一年可以两熟,因此,农产品的产量也大量增加,农业税收成了帝国岁入的主要来源。当时国王向农民征收称为巴伽(Bhaga)的地租,一般为收成的1/6,有的高达1/4,也有低到1/8的。农民还需缴纳称为巴利(Bali)的贡纳,经营果园的农民需缴纳称为卡拉(Kara)的税收,非常时期还另有捐税[①],并要为过路的军队提供给养。

畜牧业也得到长足的发展。牧人们用牲畜或畜产品纳贡,为帝国提供耕畜和供运输用的牛、驴等。战马和战象由专人牧养。

手工业方面,鸯伽、迦尸、羯陵伽等都是以棉纺织品著称的地区。农具和兵器的需求刺激了采矿与金属加工业的发展。交通运输的发展则使造船、造车业成为重要行业。在农村,手工业包括纺织业、铁工、陶工、木工等等,形成与农业相结合的自然经济实体。在城市,手工业主要是为满足统治者的奢侈消费服务。王室经营的手工业包括采矿、兵器制造、造船、铸币与制盐,私人不能经营;还有王家纺织作坊、金器制作等。这些作坊的工匠都有工资报酬。私人手工业有个体经营者,但更多的是组成行会,因为集体经营既可以节省开支,权益又能得到保障。此外,行会的组成也便于国家征税和管理。同一行业者多聚居于城市的特定地区,或在原料产地附近,成为专业村如木工村、陶匠村等。同业的集中居住与手艺世代继承,使行会得到巩固。当时工匠大概占城市人口的主要部分,他们的手工产品要纳税,税款为货价的1/5。

---

① 关于巴伽与巴利的区别以及征收的税率问题,各家说法很多,征收的多少可能因时因地而有不同。

由于社会生产的发展与交通运输的改进，内陆贸易和海外贸易更为发达。帝国境内修筑的道路四通八达，以华氏城为中心，往西到呾叉始罗，或经乌贾因到西海岸的跋禄羯呫婆（今布罗奇），往东到恒河口耽摩栗底（今塔姆卢克），再由海路通南印度。华氏城至呾叉始罗是通往西北印度的主要干道，一直沿用至今。布罗奇与塔姆卢克为重要港口，这是印度与西亚、两河流域和叙利亚、埃及、锡兰、缅甸等地交往的口岸。印度与中国的交往源远流长，但对其开始的时间与路线却有不同的看法，一般认为两国在公元前2世纪前已通过中亚有了接触，也有的认为，或经过阿萨姆与缅甸，或由印度耽摩栗底通往缅甸海岸，再与中国交往。商业贸易主要是为上层服务。国内流通的商品，是王公贵族需要的贵重的纺织品、宝石、装饰品和香料等；出口商品主要为香料、珍珠宝石、檀木、象牙、棉布、丝线、细布等，以换回亚麻布、金、银、干果及其他奢侈品。农村除食盐等少数必需品外，与城市没有什么商业往来。城市商业与手工业一样，都是在市政官的严格监督下进行。有的商品由国家垄断专利，如矿产品、盐、酒等。王室作坊产品除由国家自行销售外，有的也交给私商经营。纳税的商品都打上印记，商税一般为货价的1/10，但根据商品的贵贱、种类的不同也有变化，从1/5到1/25不等，它是国家的重要收入之一。当时通行的货币是金币尼什卡(Nishka)、银币普罗纳、铜币卡尔沙帕纳和小铜币卡卡尼。金银借贷业也随之出现，利率一般为年利的15%，有的高达60%。长途贩运或海外贸易利润优厚，又带有很大的冒险，因此借款利率较高。商人也组成行会，经管国内、国外商业活动，首领称为塞提（Setthis）。他们不仅在经济上财力雄厚，在政治上通过行会也能左右市政。这些人属于吠舍种姓，在宗教信仰上多为佛教徒或耆那教徒。

土地制度　有关这一时期的土地制度的说法很多，并都有文献资料印证。但次大陆各个地区经济的发展是不平衡的，因而不是一种单一的土地制度。在比较落后的边远地区，还保存着氏族部落公社，土地属公社。较进步的地区，原始公社已开始向农村公社过渡，由定期分配土地到不再重新分配，土地虽属公社所有，但公社成员对分得的份地已在法律上取得了占有权，不许别人侵占。不过，水源、牧场、林地等仍属公社共有；公社成员还参加集体劳动，如修桥筑路，修理池塘渠道等。在一些经济发达、社会分化比较剧烈的地区，则已开始出现私人土地所有制。土地已能买卖，尽管还有些限制。如《政事论》（第三卷第九章）提到购买土地的优先权，首先是亲属，其次是邻人，再次是债主；非法占有土地要受重罚，保障私人土地所有者的权利。《摩奴法论》（第九章第四十四颂）提到田地属于开垦者，《乔达摩法经》则称"人通过继承、购买、分配、占领或发现成为所有者"。舍卫城长者须达多从居萨罗国太子处买了一座园林，供释迦牟尼作为传教活动的场所。所有这些都是反映土地私有制存在的资料和例证。随着土地的私有与买卖，私人大农庄也出现了，如《佛本生经》中提到一个婆罗门的农庄有田地1000迦利沙（1迦利沙约相当1英亩），《增一阿含经》提到一个婆罗门有999头耕牛田作，《杂阿含经》提到"有500具犁耕田"，这些数字显然夸大了，但却反映出大土地私有者的存在。他们直接经营农庄，由奴隶和雇工耕种。在大土地私有者中，国王当然是最大的土地私有者。《政事论》（第二卷第二十四章）中提到的王室土地就是国王私人所有的土地，它由农业监督人经管，使用奴隶、雇工和罪犯耕种，收入归王室。同时，国王也可将自己的田产赐予僧俗贵族。另外，国王作为国家的首脑，随着王权的增长，又成为全国土地的主人。《摩奴法论》（第八章第三十九颂）中"国王有权分得古代埋藏物和地下金属矿的一部分"①，即有权享受土地的产物，因为他作为大地的主人保护了它们。但这里的"享有"与"所有"，在婆罗门的法律上用词是不同的，前者是 bhaga，后者是 svam。前者只能享有其产物，不是所有者；后者才能够随意处理。

---

① 此应作为"一半"，见蒋忠新译：《摩奴法论》，中国社会科学出版社1986年版，第140页注①。

也就是说国王只是全国土地的享有者，不是所有者。因此，国王毗首羯磨·保瓦纳曾因把土地看成是他的私产而备受指责①。但在当时条件下，"所有"与"享有"也很难区分。麦伽斯梯尼就认为"全国土地皆属王有"。不过，国王以国有土地赐予臣民，只是指得到所赐土地的赋税，而不是所有权，因此就不得转让、出卖或抵押。移民开垦的国有荒地，耕者只要能纳税就可以终生使用土地，但也不是所有权的取得。

奴隶制度② 帝国时期印度的奴隶制度有了较大发展。但麦伽斯梯尼却称，"所有印度人都是自由的，没有一个人是奴隶"。斯特拉波根据他的说法，也称印度人没有使用奴隶。然而，印度法律和政治文献中都承认有奴隶制的存在。阿育王铭文中也明确区分奴隶与雇工。就是希腊人的资料也记载说，频头娑罗曾托塞琉古王国国王代购美酒、干无花果和一个诡辩家，显然，这个诡辩家是被当作奴隶来买卖的。因此，麦伽斯梯尼可能是用希腊人对奴隶的看法来看印度，不知道印度的达萨（dasa）能有自己的财产，又能为自己赚钱，虽然不自由，却不像希腊奴隶那样毫无社会地位，印度社会最低下的是贱民而不是奴隶。麦伽斯梯尼的错误可能就在这里。

阿育王的诏令《政事论》和《佛本生经》都提到要善待奴隶和仆人，允许奴隶有自己挣来的钱，能继承父产，也能遗留给自己的亲人。女奴与奴隶主结合生子，则母子立即得到自由。尽管如此，奴隶的生活仍是很痛苦的，既要忍受打骂、监禁、挨烙印的虐待，而且被奴隶主当作私有财产买卖、抵押、赠送和出租，甚至被奴隶主随意杀死。在这些方面，印度的情况与其他地区基本上是相同的。印度奴隶受残酷虐待的事例在《佛本生经》中是有反映的。奴隶不堪奴役，往往逃亡或叛乱，进行反抗。

随着社会经济的发展，奴隶劳动的使用增多了，特别是在生产方

---

① 罗米拉·塔帕尔：《阿育王与孔雀王朝的衰落》，1961年牛津版，第64页。
② 有关孔雀帝国的社会性质问题，见本节附录。

面。如农业生产中,国王王庄的劳动者主要是奴隶和罪奴,其次是雇工;私人的大农庄也由奴仆和雇工耕种。畜牧业使用奴隶。手工业生产中,国王的手工业作坊也同样使用奴隶,还有大量的奴隶被用来从事采矿、水利灌溉和建筑工程。家庭奴隶的使用也比以前更为广泛,有的直接或间接与生产有关,如酿酒、捣米、去谷壳、推磨等是与生产直接有关的;打水、劈柴、做饭、给田间耕作的主人送饭等则是为生产服务的。有的属于非生产性,纯系侍候奴隶主生活和享乐的,这些大都是女奴。如侍从、宫女、看守、乳媪、按摩者、奏乐者、歌伎、舞女等。在军队中也使用奴隶作战。

这时期奴隶的人数、来源也增多了。巴利文佛经中有提到万以上以至10万的奴隶,有的地区还有奴隶村的设置。佛经、法典、政论文献中都提到奴隶,德国历史学家卢本以《佛本生经》的故事作统计,提到奴隶的故事就占总数的13%,可见奴隶的数目是相当可观的。奴隶来源据《摩奴法论》提到的有:"旗下俘获的、食奴、家生的、买得的、受赠的、祖传的和服刑奴。"① 羯陵伽战斗中俘获的15万战俘虽未全部作为奴隶,但有相当一部分成了奴隶。食奴是指为了衣食而为人服役的家奴。买卖奴隶的价格随其健康状况与技艺水平而有不同。

在奴隶制的影响下,妇女的状况也恶化了,对她们的行动自由有了很多的限制,所谓深闺幽居的制度已开始流行。萨蒂的习俗在印度西北部的一些地方已经实施。妇女的贞节受到很大的重视,寡妇再嫁与离婚开始被禁止。但一些高贵阶层的妇女仍享有受教育与参加社会、宗教活动的权利。同时,妓女也受到保护,但她们是要纳税的。她们被当作增加国家收入的一种工具。

种姓制的变化　　这时期的种姓制也有进一步的变化和发展。古代印度种姓制有两个基本的特征,即种姓职业世袭化和种姓内婚制,其主要

---

① 蒋忠新译:《摩奴法论》(Ⅷ,415),中国社会科学出版社1986年版,第173页。

目的都在于维护种姓制度，特别是保障高级种姓的利益。但是，由于社会经济的发展，各个种姓都有了分化，打破了种姓的世袭职业，种姓的职业混杂现象增多了。一些高级种姓的人从事了低级种姓的职业。低级种姓的人也有从事高级种姓职业的。这种现象在列国时代已经出现。婆罗门僧侣无法改变这种状况，只有在编定的法典中严格重申各种姓的职业规定。他们又从有利于维护和扩大高级种姓的权利出发，提出了一个新的规定，即高级种姓的人为了谋生可以从事低级种姓的职业，承认了现实状况；但严禁低级种姓的人从事高级种姓的职业，规定"对于因贪而以贵业为生的贱种，国王应该没收其财产并立即把他放逐"①。法典还规定了防止高级种姓沦为奴隶的办法，如在偿还债务，支付罚款等方面，种姓较高的人可以放宽期限。《政事论》还规定出卖或抵押高级种姓的人要受重罚，特别要使雅利安人不致沦为奴隶。而对低级种姓法典则规定"首陀罗即使已经被主人解放，也解脱不了奴隶身份；因为，它生来属于他；谁能把它从他身上除掉？"②婆罗门僧侣立法者力图使种姓制永恒不变的用心显然可见。与此同时，由于工商业的发展，城市的扩大，人口的流动与杂居，与外国人的交往等，婚姻关系的混杂必然产生。因此种姓内婚制也受到冲击。婆罗门僧侣立法者为了巩固种姓内婚制，禁止乱婚，费尽了心机。他们声称同种姓的夫妇所生子女是纯血统，正如生长在良田的良种必定丰产。再生人与种姓低一等的妻子所生儿子是准血统的，因为他们带有母亲方面的缺点。他们极力从血统方面说明杂婚的危害，宣扬血统不纯的人卑俗、粗鲁、残忍③，并威胁说："让首陀罗女子上了床，婆罗门就下地狱；跟她生一个儿子，他就丧失婆罗门种姓"④。然而，这仍不能制止乱婚。于是他们提出了所谓"顺

---

① 蒋忠新译：《摩奴法论》（Ⅹ，96），中国社会科学出版社1986年版，第212页。
② 蒋忠新译：《摩奴法论》（Ⅷ，414），中国社会科学出版社1986年版，第173页。
③ 蒋忠新译：《摩奴法论》（Ⅹ，5，69；6，58），中国社会科学出版社1986年版，第202、209页。
④ 蒋忠新译：《摩奴法论》（Ⅱ，17），中国社会科学出版社1986年版，第41页。

婚"与"逆婚"的问题。顺婚是指高级种姓的男子娶低级种姓的女子,逆婚则是低级种姓的男子娶高级种姓的女子。法律只允许顺婚,而禁止逆婚,以满足高级种姓男子的肉欲。对犯逆婚的男子要处以肉刑,女子则严加管束,禁闭在家里①。但是顺婚中,法律仍贯彻种姓区别对待的原则,对不同种姓的妇女所生子女的继承权,按其生母种姓的高低而有继承份额多少的不同。其他如嫁娶方式、结婚仪式等也都依种姓的不同而有差异。

这时期各种姓在法律上的不平等地位规定得十分具体。如借债付息,法律规定婆罗门只付2%,刹帝利3%,吠舍4%,首陀罗5%;如犯侮辱罪,婆罗门辱骂刹帝利罚款50,辱骂吠舍罚25,辱骂首陀罗罚12;而辱骂婆罗门,刹帝利罚100,吠舍罚150,首陀罗则要受肉刑。出身最低贱的人对高级种姓称名字和种姓时,出言不逊,就要用烧红的长10指②铁钉刺嘴。甚至连违反座位规定,也要受重罚:有条文规定"试图与出身高贵者坐同一个座位的出身低贱者,应该在臀部打上烙印,然后驱逐出境;不然就应该把他臀部的肉割掉"③。

种姓制的另一种变化和发展是,随社会劳动分工的进一步发展,从事生产劳动的吠舍和首陀罗中产生了许多从事不同职业的集团。他们代替了吠舍和首陀罗种姓间原有的职业区分,并逐渐演变为新的种姓或亚种姓;即具有职业世袭化又实行内婚制的集团。这种集团和生产的专门化结合起来,有一定的生命力。这种集团称为阇提(jati)(梵语jati意为出生、种,后来葡萄牙人译为Castra,即卡斯特,种姓制因而又称为卡斯特制)。各阇提有自己的规约。《摩奴法论》中就提到经营伐木的阿约弗、鞣皮制革的梯格弗纳、竹匠班杜索巴格等约几十种阇提。立法者认为这些种姓都是由种姓杂婚所产生,这显然是错误的。另外一些落后

---

① 蒋忠新译:《摩奴法论》(Ⅶ,366,365),中国社会科学出版社1986年版,第169页。
② "指"系长度单位。
③ 以上条文均见蒋忠新译:《摩奴法论》,中国社会科学出版社1986年版,第八章第142、258、267、271、281条。

的山区或林区的部落也由于被隔绝而单独形成阇提,如旃陀罗、什弗巴格等,他们的社会地位最低下,最受歧视。《摩奴法论》规定他们必须住在村外,穿死人的衣服,餐具只能用别人遗弃的破盘破钵,夜间不得在村落里和城市里行走,白天要按照国王的命令带着标志出来工作。他们的工作被规定为搬运没有亲人的死尸和充当刽子手,也有记载说是屠夫。他们必须把被处决的犯人的衣服、卧具和饰物拿走;并只能用铁制的饰物,不得和外人交往,婚姻当然也只在自己内部进行。这种贱民制度一直延续到现代。

附录:

孔雀帝国时期的社会经济,是印度奴隶制经济发展最盛的时期,也是最足以说明印度古代社会性质的例子。这是我们的看法。但对这个问题,学者们的争论很多。绝大多数人(包括不承认印度有奴隶制社会者),都认为印度有奴隶和奴隶制。至于社会的性质,印度学者R.S.沙尔马对古代印度社会的分期是:部落制社会(大部分在吠陀时期)、吠舍、首陀罗社会(从早期佛教时期到笈多时期)、封建社会。他认为"从佛陀时代到笈多时代,将近一千年来,真正的生产的基础是由被称为吠舍的自由农民所提供的,而由首陀罗奴隶、工匠和其他劳动者作为补充"①。苏联学者A.奥西波夫认为,孔雀帝国时期统治阶级存在的基础,一方面是对公社成员的原始封建剥削,另一方面则是对家内奴隶的剥削。奴隶制没有成为占优势的生产方式②。我国学者季羡林认为,"从释迦牟尼和大雄的时代开始,已进入从奴隶社会向封建社会过渡的时期。……到了阿育王时代,印度已完全形成封建社会"③;此外,还有认为古代印度属于"亚细亚社会"的。至于亚细亚社会属什么性质,争论也很

---

① 莫罕昌德编:《古代印度的文化与文献》,1980年德里版。
② 奥西波夫:《十世纪前印度简史》,李稼年译,生活·读书·新知三联书店1957年版,第41页。
③ 季羡林:《罗摩衍那初探》,外国文学出版社,1979年版,第57页。

多，这里就不多论述了。前几家不同说法争论的关键，是一个对资料评估的问题，即《政事论》究竟是作者的设想还是对现实的描述？《摩奴法论》有多少反映了当时社会的实际情况？更有甚者，这两篇重要资料何时成书？正是对这些问题的歧见导致了不同的结论。

第四节 孔雀帝国的衰亡

帝国的分裂与衰亡 利用武力扩张建立起来的帝国，靠军事行政组织机构和达摩与宗教精神作工具来巩固，但终究不能把发展水平不一，在经济、政治和文化上保持有很大独立性的各个地区长期捏合在一起。随着阶级矛盾的激化和统治阶级内部斗争的爆发，维系帝国的力量削弱了，因而就解体衰亡。在阿育王统治的末期，传说呾叉始罗人民不堪官吏压制，再度动乱。鸠那罗王子被派去任副王，加以安抚。阿育王诸子间为争夺王位继承权的斗争也很尖锐。鸠那罗遭到陷害，被弄瞎双眼。阿育王死后（公元前232年），帝国即分裂为东、西两部分。西部由鸠那罗及其后代统治。它受到来自西北的大夏希腊人的威胁，到公元前180年时实际上已被外族控制。在南方，德干北部的安度罗人也脱离帝国而独立。东部仍以华氏城为都，由阿育王的孙子十车王及其后代统治。公元前约187年，孔雀王朝的末帝布里哈德罗陀为其将军普什亚密多罗所杀，孔雀帝国也就覆亡了。孔雀王朝大致共有10个国王，统治了137年。

帝国衰亡的原因 关于帝国衰亡的原因，很多学者认为，阿育王的政策不当要负主要责任。因为他崇信佛教，造成了婆罗门教徒的不满。从上述历史事实中，我们可以看到阿育王虽然虔信佛教，但对婆罗门教及其他宗教也是很宽容的，在他的后代中也没有对婆罗门迫害的事情，最后一个国王还任命一位婆罗门出身的人为将军。因此，这一论点是不对的。也有人认为，他的非暴力政策削弱了帝国的军事力量，因而不能控制地方割据势力与抵御外来侵略，维持帝国的独立与完整。非暴力政策的确对军队的士气有影响，但正如上文提到的，阿育王并未完全放弃暴力，削减和取消军队，废止死刑等，可见这也不是帝国衰亡的主要原因。

印度著名史学家高善必认为，财政枯竭是帝国衰亡的主要原因。要维持帝国庞大的军队，密探，大小行政官员总计100万以上的人员，费用一般要占全国岁入的1/4，有时高达1/2，再加上国王的慈善事业和施舍，国王豪华生活的开支等，这些都加重了国家财政的负担，因而不得不发行劣质货币来弥补亏空（帝国后期压印银币含银量减少，可以说明问题）。这就造成经济生活的困难，致使帝国衰亡。但有的历史学家则认为，这时期国家经济生活还是繁荣的，没有枯竭现象，因此，也不能认为财政问题是其衰亡的主要原因。

另一著名印度史学家罗米拉·塔帕尔指出，臃肿的上层行政机构，权力过度集中在少数人的手中，缺乏国家和民族的意识，应是孔雀帝国衰亡的主要原因①。但在当时的历史条件下，各地经济与文化差别很大，连语言都不能互相沟通，当然谈不上有现代的民族和国家意识。这一点是不应苛求于古人的。当然，在这种制度下，当权者既软弱无能又互相争斗，对国家的兴亡是有着重大的影响的。阿育王的继承者可能就都是一些平庸之辈。

最后，也有学者认为，以农立国的孔雀王朝，在政治中心地区（主要是指摩揭陀地区恒河流域中下游一带）大规模开发土地，砍伐森林，破坏生态平衡，影响了农业生产，使帝国的经济基础削弱，促使孔雀王朝的解体和衰亡。

确实，孔雀帝国衰亡的原因是很多的。以上各家说法除个别不恰当的已经指出外，都在不同程度上起着作用。但主要原因应当说有二：一

---

① R.塔帕尔：《阿育王与孔雀王朝的衰落》，1982年牛津版，第212页。

是缺乏统一的经济基础。村社自给自足的自然经济，加上地理条件的阻隔是易于导致政治上分裂的。维系统一的军事行政力量一削弱，帝国就会解体。二是阶级矛盾和统治阶级内部矛盾的尖锐化，表现为起义、叛乱、政变、教派冲突等，这些都削弱军事行政的统一作用。帝国分裂，外族乘机入侵，孔雀帝国就这样衰亡了。

本章主要参考书

[1] R. C. 马宗达等：《高级印度史》，张澍霖等译，商务印书馆1986年版，第一篇第七章。

[2] L. P. 沙马尔编：《印度古代史》，1981年新德里版，第九章。

[3] R. 塔帕尔：《阿育王与孔雀王朝的衰落》，1961年牛津版。

第五章 孔雀帝国瓦解后的印度与奴隶制的解体

（公元前187—约320年）

随着孔雀王朝的崩溃，印度又陷入分裂。北印度孔雀王朝的后继者日趋衰落，南印度则出现了一些新的国家和王朝，彼此争斗不息。外族乘机从西北方不断入侵，大月氏人一度统治了次大陆北部的大部分地区，建立起贵霜帝国，其国土是东西商路必经之地，国际贸易得以较快的增长，特别是与罗马、中国的交往和文化的交流日趋兴盛。从孔雀帝国瓦解直到公元3世纪贵霜帝国分裂，由于旧政治体系崩溃和外来势力冲击的影响，印度的社会经济逐渐演变，奴隶制经济随着奴隶制帝国的瓦解而衰落，到公元4世纪初便为封建制所取代。与此同时笈多王朝兴起，恢复了统一。这一时期的历史在政治、经济、文化各方面都是极其错综复杂的，它是印度历史上的一个关键时期。

第一节 孔雀帝国的后继者

孔雀帝国解体后，北印度有巽伽王朝、甘华王朝依次更替；南印度则有原为帝国藩属而后独立的羯陵伽和安度罗，还有泰米尔地方的三国。现分述于下：

巽伽王朝 普什亚密多罗（Pushyamitra）推翻孔雀王朝后建立了巽伽王朝（Sungas，公元前 187—前 75 年），并将统治中心移至毗迪萨（即今贝斯纳加尔）。他属于卑贱的婆罗门家族，来自西印度的乌贾因地区。佛教史料说他即位后大肆迫害佛教徒，杀死了大批僧侣，并破坏寺塔与佛教圣地，特别是阿育王建立的佛塔。但根据考古材料，这时的佛教寺塔还曾修补更新，显然这一说法是带有教派色彩的夸大。不过，他对正统的婆罗门教是虔诚的，曾举行过两次马祭。因孔雀帝国在南方的领地已独立，巽伽王朝只保有纳尔马达河以北的地区，即整个恒河流域，以及旁遮普的一部分。

巽伽王朝初期曾与德干北部的贝拉尔王国作战，使后者臣服；它抵制了来自西北方的希腊人的侵犯；在东南方可能还和羯陵伽国王进行过战斗。但随后的 100 年中，国势日趋衰落，领土削减到只剩下摩揭陀一隅之地，国王也成为婆罗门大臣手中的傀儡。到约公元前 75 年，巽伽王朝的末王为其大臣婆苏提婆（Vāsudeva）指使的女奴杀死，婆苏提婆取得王位，建立甘华王朝（Kanvas）。巽伽王朝共有十个国王，统治 112 年。

甘华王朝 该王朝历时短促，只存在了 45 年，共有四个国王，领地只有摩揭陀，统治也不稳定。到公元前 30 年，它就被南印度的安度罗所灭。安度罗衰落后，这里又分为许多小国。它们的历史，因遗留下的史料甚少，难以论述。

羯陵伽王国 在阿育王死后不久，羯陵伽就摆脱了孔雀王朝的羁绊，宣告独立。到公元前 1 世纪便建立了强大的车底王朝，其著名的国王为卡罗毗拉（Kharavela）。根据奥里萨的乌达亚吉里山哈蒂贡法洞窟破损的铭文资料，我们知道他统治初期 13 年的历史。他是这一王朝的第三代国王，24 岁时（约公元前 24 年）即位，是一个虔诚的耆那教徒。但尽管耆那教有不杀生的戒律，他还是采用武力扩张的政策；北边击败了摩揭陀，占领了王舍城；又曾击退来自西北方的希腊人；后来又攻打南方的潘迪亚王国，大肆掳掠而北返。在他死后，羯陵伽可能分为许多小的公国，然后又很快都被消灭了。

安度罗王国 与羯陵伽复兴的同时，在德干西北部孔雀帝国的废墟上兴起了萨塔瓦哈纳①王朝，又称为安度罗王朝（Andhras）。前者是家族名，后者则是部落名。有人认为安度罗本是印度东海岸戈达瓦里河和克里希纳河口三角洲的名称，萨塔瓦哈纳王朝最初发源于这里，因而就名为安度罗。他们向西迁移，到孔雀帝国解体时才在西部建立统治。但另一说则正相反，认为他们本来就在德干西部（在那里发现的他们早期的铭文材料可资证明），后来扩展到东部沿海，因而东海岸地区才有了安度罗的名称。看来后一说较为可信。

阿育王的铭文中曾提到安度罗人。《往世书》提到，巽伽王朝在德干遗留的势力就是被安度罗王朝的创始人辛穆卡（Simuka）摧毁的。辛穆卡灭亡了甘华王朝，占领了中印度的一部分，到他侄儿萨塔卡尼一世（Satakarni Ⅰ）即位时，势力更加强大。向北征服了马尔瓦西部与贝拉尔，向南扩展到戈达瓦里河，并自号"南方之主"，定都于普拉蒂什塔纳（今德干西北部的拜坦）。但在他死后，塞种人侵占了马尔瓦，逐渐将安度罗人赶出了德干西部，直到乔达米普特拉·沙塔伽尼（Gautamiputra Satakarni，公元 106—130 年）才恢复了西部的领地。乔达米普特拉·沙塔伽尼和他的儿子瓦西什提普特拉在公元 2 世纪前半叶摧毁了塞种人的力量，势力范围北到马尔瓦与索拉什特拉，东到贝拉尔，西抵孔坎，南达克里希纳河。南方各国君主都归附称臣，使安罗王朝达到极盛，成为南印度的重要大国，在相当长的时期内保护了南印度免于塞种人等外族的侵扰。到公元 2 世纪中叶，塞种人在鲁陀罗达曼统

---

① 梵文 Sātavāhana（萨塔瓦哈纳）意为七丘，指毗湿奴用以驾战车的七匹骏马，每匹又代表一周中的一天，这词的采用，表明达罗毗荼族的安度罗人的雅利安化。

治下恢复了活力，曾与安度罗王朝结成姻盟以图缓和他们之间的矛盾。但战斗继续发生，鲁陀罗达曼曾两次击败安度罗的国王，夺取了索拉什特拉、马尔瓦等大片土地。安度罗遂向东南方发展，到公元2世纪末，安度罗王朝只保有西海岸的卡提阿瓦，东南方到克里希纳河的三角洲和马德拉斯的北部地区。到公元8世纪时，其势力逐渐衰落，随后分裂为德干西北部的阿比拉人、贝拉尔的伐卡塔卡人和建志的帕拉瓦人等小的王国。

泰米尔地方的三国　在印度极南部，泰米尔地方由部落到王国的发展过程经历了好几个世纪。阿育王铭文中曾提到南印度的泰米尔王国。写作于公元初几个世纪的泰米尔文学作品"桑伽姆文学"，也是研究泰米尔王国的重要资料。这些资料反映的国家主要是朱罗（现今坦焦尔和特里奇诺波利等县及毗邻地区），潘迪亚（马杜赖和丁内韦利等县及南特拉凡哥尔的一部分）和鸡罗（马拉巴尔、科钦与北特拉凡哥尔）。在这些国家内，国王最初只是军事首领，村社与地区均有议事会，处理地方事务。据传这些国家彼此不断进行战争。在《摩诃婆罗多》中曾提到这三个王国都参加了"俱卢之野"的战斗。到公元前2世纪中叶，朱罗国王埃拉拉（Elara）征服锡兰，有表明他具有正义感的一些轶事流传于后世。在鸡罗诸王中，据称有一名叫内敦杰拉尔·阿丹（Nedun Jeral Adan）的英雄人物，远征曾抵达喜马拉雅山，还说他曾击败一支罗马舰队，并索取了赎金，这显然是诗人的奇想，所谓舰队可能只是商船队。潘迪亚国以商业和学术著称。公元前1世纪，潘迪亚有一位使节去晋见了罗马皇帝奥古斯都。在公元1至4世纪期间，三国中朱罗诸王势力最强大，其中格里加拉（Karikala，公元2世纪后期）曾击败潘迪亚、鸡罗及其他部落首领的联军，控制了半岛南端的东西两侧海岸。这便利了水路和陆路商业的发展，特别是扩大了与罗马的海外贸易，因而有助于结束南印度的孤立状态。

第二节 外族对次大陆西北部的入侵与统治

大夏希腊人的入侵 南亚次大陆政治上的四分五裂给外族的入侵以可乘之机。从公元前3世纪末起，塞琉古王国的安条克三世曾越过兴都库什山，打败印度统治者，取得战象与其他战利品后退军。随后，由塞琉古王国分裂出的大夏王国显示了极大的活力。大夏王国主要是希腊移民建立的。公元前2世纪初，他们在国王德米特里（Demetrius）统率下，征服了阿富汗、旁遮普和信德的大部分地区，向东推进到华氏城边境。但由于留守后方的将领幼克拉蒂德斯（Eukratides）自称为王（约公元前175年），并夺取杰卢姆河以西的土地，希腊军东进的势头才削弱，被巽伽王朝的普什亚密多罗抵挡住。

入居印度西北部的希腊人渐与印度人混杂，而被称为印度—希腊人。在众多的印度—希腊诸王中，以米南德王（Menander）比较著称。他是德米特里的后裔，是一位很孚众望的国王，在位期间为公元前155—前130年，领土包括斯瓦特河流域、哈扎拉县和远至拉维河的旁遮普地区。他的军队还推进到了比阿斯河以东地方，并企图征服恒河流域而未果。他的都城奢羯罗（今锡亚尔科特）是一座建筑精美、城防坚固、商业兴盛的城市。佛教著作《弥兰陀问经》记述了印度同中国、希腊化国家、锡兰和东南亚地区交往的情况。

印度—希腊诸王的历史主要依靠他们发行的钱币提供资料，我们了解得不多。到公元1世纪时在旁遮普和边境上就没有再发现印度—希腊人统治的痕迹，他们的地位为塞种人、安息人所取代。

塞种人、安息人和月氏人的入侵 继希腊大夏人之后，进入次大陆西北部的是来自中亚的塞种人。塞种人（Shakas）是印度人对西徐亚人（Scythians）的称呼。他们受东方的月氏人的袭击，由原住的伊犁河流域迁出，一部分向南在喀布尔河北部的一些支流地区，建罽宾国。另一部分则向西南，进入大夏，在阿富汗南部定居，后来这一地区就称为塞加斯坦（Sakasthana，意为塞种人之地，即今锡斯坦）。随后他们的势力扩充到印度河流域及西印度。印度铭文中提到的最早的一位塞种王是毛伊斯（Maues，约公元前80年），他占领了犍陀罗与旁遮普的西部，声威所及，东达德里邻近的马图拉。他的继承人阿泽斯（Azes）击败了北印度最后的希腊王，征服了整个旁遮普。

公元1世纪以后，塞种人开始为安息人所取代。安息人最初也是西徐亚人的一支，在里海东南一带游牧，后为亚历山大征服。到公元前3世纪中叶，他们为反对塞琉古王朝的统治而起义，建立了安息国。在印度文献中，安息人和塞种人因血统混杂被看成同一种族，称为塞种—帕拉维人。颇为著名的印度—安息统治者是冈多法勒斯（Gondophernes），他统治印度西北部，包括旁遮普、犍陀罗和喀布尔地区。他的名字因传说与基督教徒圣托马斯（St. Thomas）有关而流传很广。后者曾去过他的朝廷传教，这是印度第一次与基督教徒发生关系。据说，这位传教士在马德拉斯附近被害。如果这一说法属实，冈多法勒斯在位的年代就应是公元1世纪的前半叶。在他之后，安息诸王争斗不休，大月氏乘机夺取了塞种人与安息人的大部分领地。

塞种人、安息人的行政制度类似波斯帝国和塞琉古王朝。国家分成许多省，由军事首领负责，他们称为州长或大州长。这些州长刊刻的铭文随意采用哪一种纪元，又能自行铸造钱币，地位相当独立。如前面提到的乌贾因州长鲁陀罗达曼（Rudradaman），是一位强大的塞种统治者，他在大月氏衰落后兴起，曾多次击败安度罗王朝，势力从南方的孔坎达到北方的信德和马尔瓦（据他的宫廷诗人记述）。但在他之后，塞种人发生内乱，势力衰落，到公元4世纪后就被笈多王朝所灭。

大月氏是这一时期侵入大陆的最后一批外族人。根据我国《史记》、《汉书》和《后汉书》的记载，月氏原是我国的少数民族，游牧为生，在我国西部敦煌、祁连山一带活动。公元前2世纪初，为匈奴所破，被迫西迁。一部至阿姆河流域，征服大夏，称大月氏；另一部留在西藏北部,号小月氏。我国汉朝的张骞于公元前 128 年访问过据有大夏的大月氏,他奉汉武帝之命,打算说服他们共同抗击匈奴。大月氏由于新的居留地大夏的物产丰富,又很少受到外敌侵扰,不愿去攻打匈奴并再回故居,因此没有结成联盟。大月氏受大夏土著民族影响,开始经营农业。当时他们分为五部,每部由称为翕侯的酋长统领。约在公元 1 世纪初,贵霜翕侯丘就却(Kujula Khadphises,约公元 15—65 年),攻灭其他四部,自立为贵霜王,这标志着大月氏统一奴隶制国家的形成。接着他攻打安息,占领喀布尔与罽宾。他死后,其子阎膏珍(Vima Khadphises)继位(约公元 65—75 年),阎膏珍进一步向次大陆扩张,其领地直达恒河流域的马图拉,先后吞并了次大陆西北部塞种人和安息人所建立的国家,在印度建立了贵霜帝国的统治。

第三节 贵霜帝国对北印度的统治

迦腻色伽的对外扩张与统治 阎膏珍在被征服的印度地区指派他的州长治理,他本人仍留在中亚。继他之后的贵霜王是迦腻色伽(Kanishka),有的学者认为,迦腻色伽是阎膏珍属下印度领地的一位州长,在阎膏珍死后,他在争夺王位的斗争中取得了胜利。他是一位印度化的贵霜人,因而可以认为是印度的帝王[①]。对他在位的年代,大多数学者认为是公元 78—101 或 102 年。公元 78 年在印度史上被称为塞种纪元。迦腻色伽是贵霜人。严格来说不是塞种人,但在印度,塞种人的名称广义上也包括所有类似的部落。因此,人们认为塞种纪元就是他创立的。他在位期间继续向外扩张,领土西起伊朗东部,东至恒河中游,北自咸海、锡尔河、葱岭,南达纳巴达河,拥有中亚和南亚次大陆北部大部分地区,成为当时世界上四个庞大的帝国之一(其他三个帝国为罗马、东汉与安息)。

---

① L. P. 沙尔马编:《印度古代史》,1981 年新德里版,第 163 页。

这时帝国统治中心由中亚转到南亚，以富楼沙（今巴基斯坦的白沙瓦）为都，马图拉为第二都城。帝国行政区划和塞种安息相同，分成一些州，由王族成员任州长，驻守马图拉、波罗奈（今贝拿勒斯）、侨尝弥、阿踰陀（今乌德）等地；被征服的部落国家大多保留其有的国王，作为纳贡称臣的藩属。贵霜帝王称号有大王、王中之王、天子、凯撒等，显然受到波斯、安息、中国和罗马帝国的影响。这表示与当时世界上的大帝国有着同等地位，又试图强调王位的神圣性以加强统治。发行的金币和罗马钱币相仿，币上刻有帝王肖像和神像。这些神像既有印度的各种神祇，也有希腊人、苏美尔人、波斯人等的神。说明帝国境内包括的种族很多，宗教信仰也各不相同。帝国政府对各种宗教都很宽容，以便于笼络各部族各教派人民。

迦腻色伽与大乘佛教的传播　迦腻色伽是佛教徒，他也利用佛教作为精神统治的工具。这时期佛教有了新的发展和变化。入侵的外族，特别是他们的统治者大多信奉佛教。佛教出现了大乘教派。"大乘"，意为大道或大业，它把早期佛教教派贬称为"小乘"。它的传教热忱比小乘高，因为它与小乘只重自己修道不同，还要兼渡他人。迦腻色伽信仰大乘佛教，据说他攻打摩揭陀，就以交出佛钵、大乘佛教的高僧马鸣和金钱1亿为媾和条件。他索取佛钵和马鸣，象征性地表明贵霜已取代摩揭陀成为佛教中心。他又支持佛教徒在罽宾进行第四次结集，大乘佛教得到顺利发展。在帝国各地修建雄伟壮丽的佛寺、佛塔，这既是对佛教的支持，也是大力宣扬佛教，加强精神统治的措施。就在这一时期，佛教传播的地区更为广阔。大乘佛教主要流行于中亚、中国、日本、朝鲜等地，小乘佛教则主要流行于斯里兰卡和东南亚一些国家。佛教进一步成为世界宗教，贵霜帝国的声威也得到提高。

印中关系的发展　印中关系的发展与大月氏人、贵霜人有密切的关系。根据《史记·大宛列传》，早在公元前128年张骞访问据有大夏的大月氏人时，他就曾见到大月氏人通过印度而取得的邛竹杖和蜀布，这说明当时印中之间已有贸易关系。又据《魏略·西戎传》，公元前2年，大月氏王使伊存对博士弟子景卢口授浮屠经，以后又有不少大月氏僧人来中国传授佛教，最初是小乘，后来才有大乘，可见印中之间文化的传播大月氏人起了明显的作用。到公元80年代中叶以后，迦腻色伽向东扩展至葱岭东。东汉窦宪大破北匈奴，声威大震，双方势力直接接触。《后汉书·西域传》记载，大月氏王求婚汉公主，以试探汉朝实力，遭到班超拒绝后，副王谢便于公元90年率骑7万攻超军，并约龟兹夹击。班超只有数百守军，他采取坚壁清野之策，不与之战，待长途疲惫的敌人给养将尽，又断其援军。大月氏人被迫退兵时，超又设伏袭击，大败之。有关副王谢的身份至今尚无定论，有人认为是迦腻色伽，也有说是阎膏珍。按在位年代来看，似以前说为宜。据说，数年后，迦腻色伽曾率兵来复仇。但他本人却为厌于征战的兵将哗变所杀。但也有人认为迦腻色伽曾征服于阗、莎车、疏勒，他并未在此次远征中被害。这些说法在我国史籍中都未见记载，相反，于阗等西域诸国一直遣使对汉朝奉献，与中国关系不绝，并未为贵霜所并。此外，印中关系中还有一个"汉王质子"问题。据《大唐西域记》说"河西蕃维，畏威送质"，即指迦腻色伽曾得到汉朝王子为质，质子受到优待，随季节变迁安排住地，夏天居迦毕试，冬天则在至那仆底，春、秋在健驮罗。各地还为他建有伽蓝，称质子伽蓝。印度的桃、梨就是由质子从中国传去的。因此，印度人称梨为Cinarājaputra（中国王子），桃为Cinani（中国传来的）。但中国史籍中并无汉王子质于外国的记载。有人认为河西蕃维包括疏勒、于阗等属国。《后汉书·西域传》称，疏勒王安国以舅臣磐有罪徙于月氏，得月氏王宠爱。质子可能就是臣磐。但质子与罪人显然不同，此说不能成立。因此，这一问题还待进一步探讨。

  贵霜帝国的衰亡 迦腻色伽连年东征西讨，又为崇尚佛法而大兴土木，劳民伤财，激起了各族人民的不满。他在病时，便被人用被蒙住窒息而死。他死后不久，帝国在胡维什卡（Huvishka）统治下又向喀布尔以西扩张，直到后来塞种州长鲁陀罗达曼夺走印度河下游地区，帝国的统治才开始动摇。帝国最后一位重要的国王是婆苏提婆一世（Vasudeva Ⅰ，公元145—176年）。从他的钱币只刻有湿婆神像，很少有伊朗的神像这种迹象看，可能已与西北地区失去联系。到公元3世纪帝国分裂为若干小国，波斯的萨珊王朝兴起并开始向东扩张，不久便占有了中亚与阿富汗一带。4世纪时，笈多王朝又于摩揭陀兴起，很快便在次大陆北部建立了统治。贵霜人的小王国继续在次大陆西北一隅苟延残喘，于5世纪时消失在嚈哒人从西北方南下的过程中。

第四节　印度社会经济的发展与奴隶制的解体

印度社会经济的发展　从孔雀帝国解体到贵霜帝国扩张这一时期，印度的社会经济有了显著的发展。首先在农牧业方面，灌溉农业很发达。无论是羯陵伽的卡罗毗拉，还是塞种州长鲁陀罗达曼或贵霜帝国的统治者，都很重视水利灌溉。卡罗毗拉不仅修建羯陵伽普里的储水池，还扩展了难陀王朝开掘的灌溉渠；鲁陀罗达曼修补了索拉什特拉的苏达尔桑纳湖的缺口；贵霜统治者也建造了一些储水池。此外，农村公社农民合力挖的储水池也不少。人们还很注意保护与管理已修的水库与堤防，法典还规定，对破坏公共池塘的人要淹死在水中，或者处以简单的死刑（即杀头），不然就应该令其赔偿损失和缴付最高的罚款（摩奴法论Ⅸ，279）。统治者鼓励开荒，又注意保护农业生产者，如法典规定田地属于开垦者，偷窃农具，破坏地界，出售坏种子的人都要受到处罚（摩奴法论Ⅸ），又不许侵占住宅、池塘、花园或田地（摩奴法论Ⅶ，264）。由于对农业生产的重视，农作物的产量与种类都有增加。阇罗迦与苏斯鲁陀的药典中对谷物、蔬菜、水果都有细致的分类。当时还培植多种名贵树木，畜牧业也比较发达。《厄里特里亚海周游记》[①] 提到阿

[①] 《厄里特里亚海周游记》为公元1世纪后半叶一位住在埃及的希腊水手写成，作者姓名不详，厄里特里亚海是当时希腊人和罗马人对包括红海和波斯湾的印度洋的称呼。作者曾由红海经阿拉伯海航行到印度，本书记载了他的航行经历。

里亚卡（卡提阿瓦与邻近地区）在公元1世纪后半叶牧养大群牛，其奶制品出口到东非。东印度产马，《摩奴法论》还提到作为繁殖用的种牛。

其次，手工业也有了发展。劳动分工更细，如约公元前1世纪写成文字的《长阿含经》提到大约24种手工行业。《弥兰陀问经》列举了75种职业，其中近60种是与各种工艺有关的。公元2世纪的佛教著作《大事》记载王舍城内就有36种以上的工匠。随着分工的发展和专业化，一些工艺制作水平提高，产品有了改进。《厄里特里亚海周游记》提到印度冶炼的钢铁质量精良，外销到埃及。纺织技术也很高超，名产有波颠阇利（Patanjali，公元前2世纪的梵文法学家）提到的特制的布"萨塔卡"（Sataka），棉布的质量可与蛇皮类比，毛织品有三十多种。公元1世纪印度细布中最精致的为恒河棉布，还有白而柔软的杜库拉布（Dukula），有的色黑带有宝石光泽。棉布大量销往罗马帝国。中国丝绸输入印度，刺激了印度丝绸业的发展。此外，印度还是珍贵珠宝、钻石的最大制造地，象牙制品，如梳、骰子和嵌在刀柄、盔甲上的饰品也是印度特产。

商业贸易有很大发展。内地商业沿干道、河海都有进展，特别是对外贸易，无论是陆路与水路都很兴盛。陆路方面，呾叉始罗仍是通往国外的重要城市，由这里到喀布尔有大道，而从喀布尔北经大夏阿姆河流域、里海和高加索可通黑海；南从坎大哈经赫拉特、埃克巴塔那可到地中海东岸；由坎大哈又可经帕赛波里斯、苏萨、塞琉西亚、巴比伦到亚历山大港，由此往西就是罗马帝国。从呾叉始罗往东北经中亚的丝绸之路还可通中国，印度商人成为贩运丝绸到西方去的中介人。特别在罗马与安息的战争中，安息阻止中国货物直达西方，因而货物就先到印度再转运西方，使印度西北部得以繁荣。贵霜帝国时期领土包括中亚，东西商业有更大的发展。中国的丝绸、漆器、铁器，印度的珠宝、香料、象牙，埃及和西亚的玻璃等商品都要经过贵霜，贵霜的统治者和商人从中获得巨大的利益。印度与中国的商业往来随着佛教的传播而更加持续发展。中国史籍记载，汉明帝时（公元68年）曾为印度佛僧建白马寺于洛阳，在莎车、和田、疏勒、塔什干、高昌、伊循、龟兹、焉耆与敦煌等地，都有佛教徒建立的佛寺，商旅往来可以住宿，沿着丝绸之路也建有商站，这些都有助于印度与中国之间经济与文化的交流。水路方面，西印度港口除布罗奇外，还有苏尔帕拉卡（在孟买以北）、穆济里斯、内尔辛达等，东印度沿海则有耽摩栗底（西孟加拉的塔姆卢克）与卡维里帕迪南等。由海路往西运到红海沿岸的货物，到亚历山大里亚转运罗马帝国各地，往东则通往东南亚国家的岛屿，最后到中国。南印度各国的海外贸易最盛。据罗马作家普林尼记载，印度最大船只为75吨，船只所载人数有300、500，甚至700人不等。港口有码头、灯塔、海关等设施。最初商船是沿海岸航行，阿拉伯人首先利用夏季的东北风漂洋过海，传统把这种贸易风的发现归功于公元1世纪中叶希腊水手希帕路斯（Hippalus），但实际上在他之前就已发现了。此后，航运更为发展，有关印度海外贸易的情况见于《厄里特里亚海周游记》。据记载，印度向罗马出口的主要商品有香料、珍珠、象牙、丝绸、平纹细布等奢侈品与玩赏动物如猴、孔雀、鹦鹉等。据普林尼称罗马奥古斯都占领托勒密埃及的亚历山大里亚以后，罗马妇女穿着衣料多为印度细布，手指与耳朵上都佩戴珍珠饰物，连鞋上也缀有珠宝，由印度贩来的中国丝绸贵同黄金。罗马每年为了购买这些奢侈品要向印度支付100万塞斯特克斯（Sesterces，银币名）。迄今为止，在次大陆已发现有68处罗马钱币的窖藏，其中南印度与德干发现最多。罗马也向印度输出亚麻布、酒、红珊瑚、铜、锡、铅、琥珀、希腊女奴、乐伎等，但贸易金额远远不及向印度购买的商品，这对罗马是很不利的逆差。印度在其他地区的贸易也很可观，如东非埃塞俄比亚，印度以细布换取非洲象牙与黄金；波斯湾南部城镇输出珍珠、紫色染料、织物、酒、枣、黄金与奴隶交换印度的铜、檀木、柚木、乌木。在南印度的阿里卡梅杜（Arikamedu，今本地治里附近），1945年广泛的考古发掘中发现一罗马商人居留地，年代为从公元前 1 世纪到公元 2 世纪，有大量罗马陶器、念珠、凹雕的玉、灯、玻璃与钱币。在这里可能有织工按罗马人的爱好与规格制成细布，然后运往罗马。由于罗马对香料等奢侈品的大量需求，而印度本地的出产不能完全满足，这就促使印度商人向外地寻求货源。在孟加拉对岸的印度支那和马来群岛盛产香料，又有丰富的矿产，因此，就受到印度人的注意。到公元 2 世纪印度同这些地区已有贸易往来，印度殖民者还在这里建立了一些王国，留下不少梵文碑铭。

随着商业贸易的增长，货币经济也有了发展。在巴利加扎（布罗奇）发现很多米南德等印度—希腊王发行的钱币，安度罗王朝也发行了用铅或一种合金（potin）制成的低值钱币，贵霜王除铸造金币外，也大量铸造铜币。此外，还有流入印度的大量外国钱币，如罗马钱币等。钱币的使用已相当普遍，金银借贷也很盛行，但仍有物物交易的形式，特别是在农村地区如此。

工商业的繁荣，使次大陆涌现出一些新的城市，贵霜帝国首都富楼沙就是其中的一个。它是帝国政治、经济、文化的中心。阿马拉瓦蒂是安度罗王朝的著名都城，也是公元 2 世纪很兴旺的城市。它还是棉织品的中心之一。当时最兴盛的港口是布罗奇、苏尔帕拉卡和阿里卡梅杜。位于卡维里河口的卡维里帕坦纳姆也是南印度的一个重要口岸。据一首早期泰米尔诗描述，这个城市分为两区，中间是一个公园和一个市场。宫殿和富商的砖屋在城市的内地，工匠和不富有的人则住在海岸边，还有商人的货栈与商号也在那里。外国侨民住在海岸，自成一区。呾叉始罗古城遗址的发掘，可以看到大夏希腊王阿泽斯一世和贵霜王迦腻色伽时建造的石城、宫殿、街道、房屋等及艺术文物，这些都有助于我们了解当时城市生活与社会经济发展的一般概况。

工商业行会与种姓制的变化 社会经济的发展促进了城市社会组织与种姓制度的变化。在城市生活中，工商业的行会起着重要作用。日益增长的贸易要求增加出口商品的生产，有关行会因此增加雇佣劳动者并使用奴隶。大多数手艺者都有了自己的行会，主要的手工业行会是陶匠、金匠和木匠行会。有的生产规模很大，例如一位富裕的陶匠拥有500个陶工的作坊，自行组织产品的销售，还有大批船只，从这些作坊取货运到恒河沿岸的港口。有的商人行会规模更大。行会制定劳动守则，规定产品的质量与价格，并通过行会法庭管理行会的成员。行会惯例有着法律的效应，它们甚至干预成员的私人生活。如一位已婚妇女要想皈依佛教为尼，她不仅要得到丈夫的允许，还要有所属行会的允许。行会有自己的会徽、会旗和会符，在宗教节庆时戴着这些徽章参加活动，它们对宗教机构与慈善事业的施舍捐助也是用这种标志。行会对成员进行职业教育，富有的商人行会还发行钱币、期票（hundis），它们和手工业行会还接受存款、经营借贷，起着银行的作用。城市当局和国家对它们也有控制，行会要在所在地区登记，迁移时必须经过当局的许可。政府保护行会的财产并尊重和维护行会的法律。另一方面，行会的经济势力与社会影响都相当大，行政当局往往要听取它们的意见。

社会经济的发展，与外族交往的增多和住居的混杂，财富的进一步分化等等，对种姓制的变化是有影响的。由于商人主要来自吠舍种姓，手工业者则多来自首陀罗，他们在工商业的发展中增加了财富，提高了地位。吠舍与首陀罗之间在经济上的界限也缩小了。还有阇提即所谓亚种姓的增加，种种社会关系要求有明确的说明，因而这一时期法论的写作增多。著名的《摩奴法论》就在这一时期（公元前200—200年）编成。特别在不受种姓观念约束的外族人（希腊人、塞种人、贵霜人）等统治下，受着城市开明气氛影响的首陀罗种姓极力要求改善自己的境遇。代表正统势力的婆罗门立法者却力图维护自己的利益，压制首陀罗，一再重申婆罗门较之社会的其他成员要优秀，应受到极大的尊敬。但对外族统治者，还有那些在政治上、经济上占有重要地位的外族人，立法者不得不对他们让步，授与他们刹帝利的身份，不过是"低下"的刹帝利，以这种方式将他们纳入种姓社会内。对种姓限制不大计较的佛教也是吸收外族加入印度社会的便利途径。因此，希腊人、塞种人、贵霜人大都皈依佛教，他们和商人团体都支持佛教，他们捐资兴修佛教寺院、窣堵波、佛像雕刻等，著名的佛教建筑如卡莱洞窟即为安度罗时富商夫妇出资兴修①，迦腻色伽的佛塔寺院建筑也是一例。

佛教的演变 由于得到商人社团的支持与捐助，得到外族统治者的提倡与赏赐，佛门的地产、财富不断增加，僧尼不再乞讨，而成为特权阶层。另一方面，剥削阶级上层人物愈来愈多地加入僧团，进入寺院，并占据了领导地位，佛教从而丧失了早期的革新精神，更多地和保守的婆罗门教接近。在这种形势下，到公元1世纪就出现了大乘佛教，其教义趋向玄奥烦琐，认为一切都是虚幻的，唯心体系更加完备，又采纳仪式、祷词和符咒，并吸收了当时流行于西南亚的救世主思想，佛陀被改造成为人格化的神，作为偶像加以崇拜，信徒只要虔诚信仰，就可以超脱苦海，人人都能成佛。因此，它的欺骗性更大，更适合统治阶级的要求。

奴隶制经济的解体 这一时期，战俘和买卖得来的奴隶仍是奴隶劳动的主要来源；公社成员失去祖传份地，由吠舍降到首陀罗的地位，也补充着奴仆的队伍，但奴隶制已出现衰亡的征兆。由于生产力的发展，农具和耕畜的改进，农业知识的增长，耕作技术与田间管理水平的提高，都要求生产者对劳动生产有某种主动性和积极性，但奴隶却不是这样的劳动者。另一方面，在奴隶的反抗下，立法者不得不明文订出一些解放奴隶的条件，这更使使用奴隶无利可图。在公元100—400年的《那罗陀法典》中已把奴隶排除在生产劳动者之外，他们只能从事一些不洁净的工作。与此同时，一些新的生产关系的因素也在萌芽，如阿育王时建立首陀罗的移民村，进行租税剥削；安度罗王朝封赐土地，受封者对土地权利的增多；首陀罗工匠参加行会，改善了自己的地位等。随

---

① S.沃尔伯特：《印度新历史》，1982年牛津版，第85页。

着奴隶制帝国的灭亡，这些新因素就逐渐发展，并进而取代奴隶制的剥削关系。

本章主要参考书

［1］R. C. 马宗达等：《高级印度史》，张澍霖等译，商务印书馆1986年版，第一篇第八、九章。

［2］R. 塔帕尔：《印度史》第1卷，1966年版，1977年再版。

［3］R. 乔塔里：《古代印度经济史》，1982年新德里版。

第六章　上古印度的文化

上古印度的文化是世界上最古老的文化之一，内容丰富多彩，并有着独特的风格，在文学艺术、科学技术、宗教哲学等方面都有不少的成就。上古印度文化早已与外国文化互相交流与影响，对东、西方文化的发展起着重大的作用。灿烂的上古印度文明是印度人民对世界文化的巨大贡献。

第一节　上古印度文化的成就

语言和文字　古代印度雅利安人的语言与古希腊语、古拉丁语和古波斯语等有相似的词根和语法结构，同属印欧语系，其最古老的形式是吠陀梵语。在雅利安人进入印度后，它吸收了达罗毗荼语，产生了新词；又由于社会生活的变化，有的旧词遗忘了，或失去了原意；文法结构也有了变化。因此，对古老的吠陀颂诗的诵读与释义都需要进行考订。特别是人们认为，如果诵读颂诗不精确，就不但不会使祭祀生效，而且还会使诵者遭殃，为此，在印度就出现了研究语音与语义的学科。这方面最早的作品是耶斯迦的《尼禄多》（Nirukta，公元前5世纪）。随后有了著名的文法书，公元前4世纪末波你尼（Panini）编写的《八篇章》(Astādhyayi)。这是梵语文法的最高权威,它包括约 4000 条文法规则,对语法现象作了分类,写得十分精练,因此,必须有注释解说。最重要的注释是公元前 2 世纪中叶波颠阇利写的《大疏》(Mahābhāsya)。自波你尼后,吠陀梵语有了规范,经过提炼,形成文雅而完美的语言,称为古典梵语(Sanskrit)。它的特点是复合词与长句多。这种语言大概从未成为大众的口头语,但也不全是死的语言。它作为官方与宗教的用语,在上层阶级中使用,甚至今天,相距遥远的两个地区的婆罗门相遇时仍可用这种语言相互对话。

大众口语是各地的方言,发音与文法都比梵语简单,称为俗语(Prākrtas)。巴利语(Pāli)是一种很重要的早期俗语,是桑奇和乌贾因地区的方言,上座部佛僧就是用的这种语言。摩揭陀语成为孔雀王朝的官方语言,阿育王铭文就是用的这种语言,不过各地铭文也受当地方言的影响。稍后曾受西部俗语影响而混杂的摩揭陀语,通常称为"半摩揭陀语"(Ardha·māgadhi),它是耆那教徒的用语。

南印度人的语言是达罗毗荼语,其中最古老的是泰米尔语。它含有不多的梵语外来语,当雅利安人的影响逐渐向南方深入时,这种外来语增多了。达罗毗荼语中还有泰卢固语,它是后来毗阇耶那伽罗帝国的宫廷语言。

在文字方面,古代印度早在公元前三千年代中叶就有了印章文字,此后直到巴利文佛经中才提到书写。阿育王铭文是传留下来最早的书写文件,有两种文体:婆罗谜文(Brāhmi)和佉卢文(Kharosthi)。前者的起源有两种说法,一种认为是由哈拉帕文字发展成的,另一种则认为来自塞姆族字母。这种文字经过长期演变,到公元 7 世纪开始出现天城体印度字母,它共有 47 个①,其中元音 14 个,辅音 33 个,读时由左到右,这便是近代印度各种字母的原型。随着佛教的传播,梵文字母也传

---

① 义净《南海寄归内法传》称有 49 字,除原有 47 个外,再加 2 个辅助音。

入我国的新疆、西藏和东南亚各国,影响当地文字的发展。

佉卢文起源于阿拉米亚字母,公元前6世纪随波斯的入侵传入西北印度,字体像驴唇,因此,又称为驴唇文,读法从右到左,后受婆罗谜文影响改为从左到右,这种文字流行了几个世纪就失传了。后为婆罗谜文所取代,在中亚曾发现用这种文字写的俗语文件。

文学遗产 古代印度的文学遗产很丰富。有吠陀文学、史诗、寓言故事、戏剧等。现分别叙述于下:

吠陀文学:古代印度最早的文学形式是诗歌。《吠陀本集》就是上古印度的诗歌总集,其中文学价值较高的是《梨俱吠陀》的一些诗。《梨俱吠陀》共有1028首诗,每首诗分成一些诗节,一节诗的格律包括4个八音"句",即为三十二音,称为"颂"体。这种颂体对后来史诗和古典梵语诗的发展是有影响的。《梨俱吠陀》是许多作家的作品,创作时间先后不一,跨度达五个多世纪。它在创作上既有现实主义也有浪漫主义的手法。内容虽然大多是神话传说,但也反映了社会现实生活的一些方面。这些诗是古代印度人的宝贵的文学遗产,有很高的史料价值。

史诗:印度最古老的世俗文学是两大史诗《摩诃婆罗多》与《罗摩衍那》。《摩诃婆罗多》共18篇,号称有10万颂(即上文提到的颂体),是世界文学中少有的长诗。作者相传是广博仙人(Vyàsa,毗耶娑),但实际上可能是苏多(Sūta,古代的歌手)们用搜集的素材唱诵的诗歌,在传唱中逐步充实,最后又经婆罗门修订加工编成的,是印度人民集体智慧的创作。基本内容在公元前5世纪已经形成,但最后写成定本是公元4世纪。中心故事是婆罗多族内奇武王的两个儿子持国与般度的后代争夺王位的斗争,最后爆发为大战,它波及印度全境,甚至连希腊人、大夏人和中国人都参加了。战场在俱卢之野(约在今德里附近),大战十八天,最终以般度族的胜利而结束这一战斗。它生动地描绘了古代印度的政治、军事和社会生活,又反映了雅利安人向东发展的情景。

它穿插了约 200 个长短不一的插话，其中著名的有《那罗传》和《莎维得丽传》，还有《罗摩与悉达》以及长篇宗教哲学诗《薄伽梵歌》。

《罗摩衍那》在风格与内容上都不同于《摩诃婆罗多》。篇幅约为后者的四分之一，只有 2.4 万颂，共 7 篇。全书似乎产生于公元前 4 或 8 世纪到公元 2 世纪，其第一与第七篇是后人增添的。它的插话比《摩诃婆罗多》要少，而且较短。全诗结构比较完整，描写也较细致，显然是最后由一位作者加工定稿的，但最初和《摩诃婆罗多》一样也是集体创作，而且经历了相当长时期的增删。传说这位定稿的作者是蚁蛭（伐尔弥吉，Vālmiki）。这篇史诗的内容主要是居萨罗国的太子罗摩为实践其父王的诺言，自愿让王位于其弟而同妻子悉达去森林过流放生活。悉达在森林中为魔王罗婆那劫走，罗摩在神猴哈努曼的帮助下找到了悉达被囚的楞伽城。罗摩与猴军攻打楞伽，杀死魔王，救出悉达，悉达经过神火考验证实贞洁，与罗摩回国复位。作者歌颂了罗摩的德行和他的不畏艰苦、反抗强暴的精神，反映了雅利安人向南印度扩张的情景。两篇史诗二千多年来一直影响着印度人民的思想和行动。它不仅是南亚次大陆人民的珍贵遗产，也是世界文学的珍宝。

民间文学：这类作品保存在佛教、耆那教的经典中，如佛教文献的经、律二类，巴利语经中四个"尼迦耶（Nikāya）"，还有《小部》，都有一些文学性较强的诗和故事。耆那教 12 "支（Aṅga）"中也有一些寓言故事。《佛本生经》主要记述佛陀前生的故事，为佛教僧侣利用民间故事和寓言改编而成，著作年代不早于公元前 3 世纪。文体主要是散文，也夹有诗句。全书共有 547 个故事（内有重复），大多反映古代印度人民的生活与斗争，寓意深刻、爱憎分明，是很有意义的文学作品。《五卷书》也是一种寓言故事集，最早的传本是公元二三世纪编成的，也是诗文兼有。全书有 78 个故事，主要反映古代印度城市居民的思想。

戏剧：印度戏剧起源很早，《吠陀本集》中的对话诗含有戏剧的成分。公元前约 2 世纪的《大疏》提到有人表演，讲说黑天的故事，似乎还戴有面具，节日迎神赛会也有戏剧性的表演。现在发现的最早的印度剧本是在我国新疆吐鲁番出土的佛僧诗人马鸣（Asvaghosa）写的《舍利佛传》，共9幕，约为公元1至2世纪的作品。公元2至3世纪的名剧作家及其作品有跋娑（Bhāsa）的《惊梦记》、首陀罗迦（Śūdraka）的《小泥车》等，据说跋娑出身于洗衣人的种姓（低贱的种姓），首陀罗迦的意思是身份属首陀罗种姓。他们的剧作都有一定的进步意义。有关戏剧理论的著作有《舞论》，传为婆罗多（Bharata）仙人所著，成书年代还无法确定，很可能是公元前已开始起草到公元后才逐步修订成文，用的主要是诗体，有37章，涉及戏剧的各个方面。这在古代世界文化史上是很少见的，是印度人民对世界文化的重要贡献。

造型艺术　早在原始时代，印度就有了窑洞建筑与岩画，哈拉帕文化时期又有城市建筑、雕像、印章等。但此后直到孔雀王朝时期才发现有值得重视的艺术遗迹。这期间似乎有一两千年的时间是艺术史上的空白。不过，从文献记载来看，这期间还是有建树的，可能由于建造材料是木材或其他易腐烂的材料，因此没有留下痕迹。这中间的环节，艺术的发展情况我们就不得而知了。

现存的古代印度杰出的艺术作品，是阿育王时建造的刊刻诏令的独石柱。石柱包括柱身与柱头两部分，柱头磨得很光，上有一个周围有浮雕的顶板，顶板上则是一个或一个以上的圆雕兽像，顶板下是莲花形的仰拱。柱身圆形，由下而上逐渐变细，大小均匀，也磨得很光。萨尔纳特的柱顶雕像最为优美，四头雄狮背靠背而面向四方，瞠目竖鬃，作怒吼状，威武勇猛，形态逼真，堪称杰作。桑奇地方保存的大窣堵波（Stūpa，即佛塔），也是阿育王时建造的。初建时用的是砖，后代人在表面加上一层石外壳，因而增大了将近一倍多。这个窣堵波是一个直径为121.5英尺①，高约77.5英尺的半球状圆丘，顶上为一方台，台上有竖着的伞盖，伞在印度是作为宇宙最高权威的象征。圆丘周围有环行

---

① 1英尺＝0.304 8米。——编者

的道路，道路外是高 11 英尺的石栏杆，有 4 个大门如同 4 座牌坊。门坊上有许多精美的浮雕，刻画着佛教故事。其他佛教或宗教建筑物有佛殿（支提洞，Chaitya Cave）和寺庙（毗诃罗，Vihāra），有的就山岩开凿而成，是古代印度建筑的独特形式。大约公元前 2 世纪开凿的阿旃陀石窟，共 29 窟，直至公元 650 年才最后竣工，其中 4 窟为佛殿，25 窟为佛寺，这里的以佛教故事为题材的雕刻与绘画在艺术上达到很高的水平。公元前后，印度西北部犍陀罗地区由于与西方商业的发展，希腊文化艺术传入，并与印度艺术融合，产生了犍陀罗艺术。它的特点是运用希腊艺术形式表现佛教人物。以往人们认为，印度佛像都是以这里的塑像为模式，但现在发现，它们还是有其本地传统，如马土腊、阿玛拉瓦蒂，两者之间就有着显著的不同。犍陀罗雕像是写实主义的，注意精确刻画身体细节以显示肉体美；马土腊雕像则是理想主义的，力图给予神像以庄严崇高的表情。犍陀罗艺术通过中亚传到中国新疆，对我国和亚洲其他国家的艺术都发生了巨大的影响。

哲学　印度早期自然哲学的唯物主义传统是相当深远的，当时人们总是把自然界当作整体来观察。如吠陀文献和两大史诗中都有一些零散的记述，认为万物的本原是水、风、火、土或金卵等。关于事物变化的说法也带有唯物主义和无神论的倾向：有的认为是由于事物内部本性的作用，是有规律的；有的认为是各种因素偶然的凑合，是不受规律制约的；有的则进一步说明事物内部的本性是由喜乐、忧苦、痴闇三种互相矛盾的成分构成，它们之间的相互作用就产生了事物的发展和变化。这些说法都否定了神、灵魂的存在，否定了轮回业报的理论；企图用物质的原因解释千差万别的世界及其发展变化的根源。到了公元前一千年代上半叶就有了顺世论派哲学，它是古代印度唯物主义哲学的代表。这派的主张是，物质是世界的基础，地、水、火、风是构成物质的元素，它们组成万物，也包括人。意识是由物质产生的，四大元素结合形成身体时，在这过程中就产生了意识，就像糖汁和稻米混合制成酒就有了醉人的特性一样。人死后，四大元素的结合解体，因此，意识就不存在了。它否定意识、灵魂的独立存在，从根本上打击了一切宗教和唯心主义的哲学。

婆罗门教、佛教等宗教流派尽管彼此间有不少分歧和矛盾，但基本上都具有在宗教信仰基础上发展成的唯心主义哲学思想。婆罗门教由吠陀诗篇到《森林书》和《奥义书》时代，已由多神论、主神论逐渐演进为一神论，有时为泛神论。由宗教祭祀而趋向从哲理思维方面探索宇宙的奥秘、世界的根源、人的本质等问题。它的哲学思想是，梵（Brahma）即宇宙精神为世界的本质、生命的根本，万物都是由梵产生，这就像蜘蛛吐丝、火中爆花一样，从这个自我里产生出一切生命、一切世界。梵是火不能烧掉，风不能吹走的，因为风、火等都来自梵。自我（Atman）、个体灵魂也来自梵。客观世界是虚幻的，只有梵是真实的、永恒的。"梵我合一"才能得到解脱。后来，在与其他教派论争中，它又分别形成了六派，即数论派（Sānkhya）与瑜伽派（Yoga），弥曼差派（Mimāmsā）与吠檀多派（Vedānta），正理派（Nyāya）与胜论派（Vaiseshika）。数论派可能是六派中最早的，相传由迦毗罗（Kapila）创始，早期有唯物主义的倾向，认为世界是物质的，以后又认为与物质并列有灵魂，成为二元论。瑜伽派和数论派是姊妹学派，是有神论，重视修行方法，以《瑜伽经》为基础。作者相传就是公元前2世纪的文法家波颠阇利。弥曼差派即思维派，主要论证吠陀经典的真实、准确与权威性，最早的著作是耶摩尼（Jaimini，公元前2世纪）的经书，后此派与吠檀多派合为一派。吠檀多意为"吠陀的终极"，是六派中最晚出的，其基本著作是相传为跋达罗衍那（Bādarāyana）所作的《梵经》。它根据《奥义书》的哲理，认定使"自我"与"梵"合一是人生的最终目的，这就成为婆罗门教最彻底的宗教哲学。正理派与胜论派关系密切，都以原子学说为基础。正理派着重逻辑与认识论，有乔答摩（Gautama）的《正理经》。胜论派则用哲理说明构成世界的原子说，但仍以物与灵二元论为出发点，迦那陀（Kanāda）的《胜论经》是其主要经典。早期佛教的哲学观点是"我空法有"，即认为主观是虚幻的，但不彻底否定客观的存在；到了大乘佛教，则是"法我皆空"，唯心的说法更加完整和严密。耆那教认为世界的一切，连岩石、流水都有灵魂，灵魂是自生的、永恒的，这显然是唯心的。还有阿什斐迦（Ajivika）教派，汉译佛经贬称为邪门外道，倡导者是末迦梨·拘舍罗（Gosāla Maskariputra），在公元前4—前3世纪时比较盛行。他们认为构成宇宙和一切有生物的元素既有物质也有精神，这是二元论；但又认为一切事物都受命运的支配，是无法改变的，仍属于唯心观点。

自然科学 古代印度人民在生产技艺方面积累了相当丰富的经验，如畜牧业的选种、饲养，农业的土壤选择、轮种、施肥、除害，手工业的建筑、冶金、开矿、纺织等。这不仅增加了印度社会的物质财富，而且也为印度人民积累自然科学知识和提高知识水准奠定了基础。

与生产、生活关系比较密切的科学，即天文学、数学和医学首先得到发展。除前面已经提到的哈拉帕文化成就之外，雅利安人入侵印度后与土著部族一起，在自然科学方面也作出了自己的贡献。古代印度人在吠陀时代就知道七曜，除日、月外还有金、木、水、火、土五星；并知道日、月蚀，不过认为是罗睺星吞食日、月造成的；彗星和陨石则是计都星的作用。他们观察到月亮对恒星的位置变化经历约27个太阳日又$7\frac{3}{4}$小时为一周期。以后就把黄道附近的星群分为28个星座，即28宿，以此作为测视星象的基础。但当时仍认为大地是平的、不动的，日、月、星辰绕大地转动。古代印度人根据月的盈亏制定太阴历，一年分为12月，每月30日。为了调整与太阳历的误差，他们知道五年二闰，即加上两个月。季节的划分有3种，即3月1季（春、夏、秋、冬）、4月1季（热、雨、寒）和2月1季（春、夏、雨、秋、冬、凉）。数学计算的知识在印度也出现得很早。印度人的记数能力很强，在吠陀、史诗和佛经中，对很大的数字如10^{53}，都有专门的名称，对很小的数字也有专名如极微①。他们知道用符号表示从1到9的数字，又知道定位计数的进位法，最重要的是表示空位的"0"的符号（最初是用黑点表示）的发明②，这便完成了记数符号体系，这是印度人民对数学的重大贡献。后来由阿拉伯人传入欧洲，因而被称为阿拉伯数字，至今仍为全世界所通用。古代印度人已知道加减乘除，开方与求立方根的方法，并能解二次不定式方程。《仪范经》中的《准绳经》提到测量祭祀场所与建造祭坛，涉及几何三角的知识。他们已知直角三角形斜边的平方等于另外二边平方的和，经书中还提到数学中排列与组合的问题。他们已能准确地推算出圆周率为3.1416，已出现了三角学上的正弦表。在医学卫生方面，古代印度人也有很丰富的知识。他们已知道多种疾病，如《阿闼婆吠陀》就记有77种，其中有发烧、肺病、瘰病、痢疾、水肿、溃疡、风湿、头疼、眼疾、黄疸、骨折、蛇咬、毒虫咬、中毒、麻风等，大多是在湿热又多毒蛇和毒虫的印度环境里最常见的病。佛经中还记有一些病的症状。他们还注意到在季节交替时疾病最为流行。这时人们已有了解剖方面的知识，认为脑髓、脊椎和胸腔是藏病的地方，心是智力中心，还有神经系。治病除用咒语外，也用动物、植物和矿物制成的药品，还使用膏药和针灸。医生有外科、内科、眼科，还有兽医。医师属于比较高级的种姓，很受尊敬。整形外科和接骨技术水平较高。佛僧重视医术，靠医病得到施舍，僧团成员也都注意卫生。古代印度人非常讲究洁净，坚持沐浴，节制饮食，探讨养生之道。阿育王诏谕中曾提到为贫穷人免费供应医药。随着医学知识的积累，古代印度有了一些医学著作，最早的名著是相传为迦腻色伽御医阇罗迦（Caraka）作的《阇罗迦本集》，但原著已失，今本系由后人编订。这个本集涉及了病理学、解剖学和胚胎学等方面的问题。他认为营养、睡眠与节食是身体健康的三大因素。在他之后有在迦尸行医的苏斯路塔（Susruta，约

---

① 见玄奘《大唐西域记》卷2《印度总述》中的"数量"。
② 零的圆圈符号"0"最早在印度见于瓜廖尔出现的波阇提婆的公元870年的碑文上。

公元 4 世纪）。苏斯路塔的《妙闻集》着重外科，外科在当时是受人鄙视的。他很强调解剖学的重要。这两位医学家都很注意医德问题。阇罗迦曾提到医生在病房里要全神贯注治病，甚至牺牲自己生命也不能出卖病人①。

第二节　上古印度与印度以外地区文化的交流

古代印度与两河流域、伊朗等地的文化交流　早在哈拉帕文化时期，西北印度就有来自阿富汗、伊朗、帕米尔、东土耳其斯坦和我国的新疆、西藏输入的宝石，阿富汗、伊朗等地的银和波斯湾的介壳等原料，还有文物及制作技术的传入。如在印度河流域发现的印章上刻画着两河流域流行的安吉杜故事的题材，冻石有须人像披肩上的三叶形花纹图饰，使用沥青防水池漏水的技术都来自两河流域。念珠形状、赤陶塑像、家具雕饰和埃及的相似，发针类似克里特的产品，吠陀文化也受到巴比伦文明的影响，如《梨俱吠陀》中提到神以原始巨人献祭，并加以肢解化为宇宙万物，同巴比伦神马尔都克将原始怪物提阿马特杀死，分割尸体创造世界的神话相似。巴比伦的洪水故事与乌特纳庇什廷得救情节在印度也有相应的摩奴与洪水的传说。印度的历法与六十进位等也受到巴比伦的影响。古代印度文化还受到伊朗文化的影响，考古文物中，代替哈拉帕文化兴起的朱卡尔文化的长柄斧在伊朗北部喜萨尔也有发现，可能来自波斯。随着波斯的入侵并占领印度西北部，波斯帝国对印度的影响有了加深，阿拉米亚语与佉卢文传入印度；阿育王诏谕铭文就是仿照波斯皇帝的做法，刻写在岩石上的，诏谕文的格式也相同；孔雀王朝修建皇室大道也是出自波斯的皇道形式；甚至在节庆前国王洗发仪式也来自波斯。类似波斯的百柱厅在印度也能找到。阿育王修建的独石柱顶板下通常称作"波斯波利斯钟"（Persepolitan Bell）的仰拱，也是

---

① 《阇罗迦本集》Ⅲ，8、7，转引自 A. L. 巴沙姆：《印度奇迹》，1954 年伦敦版，第 500 页。

波斯建筑的式样。但有的学者认为这不是钟形而是莲花形，后者是印度的典型建筑模式。可是有人认为莲花形式也是波斯来的。当然，古代印度人对巴比伦、埃及、波斯文化也有贡献。苏美尔和伊朗西部发现哈拉帕文化的印章和陶片，古苏美尔妇女梳头式样是从哈拉帕学来的。埃及和克里特岛也发现哈拉帕文化的痕迹。在公元前一千年代初，腓尼基人就将印度出产的象牙，类人猿和孔雀运往地中海东岸，公元前700年印度的棉花、孔雀，可能有稻米出口到亚述，公元前6世纪时推罗市场上有印度钢出售。

古代印度与希腊的文化交流　自希腊马其顿王亚历山大入侵印度西北部后，特别是印度孔雀帝国建立后，印度与希腊和希腊化国家经济文化的交往逐渐增长。前面提到的旃陀罗笈多以500头战象赠予叙利亚国王塞琉古，希腊使臣麦伽斯梯尼被派到华氏城驻节，增加了双方的了解。直到阿育王时，孔雀王朝与希腊化诸国继续保持使节的交往。阿育王在坎大哈的铭文中用阿拉米亚和希腊两种文字，说明在孔雀帝国境内已有希腊居民。孔雀王朝衰弱后，希腊大夏人大量进入印度，希腊文化深入印度各方面。印度天文学除受巴比伦影响外，还有希腊的影响。在圣使与彘日这些著名印度天文学家的著作中使用的黄道带与行星名称大都源出于希腊。著名的犍陀罗艺术是佛教艺术受到希腊的影响而形成的，它大部是佛像和描绘佛的生平的浮雕。希腊钱币和币上刻画的肖像艺术对印度货币也有影响；印度对墨水、芦秆笔与书本等的名称也出自希腊。公元前6世纪希腊科林斯瓶画上绘有"狐狸与乌鸦"，这一寓言故事后来见于《佛本生经》，但哈拉帕文化的印章刻画中出现此种图景更早，这方面谁影响谁尚难断定。据希腊资料，《荷马史诗》曾译为希腊文字，为印度人歌颂，因此，印度史诗、《佛本生经》与《荷马史诗》的一些故事有不少相似之处，希腊悲剧也曾在印度上演。总之，印度吸收了很多希腊文化的成分是毫无疑问的。另一方面，印度哲学、宗教与医药对希腊也是有影响的。希腊学者很重视印度哲学，有的还到呾叉始罗来学习。以普罗提诺为代表的新柏拉图主义哲学家就深受奥义书的影响，主张万物的本原是神，由它产生世界的一切。著名的希腊哲学家毕达哥拉斯也研究过婆罗门的学说，也宣扬灵魂轮回、禁杀生、戒肉食的说教。一些希腊人改信印度宗教，如希腊使节建立金翅鸟石柱向婆苏提婆表示敬意，希腊都督捐建佛教殿堂。希腊名医希波克拉蒂在他的医药文集中提到印度的胡椒。胡椒最初是作为药物输入希腊的，后来才被用作调味品。

古代印度与罗马的文化交流　印度人早在罗马奥古斯都时就曾派使者前往那里，带有送给罗马皇帝的奴隶、毒蛇、河龟与鹧鸪，还有一个无手臂但能用脚射箭的少年和一位裸体的诡辩家。以后的使者还带有象、宝石、老虎等礼品，他们受到罗马皇帝热情的接待。《摩诃婆罗多》中称坚战王即位时也有罗马人来朝贺。印度与罗马的商业往来与文化交流也极为活跃，不少印度商人前往埃及的亚历山大里亚，他们大多是耆那教徒和佛教徒。佛教与基督教的寓言与奇迹有很多类似的地方，特别是亚历山大里亚的基督徒的念珠，崇拜圣骨与过分的苦行可能是受了印度的影响。罗马钱币对贵霜有影响。胡维什卡的钱币上刻着 RIOM 字样，又有代表罗马女神的武装妇女图像。在金币上胡维什卡的坐式肖像是罗马格式，在阿拉（Ara）铭文中迦腻色伽有"凯撒"的称号。此外，犍陀罗艺术中壁柱、嵌板、拱门等也受到罗马艺术的影响。

印度与东南亚、东亚等地的文化交流　古代印度与东南亚及东亚地区和国家的交往也很密切。据巴利文文献与《罗摩衍那》记载，印度海员和商人以及政治势力都在史诗时期就已到达锡兰（今斯里兰卡），如罗摩寻妻跨海远征楞伽（传即锡兰），阿育王时又派子摩哂陀亲王到锡兰传播佛教，接着又到"黄金地"，即下缅甸和苏门答腊等地。《厄里特里亚海周游记》也提及从孟加拉到这些地区已有沿海的航行。《佛本生经》《故事海》等书中有很多经商冒险的故事和这些地区有关。古代印度文化不断深入这些地区，影响这一带的文化发展。这里曾发现不少梵文碑铭，一些名胜古迹如柬埔寨的吴哥通王城与吴哥寺、爪哇的婆罗浮屠都有刻画印度史诗与佛陀生平故事的浮雕。占婆和暹罗（今泰国）的造像也有印度艺术的特色。印度医学对这些地区也有影响。由印度向北向东经阿富汗、中亚到我国新疆、甘肃一带，印度和中国以及沿途这些地区的商人、使者、传教士、移民的不断往来，还有游牧民族的迁徙，促进了相互的文化交流。中亚地区有一些古代印度的移民居留地，随着"丝绸之路"的开拓而兴盛繁荣。从公元1世纪左右开始，佛教经中亚传入我国。随着佛教一道，古代印度的天文、历法、数学、医学、音韵学、艺术、歌舞，以及熬糖、炼丹秘方与珠宝、药材、珍禽异兽等也先后传入我国，这对我国的学术文化及人民生活都有很大影响。著名的敦煌壁画与云冈、龙门等石窟的佛像雕塑就是印度艺术影响我国的具体表现。我国的丝绸、朱砂和陶瓷等特产也进入印度。年代记的编写、贵霜帝国皇帝采用"天子"称号，在丝绸上书写的习惯等则是中国文化对印度文化的影响。佛教又由中国传到朝鲜和日本，影响了那里的文化发展。

第三节　上古印度文化的历史意义

尽管上古印度文化接受了多方面的影响，但印度人自己对世界文化的独特贡献还是很突出的。上节所提到的棉花、稻米、蔗糖、珍禽异兽（如孔雀、象、蛇等）、歌舞、建筑雕刻、医学、数字符号体系和宗教哲学等在古代都已影响世界各地。进入中古后，上古印度文化在亚洲的大部分地区仍盛行不衰。直至近代，佛教的势力在印度支那半岛各国、斯里兰卡、日本等国也还很大。在欧洲中世纪，上古印度文化是由阿拉伯人转入的，如数字符号，又如上古印度医学名著都有波斯文与阿拉伯文的译本，对阿拉伯医学很有影响，阿拉伯医学是中世纪欧洲医学的权威。阿拉伯的名著《天方夜谭》也采用了印度的寓言故事，后来传播到世界各地。到了近代，欧美著名学者，如诗人歌德、海涅和哲学家叔本华、费希特等都对古代印度文化给予了很高的评价，叔本华就称奥义书是人类最高智慧的产物。上古印度文化确是世界文化宝库中一颗灿烂的明珠，它和世界上其他几个古老的文化一道，在人类文化的发展上起了奠基的作用。

上古印度文化的传统在印度一直保持到今天，没有中断和消失。今天的印地文仍用天城体字母，印度教是由古代婆罗门教演变而成，吠陀经典仍是重要的经典。史诗中的英雄人物如罗摩、悉达、黑天等对印度人民的思想行为、道德观念等都有深刻的影响，对印度文学、艺术的影响也很大。上古印度的宗教哲学思想对近代印度思想家也有明显的影响。上古印度的神话传说，如雪山神女、黑天牧童等故事到今天仍在印度民间流传。总之，上古印度文化在次大陆有着深远的影响，它在印度和世界文化史上都占有很重要的地位。

本章主要参考书

[1] 金克木：《梵语文学史》，人民文学出版社 1964 年版，有关部分。

[2] A. L. 巴沙姆编：《印度文明史》，1975 年牛津版，有关部分。

[3] R. A. 贾伊拉兹波伊：《古代印度的外来影响》，1963 年纽约版。

[4] P. C. 巴格奇：《印度与中国》，1981 年萨拉斯瓦特版。

第七章　笈多帝国时期的印度

（公元 320—550 年）

第一节　笈多王朝的兴起与帝国的建立

笈多王朝的产生　公元 2 世纪末，贵霜帝国衰落，北印度又分裂为许多小的王国和自治的部落，西印度塞种势力较大，南印度伐卡塔卡与帕拉瓦等国也较强，局势十分混乱。在此期间，摩揭陀的一个小国逐渐强大起来。它的最早的统治者据说就是我国唐朝高僧义净提到的室利笈多，他曾在摩揭陀为中国香客建立寺庙，并安排24个村庄供养。笈多家族是富有的地主，种姓身份不明，很可能是刹帝利。该家族逐渐在政治上控制了摩揭陀地区。到其第三代统治者旃陀罗笈多一世（Chandra-gupta Ⅰ）即位时，便自称"王中大王"，与前两代统治者只称"大王"不同。因此，一般史书把他作为笈多王朝的第一位国王；他登基的年代（公元320年）就成为笈多纪元的元年。他通过和栗呫婆公主的婚约，使两国合而为一，大大加强了自己的政治地位。为此，他铸造金币刻画他与王后的肖像及他们的名称，纪念这一结合。栗呫婆当时统治比哈尔的北部，摩揭陀与它合并后，势力雄厚。旃陀罗笈多又用武力把领地扩展到阿拉哈巴德、奥德和比哈尔南部，这便为笈多帝国的建立奠定了基础。此外，他还采取了一个重要措施，那就是经过顾问和王族成员会议，正式宣布王子沙摩陀罗笈多为王位继承人，随后逊位隐居，不久死去，但年代不详。

笈多帝国的开创与巩固　笈多帝国的开创是从沙摩陀罗·笈多（Samudra-gupta）开始的。他约于公元325年即位，380年以前去世，确切时间已不可考。他是笈多王朝最伟大的国王之一，我国唐朝赴印使臣王玄策提到他曾接受锡兰王请求，准许后者在菩提伽耶为锡兰朝圣者修建寺院。他的御用诗人诃梨犀那为他撰写的颂德铭文①比较详尽地记载了他的事迹。由于是颂词，内容不免有些浮夸不实，如锡兰王送礼求建寺院一事，就不像铭文认为的那样是纳贡或臣属笈多。但沙摩陀罗·笈多的确屡建武功。首先，他征服中印度的一些小王；接着，消灭了恒河流域上游和邻近地区的统治者，如鲁陀罗提婆、马蒂拉、纳加达塔等。兼并的领土大致包括今北方邦和中印度、西南孟加拉的一部分。他还征

---

① 铭文刻写在阿拉哈巴德孔雀帝国时期阿育王树立的石柱上。

服了文迪亚山区的森林诸王,强制他们纳贡。在征服了北印度以后,他就转向南方,沿着东海岸海陆并进,击败了德干高原不下12个统治者,直到帕拉瓦王国,目的是取得这些地区的商业利益。鉴于遥远的南印度难控制,他释放了被俘的南方各统治者,使他们以藩臣的名义治理国土。他声威所及的边境诸国,如东孟加拉的三摩呾叉、阿萨姆的迦摩缕波、尼波罗(今尼泊尔)等的国王,旁遮普、马尔瓦和西印度的几个部落酋长,无不向他表示忠顺。马尔瓦西部和卡提阿瓦的塞种人,西旁遮普和阿富汗的贵霜"天子"的后人,还有锡兰及一些岛屿上的居民也都纷纷遣使前来讨好这位笈多国王。这些岛屿可能是指马尔代夫、安达曼群岛,也可能指东南亚,因为沙摩陀罗·笈多拥有海军,这时与东南亚已有更多的交往。他举行了马祭仪式庆祝他的胜利。笈多帝国的领土规模在他统治时期就大致奠定了,它包括几乎整个北印度(克什米尔、西旁遮普、西拉杰普塔纳、信德、西北边省和古吉拉特不包括在内)、中央邦和奥里萨的高地以及沿东海岸向南延伸到马德拉斯的一大片领土,但只有恒河流域是他直接控制的地区。他不仅是一个征服者,而且在治理国家方面也很有才能。在政治上他能对战败者宽宏大量;宗教上也能对各派一视同仁。他信奉正统的婆罗门教,却仍任命佛教学者世亲为大臣。他能够罗致人才,赞助学术,如具有文武全才的诃梨犀那就被他留在身边。他本人也很有才艺,他的诗赋才能使他享有"诗王"的称号。他对音乐也很喜爱,钱币上镌有他弹奏琵琶的肖像就是证明。他在位大约有40年之久,但大部分时间是在征战中度过的。

笈多帝国的继续扩展和巩固是在沙摩陀罗·笈多的儿子旃陀罗笈多二世(Chandra-gupta Ⅱ)统治时期(大约为公元380—415年)。这一时期也是笈多帝国的极盛时期。在这时期开始,有一段插曲。据大约两个世纪后写成的剧本《月护天女》的故事说明,是罗摩笈多继承了沙摩陀罗笈多,他被塞种人击败,竟同意将自己的妻子德鲁瓦德维送给塞种君王。他的弟弟旃陀罗极力反对这样做,把自己假扮成皇后,去塞种王宫廷，杀死了这个国王。他的这一英勇行动深得人民的爱戴，但却使他的哥哥产生疑忌。旃陀罗终于杀死他的哥哥，而娶其嫂德鲁瓦德维为妻。现已有罗摩笈多的钱币，还有铭文证实旃陀罗的妻子正是德鲁瓦德维。因而这一剧本的描写内容可能有若干真实性。

  旃陀罗笈多二世即位后，继续采用传统的王室联姻政策以加强自己的地位。他和那加族的公主结婚，巩固了帝国的东部地区；又将女儿嫁给伐卡塔卡国王，减少了南方的威胁，得以集中力量进攻主要的敌人——西印度的塞种人，并且约于公元 409 年最终击败了塞种人。为纪念对塞种人的胜利，他在钱币上刻上了"超日王"的称号。塞种州长长达 300 多年的统治终于结束，笈多帝国扩展到西马尔瓦和卡提阿瓦，控制了阿拉伯海岸与西海岸重要的港口，这有利于帝国海外贸易的发展。南边的伐卡塔卡国王死后，王子幼弱，笈多公主以母后身份摄政（约公元 390—410 年），这样伐卡塔卡王国实际上成了笈多帝国的一部分。如果梅赫劳利铭文①中提到的"旃陀罗"就是指的旃陀罗笈多二世，那么他在东孟加拉也平定了藩属的叛乱，建立了直接的统治，且在西北方还征服了兴都库什山以外的大夏。至此，帝国几乎包括了整个北印度。旃陀罗笈多的宗教政策也是宽容的。他是虔诚的毗湿奴派信徒，但对湿婆派、佛教徒等也不歧视。他与前代国王一样提倡文学艺术，宫廷中同样供养和赞助文人学士，伟大的诗人、剧作家迦梨陀娑就曾得到他的眷顾。他武功文治都有成就，因此，笈多帝国显得十分繁荣昌盛。我国东晋高僧法显是在他统治期间访问印度的。他在印度游历了 9 年（公元 401—409 年），他写的《佛国记》是了解当时印度历史的重要资料，对笈多帝国的核心地区"中国"的看法是，"民人富盛，竞行仁义"②，社会安定，国家丰饶。这说明笈多帝国已得到了巩固。

  笈多帝国的政治统治 有关笈多帝国的行政制度，有相当多的碑

---

① 刻在德里附近的铁柱上。
② 章巽校注：《法显传校注》，上海古籍出版社 1985 年版，第 103 页。

铭资料可供研究。王位是世袭的，但不全由长子继承，有时是由前王在顾问和王族成员在场时提名指定。国王掌管全权，他们除袭用如贵霜君主的"王中之大王"之类称号外，还使王权进一步神化，如阿拉哈巴德铭文中就把国王说成是"住在地上的天神"。笈多王朝基本上继承了传统的官僚机构。高级官员有政务大臣曼特林（Mantri）、元帅（Mahābalādhikrita）、将军、司法大臣（Mahadandanayaka）等。与以前不同的是有了宣战与媾和大臣（Sāndhirigrahika），也就是外交大臣，这说明与邻邦交往的增多。文武官员之间的职责还没有明确区分，往往互相兼任，有时一人兼任数职。最初大臣由国王任命，后来逐渐成为世袭。当时还建立有一种新的官衔称号，称为鸠摩罗摩迪耶（kumārāmātyas），各级官员即从获有这一称号的人中任命；封建主取得萨曼塔（Samanta）称号后，也被任用为行政官员。他们拥有相当大的权力。这一切都使国王的权力有所削弱。

地方的行政区划是省（Bhuktis）、县（Vishayas）、联合村或村。省由副王管辖，多半是王族子孙担任此职。县由鸠摩罗摩迪耶充任县长，据北孟加拉的铭文记载，县的官员惯例是由省长提名，县长有行会主事、录事长和地方上其他领袖人物协助工作；村有村长，由村会协助。地方官享有较多的自主权。省区外还有被征服的土邦，继续由土著王公统治。他们只有在笈多国王强大时才肯称臣纳贡；王权一旦衰弱，就宣布独立，不承认笈多为宗主国。随着赐地与授权的增多和封建等级的形成，笈多王朝的封建统治特点趋于明显。

第二节 封建社会经济结构的形成

封建制的形成 笈多帝国是印度进入封建制时代的第一个大帝国，这时期封建制生产关系已取代奴隶制成为社会经济中占主导地位的成分，其标志是封建主已成为政治上的统治阶级。在当时社会的主要经济部门农业方面，从事农业的劳动者已是雇农、自由佃农和依附农民。赐地文书中与田地一道赠送的有民户、牛犊等（《佛国记》），没有提到奴隶，这与以前不同。《佛国记》还明确提到，"唯耕王地者，乃输地利，欲去便去，欲住便住"①。耕种国王土地的人交纳地租，他们的人身是自由的。又据《布里哈斯帕蒂法典》（大约编于公元300—500年间）规定，"一个人租了土地，就应当播种和守护它，并在适当的时候刈取收获，如果他不能这样做，就应被迫向主人赔偿收成的通常价值"。这些人显然是雇农或自由佃农。雇佣的耕种者有两种类型，报酬不同，一种是从主人那里取得衣食的，可得收成的五分之一；自备衣食的，则得收成的三分之一②。他们即雇工佃农，与主人的关系不是主奴关系。依附农民是固着于土地而不能随意离开的，在《佛国记》中被称为"民户"，他们与土地、牲畜等一道被转赠。如在中天竺，"诸国王、长者、居士为众僧起精舍供养，供给田宅、园圃，民户、牛犊、铁券书录，后王相传，无敢废者。"③ 帕拉瓦公元3世纪的铭文中也有赠送婆罗门的土地及依附土地的佃农的记载。伐卡塔卡也有类似的记载。④ 手工业方面同样排除了奴隶。根据公元100—400年编成的《那罗陀法典》，奴隶只能从事"不洁净的工作"，如打扫门户、厕所、道路，清理垃圾，收拾剩饭、粪便，以及按摩主人的四肢或身体阴处等。生产劳动是洁净的，就由学徒、学生、技师（kusala）与师父担任。这四个等级的劳动者之间利润分配的比例是1∶2∶3∶4。学徒和学生除拜师学艺以外，还应对师父及其妻子殷勤侍候。在规定期限以前，即使学完了所授课业，仍要留在主人家里，其劳动收益均归主人⑤。他们能够学到手艺，结业以后又能独立经营，故与奴隶不同。

---

① 章巽校注：《法显传校注》，上海古籍出版社1985年版，第54页。
② 《东方圣书》第33卷所载该法典Ⅹ，Ⅵ，15，13。
③ 章巽校注：《法显传校注》，上海古籍出版社1985年版，第54页。
④ R. 乔塔里：《古代印度经济史》，1982年新德里版，第38页。
⑤ 《东方圣书》第33卷所载该法典Ⅴ，3～8，19，并参阅R.C.马宗达：《印度人民的历史与文化》第3卷《古典时代》，1954年孟买版，第593页。

土地所有制也有了变化，赐地与封建食邑逐渐变为世袭的私有土地。从安度罗王朝时期开始就有了赐封土地，连同其他一些豁免权一并授予。伐卡塔卡王朝也实行这种做法。《佛国记》提到国王、贵族、富人赐给众僧的田地等是记在铁券上，永不改变的。《布里哈斯帕蒂法典》更明确规定，赐地文书应刻在石板、铜牌或写在布块上，载明赐地的时间、位置和大小，一经赐封，便"与日、月同久长"，传之子孙不可褫夺，显然这种赐地已成为受封者世袭的私有地。随着财权、行政权和司法权的授予，受封者实际已成为封建领主，农民与工匠被固着于土地而受其统治。其次是封建食邑，如《佛国记》所说"王之侍卫左右，皆有供禄"。供禄就是官吏的俸禄，折合成田亩，受赐者只能享有这块地的赋税，却没有所有权，也不能赶走土地上现有的佃户。起初，他只能在任期内享有封地的岁入，后来才变为终身享有，进而转化为世袭领地。《那罗陀法典》和《布里哈斯帕蒂法典》规定土地占有达三代即不可剥夺，是有助于这种土地私有化趋势的。

综上所述，在笈多王朝统治时期内，封建主与依附农民阶级的关系已经形成，笈多封建主又取得政治上的统治权，这就开始了印度的封建时代。

附录：

在印度史学研究上，对这个问题是有争论的。唯心主义的史学家不承认历史发展的规律性，不认为分期是历史的客观反映，对他们的说法我们在这里暂且不提。用历史唯物主义来解释印度历史的学者对这一问题也有分歧。这与上面论述印度古代社会的性质问题有密切的联系。重复的话就不提了。这里仅就印度封建社会何时开始的问题，简略介绍如下几种说法：季羡林认为印度封建社会开始于公元前六到前五世纪，在新宗教勃兴的时候（《摩奴法论》汉译本序，见《摩奴法论》，中国社会科学出版社，1986年版，序文第2页）。日本学者中村元认为印度最迟在孔雀王朝统一国家崩溃之后的混乱时期中就出现封建制的萌芽。印度封建社会的确立在公元后的贵霜王朝和安度罗王朝(《中村元选集》第 6 卷,"关于印度封建制问题",引自《南亚研究》1983 年第 2 期。)《苏联境外东方诸国中世纪史》认为印度封建社会始于笈多王朝。印度学者高善必在他的《印度史研究导论》中提出自上而下的封建主义大体上是从笈多王朝到 7 世纪玄奘访印;自下而上的封建主义则在约十三四世纪,等等。争论的中心是封建主义的定义以及封建主义的标志是什么。这些都是需要结合历史资料来探讨的。

社会经济的发展　封建制的形成改善了劳动者的状况;笈多帝国统一北印度使人口众多而富庶的地区得到了和平与安宁,这一切都有利于社会经济的发展。农业方面的发展,表现在铁制农具的推广,肥料的广泛使用,耕作技术的提高,耕种面积的扩大。由于采取排干沼泽、兴修水利与应用水车等措施,荒地得到开垦。作物的种类和数量都有增加。手工业中纺织工业最为发达,棉、丝、毛织品花色品种都有改进,秣菟罗棉布和波罗那斯丝绸远近闻名。养蚕业也有发展。冶金技术也较前进步,公元 5 世纪在安巴拉树立的铁柱(现今在德里的梅赫劳利),高达 7.25 公尺,重为 6.5 吨,已有 1500 多年的历史,由于铁质比较纯净,至今没有锈蚀。还有,在比哈尔发现的苏丹甘杰青铜制的佛的立像,高约 2.25 公尺,重近 1 吨,十分精美。铸造金、银钱币的技术也很高超。造船术比前有了提高。阿旃陀壁画中出现有三个桅杆的海船。寺庙建筑除佛教的石窟寺庙外,婆罗门教、耆那教寺庙也不少,大都用石头代替了砖和木料,并有雕刻装饰,设计得很好。此外,如珠宝的镶嵌,木工制品的精美都反映了生产力的提高。

物质财富的增长带来了商业特别是对外贸易的发展。重要城市与口岸之间都有公路连接,用畜驮或牛车转运;通航的河流则有船运。出口货物有香料、胡椒、檀木、珍珠宝石、靛蓝、药草、细布、象牙等,运往中国的有棉花、象牙、黄铜器、猴、鹦鹉、象;主要的进口货物为金、银、锡、铅、丝与马匹等,其中自中国输入的有麝香、生丝、丝织品、桐油、琥珀。东南亚的马来西亚、柬埔寨、泰国等地都有印度的商站,在连接中国与地中海沿岸的中亚"丝绸之路"上和以往一样有印度商人的足迹。印度对罗马的贸易继续有大量的出超。罗马帝国分裂,西罗马衰落后,印度对拜占庭帝国的贸易也有出超。笈多帝国从对外贸易中获取了巨额的利润,有助于经济的繁荣。

从考古发掘到的文物和当时的文学作品中都可以看出生产的发展,以及人民生活水平的提高,如城市居民的穿着、佩戴、住房的改进,屋内陈设除陶器外还有铜器和铁器,但贫富的差距也很大,城区较富,郊区贱民的生活则非常简陋;不过农村的贫富悬殊较小。各地经济发展则很不相同。大多数内地城市衰落了,正如中国旅印高僧法显所说,"其国丰饶,人民炽盛"①,是指中天竺、东天竺等笈多王朝统治的中心地区;而有的地区如迦毗罗卫、拘尸那羯罗(今印度北方邦东北、尼泊尔南)等地则"大空荒,人民希疏"②。笈多帝国与孔雀帝国不同,对手工业和商业官方不垄断,政府很少干预,行会享有充分的自治权,在经济生活中起着极其重要的作用。它们有共同的财产,和以往一样,能够发行期票(hundis)甚至铸造钱币,有自己的行规,处理成员间的纠纷,并管理成员的经济活动。但手工业行会已开始失去先前所具有的重要性,它们的权力由封建主所接替。笈多帝国发行金币、银币较多,未发行铜币,也许是由于有行会钱币,还有法显提到的"贸易则用贝齿"③的缘故。这说明一般交易数额不大,生活必需品的价格不高;同时也反映当时货币经济还不发达,村社的自给自足经济仍占有主导地位。

随着封建制经济的发展,税收、贡纳和劳役日渐加重。除土地税、

---

① 章巽校注:《法显传校注》,上海古籍出版社1985年版,第62页。
② 章巽校注:《法显传校注》,上海古籍出版社1985年版,第71、81、82、89等页。
③ 章巽校注:《法显传校注》,上海古籍出版社1985年版,第54页。

行业税、商税外，还有财产税、过渡税、口岸税、紧急税等，对过境官员与军队要供应金钱、粮食、花卉、牛奶等，还需供应牛备运输。强制劳役包括各种工作，参加者扩大到被统治的各个阶层。除修路、运输外，还有多种无偿的劳动，如打扫房屋、清理仓库、干各种杂活等。因而农民、手工业者的生活在封建制时代虽有改善，但经济繁荣的主要受益者还是封建主与大商人阶层。

笈多帝国在文化上无论是文学艺术还哲学、科学都有重要的成就（关于他们的贡献在本书第12章中将作详细的介绍）。这也是封建社会经济发展的反映。

种姓制度的变化　这时期种姓制有了很多变化。由于笈多诸王信奉婆罗门教，婆罗门的地位又受到重视。他们得到赐田，有了随之而来的政治权力。他们主管教育，垄断知识。他们编写的各种文献都宣扬婆罗门种姓的高贵。如法典对他们的特权有明确规定，婆罗门绝不能成为奴隶，犯罪时其最高处分只能是流放，不得处死或奴役。在神判法①中，刹帝利受火检验、吠舍受水检验，首陀罗受毒药检验，婆罗门则受称衡检验，与其他种姓不同。在日常生活的各个领域内也都有严格的种姓划分。根据公元6世纪矞日的《布里哈特本集》的记载，各种姓在城市里有不同的居住区。婆罗门应有一幢五间房的房屋，刹帝利四间、吠舍三间、首陀罗只二间；大小、规格也按种姓高低而有不同、使用伞的种类对不同种姓也是有区别的。他们非常重视婆罗门血统的纯洁，特别厌恶贱民的不洁，甚至碰到贱民的影子也认为是受到污染，也要举行净身仪式。他们反对漂洋过海到远方异国去，因为会与不洁的蔑戾车②接触而受到污染，在国外又难遵守种姓规则。这便影响印度人（主要是高级种姓）参加海外贸易，但却有利于婆罗门抑制商人（吠舍）的经济力量；

---

① 神判法（Ordeal），古代人深信神灵庇护无罪者。因此在判案时，由有关人接受检验，如无损伤即为无罪。但婆罗门只接受称衡检验。其他种姓则均接受对身体折磨的检验。

② 蔑戾车（Mlechha），泛指非雅利安人。

同时,还可打击吠舍商人支持的佛教与耆那教。

传统的四种姓之间的划分在这时期编写的法典中虽有明确的规定,但实际上并未严格遵守。有的种姓成员从事别的种姓的职业。如婆罗门可成为国王,刹帝利有权举行宗教仪式。公元 5 世纪的铭文提到在恒河上游城市生活的两位刹帝利在从事商业;另一铭文提到古吉拉特的缫丝者行会,由于丝的销售不景气,迁移到马尔瓦,改而从事弓箭手、兵士、吟游诗人与学者等高级种姓的职业。婚姻方面同样有伸缩性,既有顺婚也有逆婚。不同种姓,宗教和种族之间互婚的情况也是存在的。

由于工商业的发展,分工的深化,职业的增多,以职业为基础的阇提数目也有显著的增加。如工匠中分为首饰匠、兵器匠等,商人也进一步分为油商、布商、水果商等,各自成为阇提。还有由于赐地的增多,登记办理土地转让有了专门的人员,称为卡亚斯塔(录事),他们也形成一个新的阇提,其他一些专门技术人员如医生、机械师、建筑师等也有自己的阇提。

随着地方自给自足封建经济的发展,工匠和商人的流动减少了,最终也固着在土地上,成为依附封建主的劳动者。无种姓或失去种姓的贱民地位更加下降,受到十分屈辱的非人待遇。他们被认为是具有生性不洁,不忠诚、嗜盗窃、好异端、喜争吵、重情欲、残忍、贪婪等习性的"恶人",因此,必须与他们隔绝。《佛国记》描述得很具体,说是"旃陀罗名为恶人,与人别居,若入城市则击木以自异,人则识而避之,不相唐突"①。

这时期外族迁入印度的也增多了。侵入印度的外族与印度周边的部落接受了婆罗门的教化,其统治家族称为拉杰普特人(Rajputs,意为"王子"),按惯例被列为"低下的刹帝利"的种姓。他们保持了氏族部落军事组织,比较强悍,成为印度封建主的重要军事力量。外族部落一

---

① 章巽校注:《法显传校注》,上海古籍出版社 1985 年版,第 54 页。

般的成员则被划入较低级的社会集团或阇提,如旁遮普的扎特农业种姓就是一例。因此,这时期内刹帝利种姓人数增多,其次首陀罗和贱民由于吸收了落后的部落,在人数上也大大增加。

奴隶制与妇女地位　根据《那罗陀法典》,奴隶种类按照来源有15种。随着社会经济的发展,财富的分化,因负债不能偿还成为奴隶的增多了,还有因贫困而自卖为奴的,战争中的俘虏和因犯罪而被罚为奴的。法律极力保证高级种姓不受低级种姓的奴役,买卖婆罗门妇女是无效的。男女奴隶干着低级、肮脏的工作,主要是家务活,为奴隶主的奢侈生活服务。法律还规定奴隶的解放条件和解放仪式。如因饥荒而沦为奴的,缴纳一对公牛后即可得到解放;债奴在还清债务后,可得到解放;由于与女奴结合而为奴的,脱离这种关系后即可解放;等等。只有违背苦行誓言的变节者被罚为奴隶的人不能解放,但如果是婆罗门,则只能处以流放,而不得迫使为奴。其他原则上不能解放的奴隶,如果救了主人的命,也可以得到解放。解放奴隶的仪式是由奴隶主从奴隶的肩上取下盛水的容器并把它打碎;用混有大米和鲜花的水浇在奴隶头上,并叫他一声"自由人"后,使他面向东方行走①。这些解放奴隶的规定在法律上明文刊载,说明奴隶制已不那么必要,它成为封建制时代的附属品。

这时期的妇女和以往一样,地位是低下的。由于处在家长制社会下,一般妇女得不到受教育的权利,只有上层社会的妇女例外,她们能有学习的机会,有时与男学生一道学习。《长寿字库》中提到有女教师、女导师等词就是证明。有的上等阶层妇女在一些地区担任行政要职,笈多王朝王后的地位就重要。女孩在青春期前就应结婚。犊子氏的《欲经》提出,要求妻子对待丈夫就像对待神一样,她的行动要得到丈夫的允许,她要参加丈夫的斋戒与遵守丈夫的誓言。她要服侍公婆,听从他

---

① 《那罗陀法典》V,25-43。

们的盼咐。丈夫出门时她要过苦行生活，不能戴饰品，不能独自出外。她要料理家务，计算开支，祭祀家神，管理田园家畜等。绝对贞洁、忠于妇道的妻子就能得到尊敬。丈夫不得任意遗弃妻子，除非她与首陀罗或其他低级种姓的人私通，或与他人结合怀孕生子或企图谋害丈夫。当时不仅国王、贵族，就连一般富人都盛行一夫多妻。而寡妇却不得再嫁，但也不是绝对禁止。《长寿字库》就有 Punarbhú，就是再醮寡妇的同义词，有的认为这是同居。萨蒂的习俗也开始流行，但也多限于上层人士。另外，在城市中有妓女，寺庙里有神婢，她们也是受欺侮的。

第三节 笈多帝国的衰亡

哒人最初的入侵 旃陀罗笈多二世的继承人鸠摩罗笈多一世统治的 40 年（约公元 415—455 年）中，笈多帝国基本上保持了统一和威望，但不久就出现了来自西北方的匈奴人的威胁。匈奴在印度的文献碑铭中称为亨纳（Hūnas），希腊史料称为白匈奴，拜占庭史学家西奥法尼斯称该族首领名厌达兰厄斯（Ephthalanus），因而称其人为厌达栗陀人（Ephthalites）由此我国译为哒人[①]。他们可能是匈奴与月氏的混血种，最初分布于阿尔泰山以南到天山东部地区，公元 4 世纪中叶后为柔然人所迫西迁，大约在公元 5 世纪初出现于阿姆河流域，逐渐向波斯与印度扩展。5 世纪中叶越过兴都库什山，占领喀布尔和犍陀罗，进攻笈多帝国。约公元 460 年，他们被塞建陀笈多（Skanda-gupta，约公元 455—467 年）击退，但对波斯的战争却取得胜利。公元 484 年杀死波斯王菲罗兹，势力大为增强，建立了一个包括中亚、波斯、阿富汗等地的大帝国，首都在巴尔赫，继续向印度扩展。

笈多帝国的衰落与哒人等的再次侵入 塞建陀笈多对哒人的胜利虽然保全了帝国，却耗费了大量的人力和物力，他的金币质量的降低

[①] 参阅王治来：《中亚史纲》，湖南教育出版社 1986 年版，第 155～156 页。

说明财政的枯竭。在他之后，王位的争夺和内部倾轧，大臣专权与地方割据等促使笈多帝国日趋衰落和分裂。约在公元5世纪末6世纪初，伐卡塔卡人从南方进攻，削弱了笈多的力量。北方嚈哒人在头罗曼（Toramāna）率领下，再度侵入印度，占领了西印度的大部分地区，一直打到埃伦（即今中央邦的绍戈尔县）。他铸造的钱币表明他曾占领克什米尔、旁遮普、拉贾斯坦和中央邦、北方邦的部分地区。不过他在公元510年为巴奴笈多击败，势力暂时受挫。到他的儿子米希拉古拉（Mihirakula，意为"日族"，《大唐西域记》译音为"摩醯逻矩罗"，译意为"大族"，似误）约在515年继位时，嚈哒人又继续扩张到瓜廖尔，侵占了北印度大片土地，定都奢羯罗（即锡亚尔科特）。我国北魏使臣宋云、惠生曾拜访过他，据称有四十余国向嚈哒人朝贡，势力极盛①。按玄奘记载，笈多国王曾一度向他称臣纳贡②。嚈哒人大约于公元553年为马尔瓦的首领耶输达曼（Yasodharman）击败，接着为笈多王朝的幼日王逐出恒河流域，后来又受到突厥人和波斯人的打击，他们的势力便衰落了。留在西北印度和马尔瓦的一些地区的残余势力，与印度各土著王公继续战斗，直到被同化而成为印度社会的成员。与嚈哒人一道进入印度的还有其他一些中亚的游牧部落，如瞿折罗人③，他们逐渐散布到克什米尔、旁遮普、拉贾斯坦、古吉拉特与马哈拉施特拉等地，他们也逐步印度化。这些外族的迁入印度对后来印度的社会结构与政治发展很有影响。

嚈哒人势力的崩溃并未导致笈多帝国的恢复。中央权力已因长期战乱而衰颓；又由于与西方的丝绸贸易下降，对外贸易的衰落影响笈多帝国的经济，造成城市萧条、道路阻塞，更加速了它的分裂与衰亡。到公元6世纪中叶，笈多王朝已不再有政治实力了。笈多王朝共统治了约

---

① 范祥雍校注：《洛阳伽蓝记校注》，上海古籍出版社1978年版，第288页。
② 季羡林等校注：《大唐西域记校注》，中华书局1985年版，第356页。
③ 瞿折罗人（Gurjaras）据考证可能是来自中亚的卡扎尔人，见《英国大百科全书》第9卷，1978年版，第358页。

230 年，此后，北印度又陷于四分五裂的局面。

帝国衰亡的原因　学者们对这一问题还有不同的看法。有的学者强调外因，认为哒人的入侵是帝国衰亡的主要原因。哒人的入侵确曾对帝国的财力和军队是一沉重打击，但并未结束笈多王朝的统治。相反，笈多王朝还有能力击退哒人的进攻，并能联合其他印度王公，将他们驱逐到克什米尔。另一些学者则着重内因，认为后来的笈多统治者受佛教非暴力学说影响，不能使用武力抵抗内外敌人，导致国家衰亡。笈多帝国军力不强是一原因，但不一定是受佛教非暴力学说影响的结果。主要是因为军队由各藩臣提供，缺乏有效的组织和指挥。加之，王室内部的争权，大臣的专政，地方的封建割据，都使外敌有可乘之机。除以上的原因外，应当指出帝国的解体还有经济上的原因。自给自足的封建经济是地方割据的基础，对外贸易的衰落更加使自给自足的自然经济得到加强。这就更易导致政治上的分裂。

第四节　南印度的封建国家

文迪亚山脉以南的南印度封建国家中，以上德干的伐卡塔卡王朝和建志（今马德拉斯附近的康契普腊姆）的帕拉瓦王朝最为重要，现简述于下。

伐卡塔卡（Vākātakas）　伐卡塔卡王族属婆罗门种姓，可能出自中印度，后向文迪亚山以南扩展。初为安度罗王朝的藩属，公元 3 世纪下半叶在安度罗王朝衰落后兴起。到公元 4 世纪初普拉瓦拉森那一世（Pravarasena Ⅰ，公元 280—340 年）为王时征服西德干的大部分与中印度，势力强大。领土范围北自本德尔汗德，南达海得拉巴。据称他曾举行过 4 次马祭，并开始采用萨姆拉特（帝王）的称号。死后诸子争王位，国家分裂为二：一都那格普尔，另一都跋沙古拉姆（在今贝拉尔的阿科拉县）。笈多帝国曾通过联姻控制了那格普尔。到 5 世纪末跋沙古拉姆的伐卡塔卡统治者诃梨申纳（Harishena，公元 480—515 年）征服了那格普尔，恢复了统一。据阿旃陀的铭文记载，他的声威所及北自马尔瓦南达马哈拉施特拉，东自孟加拉湾西到阿拉伯海，南印度很大一片地区都归顺于伐卡塔卡王朝，但为时很短。在他死后，国家就衰落了，与笈多王朝的衰亡几乎同时。伐卡塔卡国王对婆罗门的赐地极多，这些婆罗门封建主大都从事农业，很少经商。公元550年左右，遮娄其人在德干出现时，伐卡塔卡就消失了。伐卡塔卡在德干统治了约250年，多数统治者均为湿婆教派，赞助印度教，促进了梵语文学艺术的发展，有利于德干的统一与文化的进步。佛教著名的阿旃陀石窟的兴建属于这一时期。

帕拉瓦（Pallavas） 在伐卡塔卡的南边是帕拉瓦。关于帕拉瓦人的起源是一个争论未决的问题。一般认为来自孔雀帝国最南边的省通德曼德拉姆（Tondamandalam），因为泰米尔文通代耶拉（Tondaiyar）就相当梵文"帕拉瓦"，这里的居民就称为帕拉瓦人。他们曾接受孔雀帝国的教化，公元2世纪属安度罗王朝统治。安度罗衰亡后，约在公元3世纪中叶，他们的首领建立的王朝就占了统治地位，首都在建志。约4世纪初在位的湿婆·塞建陀·跋摩（Sivaskanda-varman）是早期最伟大的国王，他统治的地区由克里希纳河到南佩内尔河与贝拉里县，举行过马祭和其他婆罗门教祭祀。4世纪中叶，毗湿奴瞿波统治时受到笈多帝国的攻击，毗湿奴瞿波曾被沙摩陀罗·笈多俘虏，后又被释放，成为笈多帝国的属国。此后，直到6世纪后半叶僧诃毗湿奴时，才又成为强大的国家。他曾攻占朱罗王国及南方其他国家，包括锡兰在内。

在帕拉瓦王朝统治下，封建主享受的豁免权很多。从当时的一份文件中可以看到，一个婆罗门的花园，除免征税收外，还有"不准索取甜奶和酸奶，不准索取盐和糖，免除强迫劳动，不准不断地牵走耕牛，不准索取牧草和木柴，不准索取蔬菜和花卉"等，而这一些却是一般村民要承受的负担。由此可见，帕拉瓦的封建剥削和压迫是沉重的。

本章主要参考书

[1] R.C.马宗达等：《高级印度史》，张澍霖等译，商务印书馆 1986 年版，第一篇第十章、第十四章。

[2] R.塔帕尔：《印度史》第 1 卷，1996 年版，1977 年再版。

[3] 章巽校注：《法显传校注》，上海古籍出版社 1985 年版。

第八章 戒日帝国的兴亡与地区王国间的斗争

第一节 戒日帝国的建立与衰亡

笈多帝国崩溃后的群雄争斗 笈多帝国解体后，北印度政治局势混乱，各国争战不休。其中比较重要的有以下四个王国，即摩揭陀的后期笈多，塔内萨尔的普什亚布蒂，曲女城（今卡瑙季）的莫卡里和伐拉比（今卡提阿瓦）的梅特拉卡。在其外围还有孟加拉的高达，拉杰普塔纳的瞿折罗，迦摩缕波（今阿萨姆西部）的跋摩，迦湿弥罗（今克什米尔）的卡尔科塔，马尔瓦的迦罗珠利等国。南印度则有瓦达比（今比贾普尔县的巴达米）的遮娄其和建志的帕拉瓦等国。

这些国家最初大多是笈多帝国的藩属。约公元 5 世纪末苏剌佗（今索拉什特拉）的笈多将军梅特拉卡族（Maitrakas）首领逐渐强大，最早脱离笈多帝国而独立。他们建都伐拉比（Valabhi），并向西扩张，成为西印度强大的国家。到 7 世纪末，伐拉比发展成为商业贸易、文化学术的中心。8 世纪 50—75 年间，这个王国为信德的阿拉伯人推翻，它存在了将近 300 年。马尔瓦的耶输达曼也很早脱离了笈多的控制，前面已经提到他曾打败哒王米希拉古拉。他在曼达索尔的石柱铭文中夸称自己的势力扩展到从布拉马普特拉河到东高止山，从喜马拉雅山雪峰到西部海洋。但他的统治很短促（约公元 530—540 年），马尔瓦不久就为梅特拉卡人、迦罗珠利人和笈多人所分割。

摩揭陀的后期笈多和笈多王朝的关系现在还不清楚。他们可能也是笈多帝国的封臣，在公元6世纪时才宣告独立。这些统治者的名字是以"笈多"结尾，因此，史学家称之为后期笈多。他们统治的地区是从摩揭陀开始，后来被逐到马尔瓦，然后又到摩揭陀，并曾一度扩展到布拉马普特拉河沿岸，击败了迦摩缕波。在公元7世纪的50—75年间，其王阿迪蒂亚犀那（Ādityasena）采用了具有帝国地位的称号。他们的政权大约在8世纪中叶时结束。

与后期笈多几乎同时强大起来的莫卡里（Maukharis）是一个很古老的家族。他们的首领于公元6世纪上半叶拥有北方邦等地，也是笈多的藩属，乘帝国的衰落而宣布独立，并夺取摩揭陀的部分领土，使后期笈多人迁入马尔瓦。到伊桑纳跋摩（Īsānavarman）为王时（约在公元554年），国家势力极盛。据当时的铭文称，他曾利用战象击退嚈哒人，又曾战胜高达人，并首次采用"王中之大王"的称号。以后为后期笈多所败，约在7世纪初覆亡。

孟加拉在笈多帝国全盛时期也属于帝国的一部分，一些地方的首领于帝国崩溃后宣告独立。高达族（Gaudas）势力强大。7世纪时国王萨桑卡（Sāsanka）占据羯罗拏苏伐剌那国（Karnasuvarna，意为金耳，今穆尔希达巴德县），又向西、向南扩张，争夺北印度的霸权。到约公元620年他死后，高达国分裂，首都为迦摩缕波国王占领，高达国亡。据《大唐西域记》记述，萨桑卡对佛教十分仇视，曾焚烧佛寺、砍伐菩提树，毁坏佛法。

塔内萨尔（Thāneswar）的普什亚布蒂王朝（Pushyabhūti），是笈多帝国灭亡后起着重要作用的王朝。他们建立的国家在《戒日王传》中称为室利康塔国，国都为萨他泥湿伐罗（即今塔内萨尔）。普什亚布蒂是这个王朝和国家的创立者。最初他们可能臣属笈多帝国，嚈哒人入侵时又成为嚈哒人的属国，后来还曾对莫卡里王朝表示忠顺。到公元6世纪初，这个国家在光增王（Prabhākara-vardhana）时才开始强大起来。他采用了"王中大王"的称号。他的国土位于由萨特累季河到恒河上游地区，土地肥沃，农产丰富，又是商业通道，玄奘称为"诸方奇货多聚其国"①。都城的附近为摩诃婆罗多大战中的战场，是军家必争之地，人民比较强悍。他们最后结束了北印度的分裂局面，建成了统一的封建帝国，这一成就是光增王的次子喜增（Harshavardhana）取得的。

  戒日王的胜利与帝国的建立　喜增的胜利，首先是由于他的国家富强，有一定的实力；其次是由于他的祖辈的经营与策略。祖父日增王（Ādityavardhana）与后期笈多王摩诃犀那笈多结成姻盟，以对抗强大的莫卡里王。光增王时改变策略，又以其女嫁莫卡里王，两强联合，势力更大。《戒日王传》曾提到光增王威慑邻邦，向外开拓国土。这里的邻邦就是指哎哒人、信德人、瞿折罗人、犍陀罗人、迦罗珠利人与马尔瓦的后期笈多人等的地区，为喜增的发展打下了基础；最后喜增本人的作用当然很重要，他的谋臣班迪与勇将辛哈纳达的作用也不可抹杀。喜增是在他的国家与其盟邦都遭遇极大灾难时即位的。高达王萨桑卡早就与莫卡里有宿怨，又打算向西扩展，于是与马尔瓦的后期笈多王摩诃犀那笈多的旁系子孙提婆笈多结盟。提婆笈多也早就对莫卡里不满。他们于是联合进攻莫卡里。时光增王病重，其长子王增（Rājya-vardhana）正出征哎哒，次子喜增在喜马拉雅山麓狩猎，都不能援助莫卡里。提婆笈多攻入曲女城，杀死莫卡里王，囚禁王后（即光增之女，王增、喜增之妹②）罗阁室利公主。光增王死，王增、喜增来不及处理后事，提婆笈多又乘机进犯塔内萨尔。因此，王增立即率骑兵1万赶往迎击。他杀死提婆笈多，为妹夫报了仇，但他本人却被萨桑卡诱杀。罗阁室利虽从狱中逃出，仍未脱离危险。公元606年喜增继其兄为王，这一年就成为

---

  ① 季羡林等校注：《大唐西域记校注》第4卷，中华书局1985年版，第388页。
  ② 恩·克·辛哈、阿·克·班纳吉：《印度通史》（第一册），张若达等译，商务印书馆1973年版，第228页，译为"姊姊"是错误的。

曷利沙纪元元年〔曷利沙是喜增（Harsha vardhana）的音译〕。他立即去文迪亚山林中救出其妹，与妹共治曲女城①，这样他就拥有两国的人力物力，称号戒日（Silāditya）王子，积极筹划东征高达。他一面练兵，一面与迦摩缕波日胄王（Bhāskaravarman）结盟，准备前后夹击萨桑卡。后者受到这一联盟的威胁，从曲女城撤军。6年后戒日王子巩固了他在国内的统治地位，迁都曲女城（Kanauj），于公元612年正式称王。这就是玄奘所说的"于6年中，臣五印度，既广其地，更增甲兵，象军6万，马军10万"②。象军原为5000，马军原为2万，增加的数目是可观的，但这些数目可能夸大得很多。至于作战五印度的具体范围与扩张的土地情况就不大清楚了。约607年，在奔那伐弹那（今孟加拉的拉杰沙希县）击败萨桑卡③。这是一次决定性的战斗，戒日王的霸业奠定了。后又回师巩固其父在西方扩展的各地。随后的30年内，他的大军几乎踏遍了整个北印度，从北方的雪山到南方的内尔布达河，从东方的甘贾姆到西方的伐拉比。公元630年，戒日王在伐拉比战役中使梅特拉卡人脱离遮娄其影响，成为他的盟国。接着他又计划南侵。当时，遮娄其为名王补罗稽舍二世（约公元609—642年）所统治，势力也很强大，特别是利用醉象冲锋，使敌人无法抵御。戒日王也是以象军著称的。但在内尔布达河各渡口都为敌军坚守的情况下，他无法逾越，象军也被战败。这一战斗大约发生在公元634年以前。迄至公元643年，除南征失利外，其他战斗都取得了大小不等的成果，他所建立的帝国范围是西起旁遮普东部，东至孟加拉西部，北自喜马拉雅山南麓，南达内尔布达河。伐拉比、迦摩缕波为其盟邦，迦湿弥罗、信德、尼泊尔等也受到不同程度的影响。但印度史学家R.C.马宗达经过深入研究《大唐西

---

① 《戒日王传》与《大唐西域记》对喜增如何取得二国王位，特别是曲女城王位，还有些情节未加说明，如喜增受光增王的遗命情况，莫卡里王世系并未断绝等。这些问题尚待研究。"喜增与妹共治"说见《释迦方志》，中华书局1983年版，第39页。
② 季羡林等校注：《大唐西域记校注》第5卷，中华书局1985年版，第429页。
③ D.德瓦胡迪：《论曷利沙的政治》，1983年牛津第2版，第101页。

域记》的有关内容，得出的结论认为，戒日王建立的帝国范围要小于笈多帝国，并不像一些史家所说的那样，整个北印度都处于他的统治下。R.塔帕尔更认为，戒日王建立的只是王国，够不上帝国①。

戒日王的政治统治　戒日王对帝国的统治大致按照以往印度建立帝国的传统模式，但也受到他本人政治斗争经历的影响。他很注意军事、宗教与外交。他亲自掌握军政大权，处理帝国军政大事。他利用宗教扩大影响，维护统治。早年信奉湿婆教，后皈依佛教，大力提倡大乘佛教。他在各处建立窣堵波和寺院，积极组织宗教活动。643年的曲女城大会曾请玄奘主讲大乘佛教。每五年有一次无遮大会②，在钵罗耶伽（今阿拉哈巴德）举行，不分教派，不论贵贱均可参加。供奉佛陀、太阳神、湿婆神。除兵器外，所有财物均大加施舍，又继承阿育王的慈善事业，提供医药救济贫困等，以缓和贫富矛盾。在外交上，他同以往帝王一样，用通婚方式与外国结盟。他将女儿嫁给伐拉比王德鲁瓦森纳二世，以利于与遮娄其的斗争，又便于控制西海岸的商路。他与迦摩缕波的结盟是为了对付共同的敌人萨桑卡。他于641年以摩揭陀王的名义向我国唐朝派遣使节，后又从玄奘处了解到许多有关唐朝强盛的情况，以及唐太宗英明的事绩，因而一再派遣使节赠送礼品，与中国通好，建立了友好关系。中国使臣来印的，前后有梁怀璥、李义表、王玄策、蒋师仁等。他们都受到戒日王隆重的接待。

戒日王时期的官员设置与地方行政区划大致与笈多王朝相同。中央有宫廷大臣，除行政、军事官员外，还有司法官，其他如管理赐田、田赋等也都有专官。封建主也被任为行政官员。地方区划分为省、县，省长由国王任命。笈多时期县的官员由省长委任，戒日王的领地较小，县长也由国王任命。县署所在地有"青藏"（尼罗蔽荼，nilapita），记载

---

① 《英国百科全书》第9卷，1978年版，第358页。
② 无遮大会（Pancaparisad），意为宽容无阻，不论宗教派别，不分上下贵贱均可参加的佛教施舍布法的大会。

政事善恶、灾祥变迁，由文书官负责。他还编录田亩册（包括已耕、未耕、荒地）①。村是基层的行政单位，由村长管理。

这一时期的刑法较笈多时严峻，叛国犯君的终身监禁；犯伤礼义，悖逆忠孝，则残伤身体（如割耳鼻、断手足等）或流放边远、外国；其他过犯，则输财赎罪。审讯在没有证据判定是非时就采用水、火、称、毒，所谓"神判法"来解决。如下水不溺死，火烧不伤，称人重于石，服毒而无害，就证明他是无辜。因而往往使人民受到冤屈和痛苦，因此，尽管刑罚较重，盗贼仍然不少。这可能是原因之一。迦旃延那法律（Kātyāyana，公元400—600年）的著作对诉讼程序、法令规定与法庭组成等都有记载。国王为最高司法官，亲自审理案件或委任他人代理，并由婆罗门陪审推事等协助。

总的来说，戒日王的统治是很松散的，帝国内有二十多个半独立的封建藩属，另外还有森林部落。他主要靠武力维持宗主地位，迫使藩属纳贡赋与提供军队，执行封建义务；为了加强对地方的控制，戒日王常巡视各地，在行宫中理事。其次是以赐地与封官笼络封建主。

戒日王很注意网罗人才，赞助文学艺术活动。他的朝廷里拥有写作《戒日王传》与《迦丹波利》的巴纳、宫廷诗人摩由罗与提婆伽罗和中国高僧玄奘等优秀的人物。在王田的岁入中专列一项开支，奖励硕学高才，又对当时佛教学术文化中心那烂陀寺赏赐极厚，"舍百余邑充其供养，邑二百户、日进秔米、酥乳数百石"②。许多名流学者（包括玄奘）在这里研究学习。戒日王本人也是诗人和戏剧家，作品有《璎珞传》、《妙容传》和《龙喜记》等。

戒日王帝国的覆亡 如上所述，戒日帝国是一个由许多小封建王国组成的极不牢固的结合体。当他于公元646年底（或647年初）去世时，他的国家立即陷于瓦解和混乱。他是否有儿子不能肯定，根据记

---

① D. 德瓦胡迪：《论曷利沙的政治》，1983年牛津第2版，第227页。
② 孙毓棠、谢方点校：《大慈恩寺三藏法师传》，中华书局1983年版，第69页。

载,有一个女儿嫁给伐拉比王,生有一子达罗犀那四世。后者大约在戒日王死时自称"王中之大王",是戒日王在西印度的帝业继承人。觊觎曲女城王位的还有其妹夫莫卡里王的兄弟和戒日王手下的一个名叫阿罗那顺的大臣。后者篡夺了王位,并打算劫持以王玄策为正使、蒋师仁为副使的中国使团,求得外邦的承认。王未从,与副使乘夜暮逃奔吐蕃,得到松赞干布选派精兵1200名相助,又去尼波罗得到700骑兵支援;于是讨伐篡位者,使阿罗那顺遭到决定性的失败。王玄策还从迦摩缕波国日胄王处得到大量牛羊和弓、刀、宝璎珞等的犒赏,并将僭位的大臣俘送到中国。阿罗那顺受到唐太宗的宽恕,留居中国至死。太宗的昭陵侧刻有阿罗那顺的石像,与龟兹、高昌诸王石像并列,这一经过只见于中国记载,印度史学家如R.C.马宗达认为所述情节有些言过其实①。但基本史实还是对的。唐朝使节的这一自卫行动是对玄奘与戒日王所缔造的中印友好关系的维护,是值得肯定的。

戒日王死后,普什亚布蒂王朝灭亡。曲女城的情况有一段时间不清楚。戒日帝国解体后,印度次大陆分裂的局面从7世纪中叶一直延续到12世纪。

第二节 封建社会经济结构的确立与发展

封建制的巩固 笈多王朝到戒日王时期,印度的建制得到巩固。土地分封继续进行,玄奘和巴纳都提到戒日王大量赏赐土地。《大唐西域记》中提到印度王田收入的使用分为四项:"一充国用祭祀粢盛;二以封建辅佐宰臣;三赏聪叡硕学高才;四树福田,给诸异道。"②除国家与王室开支占一项外,其余三项都属赐田性质,有的作为俸禄,有的则是宗教费用。当然这四项并不是各占1/4,主要的部分还是第一项。其

---

① R.C.马宗达主编:《印度人民的历史与文化》第2卷《古典时代》,1954年孟买版,第124页。
② 季羡林等校注:《大唐西域记校注》第2卷,中华书局1985年版,第209页。

次"宰牧、辅臣、庶官、僚佐，各有分地，自食封邑"①。政府自上至下各级官员都有了封邑，比笈多时期又进了一步。赐田的普及，赐予的权利也逐渐增多，领主与封臣间有了不同的从属关系。取得赐田封邑的封建主得到萨曼塔（Sāmāmta）称号。那些被征服的封建主也自称萨曼塔表示忠顺。他们有义务向君主定期朝觐、侍奉、纳贡、提供军队参加战斗等，并须将自己的子女留在君主身边作质。萨曼塔除得到赐封的土地、村庄外，还可得到君主赏赐的黄金、车辆等。但如有过犯，则被剥夺其特权、赐地与称号，只留下赡养费。萨曼塔田赋收入根据赐田多少而定，赐田1000犁②，约合收入1000银卡尔沙帕纳。由领地的大小和从属农民的多少，确定封建等级的高低。在称号方面，各等级也有不同。萨曼塔之上有摩诃萨曼塔、藩王、大王等。较小的封建主有拉纳卡（ranaka）、塔库拉（thakura）等。被征服的藩属仍保有一定的独立地位，强大的藩王可以不经君主同意而自行给属下分封土地，形成各层封建隶属关系，削弱了君主的专制权力。婆罗门、佛僧及他们的寺庙也接受赐地，而且其数量最多，又享有免税、免受官吏干扰等特权，因此控制很多的依附农民，拥有大量的财富，在封建经济中占有很重要的地位。

这一时期的农民，仍保有农村公社的组织，过着农业和手工业结合的自给自足的经济生活。根据《大唐西域记》："赋敛轻薄，徭税俭省，各安世业，俱佃口分。假种王田，六税其一。"③ 农业税仍是土地产量的1/6。赋税徭役都比较轻微。不过，从铭文资料中可以看到额外的捐税很多，如使用织布机、榨油机、耕畜等都得纳捐，建房、结婚、祭祀等均须缴费。还有村镇地方政权的开支，包括警察、看守等的薪俸，杂税多达18种，也都向农民征收。劳役除大部由国家派用来修建灌溉工

---

① 季羡林等校注：《大唐西域记校注》第2卷，中华书局1985年版，第209页。
② 犁为田亩单位，即用一定数量的牛拉一犁能耕的亩数，即约为1.3英亩。参阅D. 德瓦胡迪：《论曷利沙的政治》，1983年牛津第2版，第194页。
③ 季羡林等校注：《大唐西域记校注》第2卷，中华书局1985年版，第209页。

程、城堡、宫殿、庙宇、道路和桥梁等外，还须侍候封建主围猎，以及一些临时差遣，甚至包括封建主家庭里的杂活。可见农民的负担还是相当沉重的，虽然不像西欧封建制有所谓劳役地租作为主要的剥削形式。关于"世业"和"口分"的田制，可能是玄奘用中国唐朝田制的名称"永业田"和"口分田"的均田法来说明印度的制度。大概印度农民占有的田地，有一部分是私人占有世袭的，一部分是公社按户口分配的份地，有的要纳税，有的则是纳租，具体关系还待进一步研究。根据赐田铭文，往往是连同田地一起将整个村社农民都转交寺庙或世俗封建主。在这种情况下，农民所受的封建剥削可能更重。唐朝的另一位访印名僧义净（公元635—713年），在他的《南海寄归内法传》中就提到有的佛寺的实物地租为土地产量的1/3。村社的村长和文书等负责征收田赋，利用自己的职权、地位，剥削穷苦的公社成员。他们一般占有较多的世袭分地，久而久之就成了小封建主。至此，印度社会自上而下的分封授地，与村社建关系的确立使封建制得到巩固和发展。

种姓制度的演变　随着封建制的确立，种姓制度也有了相应的演变。其中最大的变化是吠舍种姓，他们内部有了分化。从事商业高利贷的上层吠舍仍保留原有的种姓，即玄奘提到的"贸迁有无，逐利远近"的商贾。广大的村社农民在外族入侵和战乱中，受到社会经济破坏的影响最大，很多沦为依附农民，社会地位下降为首陀罗种姓。原有的首陀罗从事手工业和各种服务行业，现在有的转而从事农业，也成为依附农民，即玄奘称为"肆力畴陇，勤身稼穑"的农人，他们的经济条件和社会地位较之奴隶制社会阶段有了相对的提高和改善。随着职业分工的细密，阇提的数目也增多了。他们都要服属高级种姓封建主的统治。婆罗门和刹帝利就大多是宗教的和世俗的封建主，是占统治地位的高级种姓。从笈多王朝以来，在婆罗门编写的法论中总是将各种姓的职业规定得很明确，但实际上在社会的演变中，种姓与职业同以往一样并没有必然的联系。据巴利文佛典记载，婆罗门除祭祀以外，还有做医生、信差、税吏、樵夫、商人、兵士、木匠、猎人、侍卫等各色人等的。但最低贱的职业就只由贱民担任，他们在各方面受到歧视。《大唐西域记》中就提到"屠、钓、倡、优、魁脍、除粪，旌厥宅居，斥之邑外，行里往来，僻于路左"①。他们的住宅有特殊标记，只能住在城外，走路也要避开与高级种姓相遇；低级种姓或外族无种姓的取得政治上的统治地位后，就要想方设法把自己的祖先家系和高级种姓联系起来，这样他们的地位就可以得到种姓制的维护了。总之，种姓制是有利于封建统治的。因此，在巩固封建制中它是起着较大作用的。

封建经济的发展　封建制确立后，社会经济有了进一步的发展。首先在农业方面，大量赐地包括荒地与休耕地得到开垦。使用轻型犁，各地对水利的重视如苏达尔桑纳湖灌溉工程（在卡提阿瓦）的修复与供水，灌溉田亩有波斯水车，农产品特别是蔬菜、水果种类的繁多及各种名产，在玄奘、义净和巴纳的著作中都有列举。粮食有西北印度盛产的小麦；西印度的稻米与大麦；摩揭陀还产良种稻，米大于乌豆，做饭香鲜，非常有名，称为供大人米②；波里夜呾罗（今拜拉特）有一种稻，下种60天就可以收获③。经济作物有棉花、椰子、油料、甘蔗、靛蓝等，蔬菜如瓠瓜、甜菜、瓜等，水果有石榴、柑橘、芒果、葡萄等。

手工业门类很多，重要的是纺织业与冶金业。纺织业使用的原料有棉、麻、丝、毛等，织品的花色种类也很多。巴纳提到迦摩缕波国王送给戒日王的有麻、丝织品，还有绘有图案花纹的布，阿旃陀壁画中可看到细纹棉布、丝绸绣花的衣物。冶金业的金属原料有铁、鍮石即黄铜、铅、金、银等，冶炼技术精良，铸造的兵器如刀、矢、剑、斧、戈等受到玄奘的赞赏，说是"凡诸戎器、莫不锋锐"。金银饰品，钱币也很著名。其他手工业还有制糖、榨油、造船、象牙雕刻和漆制品等。武器供

---

①　以上所引均见于季羡林等校注：《大唐西域记校注》第1卷，中华书局1985年版，第197、173~174页。

②　季羡林等校注：《大唐西域记校注》，中华书局1985年版，第622~623页。

③　季羡林等校注：《大唐西域记校注》，中华书局1985年版，第376页。

作战之用,奢侈品主要供封建主贵族享用,另有部分外销。乡村手工业如铁匠、木匠、陶工等的制品则主要供应农民。

商业、对外贸易继续发展。内地商业,村镇有集市,交换生活必需品如盐、布、农具等。商人来往,由于陆路有盗匪,多走水路。南北贸易比较发达。西北印度由于受到嚈哒人的破坏,呾叉始罗、富楼沙等城市衰落了。木尔坦是一个控制印度河下游的重要城市,后来成为西北印度的贸易中心。恒河中下游的古代著名城市在笈多王朝以后继续衰落,如巴连弗邑(即华氏城,今巴特那)在法显时还是"民人富盛"的最大城邑,到玄奘时整个摩揭陀已经是"城少居人"而荒凉了。曲女城代之兴起,政治中心和宗教中心已转移到西部恒河中上游一带。塔内萨尔是控制恒河上游平原的战略要地,哈德瓦尔(Hardwar)为印度教徒朝拜的圣地,这些地方都成为新兴的城市。重要的对外贸易城市伐拉比、苏刺陀和耽摩栗底等仍很兴盛。但自公元3世纪罗马帝国衰落后,印度与西方的贸易就一蹶不振,因而更多地转向与东南亚的贸易。在东南亚的许多地方都建有印度人的商业据点,传播印度的文化。印度的殖民者使那里出现了一些印度化的国家。

第三节　封建制时期宗教方面的变化

佛教的衰微　随着印度社会进入封建制阶段,印度的宗教也发生了变化,首先是佛教逐步走向衰微。法显、玄奘等中国佛僧访问印度时对宗教问题是很注意的,法显已发现一些佛教圣地遭到遗弃,佛教有衰败的迹象。玄奘见到有的寺院荒废、佛塔残破,有的异道甚多,僧徒寡少,如果和法显时代相比,无论是寺庙和僧徒数目都大大减少,但有些寺院如那烂陀寺、伐拉比寺等还是比较兴盛的,不过总的来说,佛教是在走下坡路,佛教中小乘教派又比大乘教派衰落得快。佛教的衰败从外因方面来看,是由于受到统治者的迫害,如嚈哒大族王破坏寺院、杀死僧侣;狂热的湿婆教徒高达国王萨桑卡也破坏佛法等。其次是外道,主要是婆罗门教的排斥打击。婆罗门教并没有因为佛教的兴起而消失，它一直保持相当的势力；加之，笈多诸王信奉婆罗门教，自然增强了它的力量，就连戒日王后来虽崇信佛教，但仍供养婆罗门。他在曲女城法会上重视佛教沙门，就遭到外道阴谋暗害和破坏，可见外道即婆罗门的力量之大。从内因来看，前已提到佛教寺院占有大量田地财富，僧侣又经商和放高利贷，也有丰厚的收入，上层僧侣生活渐趋奢侈，腐化堕落；其次佛教内部分裂，早期佛学分18派，后分为两个主要的宗派，大乘和小乘，各自还有一些小派，到7世纪又分出金刚乘（Vajrayāna），强调巫术仪式。各派解说不同，使信徒无所适从；再次大乘佛教采纳了偶像崇拜，迎神法会等仪式，又强调巴克提（虔诚信仰），和婆罗门教接近，金刚乘也同样如此，失去了佛教本身的特点；还有僧团内部教阶森严，待遇差别很大，这是封建等级制度在佛教僧团内的反映，又承认种姓划分，不许下层人民加入僧团，采用梵语讲经，等等，这些都使佛教和群众脱离，丧失了在群众中的威信，因而统治阶级也觉得它用途不大，不予支持，它就衰落了。

印度教的兴起　婆罗门教吸取了以往失势的教训，采用了佛教、耆那教的一些教义和民间信仰，经过长期的融合，逐渐在笈多时期形成了印度教。到商羯罗（Śaṅkara，约公元788—820年）时才奠定了印度教的理论基础与组织形式。商羯罗是马拉巴尔海岸基腊罗的吠檀多派哲学家。他在宗教哲学上将印度教加以理论化，用大乘佛教教义解说吠陀文献，建立了"不二论"（advaita）完整的唯心论体系。认为只有梵和我、宇宙精神和个人精神是真实的存在，现实世界全是"摩耶"（Maya，幻象）。在组织上组成了修道团、印度教的僧团与寺院，从而增强了力量。

印度教崇拜的三个主神中，梵天为创造之神；毗湿奴为守护之神，也能降魔创造；湿婆为破坏之神，也能再生；后二者都具有梵天神创造万物的作用，因此能够取代梵天神。印度教主要分为毗湿奴与湿婆两派。印度教用化身说把其他宗教与民间故事中的主要人物（如释迦牟尼、罗摩、黑天等）说成是湿婆或毗湿奴的化身，或是体现这两位大神的创造力或破坏力的形式，从而吸引其他教派群众，并借助这些人物的声名扩大自己的势力。它还将非雅利安血统的女神纳入婆罗门神殿，说雪山神女是湿婆的配偶，主管财富之神的吉祥天女与毗湿奴结合。由于吉祥天女早已受吠舍、首陀罗低级种姓的欢迎，因此有利于印度教在低级种姓中的传播。此外，它还导致了对阴性力量（萨克提，Sakti）的崇拜，并发展成为印度教的一个新派（性力派）。这一派与毗湿奴派、湿婆派一道成为印度教的三大派。

印度教的经典除专门为婆罗门研读的吠陀、梵书、奥义书外，还有史诗、往世书、法论、宗教诗歌等。它的教义吸收了佛教、耆那教的不伤生、禁欲、苦行等内容，主要表述在《薄伽梵歌》里。它确认种姓制度，要求每个种姓按照自己的地位所应有的行为规范（达摩）去生活，履行祭祀，还要虔信神灵，才能得到解脱。首陀罗只有通过为再生种姓服务，虔信神灵，在来生才能转为较高的种姓；否则就沦为贱民，甚至在地狱受苦。反复强调的说教人们现世所处的地位与苦乐都是前生行为的果报。印度教一方面倡导苦行禁欲，自我折磨，使被压迫被剥削的低级种姓甘心忍受现实的痛苦，放弃反抗与斗争；一方面又宣扬欲享乐，如湿婆神既是苦行之神又是舞王，使剥削阶级封建主心安理得去挥霍财富追求欢乐，印度教就是这样适应了封建主阶级的需要，因而得到他们的支持和倡导。印度教逐渐取代佛教成为在印度占统治地位的宗教。

第四节　地区王国争霸与外族入侵

两雄相继称霸北印度　戒日帝国解体后，各地领主纷纷独立，称雄争霸。由于曲女城曾是戒日帝国都城，北印度最大的政治中心，因此就成为各强争夺的目标，占有了曲女城，就意味继承了戒日帝国的地位。各地领主也向其领地周围扩张，发动兼并战争。

约在公元 8 世纪初，继戒日王之后统治曲女城的是耶输跋摩

(Yasovarman)。他自称是月族后裔,根据他的宫廷诗人写的《高达征服记》,我们知道他曾东征杀死高达王。他还曾继续向海岸推进,战胜文加人;转而向南直达内尔布达河;后又经拉杰普塔纳沙漠,然后再北上塔内萨尔,凭吊"俱卢之野"古战场后,再至喜马拉雅山地区,最后,胜利返回曲女城。这些事迹的描述是属于歌功颂德的性质,难免没有虚构。例如按照遮娄其王的铭文,在这期间他曾击败"北方之主",可能指的就是耶输跋摩,那么后者就不是所向无敌的了。根据中文资料,耶输跋摩曾于公元731年派遣大臣即佛僧普陀生(Buddhasena)去中国,求中国帮助对付进犯印度的阿拉伯人与吐蕃人,但结果不详。最后,约在公元740年他为迦湿弥罗王所杀。曲女城转入迦湿弥罗人之手。

迦湿弥罗曾属哦哒人统治,7世纪时杜尔拉巴伐弹那(Durlabhavardhana)在那里建立了卡尔科塔(Kārkota)王朝,国家才开始强盛起来。玄奘曾访问过这里,在《大唐西域记》里提到杜尔拉巴伐弹那还统治5个小国(旁遮普西部和西北部)。其孙拉利达迪蒂亚(Lalitāditya)就是消灭耶输跋摩夺取了曲女城的人,高达王也曾向他称臣纳贡。迦湿弥罗的史学家卡兰纳在他编的《诸王世系》中提到,拉利达迪蒂亚曾战胜其国北方和西北方的吐蕃人、达尔德人和突厥人,又曾深入德干高原,还征服过马尔瓦和古吉拉特,并击败信德地区的阿拉伯人。这些史诗式的颂词很可能夸大了他的战绩。不过,迦湿弥罗在8世纪中叶的北印度政治舞台上确是一个非凡的角色。他也曾于公元733年派使节到中国求援,得到唐朝皇帝的赐封。他建立了一些佛教寺院和印度教庙宇,特别是供奉太阳神的马尔丹德庙最有名。以后的统治者都比较软弱,国势衰落,到公元1339年被穆斯林征服。

三强战争 到公元8世纪后期,曲女城成为三强争夺的对象。三强指的是孟加拉的波罗王朝(Pālas),西印度的波罗提诃罗王朝(Pratihāras)和德干的拉什特拉库塔王朝(Rāshtrakūtas)。首先取得曲女城的是波罗王朝。波罗王朝是在公元 8 世纪中叶后由瞿波罗（Gopāla）创立的，后来的铭文称他是日族后裔，但据莫卧儿时期印度史学家阿布勒·法兹勒说，他是属于吠舍的亚种姓。在他的儿子达摩波罗（Dharmapāla，约公元 770—810 年）与孙子提婆波罗（Deavapāla，约公元 810—850 年）治理下，国土向外有很大的扩展，北达甘蒲阁，南抵文迪亚山脉。他们极力想恢复古代孔雀帝国与笈多帝国的光荣，征服曲女城后，扶植查克拉尤达为王，臣属波罗王朝统治。波罗王朝的势力达到顶点。波罗王朝是以华氏城为都的最后的印度教王国，国王以婆罗门大臣为辅佐，本身却虔信佛教，他们极力提倡并向国外传播印度宗教和文化，曾创立乌丹达普拉大学和毗讫罗摩尸罗大学，波罗王朝统治的孟加拉是大乘佛教向东南亚与我国传播的重要基地。它的建筑、雕刻与绘画艺术也对东南亚的艺术有影响。

公元 8 世纪末，波罗提诃罗王朝开始争夺曲女城，爆发了所谓"三强战争"。波罗提诃罗王朝为自称日族后裔的瞿折罗人在拉杰普塔纳建立。瞿折罗人是拉杰普特人中重要的一支，在西印度、北印度建立了一些重要的王朝，波罗提诃罗王朝就是其中之一。纳加巴塔一世（Nāgabhata Ⅰ，公元 730—756 年）时以邬阇衍那（今乌贾因）为根据地，统一了各小王国，又击退了来自信德的阿拉伯人，到弗少王时（Vatsarāja，约公元 778—805 年）占有马尔瓦，开始向东扩展，夺取曲女城，意图先控制恒河流域中游，然后向下游扩展。

这时拉什特拉库塔王朝也准备北上争夺曲女城。拉什特拉库塔王朝的起源和许多其他印度王朝一样是模糊的，可能他们原是达罗毗荼族农民，其首领在遮娄其王朝时获得世袭省长的职位，到公元 753 年丹蒂杜尔加（Dantidurga）统治时才取代遮娄其，奠定了帝国的基础，积极向外扩张。

三强战斗开始，曲女城似乎先落入弗少王之手，达摩波罗前来争夺，两强在河间地发生战斗，而弗少王占有优势。待双方力量削弱，拉什特拉库塔王德鲁瓦（Dhruva，约公元780—793年）乘机出兵，先大败弗少王，使后者逃回拉杰普塔纳的荒漠中避乱；又进而击退达摩波罗，将他逐出恒河河间地。但由于德干发生继位之争，德鲁瓦退兵，达摩波罗得以重整军力，取得了曲女城，如上文所述建立了他在这里的宗主国地位。将近公元9世纪初，波罗提诃罗在纳加巴塔二世时（公元805—833年）恢复了力量，继续推行扩张政策，夺取了曲女城，并在蒙吉尔（在比哈尔）一战中大败达摩波罗。后者向拉什特拉库塔求援，德鲁瓦的儿子戈文达三世（Govinda Ⅲ，公元793—814年）率军北上，于公元809或810年使纳加巴塔遭到惨败，达摩波罗也向他投降。这时南印度各国乘他远在北方，组成联盟反抗，戈文达只得南撤。北方只剩两强相争。这次是波罗王朝的提婆波罗占了上风。波罗提诃罗王朝到公元836年纳加巴塔二世的孙子波阇一世（Bhoja Ⅰ）即位时，夺回曲女城，并以此为都城。提婆波罗死后，波罗王朝衰落了。波阇的继承者摩哂陀波罗一世（Mahendrapāla Ⅰ，约公元885—910年）又向东扩展，使他的版图东到北孟加拉的帕哈尔浦尔，西到卡提阿瓦。这是波罗提诃罗王朝的极盛时期。他的后代再次受到拉什特拉库塔王朝的因陀罗三世（Indra Ⅲ，公元914—927年）的沉重打击，曲女城也丧失了，后虽恢复，元气已大受损伤。"三强战争"长年战乱的结果，三方力量都消耗了，都不能建立统一的封建帝国，各地分裂割据更加严重。到10世纪末，波罗提诃罗王朝的藩属纷纷宣告独立，许多拉杰普特人的王朝在北印度各地建立了自治的小王国。1019年，曲女城被一个更可怕的敌人加兹尼的马茂德攻占，波罗提诃罗王朝维持到1027年就衰亡了。

南印度各国的争霸　南印度的形势也和北印度类似，政治上是分裂的。在德干，继伐卡塔卡而起的是公元6世纪在瓦达比（Vātāpi，今比贾普尔县的巴达米）建都的遮娄其（Chālukyas）王朝，它自称是月族后裔，实际的创始人是补罗稽舍一世（Pulakesin Ⅰ），即位时曾举行马祭。到约50年后，他的后代补罗稽舍二世时（公元609—642年），势力最盛，统治了几乎全部德干地区，又击退了曲女城戒日王的进攻。他和南方帕拉瓦王国的斗争，与北印度的"三强战争"一样无休止，并且世代长期为敌。补罗稽舍二世就是在战斗中阵亡的。双方的首都也都多次被毁。后来，在遮娄其与南方印度三国南北夹击下，帕拉瓦失败了。但遮娄其却早在约公元753年时为一个名叫丹蒂杜尔加的封臣所推翻，后者建立了拉什特拉库塔王朝。此后，帕拉瓦也在公元9世纪末为朱罗王朝所灭。

拉什特拉库塔王朝在争夺曲女城的斗争中一直是举足轻重的，也曾占领曲女城。他们的势力深入到恒河的河间地。南印度各国都承认他们的宗主权，在国际上也享有一定的声望，在阿莫加瓦尔沙一世时（AmoghavarshaⅠ，约公元815—877年），阿拉伯商人萨勒门曾称他是世界上四个伟大君主之一，另外三个是巴格达的哈里发、中国皇帝和君士坦丁堡的皇帝。这时拉什特拉库塔采取的是亲阿拉伯的政策以及对抗他们的共同敌人——瞿折罗—波罗提诃罗王朝。克利希那三世（KrishinaⅢ，约公元939—968年）是拉什特拉库塔王朝的最后一位伟大的国王，他征服了建志和坦焦尔，在南方有较多的建树。他的继承人于公元973年被其封臣泰拉（Taila）推翻，泰拉是后期遮娄其的创始人。

朱罗王朝从拉什特拉库塔王朝处收复了失地，到罗阇罗阇一世（RājarājaⅠ，公元985—1014年）与其子拉金德拉·朱罗一世（Rajendra chulaⅠ，1014—1044年）统治时建立了强大的帝国，陆上统一了南印各国，海外领地则包括锡兰、尼科巴群岛，马来半岛及南洋群岛的一部分，控制了东西方海上交通要道。他们和后期遮娄其为争夺南印度陆上的霸权进行激烈的战斗。

外族的入侵　南北印度的内部争夺无力抵御外族的入侵。7世纪末，信奉伊斯兰教的阿拉伯人占领伊朗和阿富汗，积极向印度扩张。8世纪初，阿拉伯帝国的伊拉克总督借口海盗劫掠了锡兰王送给哈里发的财物，派海军攻占信德，势力直抵木尔坦。曲女城与迦湿弥罗的印度国王一面遣使中国求援，一面设法抵抗。到8世纪中叶，阿拉伯人内部分裂，前进的队伍又为波罗提诃罗的纳加巴塔一世所败，阿拉伯人的入侵才中止。这是伊斯兰教的外族对印度的第一次入侵。

10世纪中叶即约公元962年，阿拉伯哈里发帝国分裂出的中亚萨曼王朝统治者的一名突厥奴隶阿勒普蒂金（Alptigin）在加兹尼（Ghazni）建立了一个新的王国。王国的统治者很注意经营印度，其中最著名的是998年即位的马茂德（Mahmùd）。据当时一位穆斯林作家称，"他规定每年对印度进行一次远征作为自己的任务"。从1001年到1026年的26年中先后入侵印度共有17次，每次都造成了极大的破坏，抢劫财物，屠杀掳掠居民。1018年底占领马土腊，那里许多富丽堂皇的庙宇都遭到烧毁，庙里的财宝被夺取。次年又洗劫了曲女城——印度人中享有盛名的京都。曲女城的君主听到敌人到来就逃走了。马茂德在这次远征中获得的战利品十分可观，计有300万银币（dirham），5.5万奴隶和350头大象。由于奴隶一时太多，奴价降到每人不超过10银币。波罗提诃罗王朝再也无力恢复了。马茂德最有影响的一次远征是1025年对索姆那特（Somnath）的洗劫。索姆那特是印度教徒最崇信的月神的名字，在这个以其命名的城市里，有其庙宇。庙内殿堂十分宽敞，支撑屋顶的柱子就有56根之多，并有珍贵的宝石装饰这些柱子。庙宇防卫坚固，印度教徒相信月神威力无穷，在恐惧时就到庙里避难。那里2000名婆罗门巡礼念经，300名歌手和500名舞伎为神灵歌舞。国王指定1万个农庄供养，远近各地信徒献纳的财物也很多，庙里有不少珍奇珠宝。马茂德经过几度攻战，终于占领了这一巍峨的城市与神庙，在庙周围屠杀近5万人，捣毁了庙内的巨大石刻神像，劫走的钻石、珍宝等不计其数，传说用3万匹骆驼才把这些战利品运回加兹尼。马茂德多次入侵的结果，使整个北印度的生产力受到严重的破坏，印度教军队的士气受到摧残，印度教的势力也受到很大的打击。从印度河到纳加尔科特的整个狭长地带被并入加兹尼的版图，保证了到北印度与西印度的通路的安全，这就为后来的入侵作了准备。

本章主要参考书

[1] R.C.马宗达等：《高级印度史》，张澍霖等译，商务印书馆 1986 年版，第一篇第十一章、第十二章、第十三章。

[2] 季羡霖等校注：《大唐西域记校注》，中华书局 1985 年版。

[3] D.德瓦胡迪：《论曷利沙的政治》，1983 年牛津第 2 版。

第九章 德里苏丹国的统治
（1206—1526 年）

第一节 德里苏丹国的建立与巩固

从加兹尼的灭亡到德里苏丹国的建立 加兹尼的马茂德经营印度的主要目的是获得那里的财富，兼并旁遮普是为了开辟去印度的通路，控制进入内地的门户。1030 年马茂德去世后，内部争夺王位的斗争和外部与塞尔柱突厥人的长期战斗，削弱了加兹尼王朝的势力，原为加兹尼藩臣的古尔（Ghur）小王国乘机兴起。古尔王公属于东波斯人血统，其领地在赫拉特东南阿富汗山区。他们逐渐向外发展，到 1186 年，古尔的穆伊兹-乌德-丁·穆罕默德（Múiz-ud-din Muhammad，通称为古尔的穆罕默德）占领了加兹尼的最后据点拉合尔，加兹尼王朝灭亡。

古尔人继续向恒河—朱木拿河流域扩张。1191 年，在塔内萨尔附近的塔拉因，古尔的穆罕默德遭到德里和阿杰米尔的统治者、拉杰普特族乔汉王普利色毗罗阇的英勇反抗，曾一度大败。他身负重伤，退回加兹尼。次年，他重整旗鼓，再次入侵。第二次塔拉因大战中，他以灵活的战术迷惑敌军，取得决定性的胜利，处死普利色毗并相继攻克汉西、沙马那、库拉姆等要塞。他进军阿杰米尔，占领该地后大肆抢劫，还俘虏许多居民作为奴隶。他留下忠实副将库特卜·乌德丁·艾巴克掌管新征服的印度领土，随即返回加兹尼。艾巴克于1192—1193年攻占密拉特和德里，德里成为他的司令部。1194年他协助穆罕默德攻下贝拿勒斯，1198—1199年又占领曲女城。1202年以后，卡林贾尔、马霍巴、巴达翁等富庶城市也先后沦于他们手中。与此同时，古尔的另一员骁将伊赫蒂亚尔-乌德-丁·穆罕默德（Ikhtiyar-ud-din Muhammad）占领了比哈尔和孟加拉的西部，摧毁了波罗王朝庇护的佛教寺庙，屠杀佛僧，自此佛教在印度几乎绝迹。伊赫蒂亚尔还妄图远征西藏。约在1205年中，他率领1万骑兵向东北推进，在一座坚固的城堡下受阻。这一地点尚未查明。他在这里猛攻不克，损失惨重，退兵途中又遭到当地人破坏，结果只剩下100骑逃回印度。不久，他本人也被部下刺死。

古尔的穆罕默德的许多部下都信奉伊斯兰教，是受过军事训练的突厥奴隶。他任用这些忠实勇敢的将领，又利用印度教各国的分裂以及内部的种姓矛盾，才得以顺利地建立从阿富汗到孟加拉这一广大地区的王国。但这个国家的根基是不牢固的，中亚的一次军事失利就引起王国政局的动荡和各地的叛乱。1206年叛乱平息之后，古尔的穆罕默德被一伙刺客暗害，刺客很可能与被他镇压的人有关。他没有子嗣继位，古尔王朝实际上就灭亡了。各地将领在各自的辖区内宣告独立。艾巴克（Qutb-ud-din Aibak，1206—1210年）于1206年6月24日在拉合尔即位，称为苏丹，并得到其他贵族的承认，德里苏丹国的历史从此开始。1206—1526年300多年间，王朝虽有更迭，但前后5个王朝都以德里为权力中心，因此称为德里苏丹统治时期。艾巴克开创了德里苏丹国的第一个王朝，即所谓奴隶王朝（1206—1290年）。这一王朝的艾巴克及另两位苏丹都是奴隶出身，因此而得名。

德里苏丹国的巩固与扩张 艾巴克对征服印度有过显著功绩，并受任统治印度，又与当时一些有势力的贵族军事首领联姻，借以巩固自己的地位。但他的岳父伊勒迪兹却据有加兹尼与他争权，使阿富汗与印度不能建立政治联盟。艾巴克于1210年11月初玩马球时坠马而死。当时穆斯林世界并没有明确的王位继承法，继承人的确定主要取决于贵族们的意向及各派的实力。德里贵族拥护其婿伊勒图特米什，他用武力击败拉合尔贵族扶持的阿拉姆沙后，于1211年成为苏丹。但一些封建主割据自立，并向外扩张；印度教的王公、拉杰普特人的首领也乘局面混乱，在旁遮普和孟加拉间的领地上恢复独立；德里地区又有一些阿米尔（伊斯兰教军事首领称号）对他的统治不满，因而德里苏丹国的统治很不稳定。

面对这种局势，伊勒图特米什（Iltutmish，1211—1236年）大胆任用他收买和加以训练的突厥奴隶，作为其统治的核心力量，这些人物后来形成著名的"四十人集团"（chihilgān）。他首先镇压了德里附近阿米尔的叛乱，又加强了对巴达翁、奥德、贝拿勒斯和锡瓦利克等地的控制，然后对付较强大的封建主。1216年在塔拉因附近的战役中击败伊勒迪兹，将他俘虏后处死。接着，其姨丈卡巴查也于1217年被赶出拉合尔，在印度河投水自尽，其信德领地遂被并入德里苏丹国。1229年伊勒图特米什接受巴格达哈里发的册封，获"大苏丹"称号，从而加强了他的政治地位。他再次征服孟加拉，又重占瓜利奥尔、比尔萨与乌贾因等印度教封建主的领地。1221年成吉思汗率领强大的蒙古军进攻花剌子模，并进兵印度河畔。伊勒图特米什慑于强敌，未敢冒犯，避免了正面冲突。蒙古人在掳掠信德和西旁遮普后，由于天气炎热而撤兵北返。这样，德里苏丹国的统治得到了保全和巩固，领土也有所扩张。

德里苏丹国在1236年伊勒图特米什死去之后又陷于混乱。伊勒图特米什临终曾指定他的有才干的女儿拉济娅为继承人，宫廷贵族不愿服从女人统治，违背苏丹遗愿而拥立另一个昏庸无能的王子为苏丹。母后独揽朝政，使国家更无法治理。后来拉济娅虽赢得王位，终因贵族的反抗，在不到4年的统治后，于1240年被害，这位德里王朝唯一的女苏丹成了贵族党争和穆斯林社会封建观念的牺牲品。接着又是一个混乱时期。"四十人集团"享受高官厚禄，拥有大量的领地，操纵王位的争夺，左右朝政，苏丹毫无威信。拉杰普特人也时常叛乱。1241年蒙古人再度入侵旁遮普，占领拉合尔，屠杀居民，破坏城市。1245年他们又占领木尔坦，包围乌赤。内忧外患使国家再次濒临危亡。

1266年继任苏丹的巴勒班（Balban，1266—1287年在位）是一位富有经验和能力的统治者。在位的22年间，他重新整顿和巩固了德里苏丹国。巴勒班出身于突厥奴隶，被苏丹伊勒图特米什收买，成为"四十人集团"中的一员，曾任国王的侍从、阿米尔。1246年他组织远征军迫使蒙古人撤退，解救了乌赤；1249年成为苏丹的代理人，并将女儿嫁给了苏丹，他还执掌军权，成为朝廷内举足轻重的人物。他即位后首先着手整编军队，任命有战斗经验的忠实的马利克①统帅军队；为了补充纯突厥血统兵员的缺额，又征募了阿富汗人和在印度出生的穆斯林服役。他依靠这支军队平定德里邻近地区和河间地的叛乱，镇压印度教徒、农民和山地部落的起义，从而维护了国内的安定局面。为了保卫西北边疆，对抗蒙古人的入侵，他修复边防要塞，派遣勇敢善战的将领驻守。先是苏丹的表弟舍尔汗·孙卡尔，其后又由苏丹的长子穆罕默德汗与次子布格拉汗分区联防，德里还有后备兵接应。这种安排在1279年蒙古军入侵时就发挥了作用。三路大军重创入侵者，暂时制止了蒙古人的侵犯。他在1281年亲征并平定了企图独立的孟加拉省长的叛乱，打击了分裂势力。他在政局纷扰不安中认识到，苏丹缺乏权威、政令不行是造成混乱的主要原因。因此，他极力抑制贵族势力，采用波斯的礼仪以严肃朝纲，并保持苏丹的尊严。对"四十人集团"成员的不法行为更严加惩处，还雇用了许多密探（巴里德）分布在各封地，监视封建贵族的活动。他的政策和措施对巩固和保卫德里苏丹国起了很大的作用。

---

① 马利克（Malik）为贵族头衔，位居汗之后，阿米尔（Amir）之前。

巴勒班建立的专制统治，得以巩固，在很大程度上是依靠苏丹个人的统治能力和高压政策。他的继任者软弱无力，很快使政局失去控制。1265年蒙古人又大举入侵旁遮普，苏丹长子穆罕默德汗虽然击退了敌人的进攻却中伏击而丧生。这对八十高龄的苏丹是一沉重的打击，2年后（1267年底）他就去世了。继承者是他的孙子，一位年仅十七八岁的年轻苏丹。他幼年时曾受祖父严厉管教，尚能循规蹈矩，可是一登王位就成为放荡不羁的昏君。贵族派系之间争权夺利：一派是所谓纯突厥血统的贵族；另一派则是久居阿富汗而具有阿富汗人特性的哈勒吉人，两派的内争使局势更加恶化。1290年，哈勒吉人在贾拉勒-乌德-丁·菲鲁兹（Jalal-ud-din Firuz）的领导下取得胜利，杀死了苏丹，这样，菲鲁兹建立的哈勒吉王朝（Khaljis，1290—1321年）便取代了奴隶王朝。

哈勒吉王朝建立后，打破了旧的突厥贵族统治集团对政权的控制，使有才能的穆斯林得到升迁，这有利于德里苏丹国的发展。新苏丹温和宽大，叛乱的贵族常得到赦免，结果政纪又陷于松弛。加之1291年干旱成灾，发生严重饥荒，民众饥不可忍，多投朱木拿河自尽，造成民心动摇。1292年，蒙古人在旭烈兀的孙子领导下又大举进犯印度。菲鲁兹打败了蒙古人，以成吉思汗后裔乌尔古为首的三千蒙古军归顺苏丹，改宗伊斯兰教，苏丹并以女儿嫁给乌尔古。他们被安置在德里附近定居，为苏丹服役，被称为"新穆斯林"，后来成为造成德里地区动乱的根源之一。菲鲁兹于1296年为他的外甥兼女婿阿拉-乌德-丁谋杀，后者夺取了苏丹王位。

德里苏丹国在阿拉-乌德-丁（Ala-ud-din，1296—1316年在位）统治下得到进一步的扩张。首先，巩固了西北边防，蒙古人虽有不下5次的侵犯，但都被击退。他命令在沿蒙古人进兵的路线上修复一些旧堡垒并兴建一些新堡垒，并任命勇将加济·马利克（即后来的吉亚斯-乌德-丁·图格卢克）为旁遮普总督负责镇守。定居德里附近的"新穆斯林"因受到歧视而经常骚动，也遭到镇压。1308—1328年间蒙古人的侵犯暂时停息。

与抵御蒙古人入侵的同时，阿拉-乌德-丁对拉杰普特封建主也不断用兵。1297年征服了古吉拉特，后又进攻兰桑波尔。兰桑波尔是拉杰普特人据以威胁德里苏丹的重要城堡。阿拉-乌德-丁围攻了1年，得到拉杰普特人叛徒的协助，才于1301年攻下这一要塞。1303年又攻下奇托尔要塞，拉杰普特人包括妇女都按"乔哈尔"习俗集体投火自焚以免受屈辱。2年后攻占马尔瓦。到1305年底，整个印度北部都归于苏丹统治，从而打开了向南印度扩张的通道。从1306年到1313年他派遣马利克·纳伊布（副王）卡富尔4次远征德干。南印度各国相互敌视，国内也有纷争，对北方敌人的入侵毫无抵抗准备。卡富尔的远征军最后一直打到半岛的南端潘迪亚，迫使南印度的印度教王公向苏丹称臣纳贡，并带走了大量的战利品。

阿拉-乌德-丁在对外战争不断取胜的同时，对内也接连粉碎了苏丹的侄儿、外甥以及心怀不满的官员的叛乱。为了进一步加强对臣民的控制，他设置密探严密监视贵族与官员的言行，事无巨细都要向苏丹报告。禁止贵族们的社交集会，他们的家族成员不得苏丹允许不能通婚，苏丹还认定财富与酗酒是祸乱之源，因此没收了补助金和捐赠，将几乎所有的免税土地都收归国有，废止因军功而赐地的扎吉尔（Jagir）制度，并严禁饮酒和用麻醉药。为了避免军费开支过大加重人民的税收负担，规定军队的薪饷总数，又限制生活必需品的价格；国家粮仓储备谷物，饥荒时开仓供应，以稳定谷价。阿拉-乌德-丁的这些措施，对巩固德里苏丹国起了一定的作用。

这一时期也是德里苏丹国最强盛的时期。阿拉-乌德-丁的晚年，由于身体衰弱，竟沦为宠臣卡富尔的傀儡，1316年他去世后，卡富尔拥立一个仅五六岁的幼主，自为摄政，准备篡位，但不久即被侍从刺杀。继位的苏丹是阿拉-乌德-丁的第三子，他把国事交给宠臣哈桑，自己一味寻欢作乐。哈桑是来自古吉拉特的低级种姓（帕尔瓦里①），后来才

---

① 帕尔瓦里（Parwari），指西印度农村中的低级种姓（马哈尔或泰尔），他们被认为是不洁净的，以清除脏物为业，不得住在村内。

改信伊斯兰教。他被任为首相并得到胡斯劳汗的封号。他团结了同种姓的人于1320年4月刺杀苏丹,推翻了哈勒吉王朝,自立为王,称胡斯劳沙。他偏爱印度教徒,因而触怒了穆斯林贵族。后者支持迪帕勒普尔省长加济·马利克,于同年9月击败并处决了胡斯劳沙。加济·马利克被拥戴为王,从此开始了图格卢克王朝(1320—1414年)的统治。德里苏丹国又得到进一步的巩固和发展。

加济·马利克的称号是吉亚斯-乌德-丁·图格卢克(Ghiyas-ud-din Tughluq,1320—1325年在位)。他的父亲是巴勒班收买的突厥奴隶,母亲是旁遮普的贾特族人。由于种族的进一步融合,他的统治基础也更加宽广了。他当年抵抗蒙古人有功,因此即位后颇受人们欢迎。他还兴修水利,开辟果园,限制税收,鼓励农耕;又没收不合法的封地,整顿了扎吉尔土地制度。但他的税收政策仍以阿拉-乌德-丁的原则为准,既使人民不致财富过多而犯上作乱,又不致因贫困潦倒而不能生存。他改革司法、警察等行政部门,完善了驿邮制度,在军队里执行严格纪律,还建立了贫困救济制度,从而改善了国内的治安状况。对外他继续前王朝的领土扩张政策,1323年派长子征服了瓦朗加尔印度教王国。1324年又亲征自巴勒班后一直处于独立地位的孟加拉,使之重归德里苏丹控制。1325年他从孟加拉返回途中在德里附近接受他儿子焦纳汗欢迎时,因木棚倒塌被压死。这可能是王子事先策划的阴谋。焦纳汗遂宣告继位,称号穆罕默德·宾·图格卢克。

穆罕默德·宾·图格卢克(Muhammad bin Tughluq,1325—1351年在位)的统治时期,是德里苏丹国由极盛到衰落的转折时期。他照旧推行中央集权与向外扩张的政策,并试行一些改革,但都以失败而告终。首先,他决定把首都从德里南迁到700英里[①]以外的德瓦吉里。这是一个位置适中的战略据点,尤其便于就近控制新征服的南印度地区,也可以避开北方蒙古人入侵的威胁。因此,他在1327年下令将德里上

---

① 1英里=1.6093千米。——编者

层居民迁往新都，也鼓励一般居民迁徙，并将德瓦吉里改名为道拉塔巴德。这一决定遭到德里居民的反对，穆斯林上层人物不愿迁居南方印度教徒地区，其他居民也都眷恋旧土。都城南迁后，北方边防又被忽视，因此蒙古人于1328—1329年再度长驱直入，势力达到德里外围。苏丹只得用大量的黄金珠宝为礼品把蒙古人打发走。同时，南迁新都对控制孟加拉也并不理想。在众人的反对之下，苏丹只得再下令把宫廷和百姓重新迁回德里。在长途跋涉中，死者甚多，为新都的建设白白耗费了很多资金，德里也受到很大的破坏。历史学家评论说："道拉塔巴德是一处滥用民力的遗迹。"

政治计划与军事活动都需要钱财，苏丹即位之初就注意整饬税收。他试图统一田赋，并防止漏税，为此编制了土地税登记册和各省收支登记册。后来又在河间地区进行财政试验（1326—1327年），提高税率，增加附加的杂税（阿布瓦卜，Abwabs）。这里虽是肥沃富庶的地区，但也经不起重税勒索，又加上饥荒，农民被迫逃离家乡，进行反抗。尽管苏丹采取贷款、开荒等救济措施，但已为时过晚，最后被迫完全放弃税收改革。为了另辟财源，1329—1330年他又进行货币改革，除发行新的金、银币代替旧币，调整币值外，大量地发行代用铜货币。这一做法大概是仿自13世纪末叶中国和波斯发行纸币的先例。但苏丹没有把发行铜币作为国家的专利，也不采取预防伪造的措施。结果家家户户滥造赝品，使伪币充斥市场，铜币大大贬值，连外商也拒绝接受代用货币，致使进口贸易停顿，国内工商业受到严重影响，造成极度的混乱。苏丹只得废止代用货币，用国库金银币兑回铜币，结果回笼的铜币堆积如山，国库基金却消耗殆尽。

苏丹早有征服世界的野心，由于当时中亚政治局势不稳，加之呼罗珊的一些贵族来到他的宫廷游说怂恿，他决定首先征服呼罗珊和伊拉克。蒙古人撤退后，他征集了一支有37万人的大军准备远征，并支付了全年的军饷。后来又感到维持这样庞大的队伍，耗费太大，国内的统治又不稳定，更由于经费难以筹措，才不得不放弃这一计划。

尽管受到种种挫折，苏丹仍不甘心于失败。1337年他又实施了另一扩张计划，企图越过东北边境的山脉出其不意地占领西藏和更远的元朝领土。他在德里征集了10万骑兵和大量步兵，由马利克·尼格拜统率。当年先占领旁遮普坎哥罗地区的那伽尔科特城堡，然后进入山区。山路狭窄险峻，有的隘口只能容一骑通过。大军沿着悬崖峭壁间的山径，到达土酋的堡垒瓦伦加尔时已人困马乏。这时又遇暴雨，人马衣物、武器装备等全部淋湿，疫病开始流行。官兵奉命退回平原，待雨季过后再行出征。他们开始沿途抢劫，随军带有大量掠夺的财物，因此，遭到山民狙击。山民熟悉地形，封锁出口，占领路边高地，向经过隘路撤退的军队投挪大石与木头，军队死伤极众，财物也全部丧失，只有尼格拜与2名官员带领约10名骑兵逃回德里。苏丹威望大受损害，只得与山民议和。关于这次远征的动机，有些印度史学家如R.C.马宗达、N.K.辛哈等认为苏丹只是企图建立德里对喜马拉雅山诸邦的霸权，远征目的是针对一些山区的部落，"绝无征服西藏和中国的幻想"，并且认为"远征的直接目的达到了"。可是，1341年中国元顺帝派往印度德里的使臣曾向苏丹提出重建喜马拉雅山区佛寺的要求，说明这些寺院是被苏丹远征军破坏的，同时也表明中国佛教徒是经过此路前往印度的。远征军如果在山区得逞，下一步目标必然是中国西藏。前朝苏丹阿拉-乌德-丁征服南印度诸国时，就是乘其不备采用突袭方式成功的，这对穆罕默德·宾·图格卢格不无影响。因而他存在征服中国元朝的想法也是有可能的。

苏丹这些劳民伤财的幻想计划的破灭，对德里苏丹国确是沉重的打击。各地接二连三地爆发叛乱。德里苏丹不仅无力再向外扩张，连维护内部的统治也感到困难了。

第二节　德里苏丹国的政治、经济与社会状况

德里苏丹国的政治体制　苏丹国家是一种神权政体。伊斯兰教为国

教。苏丹既是国王，又拥有宗教首脑的权力。他总揽行政、立法、司法、军事、宗教各方面的大权。苏丹在名义上由伊斯兰教最高领袖哈里发授予称号，因此在礼仪上对哈里发表示效忠，实际上却并不受任何约束。他只有在处境困难时才利用哈里发的名义来提高自己的威望。

苏丹作为最高的行政首脑可以设立官职，任免大臣，随意赏罚。他是军队的最高统帅，也是主要的立法者和最高法官。他说的话就是法律，并亲自审理重要案件。在宗教事务方面的权力虽有《古兰经》圣律的约束，但为了苏丹的利益，他可以不听乌拉马①对圣律的意见。苏丹王位的继承者一般是从苏丹家族成员中遴选。出生先后，能力大小，前任苏丹的推荐等虽然能起一定作用，但主要还是决定于贵族的意见。由于没有明确的王位继承法，苏丹家族中有实力的成员之间经常发生内争，最后往往是用武力解决继承问题。

中央的行政机构主要部门有财政部（Diwan-i-Wazarat），主管大臣为瓦济尔（Wazir），后成为首席大臣即宰相，并监管其他部门，在图格卢克王朝时其权力大增，以后又受到削弱。其次有军事部（Diwan-i-Arz），由军事大臣（Dabir-i-Arz）管理。司法部（Diwan-i-Qaza）与宗教事务部（Diwan-i-Rasalat），两部均由大法官（Sadr-us-Sudur）经管。还有农业部、奴隶事务部、税务监督部、情报通讯部、慈善部等，都有专门官员负责。王宫有宫内总管（Wakil-i-dar）和侍从长（Barbek）管理王室事务。都市警察总监（Kotwal，科特瓦勒）维护地方治安，市场监督（Muhtasib）也监视民众的行为。

地方行政尽划分为省（Iqta，伊克塔），全国约分为 20 到 25 个省，各省大小不等。省长称瓦利（Wali）或穆克提（Muqti），边远省份由纳伊卜·苏丹即副王管理。省长一般受苏丹直接控制，副王权力较大，在辖区内享有行政、司法和军事的专制权力。省长薪俸从本省税收中支

---

① 乌拉马（ulama，意为学者），精通伊斯兰教义与法律的学者。

取，财政收入除本省行政开支外，余额须上缴国库，军事上须随时向苏丹提供援助。省又分为若干希格（Shiqqs），由希格达尔（shiqdars）管理。希格之下还有巴尔加那（Pargana）即联合村和村社。村有村长和长老会管理，印度教徒只能任村社小吏，不能任省长等高级职务。除了省以外，德里苏丹国还有由印度教王公统治的藩属土邦，他们须向苏丹纳贡称臣。

苏丹政权的基础主要依靠武力。苏丹拥有一支庞大的雇佣军。常备军包括苏丹卫队、首都禁卫军，必要时征募地方军队。骑兵是军队的骨干，兵员多来自中亚，具有强烈的宗教信念，作战勇敢，且机动灵活，战斗力较强。阿拉-乌德-丁实施军马烙印制，防止用劣马代役充数，保证骑兵的战斗力；其次是步兵和象军。德里苏丹时期已开始使用火箭、燃烧弹，由弩炮、射石机发射。

除由驻军维护国内秩序外（警察总监也是军事官员，没有独立的警察部门），苏丹还拥有大批密探，了解百姓的动向，加强治安工作。民事诉讼由法庭审理，中央有大法官，地方有法官（qazi）审理各种案件，以《古兰经》的训谕为法律依据，由穆夫蒂（Mufti）对之作出解释，只牵涉印度教徒的案件通常由五人长老会（Panchayat）处理。常用刑讯，判刑极严酷，如将熔铅灌进口内，用钉钉入手、脚、火焚、锯断身体一部分乃至处死等。

封建制的演变和社会经济的发展　德里苏丹统治时期北印度的封建制有了一些新的变化。就土地制度来说，国王名义上拥有全国的土地，但直接控制的土地只是其中的一部分，称为哈勒萨（khalsa）即王室领地。大部分土地成为伊克塔（Iqta），即赐给部下和官员的封地，受赐者称穆克塔（Muqta），一般是军官但也有士兵，后来以军事服役取得的封地称为扎吉尔（Jaqir），即军事采邑①。封地大小不等，有的只是

---

① 到莫卧儿帝国时期，伊克塔的名称逐渐为扎吉尔所取代。

一村,有的大到全省。受赐者只能在一定年限内或终身享用封地上的租税,不得世袭。还须为苏丹提供兵员,苏丹可以随时收回或更换封地。到14世纪后期,随着苏丹权力的削弱,采邑就成为贵族的世袭财产。宗教赐地有授给阿訇的伊纳姆(inam)和给清真寺的瓦克夫(waqf),均可免税,但只占全国土地中的一小部分。被征服的印度教封建主只要向苏丹称臣纳贡,也可以保留领地。此类封建主称为柴明达尔(Zamindar,意为土地持有者)。无论是穆斯林还是印度教封建主都同样对农民征收田租和役使农民。

农村公社仍然存在,经济上自给自足,很少与外界联系。只有在大城市附近,通商大道的两侧和从事对外贸易的沿海地区,商品货币关系才开始渗入农村,那里出现了以供应市场为主要目的的生产项目。公社内部有了进一步的财产分化。富裕的上层分子逐渐把持了公社的事务。

根据伊斯兰教圣典的规定,统治者收入有四种来源:(1)农业税是主要的,也是最大的收入来源。乌什尔(ushr)是对穆斯林农民征收收成的 1/20 到 1/10 的农业税,使用了国家修建的灌溉设施的土地还须征收灌溉税。名为哈拉杰(Kharaj)的是对非穆斯林征收的,是收成的 1/3 到 1/2。(2)哈姆斯(Khams)是对战利品和矿藏的抽成,数额为 1/5。(3)杰齐亚(Jizya),是对非穆斯林成年男子征收的人头税。(4)扎卡特(Zakat)是宗教捐课,对富裕的穆斯林征收收入的 2.5%。此外,还有放牧税、房屋税等杂税。经商与从事手工业的也都要纳税。苏丹在每一地区均派有税吏,又盛行包税制,官吏和包税人都对纳税者进行额外的勒索,加重了人民的负担。

德里苏丹时期除了农民、手工业者受到沉重的封建剥削外,还存在大量的奴隶。阿拉-乌德-丁有 5 万名奴隶,穆斯林贵族的奴隶也不少。奴隶来源于战俘和买卖,有专门的官员经营。只有极个别的奴隶因战功和才能得到主人的信任和提拔,绝大多数的奴隶是供役使的劳苦大众。

德里苏丹国的主要经济部门是农业。由于农民和其他劳动者的辛勤劳动，农业生产仍有一定程度的增长，社会经济也得到了繁荣。水利灌溉对农业的发展起了很大作用。图格卢克王朝时期修建了河渠运河，构成了水利灌溉网。改进了波斯水车，又开垦荒地、推广园艺。农作物的产量和品种都有增加，棉花、甘蔗、香料、靛蓝和鸦片等经济作物的种植面积也有扩大。随着农业的发展，手工业技术有了改进，部类也有增加，重要的有纺织业（棉纺、毛纺与丝织业）、印染业、制糖业、金属制造业、造纸业，还有制造香水、烈酒行业等。许多外国旅行者对印度产品的质量有很好的评价。马可波罗称特仑甘纳王国制造的细布是"如同蛛网一样的薄纱"。我国明朝随郑和下西洋的鞏珍也提到榜葛剌国（即今孟加拉）的纺织品有6种之多，有的细密壮实，有的稀疏匀净。制造的纸光滑细腻如鹿皮，蔗糖有砂糖、白糖、糖霜、蜜煎等品种。印度钢自古以来久负盛名，这时的产品也受人称赞，多运往波斯、叙利亚制造武器。经营手工业的有王室作坊（卡尔哈纳，karkhana），如德里的王室作坊，仅丝织工就雇有4000人，另外还有许多奴隶，其产品主要为满足王室的需要，数量相当惊人。如苏丹赐给臣下的礼服每年就达到好几十万套。富商经营的作坊也是为封建主及其臣仆、雇佣军服务。多数个体手工业者将产品交商人销售，但也有自产自销，在定期集市上出售自己的产品。手工业者除纳税外还须服劳役，又受高利贷盘剥，大多被迫投靠封建主，丧失了独立的地位。印度教徒中种姓差别在他们成为穆斯林后也没有完全消失，职业仍是世袭的。

　　工农业的发展使商业贸易也兴盛起来。对外贸易的发展更加引人注目。陆路与中亚、阿富汗、波斯以及我国西藏有交往，水路往西则与西亚、东非、北非、地中海沿岸往来，往东到东南亚乃至中国也都有联系。主要的进口商品有突厥斯坦与阿拉伯的良种马，中国的绸缎、瓷器等，东南亚的丁香、白檀木、肉豆蔻、樟脑等；由印度出口的商品有粮食、棉布、宝石、靛蓝、象牙、胡椒、香料等。商人种姓如卡特里（khatri）、巴尼亚（baniya）形成，大的商人兼放高利贷、承包税收，他们压榨农民，控制手工业者，成为有势力的阶层。小商小贩仍受欺压。工商业的兴盛促进城市的恢复和发展。德里是政治中心，也是工商业城市，城内有规模宏大的清真寺、宫殿、官署，还有各种手工业作坊、商店等。各省的首府如木尔坦、亚格拉、拉合尔等也都是重要城市。沿海港口如马拉巴尔海岸的古里（今卡利卡特）、古吉拉特的坎八叶（今坎贝），苏拉特、孟加拉的达卡等都是重要的商业中心。

伊斯兰教的传入与印度教的改革　早在 7 世纪 30 年代后期信奉伊斯兰教的阿拉伯人就从海路来到孟买附近，直到 13 世纪初德里苏丹国建立并向南印度扩张，这一过程就是伊斯兰教逐步传入印度的时期。苏丹和穆斯林贵族用武力和其他政治手段大力传播伊斯兰教，因此伊斯兰教在印度有了很大的发展。由于只有穆斯林才能担任高级官职，有的印度教封建主就改信了伊斯兰教。为了摆脱种姓制的歧视和压迫，免除人头税，低级种姓的印度教徒改信伊斯兰教的更多。中亚来的突厥、阿富汗穆斯林先后在印度定居，后来入侵而被挫败的蒙古人，也有改信伊斯兰教而留居印度的。因此，在南亚居民中穆斯林人数显著增多，旁遮普、信德、克什米尔与东孟加拉的情况尤其如此。在 632 年穆罕默德死后，伊斯兰教发生分裂，苏丹和穆斯林上层贵族属正统的逊尼派，与之对立的则为什叶派与苏菲派，它们是下层穆斯林信仰的教派。

伊斯兰教传入印度后与印度教相互影响，穆斯林社会中也出现了种姓划分。外来的阿拉伯人、突厥人、阿富汗人、波斯人的后裔是受尊敬的高级种姓（Ashraf），其次则是改信伊斯兰教的印度教高级种姓，如拉杰普特穆斯林。以下的种姓则按职业的洁与不洁划分高低，如工匠等属较高的种姓，清道夫等从事脏活的人则是低级种姓，但种姓意识与规定不像印度教那样明确严格。在教义方面，伊斯兰教的异端教派苏菲派就受到印度教瑜伽派思想影响，注意内心修炼，沉思入迷以达到神人合一。印度教也受伊斯兰教影响，出现了虔诚派（Bhakti，巴克提）的改革运动。这一运动起于南印度，后也在北印度流行。它主张各个种姓在神面前一律平等，对神虔诚就可得到解脱。它反对崇拜偶像和举行烦琐的宗教仪式，传教使用方言，又鼓励妇女参加宗教活动，代表着城乡下层人民的利益。主要倡导者有罗摩难陀（1360—1450）和卡比尔（1440—1518）。后者是贝拿勒斯的织工，他认为真正的神只有一个，各种不同的宗教和神都只是名称的差别，不应为宗教的不同而战斗。他说在世界开辟之初，没有种姓也没有种族，并号召各个教派团结起来，用"普遍的爱"消除种姓压迫。他由宗教改革进而提出社会改革，得到印度教徒和穆斯林下层群众的普遍拥护，在虔诚派运动中影响最大。苏丹极力想处决他，但没有得逞。到德里苏丹国后期，在虔诚派运动影响下出现了一个新的教派，后来被称为锡克教，它的创立者是那纳克（Nanak，1469—1538），其详细情况将在后面交代。

第三节 社会矛盾的加剧与苏丹国的衰亡

阶级矛盾的加深与城乡人民的反抗斗争 德里苏丹国内部矛盾重重，苏丹与印度教王公、穆斯林贵族之间，国君与封臣之间，印度教王公与穆斯林贵族之间，贵族派系之间，都有争权夺利的斗争，争夺苏丹王位的阴谋与宫廷政变也屡见不鲜。尤其要提到的是封建主与农民、手工业者之间的阶级矛盾，伊斯兰教与印度教，正统派与异端派之间的教派斗争，二者往往又交织在一起。由于封建战争频繁不已，军费开支大增。苏丹贵族使用大量金银收买党羽进行政治斗争，加上自己的生活享受和官员、侍从、雇佣军的给养等，挥霍了数额惊人的财物，使国库耗竭。苏丹阿拉-乌德-丁更认为民众钱财充足就会滋长骄傲与不忠，因此主张加重税收，极力榨取。除土地税是产品的一半外，还须纳沉重的放收税、房屋税等。税吏征收手段粗暴，税收部门的小吏可以逮捕地主、村长，对他们拳打脚踢，要他们卑躬屈膝地献出金子。肥沃的河间地区受的盘剥更加厉害。甚至在人相食，以人肉充饥的荒年，税吏们也不放松逼税，人民忍无可忍，纷纷逃往森林。苏丹竟组织"人猎"，像搜捕野兽一样捕杀那些逃走的人。在城市，除租税、管制外，如强迫迁都、通货贬值等也使手工业者和商人饱受其害。这些矛盾的加深迫使城乡人民进行各种形式的反抗斗争。

在几次有记载的斗争中，先是伊斯兰教什叶派中一个支派伊斯玛仪派反迫害的斗争。他们领导城市下层民众于1234、1237年两次乘逊尼派在德里大清真寺祈祷时进行突袭。第二次的领导者为鲁尔-乌德-丁，计划推翻逊尼派的统治，结果被突厥贵族率领的军队镇压。

规模较大的农民反抗封建主的斗争发生在恒河与朱木拿河之间的河间地与德里附近地区。这里的居民大多数是印度教徒，也有部落民。他们出没在附近的丛林里，以森林为掩护，袭击行旅，抢掠财物，并在夜间潜入德里进行骚扰，德里当局不得不在下午祷告后关闭城门。1266年河间地区起义的农民竟至完全封锁了德里和孟加拉的通道，苏丹巴勒班不得不认真对付。他把德里附近的起义者从丛林中赶走，砍伐了林木，使起义者无处隐藏，又在重要地点建立要塞和军营，派遣军队驻守。接着他镇压了河间地一带的起义者，杀死了许多印度教徒，而以妇女、儿童为奴，还在战略要地建立堡垒，由阿富汗军队负责，分给他们邻近的土地作为给养。但这些地区仍不断有农民的反抗斗争。

1301年在德里又发生城市下层人民的起义。奴隶出身的财库守卫哈吉·毛拉乘苏丹阿拉-乌德-丁全力围攻拉杰普特人要塞兰桑波尔之机，发动人民组织暴动。他们杀死了警察总监，打开监狱，释放囚犯，又散发苏丹财库的金钱赈济贫民，把军械库的武器和战马分给起义群众。他们还拥立一个叫阿拉维的贫民为苏丹，占领德里有七八天。最后贵族哈米-乌德-丁率兵联合城内富户攻破德里城。哈吉·毛拉战死，阿拉维被捉遭到杀害，起义者全被屠杀。

此后，苏丹的倒行逆施，横征暴敛仍有增无减，城乡人民继续不断斗争。全国各地都有叛乱，苏丹穆罕默德率军东奔西走，穷于应付，最后死于追击信德叛乱者的途中（1351年）。这些斗争大大动摇了德里苏丹的统治基础。

帖木儿的入侵与德里苏丹国的解体　图格卢克王朝穆罕默德死后继位的菲鲁兹沙（Firuz Shah，1351—1388）又曾一度稳定了局面。他减免税收、注重水利，使农工商业得到发展。他还恢复扎吉尔制度，加强了封建贵族的力量。他死后不久，贵族分裂割据，苏丹威望下降，政局又混乱不堪。正是在这种状况下，帖木儿从中亚侵入了印度。帖木儿出身于西察合台汗国的一个突厥化的蒙古贵族家庭，生于1336年。他于1370年推翻撒马尔罕的统治者，成为西察合台的苏丹。他利用邻近国家的分裂，征服了波斯、阿富汗和美索不达米亚等地，接着把注意力转向南方。印度图格卢克王朝的衰落和国土的富庶吸引着他。借口德里苏丹容许偶像崇拜，他发动穆斯林贵族和战士参加侵略印度的"圣战"。他的孙子率领3万骑兵为先锋，1397年底至1398年中攻下了乌奇和木尔坦。随后帖木儿亲自统帅9.2万骑兵于同年4月离开撒马尔罕，12月到德里城郊，一路烧杀掠夺，给印度人民造成很大灾难。攻城前夕，帖木儿将俘虏的约10万印度教徒全部处死，以免与敌人里应外合。他击溃图格卢克王朝苏丹马茂德的军队，占领了德里。城里多年积累的财宝被洗劫一空，居民几乎尽遭屠杀，只留下少数有技艺的工匠被送往撒马尔罕为奴。帖木儿无心留在印度，1399年1月1日离开德里，往东北方向进军。他先后占领了密拉特、坎格拉和查漠，到处屠杀劫掠，最后指定希兹尔汗为统治木尔坦、拉合尔和迪帕尔普尔的总督，遂于3月中旬离开印度。

帖木儿的入侵使德里苏丹国受到致命的打击，德里已成废墟。逃亡的苏丹返回后，陷于贵族掌握中，管辖的领土只有德里附近约9英里的范围。他苟延残喘到1413年死去，图格卢克王朝就此结束。希兹尔汗于1414年占领德里，最初仅以帖木儿继承人沙·鲁克的副王身份来统治，到他的儿子时才用"沙"的王号，这便是所谓萨伊德王朝（1414—1451年）。萨伊德是对穆罕默德后裔的称呼，希兹尔汗自称是先知的后代，故名。这一王朝的统治地区只限于德里附近和旁遮普以及河间地区。周围的邻邦西边有梅瓦尔的拉杰普特印度教国家，有包括古吉拉特和马尔瓦在内的穆斯林诸国，东边有孟加拉、江普尔、奥里萨诸国，北边有怯失迷儿，南边有巴曼和毗阇耶那伽罗诸国。德里苏丹地位已降到与地方诸侯相似，连离德里20克罗（Kroh，合2公里）的贵族封建主都不再听从号令。到1451年懦弱无能的苏丹阿拉姆沙也不眷恋苏丹王位，从德里迁到巴达翁，把王位让给拉合尔和锡尔欣·德的总督阿富汗人布卢勒·洛迪。后者开创了洛迪王朝（1451—1526年）。

洛迪王朝是第一个阿富汗人在印度建立的苏丹王朝。最初只领有从德里到拉合尔的地区。苏丹布卢勒和他的后继者锡坎达尔沙先后平定河间地区，征服江普尔和比哈尔，蒂鲁特的罗阇也被追向苏丹进贡，苏丹王国国势稍有恢复。锡坎达尔沙死后，苏丹伊卜拉欣压制贵族，引起了后者的不满。拉合尔总督道拉特汗·洛迪便向喀布尔的帖木儿后裔巴布尔求援。后者在1526年率兵进入印度，大败伊卜拉欣的军队，苏丹降亡。历时300多年的德里苏丹国最终结束。

德里苏丹国是印度封建制时期的一个重要阶段，是在印度建立的第一个伊斯兰教国家。它的军事封建采邑制（伊克塔、扎吉尔制）对北印度封建制的发展有很大影响。印度的政治制度、社会生活、宗教文化等随着伊斯兰教的传入也都发生了变化，突厥人、阿富汗人、蒙古人等也逐渐与印度土著融合。这一切在以后的莫卧儿帝国时期又有进一步的发展。

第四节　南印度封建国家的演变

南印的朱罗王朝与后期遮娄其王朝长期争斗，结果是两败俱伤。到12世纪末两国先后衰落分裂，脱离朱罗王朝统治的潘迪亚王国一度复兴，在13世纪时成为国际贸易的重要中心。卡雅尔（Kayal）的商业十分繁盛。著名的威尼斯旅行家马可·波罗曾访问这一城市。他说来自亚丁、阿拉伯各地的船只载着马匹与其他货物来此贸易。这里的国王十分富有，对商人与外国人也很友好。不久，潘迪亚王国由于国内发生王位之争，在14世纪初受到德里苏丹国卡富尔军队的侵扰而衰亡，国土并入毗阇耶那伽罗王国。

巴曼王国　14世纪中期德干贵族反抗图格卢克王朝穆罕默德苏丹的专横，发动叛乱，于1347年夺取了道拉塔巴德，拥立一位叫作哈桑的士兵称王。哈桑自称是波斯古代著名英雄巴曼的后裔，因此他建立的王朝称为巴曼王朝（Bahmani Dynasty）。他以古巴加为都，改名阿桑纳巴德。

巴曼王国在哈桑统治下积极向外扩张，到1358年他死时其领土范围已是从北部的韦恩甘加河到南部的克里希纳河，从西部的道拉塔巴德到东部的邦吉尔。哈桑的后继者为争夺富饶的赖丘尔地区和毗阇耶那伽罗王国开始了长期的战争。从1358年开始的多次远征战斗中，照例都是以毗阇耶那伽罗王国的失败、赔款而告终。最后在1420年的一次战争中巴曼才遭到失败，国土南部和东部的部分地区被毗阇耶那伽罗的军队占领。1422年新的苏丹艾哈迈德沙为了复仇，又向毗阇耶那伽罗开战，进入后者的国土，屠杀了许多居民，包围了都城，取得大量赔款后才撤兵。艾哈迈德沙还于1424年以后占领瓦朗加尔，又打败了马尔瓦，并把首都迁到比达尔，巴曼王国的势力更加扩大。到穆罕默德三世（1463—1482年在位）时，在首相马茂德·加万的指挥下，占领了果阿，并攻下了建志，使王国领土东西两边都达到海岸，这是巴曼王国前所未有的极盛时期。

巴曼王国的行政制度以德里苏丹国为模式。全国分为4个塔拉夫（Taraf）即省，省督有很大权力。国家经济主要是农业，农民受很重剥削，生活困苦，而贵族十分奢侈豪华。俄国旅行家阿·尼基丁在1470—1474年间曾访问过这一国家，他的游记曾提到过这一点。巴曼贵族分为两派："德干派"系指原住德干的贵族与他们的非洲雇佣兵，宗教属逊尼派；另一派是"外来派"，是来自中亚的阿拉伯、波斯、突厥诸族的封建主，属什叶派。两派明争暗斗，十分激烈。政绩卓著的名相马茂德·加万就由于属"外来派"而受到德干派的陷害，以致被杀（1481年）。此后，局势混乱，各省总督纷纷独立。到1527年，随着王朝的最后一个苏丹去世，经历约180年的巴曼王朝就结束了。巴曼王国分裂后，成为5个苏丹国（即贝拉尔、艾哈迈德纳加尔、比贾普尔、高康达和比达尔）。经过兼并战争，剩下三国（贝拉尔与比达尔被兼并），后均为莫卧儿帝国所灭。

毗阁耶那伽罗王国　毗阁耶那伽罗王国是南印印度教徒于1336年建立的。他们乘德里苏丹国内部纷争无暇南顾，力图恢复其传统的统治。第一个王朝叫桑加马。王朝的创立者桑加马有五子。其中以诃里诃罗和布卡二人最为杰出。他们在通加巴德拉河南岸哈姆皮（Hampi）附近创建了毗阁耶那伽罗城（Yijayanagar，意为"胜利之城"），并以此为都城，为建立同名的国家奠定了基础。在诃里诃罗二世统治时（1379—1406年）开始向外扩张，他的领土包括迈索尔、卡纳拉、钦格尔普特、建志和特里奇诺波利等地。诃里诃罗二世死后，国内发生王位继承的争执，对外与巴曼苏丹的战争又屡遭失败。到1422年德瓦·拉亚二世即位，为了与巴曼苏丹抗衡，改组行政机构，接受穆斯林参军，雇佣突厥弓箭手与骑师，又从波斯、阿拉伯购进马匹，提高军队的战斗力。他又指定得力官员管理海外贸易，充实国库，因而直到1465年都保持了王国的兴盛。此后，由于王位的争夺、藩属的叛乱与巴曼王国等外敌的侵扰，统治的朝代有了几次更替：1486年桑加马王朝为萨鲁瓦王朝取代，1505年又换为图鲁瓦王朝。到1509年，这一王朝的克利希那德瓦拉亚即位后，才使王国得到振兴。他首先集中力量平定国内的藩属叛乱，然后利用巴曼苏丹与地方总督间的矛盾，对外战争屡屡取胜。1512年攻占了赖丘尔，接着又战败奥里萨，迫使其国王屈服。1520年挫败比贾普尔苏丹拟恢复赖丘尔的企图，毁灭了古巴加要塞。他的国土西到南孔坎，东到维扎加帕塔姆，北以克里希纳河为界，南到印度半岛的最南端，势力所及达到印度洋上的一些岛屿。这是王国最强盛的时期。许多葡萄牙旅行家如柏埃斯、杜阿尔特·巴尔博萨等在他们的访问记中都提到了这个王国当时的盛况。

毗阇耶那伽罗王国的行政制度继承了印度教国家的传统。国王是专制君主，大臣由高级种姓中选任。全国分为若干省，省由副王（Nayak或Naik）统治，副王权力很大。乡村是基层行政单位，有村会（ur）与乡村官吏管理。这些村吏是世袭的。为了抵御巴曼苏丹同奥里萨等的进攻与向外扩张，王国对军事很重视。除步兵、骑兵、象队外还有骆驼队与炮兵，对城防设施也很注意，京城有七重城墙，城外还有巨石屏障，海上有舰队。社会经济方面，国王分封土地给予贵族，耕地的农民须向封建主缴纳产品的9/10，领主则以收入的1/2上缴国王，并为国王提供军队。商业的繁荣是王国经济最突出的特点，主要是沿海贸易和海外贸易。据传海港有300个，重要的有果阿、古里、柯枝（科钦）等。它与东南亚、中国、阿拉伯、波斯、南非、东非和葡萄牙都有贸易往来。钱币除本地的金币银币与铜币外，还有波斯币和葡萄牙的钱币，高利贷盛行。农村主要由寺庙经营，城市则为商人行会把持，贵族与商人十分富裕，而一般人民的生活水平则很低下。种姓歧视与压制也很严重。随我国郑和访问南印古里、柯枝等地的马欢、费信、鞏珍等都有这方面的记载。如《西洋番国志》就提到柯枝国人有五等。第五等名木瓜，最卑贱。木瓜住海滨，屋檐不得过3尺，着衣上不过脐，下不过膝，路遇高级种姓，皆俯伏候过乃起，不许为商贾，只以渔樵及抬负重物为生，可见阶级之差别与矛盾是十分明显的。中央与地方的矛盾也很突出，各省副王在1529或1530年克利希那德瓦拉亚死后，结成派系争夺权力。对外战争中虽然由于利用德干诸苏丹国间的矛盾而从中渔利，但王国军队在获胜后肆意破坏清真寺，不尊重《古兰经》，严重伤害了穆斯林的宗教感情，因而激起了诸苏丹国对毗阇耶那伽罗王国的旧仇宿怨。除贝拉尔外，四个苏丹国结成联盟向毗阇耶那伽罗进攻，1565 年在塔立科塔一战中把王国军队击溃，使之遭到重大损失。京城也受到极大破坏，成为废墟。幸而胜利的苏丹国联盟因相互猜忌而解散，毗阇耶那伽罗王国才得以恢复。1570 年大臣蒂鲁马拉推翻了图鲁瓦王朝，建立阿拉维杜王朝，迁都佩努贡达，重建军队。其后代继续增强王国实力，并再次迁都昌德拉吉里，除迈索尔独立外，其余的国土得到保存。之后，由于王位的争夺，中央势力削弱，地方封建主割据自立，对外已无力抵御比贾普尔和高康达等苏丹国的入侵，到 1652 年国土完全丧失。最后的一位国王流亡到迈索尔，在那里一直活到 1672 年。毗阇耶那伽罗王国就这样结束了。

本章主要参考书

[1] R. C. 马宗达等：《高级印度史》，张澍霖等译，商务印书馆 1986 年版，第二篇上篇。

[2] L. P. 沙尔马：《印度中世纪史》，维卡斯出版社 1981 年版。

第十章　莫卧儿帝国的建立与巩固

突厥——阿富汗王朝统治结束以后，由突厥人后裔建立的莫卧儿帝国（1526—1707 年）是穆斯林在印度建立的最强大的国家，其统治时期也是印度中古后期封建经济和文化发展的重要时期。虽然莫卧儿王朝名义上的统治延续到 1858 年，但它对印度次大陆的实际统治，一般以第六代皇帝奥朗则布之死（1707 年）为其下限，在此以前的六代莫卧儿统治者，史称"大莫卧儿人"或"大莫卧儿王朝"。

第一节　莫卧儿帝国的建立

巴布尔奠定帝国的始基　16 世纪初，阿富汗贵族建立的洛迪王朝势衰，统治范围仅限于德里周围一隅之地。实力雄厚的拉杰普特诸王公以梅瓦尔统治者拉那·桑伽为盟主，结成军事同盟，问鼎德里，气势逼人。这时，盘踞拔汗那（今中亚费尔干纳）的察合台汗国后裔巴布尔（Babur，1482—1530），正被乌兹别克人逐出中亚，率兵南下，先后攻占了阿富汗的喀布尔和加兹尼。与阿富汗毗邻的印度次大陆素以富饶著称，自然引起巴布尔入侵的野心；印度内部四分五裂的政治局面，拉合尔的道拉特汗·洛迪的求援又为他提供了良好的机会。1526 年至 1556 年的 30 年是巴布尔及其后继者与拉杰普特人和阿富汗人争霸北印度，取得初步胜利并建立莫卧儿帝国的时期。

巴布尔（1526—1530 年在位）属于察合台突厥人血统，父系方面是跛子帖木儿的六世（一说五世）孙，母系出自成吉思汗。他自称莫卧儿人（Moghuls，该词是蒙古人 Mongols 一词的讹音）以炫耀自己的世系，所以他在印度建立的王朝史称莫卧儿王朝。实际上巴布尔本人是突厥人，并不是蒙古人，他的军队也是由突厥人、波斯人和阿富汗人组成的。巴布尔 11 岁时就从父亲乌马尔·米尔扎那里继承了拔汗那公国，早年艰难困苦的生活与升沉不定的命运使他得到充分的磨炼，培养了他冒险进取的精神。1524 年，当洛迪王朝的贵族道拉特汗和阿拉姆汗为觊觎德里王位而约请巴布尔出兵援助时，他毫不犹豫地作出决定，进兵旁遮普，并占领了拉合尔。这时，他面临的主要对手有两个，一个是阿富汗帝国有名无实的统治者伊卜拉欣·洛迪，另一个是拉那·桑伽领导的比较强大的拉杰普特人同盟。

1526 年 4 月，巴布尔率领一支拥有大量火炮、由 1.2 万人组成的军队（征服旁遮普后，增加为 2.5 万人），与阿富汗军队会战于德里以北约 90 公里处的帕尼帕特。这里是发生过多次著名战役的重要战场。伊卜拉欣的大军号称 10 万（实际只 4 万），战象 1 千，在数量上远占优势。但巴布尔凭借卓越的指挥才能和作战技术，创造了一个以少胜多的实际战例，这就是第一次帕尼帕特战役。开战前他下令作了充分的准备,巴布尔在《回忆录》中记述说:"每个士兵都奉命就地取材,采集、赶制大车,共配备了 700 辆大车(araba)。乌斯塔德·阿利接到命令,所有的战车都要按照突厥人的方式用皮绳代替铁链将它们联成一体,每两辆大车之间都设有五六个胸墙,其后有火炮手站着引发火炮。"① 巴布尔军的右翼由其长子胡马雍统帅,以帕尼帕特城作为掩护,可攻可守;左翼则由穆罕默德·苏丹·米尔扎统帅,利用朱木拿河的旧河床挖成深堑,并用荆棘扎成鹿砦;所有大炮都集中于中军,由巴布尔亲自指挥,前沿以联成一体的大车和砖砌的雉堞作为掩护,每组大车之间留有 60—70 码的间隙,便于骑兵出击。伊卜拉欣大军虽然为数众多,但缺乏训练和组织,主帅又"是一个没有经验的人,行动粗心大意,前进时没有秩序,驻军或撤退时没有规划,而在作战时又没有深谋远虑的布置"②。双方的实际战斗力显然并非完全取决于兵员的多少。

两军对峙一星期后,巴布尔于 4 月 21 日发起攻击。他先以小股部队冲入敌阵,引诱阿富汗军出击。洛迪军刚逼近巴布尔左翼堑壕和障碍,就遭到炮兵的有力狙击,当巴布尔军被迫后撤时,伊卜拉欣的大军以不可遏止的势头蜂拥而上,由于指挥失灵,顷刻间阵形大乱,莫卧儿军的火炮、火枪和弓箭手乘机掩杀,又以两翼骑兵迂回包抄洛迪军的后路,战至将近午时,巴布尔彻底击溃了阿富汗大军。伊卜拉欣·洛迪本人经过一番拼死抵抗,与其军队的精华一同丧生于战场,巴布尔在《回忆录》中记述了这次辉煌的胜利:"感谢真主的仁慈,我化险为夷了!半日之内这支强大的敌军就陈尸遍野。"③

战胜洛迪军队仅仅扫除了一个名存实亡的德里统治者,更有实力的敌人还是拉那·桑伽统治下的拉杰普特人和阿富汗诸部落。第一次帕尼

---

① 引自 S. C. 雷乔杜里:《莫卧儿印度史》(*History of Mughal India*),1984 年德里版,第 17 页。

② 引自《巴布尔回忆录》,见 R. C. 马宗达等:《高级印度史》(上册),张澍霖等译,商务印书馆 1986 年版,第 453 页。

③ 见 A. S. 贝弗里奇英译本《巴布尔回忆录》,英文版,第 474 页。

帕特战役的意义在于，它为莫卧儿人在印度建立统治权奠定了基础，并标志着莫卧儿王朝的开端。

帕尼帕特战役后，巴布尔迅速占领德里和亚格拉，夺取王位，并控制了印度的心脏地区——恒河—朱木拿河河间地。这时，梅瓦尔酋长拉那·桑伽正率领一支由120个酋长、8万匹战马和500头战象组成的拉杰普特军队向亚格拉挺进。拉那·桑伽是印度历中上一位传奇式的英雄，他以勇武、豪侠著称，曾在战斗中负过十余次伤，失去了一只眼睛，臂、足均有伤残。巴布尔入侵后，他成为印度人抵御莫卧儿入侵者的一面旗帜。马尔瓦尔、安贝尔、瓜廖尔、拉杰米尔和昌德里的统治者以及一些阿富汗首领都与他协同作战。

1527年8月16日，莫卧儿军队与印度军队在亚格拉正西方的一个村庄坎努（又作坎瓦）进行决战。拉杰普特军队约有8万人，并且骁勇善战，初战告捷。这在只有4万人的巴布尔军队中造成了不小的恐慌和混乱，不少士兵思乡心切，无心恋战。巴布尔在决战前的动员中充分显示了他的军事和组织才能。他令全体士兵手抚《古兰经》起誓："或作烈士捐躯，或作胜利者生存。"宣布对异教徒（印度教徒）进行圣战，并当众摔破酒杯，以示破釜沉舟的决心。开进坎努战场后，巴布尔以与帕尼帕特战役同样的阵式布置了兵力。战斗从17日上午9时多持续到傍晚，拉杰普特人拼死搏斗，但在莫卧儿炮兵火力的压制下终于全线溃退，许多优秀的将领先后阵亡，拉那·桑伽侥幸逃脱，两年之后也忧郁而死。

历史学家认为，巴布尔取得坎努之战胜利的主要原因是炮兵和骑兵战术的完美结合，使莫卧儿军的战斗力明显优于本地军队。此外，拉杰普特人未能与东部实力强大的阿富汗人结成联盟，也是他们失败的重要原因。

坎努战役的重要意义绝不亚于第一次帕尼帕特之战，它导致强大的拉杰普特同盟的失致，使他们失去了政治和军事上复兴的机会。坎努战役的胜利使巴布尔巩固了刚刚取得的德里王位。从此,他征服印度的事业进入了一个新阶段,莫卧儿权力的重心从阿富汗转入了印度斯坦。

此后,巴布尔就将兵力转向东方的阿富汗诸酋长。1529年5月6日,他与马茂德·洛迪统帅的比哈尔和孟加拉的阿富汗联军会战于巴特那以北哥格拉河与恒河汇合处附近的地方,并彻底击溃阿富汗军。虽然阿富汗人的势力并未被完全消灭,并且数年后又曾一度倾覆刚建立的莫卧儿统治,但是哥格拉河战役的胜利标志着巴布尔征服北印度的任务基本完成。除了一些空白处有待填补外,从奥克苏斯河到哥格拉河,从喜马拉雅山到瓜廖尔之间的广大地区,已经归入莫卧儿人的统治之下。

巴布尔在位仅4年多,1530年12月26日就因患赤痢在亚格拉去世,享年47岁。他在短暂的统治年代和征战生涯中没有时间致力于制定法律和整顿行政体制,基本沿用突厥人的惯例。他留给后人的仅仅是一个靠战争和军事力量维系着的十分松散的君主国。但是,他毕竟是为莫卧儿帝国奠基的第一个建筑师,他本人在文学艺术方面的造诣和对文化事业的赞助也是颇足称道的,他的军事才能和政治成就使他不失为印度历史上一个占据重要地位的人物。

胡马雍与阿富汗人的斗争 巴布尔去世后的第4天,其长子胡马雍(Humayun,1530—1556年在位)就在亚格拉即位,时年23岁。由于穆斯林王朝没有严格的长子继承制度,他的三个异母兄弟卡姆兰、欣达勒和阿斯卡里都竞相觊觎王位,宫廷里充斥着阴谋篡位的贵族。分散在各地的许多阿富汗贵族也都在准备反叛,所以,胡马雍继位之初面临的局面是十分严峻的。当时需要一个兼有军事、外交和统治才能的强有力的统治者,然而这些条件胡马雍都不具备。据历史学家莱恩·普尔记载,他即位后终日隐居后宫,吸食鸦片,虚度光阴;对野心勃勃的兄弟们表现了轻率的宽容。这样,卡姆兰、欣达勒和阿斯卡里分别占领了旁遮普、阿尔瓦尔和桑巴尔领地,破坏了帝国的完整。胡马雍所犯的另一个错误是,1534年拒绝了梅瓦尔拉妮卡尔纳瓦蒂求援的请求,坐失了与拉杰普特人结盟的良机。这些政治和外交上的失策,使他在后来与舍尔沙的长期斗争中显得势孤力薄,终于导致了王位的丧失。

在哥格拉战役中遭受失败的阿富汗人并未就此退出印度斯坦的政治舞台,他们为了反对新建立的外族统治,复兴阿富汗人的势力,终于找到了一个出色的领袖——舍尔汗·苏尔。在他的领导下,一度建立起一个虽然历时短暂,却取得显著成就的政权——苏尔王朝。

舍尔汗(Sher Khān,1472—1545)原名法里德,其父哈桑汗是阿富汗族的扎吉尔达尔,领有萨萨拉姆、卡瓦斯普尔封地。他勤奋好学,精通波斯语和波斯文学,在经营封地中又获得了丰富的管理经验和行政能力,因只身打死老虎而获得"舍尔汗"的称号。他曾先后在伊卜拉欣·洛迪朝廷和巴布尔手下供职。1529 年继承南比哈尔总督巴哈尔汗之位,成为比哈尔统治者,1530 年占领了丘纳尔要塞,尤其是 1534 年的苏拉杰加尔之战,击败孟加拉国王和洛哈尼贵族,使他的威望和资力大增,这成为他一生事业的转折点。他下一步必然要与莫卧儿王朝发生决定性的冲突。

1537 年 10 月,舍尔汗利用胡马雍讨伐古吉拉特巴哈杜尔沙的机会,再度入侵孟加拉,把首府高尔城围得水泄不通。这时胡马雍已意识到问题的严重性,遂于当年 12 月兴师讨伐舍尔汗。但他未去高尔及时挫败舍尔汗,却去攻打丘纳尔;因该地守军坚守不懈,他用了 6 个月时间才攻下,这才转向孟加拉。这时舍尔汗早已攻下高尔,并机智地避开与莫卧儿军的正面冲突,离开高尔向西攻占比哈尔、绍纳福儿的莫卧儿领土,骚扰卡瑙季地区,切断了胡马雍撤军的归路。1539 年 6 月,舍尔汗在布克萨尔附近的乔恩萨之役战胜胡马雍军,莫卧儿人伤亡惨重,胡马雍本人险些丧命。此役的胜利更激起舍尔汗称帝的野心。他在占领江普尔城后领土扩大了,于同年 12 月加冕为王,称"舍尔沙",以他的名义宣读"胡特巴"①,并铸造钱币。次年 5 月,舍尔沙在卡瑙季又大

---

① 胡特巴(Khutba)是穆斯林星期五午祷时诵读的经文,原应以哈里发的名义祈祷祝福,但在独立的穆斯林国家常用苏丹的名字代替哈里发。

败莫卧儿军,胡马雍被迫逃亡波斯,开始了大约 15 年的流浪生涯。舍尔沙进占德里和亚格拉,并逐步把势力扩展到旁遮普、木尔坦、信德、拉贾斯坦和马尔瓦。这样,苏尔王朝暂时代替莫卧儿人成为北印度的统治王朝。

苏尔王朝舍尔沙的建树 舍尔沙历时 5 年(1540—1545 年)的统治时期的主要成就,是通过改革建立了一整套完善的行政体制和田赋制度。他的某些改革措施沿用了印度教徒和穆斯林传统的行政制度,另一些改革则完全是独创的,从而使苏尔王朝的政治体制构成了古代印度和近代印度之间的桥梁,并为日后阿克巴大帝的改革提供了蓝本。

为了便于施政,他将全国分为若干"伊克塔"(省),下设 47 个萨卡尔(Sarkar,行政区),萨卡尔又划分为帕尔加纳,各设阿明(Amin,法官)、希克达尔(Shiqdar,税务官)、司库、文书等地方官吏。地方官每 2 至 3 年调任一次,他们得受上级官员监督。这样的行政设置,后来为莫卧儿王朝所仿效。

田赋历来是印度政府财政收入的主要来源,舍尔沙十分重视税务的整顿。他首先下令准确地丈量土地,按地力的肥瘠分为上、中、下三等,然后委派官吏直接与耕种者一起估产,确定税额,税率为平均产量的 1/4 或 1/3;他指示估产宜宽,收税要严,由希克达尔、穆卡达姆、昆鲁果、帕特瓦里等官吏直接向农民征税,用现金或实物缴纳均可。他还下令废除已贬值的旧币,另铸新的金、银、铜币,又废除杂税,只在入境和销售地课税,以利于商业的发展。

舍尔沙仿照阿拉-乌德-丁·哈勒吉的军事体制组建了一支拥有 15 万骑兵、2.5 万步兵、300 头战象和一定数量大炮的强大军队;地方卫戍部队称"福季"(Fauj),设福季达尔统辖;为了确保军队的战斗力,有描述士兵特征的花名册,又恢复了军马烙印的制度,以免用老弱兵员代役、以劣马充数。司法方面,地方政府除由阿明审理民事诉讼外,另设卡济(法官)、米尔-伊阿达勒、萨德尔等各级司法官吏,执法严明,不徇私情。

舍尔沙还实行宗教宽容政策,任用印度教徒担任国家要职;兴办了一些慈善机构和民政事业,其中最使后世得益的是修筑了四条驰道,把王国各个重要地方连接起来。最长的一条是至今尚存的大干道,长达1500科斯①,横贯东西,从孟加拉直通旁遮普。按照以往的传统,在驰道两旁还栽种遮阴的树林,为印度教徒和穆斯林分别准备了休憩的场所。这些道路不仅便利商业往来,也保证了邮驿、谍报的畅通。

1545年5月,舍尔沙在围攻卡林贾尔要塞时死于意外的火药爆炸,由其子贾拉勒汗继位,称号为伊斯拉姆沙(又称萨利姆沙)。他在位的9年间(1545—1554年)保持了国家的实力,舍尔沙的改革措施大体得到贯彻。但他死后争夺王位的内乱迭起,大大削弱了苏尔王朝,为胡马雍卷土重来提供了时机。

莫卧儿王朝的恢复 1540年胡马雍失位后,辗转于信德、拉杰普塔纳等地,均不得容身;他不得不投奔波斯的统治者沙·塔赫马斯普,并以遵守什叶派教义和成功之后归还坎大哈为条件,获得1.4万波斯军队的援助。1545年胡马雍率领这支军队攻占了坎大哈和喀布尔,并先后平定了在他落魄时未给予任何同情和支持的三个兄弟——卡姆兰、欣达勒和阿斯卡里的势力。1554年11月,他利用苏尔人内战的机会重新进入印度斯坦。1555年2月攻克拉合尔,7月占领德里和亚格拉,恢复了莫卧儿的王祚。但是这位以"幸运"命名的莫卧儿统治者②一生中却很少走运,复位刚刚半年,他就在1556年1月24日意外地从德里藏书楼的楼梯上跌下,两天后身亡。

1556年2月14日,胡马雍之子阿克巴在旁遮普的卡拉瑙尔被宣布为王位继承人,因时年仅13岁,由其监护人拜拉姆汗摄政。这时期莫卧儿人在德里的政权很不巩固,他们实际上只占有德里、亚格拉、桑巴

---

① 科斯(Kos),印度长度单位,具体长度因地而异,约合1.5~3英里。
② "胡马雍"(Humayun)的波斯文原意为"幸运"。

尔及其附近地区，北印度的大部分地区还在阿富汗首领和苏尔王朝的贵族手中。这些贵族还在争夺王权，拉杰普特人仍在坚持斗争，坎大哈时刻受着波斯人的威胁。此外，阿克巴的政府财政窘迫，帑藏虚竭，捐税不靠武力便无法征收，德里和亚格拉地区又有严重的饥荒，阿克巴面临的形势是严峻的。最严重的威胁来自苏尔王朝的一位有才能的将军和首相——喜穆。他已打败莫卧儿人，占领德里、亚格拉和桑巴尔，在德里即位，自称超日王，并率领一支有1500头战象的大军向旁遮普进发。拜拉姆和阿克巴决心向德里前进，迎击喜穆。他们的前锋缴获了喜穆一支炮队的装备，这对喜穆是一个重大损失。两军于1556年11月5日会战于帕尼帕特，史称"第二次帕尼帕特之战"。据历史学家费里希塔记载，喜穆起初击溃了莫卧儿军的左、右两翼，又以象军冲击其中军，"希望惊吓很少见过大象的敌人的马队，但是战象冲入中军时，受到莫卧儿士兵的长矛、箭矢和投枪雨点般的袭击，变得无法控制。喜穆也被一支流矢射中眼睛而昏倒在象轿内，阿富汗士兵由于失去统帅而仓皇溃逃，喜穆本人被俘后被就地处决"①。战役以莫卧儿的胜利而告结束。

第二次帕尼帕特战役结束了阿富汗人与莫卧儿人长期争霸的局面，建立了莫卧儿王朝在北印度的绝对权力，它标志着莫卧儿帝国的真正开始。战后不久，阿克巴就占领了德里和亚格拉，在随后的3年内，苏尔王朝的残余势力也都被肃清。

第二节　莫卧儿帝国的扩张与巩固

阿克巴的亲政与扩张　1560年阿克巴（Akbar，1556—1605年在位）年已18岁，便向拜拉姆汗表示决定要亲政，免去摄政的职务，并令他退隐到圣地麦加。据历史学家分析，阿克巴此举一方面是因为随着年龄的增长，他确想当一个有名有实的皇上；另一方面，拜拉姆权力的

---

① 费里希塔：《历史》第2卷，布里格斯英译本，第188~189页。

膨胀，无疑激起宫廷贵族尤其是皇亲内戚的忌妒之心，阿克巴的生母哈米达·巴努贝加姆、养母马哈姆·阿纳加和养母之子阿达姆汗，都怂恿他除掉这个摄政。拜拉姆无可奈何地服从他的主人的决定，并同意去麦加。1561年1月，他在途中被阿富汗人杀害。

革除拜拉姆后，阿克巴还没有能马上亲理朝政。此后的4年里（1560—1564年），他仍然受到后宫的掣肘，僭夺权力的主要人物是阿克巴的养母马哈姆·阿纳加和她的儿子阿达姆汗。所以，有的历史学家把这段时间称为"妇人执政"（petticoat government）时期。但是，也有学者认为，这段时期阿克巴受后宫女眷的影响是有限的，因为他已经亲自实行了一些开明的措施，如废除将战俘卖为奴隶的习俗（1562年），废除香客税（对朝圣的印度教徒征收的税，1563年）和"杰齐亚税"（对非穆斯林征收的异教人头税，1564年），以及对马尔瓦、丘纳尔、梅尔塔和冈德瓦纳的征服都是在1564年以前完成的。他们认为，1562年阿克巴处死阿达姆汗，不久马哈姆·阿纳加也死去，后宫的影响已不明显。但这一时期的结束仍是以1564年阿克巴处死其舅父赫瓦贾·穆阿扎姆为标志。

业已成年的阿克巴一旦摆脱左右羁绊，便开始为扩张疆域进行多方的征讨，到1601年1月攻占阿西尔加尔要塞为止，他一直奉行武力征服的政策。除了上述地区外，他对拉贾斯坦的征服采取了略为不同的政策。第一，攻占所有的要塞，以便控制整个地区的局势。第二，接纳一切愿意归顺的拉杰普特王公，归还其领土，并联姻缔亲。如1562年阿姆贝尔（即斋浦尔）王公罗阁比哈里·马尔表示归顺，阿克巴即以其女为妻，并对其养子巴格万·达斯委以要职，其孙曼·辛格也成为阿克巴军中的重要将领。阿克巴比较清醒地认识到，一个外族统治者置身于占人口绝大多数的印度教徒之中，如欲获得稳固的根基，不得不对土著王公和印度教臣民作出让步。采用这种和亲绥靖的政策（包括前面提到的免除香客税、杰齐亚等），争取了最有战斗力的拉杰普特人成为同盟者，这对巩固他的政权是有重要意义的。第三，对于拒绝投降的王公则以武力征服之，兼并他们的领土。如当梅瓦尔不愿归顺时，阿克巴即于 1567 年 10 月出兵围困奇托尔要塞，最后于 1568 年 2 月攻下，有 3 万人被屠杀，并将作为王国象征的大铜鼓与母神宝座上的大烛台拆下，运往亚格拉作为战利品。阿克巴就这样利用武力与怀柔的两手使拉杰普特酋长们归顺，兰桑波尔于 1569 年 2 月投降，同年 8 月卡林贾尔、1570 年比卡内尔等都向他称臣。只有梅瓦尔的王公逃入山地，至死不屈。

1572 年，阿克巴征服西部重要省份古吉拉特，这里有富庶而繁荣的港口，是与西方世界商业往来的中心地。1573 年阿克巴攻占苏拉特并与葡萄牙人有了接触，对这里的征服，不仅为帝国增加了财政税收的资源，而且获得了与欧洲商人联系的口岸。1574 年阿克巴又攻占孟加拉，驱逐了当地的统治者达乌德。喀布尔与克什米尔分别于 1585 年和 1586 年并入帝国，信德和俾路支则先后在 1591 年和 1595 年被征服。至此，除印度河彼岸等个别地区外，阿克巴统治的疆域西起喀布尔和坎大哈，东到布拉马普特拉河，北起克什米尔和喜马拉雅山麓，南到纳尔巴达河。在北印度和中印度得到统一之后，阿克巴又向南扩展，1600 年围困坎德什的阿西尔加尔达 6 个月之久，最后用金钱引诱的计策才攻克要塞，从而把南界推到克里希纳河。这是他的最后一次征服。

阿克巴大帝的改革与帝国的巩固 1574 年，阿克巴基本完成在北印度扩展疆域的进程后，为了巩固对征服地区的统治以及进一步扩大帝国版图，必须解决这样一些问题：第一是防止地方割据，加强中央集权，建立稳定的政治局面。其次是解决财政的拮据。要改善国家的财政状况，诸如田赋制度、官阶制度、扎吉尔封地制度等必须加以整顿和改革。再次是协调不同教派之间的关系与不同教派的封建统治者之间的关系，防止矛盾激化，以巩固帝国的统治。最后是解决世俗政权与神权的对立。最明显的实例是担任大法官的谢赫阿卜杜恩·纳比违背皇帝的旨意，处决了一个挪用清真寺建筑材料的婆罗门，引起阿克巴的狂怒；又一例，谢赫阿卜杜勒·卡迪尔竟然在皇帝的勤政殿做晚祷，而且傲慢地指责皇上无权干涉。阿克巴如欲实行集权，不能不先清除来自宗教界的阻力。

为了巩固中央集权，建立健全的行政、军事体系，阿克巴推行了以下政治、经济和军事、宗教几方面的改革措施：

（一）变扎吉尔为哈勒萨。巴布尔时期有2/3的耕地被作为扎吉尔分给他的将领。他们就地征收田赋，将其中一部分缴纳给莫卧儿王朝，国王不干预他们对扎吉尔的管理，胡马雍时也是如此。这易于形成封建主的分裂割据。舍尔沙曾削减扎吉尔，阿克巴则将很多扎吉尔变为哈勒萨。他将帝国分为182个税区，每区每年所缴田赋约1克罗尔（Karor，即1000万）达莫（dam），合25万卢比，由国王委派税吏阿米勒（Amil）征收，并负责鼓励辖区的农耕工作。因该税吏须纳1克罗尔的数额，故俗称此官为克罗里（Karori）。其目的不仅是保证国库的财政收入，也是为了制弱扎吉尔达尔的势力。但是这次改革遭到各级封建主的激烈反对，扎吉尔没有被完全取消。因此，阿克巴的财政部就设有两司：其一专管扎吉尔所上缴的田赋，其一专管各省税吏征收的田赋。但是，由于克罗里滥用权力，任意敲诈农户而遭到普遍的反对，不久这一官职与税区划分就被取消。

（二）田赋改革。1582年，阿克巴任用能干的印度教大臣托达尔·马尔为税务大臣（Diwan-i-Ashraf），推行"标准课税制"。首先是普查耕地，用竹制的丈量工具"贾里卜"代替原来使用的因季节改变伸缩性较大的麻绳量具，比较精确地丈量耕地。其次是根据"连续耕种或休耕"情况，把土地分成四类：1. 波拉季，能年年耕种的土地；2. 帕劳蒂，只需短期休耕的土地；3. 查查尔，休耕3至4年的土地；4. 班贾尔，5年或更长的时间未耕的土地。前三类土地再分成三等，按三者的平均产量估产，10年一交。再次是固定税率，只对实际耕种的土地征税，税率一般为实际产量的1/3，按最近10年的平均价格折成货币缴纳，农民也可缴纳实物。取消包税制，由税务官征收。托达尔·马尔的改革基本仿照舍尔沙旧制，在一定程度上扭转了莫卧儿王朝初期税制混乱局面，保证了国库的财政收入。由于赋额相对稳定，生产者的积极性也提高了。

（三）加强中央集权与推行"曼萨卜"官阶制。阿克巴为加强对地方的控制，将全国分为15个"苏巴"（省），分设苏巴达尔（省督）管理，又以迪万（税务长官）牵制苏巴达尔，使他们互相监督。另外，还派遣大批密探了解他们的活动情况。1573—1574年颁布敕令实行"曼萨卜"制，凡为帝国提供军役服务的官员即授予曼萨卜（官阶，后也授予文职官吏）。官阶领受者称"曼萨卜达尔"，分为33级，以指挥的人数多少区分，从最低"什夫长"到最高"万夫长"，七千以上的官阶仅限于王室成员。各级曼萨卜达尔被分配相应的扎吉尔封地或支付现金作为薪俸，要求他们提供一定数量的士兵、马匹和给养。曼萨卜达尔实际提供的军队数目与其官阶应管辖的人数并不相等。曼萨卜达尔的任命、提升与解职也没有一定的规定，完全取决于皇帝的意志。封地和官阶不是世袭的，扎吉尔经常转手，领主死后即收归国有。曼萨卜制对整顿吏治，把官员编入军籍，保持帝国的军事力量起过一定作用，但后来也产生买卖官阶，名实不符的流弊。

（四）军事改革。为保证军队的战斗力，杜绝扎吉尔达尔侵吞军饷的弊病，阿克巴采用定期检阅的制度，建立曼萨卜达尔的花名册，又恢复阿拉-乌德-丁和舍尔沙曾经实行过的"军马烙印制度"（波斯语原文 Dāgh-ul-Mahallī，意为"分区烙印"，简称"达格"）。曼萨卜达尔、扎吉尔达尔供养的骑兵必须在规定的期限内将军马带到本区皇室马厩，在军马臀部烙上代表骑兵番号的印记，并登记造册，按所登记的实际兵员数发给军饷。马匹死后须以相同品级的马匹补充并重新烙印，否则停饷。阿克巴军队中还拥有将近5万头战象。炮兵除制造使用大炮外，还应用由象或骆驼可以负载的小炮和可以拆卸的山地炮，增强炮兵的机动性。炮兵技术在亚洲仅次于土耳其。

（五）统一全国度量衡。统一全国的地积单位为"比加"（印亩）①，谷物重量单位为"芒德"（约合388克），货币单位为卢比和莫胡尔②，并确定其贵金属含量。这些措施显然有利于工商业的发展。

（六）宗教改革。最能反映阿克巴统治政策特点而且历时最长的，是他在宗教领域推行的改革。

当然，阿克巴推行宗教方面的改革，并非像某些历史学家认为的那样，是出于他本人"宽容大度的个性"或"对宗教理想的追求"，而应当在15—16世纪次大陆以至世界范围的宗教改革运动中寻找它的时代背景和思想渊源。莫卧儿建国时期，西欧正兴起一个以反对教会特权、提倡"信仰得救"和"廉俭教会"为主要特点的改革运动；与此相呼应，次大陆的印度教与伊斯兰教宗教界也发生了三次较大的教派运动。其一是前章已提到的兴起于14、15世纪之交的"巴克提"（虔诚）运动，这是阿克巴"普遍宽容"宗教思想的一个渊源；其二是16世纪出现的救世主派运动（又称马赫迪运动），其信徒多为商人和劳动人民，宣称在世界末日有马赫迪出现，就会伸张正义，建立太平盛世，其教义是以爱和宽容一切种姓、教派为基调。阿克巴的宗教导师之一就是该派的奇什基僧团的成员，这是他的宗教思想的又一来源；其三是16世纪兴起于旁遮普的锡克教运动，最初是代表印度北部城市商人和部分高利贷者反对封建制度的立场。其创始人那纳克宣传"宗教宽容"，取印度教、伊斯兰教的长处作为教义的基础。阿克巴发迹于旁遮普，执政后与锡克教师尊又有密切的交往，锡克教义对他的宗教政策影响颇深。此外，他的父亲是逊尼派，母亲和保护人又是什叶派，他的导师的宗教观是开明的，他的妻子是印度教徒、拉杰普特人，这种家庭环境对他也有影响。这些就是他推行自上而下的宗教改革的思想基础。

---

① 一比加约合2/3英亩。
② 每个金莫胡尔约合9～10卢比，每卢比合40达姆。

这一改革大致可以分为三个阶段：第一阶段（改革的准备时期）从即位之初到1574年，主要标志是取消杰齐亚税和香客税。第二阶段（改革的主要时期，与上层穆斯林矛盾激化）自1574年至1582年，主要标志是建立"礼拜堂"和颁布所谓"无误法令"。第三阶段（巩固改革成果时期）自1582年到阿克巴晚年，主要标志是创立"亭-伊-伊拉希"（Din-i-Ilahi，意为"圣教"）。

关于第一阶段阿克巴联合印度教徒的政策前已述及，这一阶段阿克巴在宗教观点上仍信奉正统的逊尼派教义，依靠谢赫和乌拉马，他所采取的一些让步措施多出于形势的逼迫和政治上的需要。

第二阶段阿克巴注意宗教内部的改革。1575年他为开展自由的宗教辩论，在京城法特普尔·西克里建立"礼拜堂"（Ibadat-Khana）。这是一件意义重大的新事物，意味着他开始摆脱伊斯兰教派主义的偏见。每星期四傍晚，礼拜堂的大厅里聚集着伊斯兰教神学各派的代表人物，围绕神学题材或神学以外问题开展辩论。1578年开始邀请非伊斯兰教派的代表人物参加讨论。1579年6月，他罢免了法特普尔·西克里的首席布道士，宣布自己为"首席的穆贾希德"（Mujahid，宗教导师），并在星期五祷告时以自己的名义诵读胡特巴。

1579年9月，经阿克巴认可后，由救世主派谢赫穆巴拉克起草，拟写了一份重要的法令，史称"无误法令"。法令称阿克巴为"真主在人间的影子"；陛下如对宗教的争议作出仲裁或制定法令，"则众师务必赞同，承担绝对义务，一切臣民，概无例外。违背法令者将令其丧失财产与宗教权利，死后罚入地狱"①。"无误法令"为阿克巴旨在加强集权的改革措施披上了一层神圣的合法外衣。这种将世俗与宗教的权力，即苏丹与哈里发合为一体的观念对东方的穆斯林统治者来说并不罕见。所不同的是巴格达和伊斯坦布尔的统治者可以依靠宗教的传统、宗谱和地

---

① 巴道尼：《史乘选萃》第2卷，第271~272页。

处伊斯兰世界中心的优越地位，而次大陆的阿克巴却不具备这些条件，只有通过宗教改革的途径来达到上述目的。

阿克巴居于执政地位，又借助"无误法令"之力，从上而下地推行了一系列具体措施和规定。阿克巴还身体力行，除穆斯林宗教活动外，在宫廷采纳印度教惯例，每天清晨登阳台谒见臣民，参加印度教节庆，朝廷觐见时佩戴印度教种姓标志；禁止宰牛、杀生、狩猎；宫廷整日保持火不熄灭。但对一些恶习弊端则加以禁止，如强制寡妇自焚殉身、杀婴、童婚、近亲婚配以及不许寡妇再嫁等。

第三阶段从1582年制定"亭-伊-伊拉希"（意译"圣教"或"神圣的信仰"）开始。这种宗教的特点一是提倡廉俭，其教规要求信徒"弃绝世俗欲望而求得救"，凡要求入教者，可直接进见阿克巴，将头巾放在手中，头放在他脚上，阿克巴将他扶起，向他祝福，给还头巾戴上并授以刻有"安拉-阿克巴"（意为"阿克巴即真主"）字样的"夏斯特"①，就算接纳入教。二是强调忠君。新教信徒对阿克巴奉若上帝，相见时呼"安拉-阿克巴"，并且按效忠皇帝献出"财产、生命、荣誉与信仰"四项中的几项，将教徒分成四等级。献出四项的为第一等，献三项的为二等，如此类推。

"亭-伊-伊拉希"综合了各种教义的长处，其目的在于使各种信仰的人能够彼此宽容，共同合作，是阿克巴"普遍宽容"宗教理想的具体体现。但是，由于它所具有的理性特点和过于激烈地批评那些关于先知的宗教传说，使自己的教义仅仅成为一些刻板的道德信条，缺乏宗教的感召力，所以自始至终正式入教的信徒不多，最多不过数千人，而且在阿克巴死后就不再流传。

印度是一个具有悠久宗教传统的国家，国内主要民族有着极其强烈的宗教情绪。13世纪以后，印度教与伊斯兰教的矛盾成为宗教领域的

---

① 夏斯特（Shast）即阿克巴自己的肖像。

主要矛盾,是印度中古后期几百年来长期四分五裂、战乱不断的主要原因之一,甚至直到今日,它仍然是造成次大陆动乱的一个主要根源。阿克巴作为封建王朝的统治者能在一定程度上摆脱宗教偏见,不顾穆斯林贵族的激烈反对,从统治者长远利益出发采取"普遍宽容"的宗教政策,缓和了宗教、阶级、民族三方面的矛盾,这说明他的确是一个有魄力的君主。阿克巴推行新教的目的虽然没有实现,却在较长时期内造成了不同教派和平相处的局面,使莫卧儿帝国的统治得到巩固,他在这方面是有历史功绩的。

第三节　莫卧儿王朝的政治与经济制度

莫卧儿行政体制　阿克巴通过改革建立起从中央到地方,从税务、官阶到司法、军队的一整套有效的行政机构和军事制度,形成了完整的"莫卧儿体制"。这一体制是印度封建社会后期国家机器发展的最终形式。它不仅延续于整个莫卧儿王朝,而且为近代印度英国殖民体制的构置提供了基础。从这个意义上说,阿克巴大帝是莫卧儿帝国的真正缔造者。莫卧儿体制除了具有明显的军事性质以外,还体现了印度本地行政制度与波斯—阿拉伯体制相结合的特点。

中央政府:莫卧儿政府是典型的封建专制主义政权。与德里苏丹不同,莫卧儿诸帝从巴布尔开始就采用"帕德沙"(皇帝)的称号,说明他们即使在名义上也不承认哈里发为其最高统治者。阿克巴将君主的权力推向至高无上的地位,在对伊斯兰教法律有争议的情况下他有最后裁决权,被看成是真主在世间的代表。莫卧儿皇帝是法律的制定者,是军队的最高统帅,又是最高法官。他为自己确定的主要职责有三:"贾汉巴尼"(Jahanbani,保卫国家)、"贾汉吉里"(Jahangiri,扩展疆域)和为臣民谋福利。当然,他们的权力也不是毫无节制,皇帝与以上层封建主为主体的莫卧儿贵族之间,存在一种相互依存、相互约束的关系。如果说德里苏丹依靠摧毁贵族的势力而维护其独裁统治,那么莫卧儿皇帝则以贵族的势力和忠诚作为其专制统治的基础。从阿克巴时期起，不少拉杰普特王公也加入莫卧儿贵族的行列，更扩大了他的统治基础。

在中央官僚机构里，名义上以"瓦济尔"（Wazir，首相）为最高官职，但实际上仅在阿克巴统治初期摄政拜拉姆汗曾享有首相的权力，此后没有一任瓦济尔真正行使过首相的职权，这一点与瓦济尔长期拥有实权的德里苏丹国有明显不同。除此以外，阿克巴大帝时还有4个主要大臣职位：

1. 迪万（Diwan）。是中央政府主要行政官职，掌管税务和财政，并监督从省督到帕特瓦里各级地方官吏的活动。皇帝遇到重大问题几乎都向迪万咨询。

2. 米尔·巴赫希（Mir Bakhshi）。军队统帅，权位仅次于迪万。他是皇帝的主要军事顾问，并保存所有曼萨卜达尔的册籍，战时负责制订作战计划。

3. 汗-伊-萨曼（Khan-i-Saman）。皇室总管。掌管宫室、建筑、国库、官营作坊、皇室开支、账目等事务，一般由皇帝的亲信担任。

4. 萨德尔-乌斯-萨杜尔（Sadr-us-sadur）。宗教、慈善事业的总管，要处理各类宗教捐赠或赏赐，维护各类慈善设施。

阿克巴的这4个大臣被形容为"帝国的四根支柱"，可见其地位的显赫。除他们以外，中央政府还设有：首席卡济（Qazi），负责司法；监察官（穆赫塔西卜，Muhtasib），负责监督伊斯兰教规和道德规范的执行，管理全国的度量衡和市场价格；达罗格-伊-达克·乔基，负责驿邮和情报传递，由巡官（达罗格）辅助；还有米尔·阿蒂什（火炮长）、穆什陶非（审计长）、米尔·巴尔（森林总监）、米尔·阿尔兹（主管向皇帝呈递请愿书的官员）等等。

省政府：阿克巴将全国划分为15个"苏巴"（Subah，省）。贾汉吉尔统治时期增加到17个，奥朗则布时增至21个。"莫卧儿帝国各省的行政机构是中央政府的精确缩影"，其官员设置如下：

1. 省督（又称苏巴达尔，Subahdar，有的省份称尼扎姆或西帕·萨拉尔，官方则称为纳济姆），他在省府的地位相当于皇帝之于全国。这一要职一般由皇帝委派的王室成员担任。

2. 省迪万。地位仅次于省督，由皇帝直接任命，协助省督管理地方，目的在使这两个官职互相监督，以免叛乱。帝国后期省督与迪万由一人担任，因而助长了地方的分裂倾向。

3. 萨德尔（法官）。为省的首席法官，也由皇帝直接任命，不受省督或迪万控制。还负责土地的分配与慈善捐赠。

4. 阿米勒（省级收税官）。也掌握一些其他事务，如负责向皇帝通报本地税率，管理农业生产和开垦荒地等。

5. 巴赫希（将军）。负责招募、训练和维持省级军队，一般经米尔·巴赫希推荐后，由皇帝直接任命。

此外，苏丹达尔手下还有一批下级官员，她福季达尔、科特瓦勒、比蒂克奇（会计主任）和瓦卡-伊-纳维斯（新闻报道官）等。

萨卡尔（Sarkar）为苏巴以下的行政单位，相当于现代的县。萨卡尔以下又划分为帕尔加纳（Pargana），每个帕尔加纳包括几个村庄或农村公社。与印度历史上以前的时期相同，整个社会最基层的组织还是村庄或农村公社（Village Community），村社仍由潘查亚特（Panchayat）管理。这种组织经历了几度改朝换代的冲击，仍能保持大体不变，足见其惊人的稳定性。

如前所述，莫卧儿王朝的税收制度和军事体制（曼萨卜制）也是在阿克巴时代建立起来的。他能参照前人，设计出这样一套包含有各民族成分的封建官僚机构，来统治这样一个幅员辽阔、民族众多、成分复杂的大帝国，不能不说是一种政治上的成就。专门研究莫卧儿历史的印度史学家贾杜纳特·萨尔卡尔爵士对这一时期莫卧儿的行政体制的评价是："历时200年的莫卧儿统治为整个北印度甚至德干的大部分地区带来了统一的官方语言，统一的行政制度和币制，还为除印度教祭司和土著村民以外所有阶级的人士带来一种通用的混合语言。甚至在莫卧儿诸帝直接统治以外的地区,他们的行政体系、官职名称、宫廷礼仪和钱币形式或多或少地被邻近的印度教罗阇所借用。"①

莫卧儿土地制度　莫卧儿帝国统治时期,以农村公社为基础,以扎吉尔封地为主要形式的封建领主制度得到进一步发展。具体地说,土地所有制的主要形式有以下4种:

哈勒萨:哈勒萨(Khalsa,阿拉伯语"纯洁"之意),即王室领地。名义上莫卧儿人所征服的印度国土都属于"哈勒萨",包括分配给封建主的扎吉尔领地和柴明达尔领地在内。但实际上由王室直接支配的"哈勒萨"仅占全国耕地的大约1/8,主要在德里、亚格拉京畿地区。政府委派专门官吏阿马勒·古扎尔征收哈勒萨土地的田赋,直接归入国库。

扎吉尔:国家的大部分土地都以扎吉尔封地的形式分配给各级军事封建主。扎吉尔封地制是莫卧儿封建国家土地所有制的主要形式。据统计,阿克巴时代最大的扎吉尔有400～500个,中小扎吉尔有1388个②。

扎吉尔(Jāgir)一词是由波斯语词根Jāi-gir构成的复合词,原意为"得到一块地方"。扎吉尔的持有者称为"扎吉尔达尔",类似德里苏丹时期的"伊克塔达尔"。扎吉尔达尔一般都授有曼萨卜官阶,前面已提到这种官阶指受封者应得薪俸,即领受扎吉尔封地的权利和应供养军队的人数,即提供一定数量的骑兵、马匹和给养的义务。这说明扎吉尔制从一开始就是一种军事采邑制度,对受封者的权利与义务有明确的规定。但扎吉尔达尔对领地只拥有占有权,并无所有权,按西方学者W.H.莫兰的说法,仅仅是一种"税收权益的转让"。由于扎吉尔是作为官职的薪俸,它是不能继承的,在官职调动时,扎吉尔的地区也随之

---

① J.N.莫尔卡尔:《莫卧儿行政》,第238～239页。
② K.A.安东诺娃:《十六世纪莫卧儿王朝时期印度封建土地占有制的基本形式》,见《史学译丛》,1957年第2期,第107页。

转移。

莫卧儿国家对扎吉尔领地的所有权表现在以下几个方面：

第一，由国家确定、调整和监督扎吉尔达尔的权利与义务。国家收取扎吉尔的税收所得的一定份额。扎吉尔达尔死后，他在世对所积累的一切财富均归国库。

第二，政府对封地有随时增减、予夺之权。凡不履行扎吉尔军事义务的受封者，国家有权减少或没收其领地。以后改为一种新的罚课，即暂时收回扎吉尔以抵偿受封者应向国库支付的税款。

第三，扎吉尔达尔定期调任制。为了克服领主的地方分立主义倾向和割据势力的形成，适应官阶升降、封地增减的实际需要，阿克巴在位第13年（1568年）开始执行此项制度。扎吉尔达尔的实际调动十分频繁，边陲地区更甚，如帕坦在26年（1570—1596年）中四易其主，信德的塞赫万封地在43年（1591—1634年）中调换了17任领主。另外，有势力的扎吉尔达尔常受命留住中央，不经允许不能在自己的封地住留，这也是防止分裂的一种办法。

扎吉尔封地尽管具有明显的国有制特点，但它又不同于近现代意义上的国有概念，而是一种封建主义的、有限的国有制。这主要表现在以下几个方面：

第一，地权分割，即土地的所有权、占有权（食税权）和使用权不属于同一主体，而是由三者分别据有。农村公社使用土地从事生产，然而土地并不是村社农民的财产。扎吉尔达尔则只关心从封地上征收田赋的多少，而不顾农业生产的实际状况。拥有土地所有权的国家居主导地位，决定着土地国有制的基本性质。

第二，扎吉尔的国有性质随莫卧儿国家权力的衰弱而发生蜕变。莫卧儿王朝初期，扎吉尔封地尚未形成世袭的地权；贾汉吉尔时已经出现扎吉尔达尔权力增大的现象；自沙·贾汉后期开始，随着中央集权的削弱，税收当局又无力恢复莱特瓦尔制，包税的方法便日益流行。扎吉尔达尔乘机扩大领地，承包田赋，使扎吉尔逐渐转变为世袭领地。及至奥朗则布时期出现扎吉尔达尔与柴明达尔合流的趋势，这是在中央集权削弱的特殊条件下，土地国有制的一种蜕变形式。

第三，国有制主体并不排斥局部私有制地权的存在。虽然在法律上禁止自由买卖土地，但部分地权的转卖，如柴明达尔地权甚至扎吉尔地权的转卖，也是存在的。从土地所有制形式来看，私有土地则主要有两类，即世袭柴明达尔领地和萨尤尔加尔封地。现分述于下：

柴明达尔领地：这一术语是由波斯语词根"柴明"（Zamin，土地）和"达尔"（Dar，持有者）构成。柴明达尔领地主要指莫卧儿人新征服的边远地区如拉杰普塔纳、奥里萨、贝拉尔、喀布尔、孟加拉和比哈尔的土著诸侯、部落酋长和印度教王公的领地。这些地区为帝国兵力控制所不及，对这些领主遂以纳贡称臣、提供军事援助为条件，保留了原来领地的所有权。这类拥有世袭地权的柴明达尔在莫卧儿帝国初期所占比例较大。

另一类柴明达尔出现较晚，构成也较为复杂，主要是政府为了支付沉重的军事行政费用需要大量货币，因此将土地承包给一些商人、高利贷者去征收田赋，他们缴纳规定的金额后就自行决定征收的税率。最初是短期的包税，政府往往改换包税人，以取得较多的税金。因而他们一旦取得包税权后，便尽量榨取农民，同时也极力谋求长期包税，乃至变成世袭的权力，从而成为柴明达尔。这类柴明达尔包税人仍无土地所有权，仅是政府与村社农民之间的中介人。

萨尤尔加尔：萨尤尔加尔（Sayurgar）系世袭的宗教赐地，又称穆尔克、瓦克夫或伊纳姆。这是另一类私有土地。封地面积不大，通常在100到500比加之间，世袭继承，主要供宗教开支，不承担任何义务。萨尤尔加尔受封者大多是穆斯林，主要是苏非派谢赫和其他伊斯兰教神学家，也有少数是因不服军役不能得到扎吉尔封地的世俗封建主，阿克巴宗教改革时期也曾赐封地予少数印度教徒和祆教徒。这类封地在全国耕地总面积中占的比例很小，如1595年在亚格拉省仅占4%。

由上述可见，扎吉尔封地是莫卧儿国家土地所有制的主要形式，它决定着莫卧儿印度地权的基本性质。扎吉尔封地的流动性和非世袭性又带来了许多消极的影响，这表现在以下几个方面：

第一，由于领地和财产都不能由后代继承，扎吉尔达尔在任时都恣意挥霍金钱，除满足其个人奢侈的生活需求外，还建造清真寺、陵墓、桥梁、运河，或为一篇成功的诗作赏予诗人数万达莫，用贵重的宝石镶嵌在衣服、武器、马匹和马具上，宴席上他们常吟诵这样的诗句：大地无常应及时行乐，不要积攒钱财，因为钱财终会为别人所有。佩尔萨埃特说，莫卧儿时代"富人的穷奢极侈与普通百姓的绝对服从和极端贫困之间形成的对照，是历史上仅见的"①。扎吉尔封地的经营特征加强了印度后期封建社会极度奢侈、腐朽的特点。

第二，扎吉尔达尔的频繁调任，使领主们在经营农业方面毫无长远的打算，他们不惜耗尽人力、地力，只图尽可能多地榨取税收。连扎吉尔达尔雇佣的税收代理人阿米勒也不知自己的雇佣期有多长，收税时粗暴横蛮，勒索无已。对此，奥朗则布时期留居印度12年之久的法国医生兼旅行家贝尼埃曾作过一段著名的描述："Timariots（他这样称呼扎吉尔达尔）、总督和包税者们则作如下考虑：何必让这块管理不善的土地在我心中增添烦恼？何必耗费时间、金钱让它增收？我们的封邑或许顷刻间就遭剥夺，花费的努力对自己对子孙都毫无裨益。还是尽多地从土地上榨取金钱，任农夫挨饿、逃离，一旦调遣令下，我们就离开这块令人沮丧的荒地。"②

第三，莫卧儿政府定的税率虽为收获物的1/3左右，但加上扎吉尔达尔和包税人的中间剥削，税率实际上超过1/3。还有名目繁多的杂税，通称"阿布瓦卜"（Abwabs，意思是"附加"），项目有收割税、家

---

① 引自 I. 哈比布：《莫卧儿印度的土地制度》，第320页。
② F. 贝尼埃：《莫卧儿帝国游记1656—1668年》，1916年伦敦版，第227页。

畜税、果树税、打柴税、盐税、贸易税、河川税等等，印度农民的沉重负担的确是别国所罕见的，这使他们的生活水平降到最低点，甚至达到破产的境地。

本章主要参考书

[1] R. C. 马宗达等：《高级印度史》，张澍霖等译，商务印书馆1986年版，第二篇下篇，第一、二章。

[2] L. P. 沙尔马：《印度中世纪史》，维卡斯出版社1981年版，第四篇有关章节。

第十一章 莫卧儿王朝的兴衰和外国势力的入侵

第一节 莫卧儿王朝中期社会经济的繁荣

贾汉吉尔和沙·贾汉的统治 阿克巴去世以后的两代皇帝统治的五十多年（1605—1657 年）是莫卧儿帝国兴盛、封建经济发展的时期。阿克巴建立的行政体制具有一定的活力，阶级矛盾、民族矛盾和教派冲突有所缓和，政治局面比较稳定，扎吉尔制度的流弊也还没有完全暴露出来。

阿克巴的继承人贾汉吉尔（Jahangir，1605—1627 年在位）和沙·贾汉（Shah Jahan，1628—1658 年在位）基本上都保持了阿克巴的改革措施，并继续执行对外扩张的政策。贾汉吉尔对各派宗教一视同仁、没有歧视。他也注意与拉杰普特人的联盟，在战胜梅瓦尔之后，就采取怀柔政策，对其他战败的拉杰普特首领也都加以安抚。虽然旷日持久的德干战争花费了他大量的人力物力都毫无进展，贾汉吉尔的宠后努尔·贾汉过分参与政事导致与王子沙·贾汉发生冲突，造成内乱，给帝国带来了损害，但是，贾汉吉尔在位的整个时期内，政局基本上是稳定的。他为帝国带来了和平繁荣。不但工商业得到发展，建筑、绘画、文学等方面也有很大的成就。

继贾汉吉尔之后的沙·贾汉统治时期是帝国最兴盛的黄金时代。沙·贾汉继位之初平定了努尔·贾汉的支持者的两起叛乱：一是1628年本德拉酋长的叛乱；一是次年德干前副王阿富汗贵族的叛乱。他仍继续其祖父与父亲的政策，与拉杰普特人保持友好关系，赢得他们的忠顺。在宗教方面他虽然是伊斯兰教正统的逊尼派，但他并不干预印度教徒或基督教徒的日常生活，还参加印度教徒的宗教节庆，也没有开征杰齐亚税，对异教比较宽容。沙·贾汉的对外扩张只在德干方面取得了进展。1633年吞并了艾哈迈德纳加尔，1636年用武力迫使高康达称臣纳贡，接着又迫使比贾普尔承认莫卧儿的宗主权。

沙·贾汉时代大莫卧儿皇帝威震遐迩，王室的豪华壮丽为外国旅游者赞叹不已。国家财库充足，府库珍宝不计其数，孔雀宝座就是用纯金和宝石制成，耗费了1000万卢比，用了7年时间才完成。亚格拉的珍珠清真寺是最美的建筑，它耗资30万卢比，也用了7年时间。还有最著名的泰姬陵，用了22年时间，耗资约达4000万卢比。在此期间，文学、音乐与绘画等也有很多成就。可是，无论是提倡文学艺术事业，还是兴建宏伟壮丽的建筑，都耗费了无数的钱财，加上庞大官僚机构和军队的开支，战争的消耗以及皇帝、贵族的生活享受，大大加重了人民的负担。农民和手工业者勉强维持生存，遇到饥荒，则纷纷破产。沙·贾汉时期的1630—1632年，德干和古吉拉特发生了一次大饥荒，造成人相食的惨状。即使这样，政府也只豁免了1/11的地税，可见人民痛苦之深。沙·贾汉统治后期，帝国内部已经蕴藏着危机。1657年沙·贾汉病倒，王位继承战争随之而起，帝国从此由盛转衰。

社会经济的繁荣　由于相对安定的政治局面和普遍宽容的统治政策，这一时期莫卧儿的社会经济状况呈现出稳定发展的趋势。但是，关于这方面的情况波斯文历史著作和当代方言文学作品中较少记述，更多的资料来自当时外国旅行家的记载以及欧洲商馆的档案。

农业：莫卧儿农业仍采用小农个体生产的方式，生产力水平比较低下。据英国旅行家弗莱厄记载，农民耕地或种植谷物的方式"与其他国家区别不大，他们使用的木犁与同时代英国使用的步犁相仿，犁尖上只装有很小的铁齿或者根本不装，这是因为印度的土地松软，无需很重的铁铧犁的缘故。印度农民还使用播种工具，这在欧洲是较晚才有的，在种植棉花等作物的时候还使用点播器"。人工灌溉系统十分发达，雨量较少的地区用水井、小水库和湖泊蓄水。在北方平原，尤其是恒河、印度河上游盆地，灌溉沟渠密如网罗。耕种采用了轮作制，又普遍使用多种肥料。因此，印度农业达到了当时较高的水平。

作物的种类很多，《阿克巴则例》列举了亚格拉省16种春季作物和25种秋季作物的税率。除了粮食作物外，经济作物也种类繁多，而且收益显然高于粮食作物。各地区因地制宜发展本地的特产，德里、拉合尔、木尔坦、孟加拉等省大部分土地种植小麦、水稻和甘蔗。拉合尔的甘蔗质量最佳，亚格拉西南的比耶那和卡尔皮地区大都种植靛蓝和甘蔗，德干和旁遮普是棉花的主要产区，孟加拉、古吉拉特等省和南印度的许多地区以优质生丝著称，印度半岛最南端则以椰子产品和各种香料闻名，烟草自1604年底或1605年初传入印度后，种植也较广泛。

手工业：这时期的手工业门类很多，有些产品还有一定的艺术价值。纺织业是印度的传统工业项目，也是工人人数最多的生产部门。莫卧儿的每个城镇、村庄几乎都生产纺织品。随着社会分工的发展，纺织脱离了农业，织工的居民点形成纺织业的中心。棉纺织业的主要中心有达卡、查巴斯普尔、帕坦、布尔汉普尔、贝拿勒斯、巴特那、索那尔冈等地。达卡的平纹细布最为精美，每块长20码，卷起后可以从一只指环中穿过；锡龙杰的白细布，"人们穿在身上犹如裸体一般，商人被禁止贩运这种细布，总督径直将它送与皇上和莫卧儿宫廷，后宫的妇女用它做暑季的衣服"①。印染工业也发展起来，一些粗棉布上印染上形状

---

① 《泰文尼尔游记》第1卷，1839年伦敦版，第32页。

优美、颜色鲜艳的花朵和图案后，经久不褪。毛织业方面，拉合尔、亚格拉织造羊毛披肩与毛毯。丝织业由于阿克巴的支持得到很大的进展。最重要的蚕丝生产和丝织业的中心是孟加拉，这里出产的棉花和蚕丝多到如此程度，以至伯尼埃称它"不仅是大莫卧儿帝国的，而且是邻近王国以至欧洲的公共仓库"。

冶金业方面：北印度采用高炉炼铁法，铲铁砂与湿碳于炉中鼓风冶炼，再加以锻打，全系手工操作。南印度产钢较多，炼炉用黏土掺谷壳制成，炼毕即拆，成本十分低廉。炼出的钢锭称"乌兹"，质量颇佳，波斯商人不顾路途之遥，运回本国去制造兵器。莫卧儿工匠掌握的合金品种根据不同的需要越来越多，《阿克巴则例》中列举了经常使用的7种合金铜的名称，并记载了运用阿基米德定律精确地测定的7种金属的比重。由于冶金业的发展与战争的需要，武器的制造也有很大的改进。作为火药配料的硝石，为满足欧洲商人的需要而大量生产。造纸业也有发展，纸张品种繁多，生产地区广泛。迈索尔、道拉塔巴德、奥兰加巴德、亚格拉和德里等地都有造纸的手工作坊。建筑业也很有成就。此外，还有石盐的开采、制糖、造船业以及工艺品的制造等都有不同程度的进步。

商业与对外贸易：农业生产的商品化和专业化，手工业逐步脱离农业，都为商业的发展创造了条件。国内商业主要靠水运，印度河和恒河是两条通航的主要干线，沿海航线也是贸易的渠道，陆路有牛车运输，城乡贸易也有发展。对外贸易与亚洲、欧洲各国有频繁的商业往来，主要陆路贸易是通过开伯尔山口、拉合尔到喀布尔和从木尔坦到坎大哈、同伊朗和中亚的商人贸易；通过克什米尔与中国新疆与远东的贸易。主要的外贸海港有信德的拉合里·班达尔，古吉拉特的苏拉特、布罗奇和坎贝、巴塞因、乔尔、果阿和巴特卡尔，马拉巴尔海岸的古里和柯枝，东海岸的尼加帕塔姆和马苏利帕塔姆，还有孟加拉的萨特冈、斯里普尔、吉大港和索那尔冈等。商船的吨位很大，1612年欧洲人亨利·米德尔顿在苏拉特看到一艘印度船长153呎,宽42呎,深31呎,可运载1500吨货物。据巴尔·克里希纳博士估计,莫卧儿时期各港口年平均输出货物约345 000吨,其中85 000吨是输往外国的①。主要出口商品是各种纺织品、胡椒、靛蓝、鸦片、硝石等;进口的则有中国的瓷器,中亚、伊朗和阿拉伯的马,东南亚的丁香、肉豆蔻,锡兰、日本、欧洲的铜,非洲的奴隶等。贸易一直保持顺差,大量的黄金和白银都流入了印度。

　　印度商船不仅向东驶往马六甲海峡,而且向西频繁往来于红海和波斯湾。古吉拉特是莫卧儿前期的经济中心,该半岛由于地理上与内地相隔离,因而自古以来就与波斯、东南亚和印度西海岸保持着密切的贸易联系。虽然16世纪中叶葡萄牙军舰控制了阿拉伯海的水路交通,但古吉拉特商人与外界的往来并未中断。威尼斯商人切扎罗·弗里德里奇1563年记载说,印度商船得到第乌葡萄牙当局的允准后,频频驶往霍尔木兹和麦加。1583年拉里夫·菲奇在巴士拉报道了该港口与印度商人的贸易关系,霍尔木兹也有大批的印度商人来此经商,1588年还有印度陶制品和柠檬水从索科特拉半岛运往非洲②。托马斯·罗1616年记载,古吉拉特商人用印度商船包揽了全部的红海贸易③。从17世纪中期开始,随着胡格利和马德拉斯等重要海港的开辟,孟加拉和科罗曼德尔海岸一带商业、手工业日益发达,逐渐取代了古吉拉特,成为莫卧儿帝国新的经济中心。

　　商业和高利贷有密切的联系,商人以预付款包购粮食、棉花等农产品和手工制品,或贷款给农民、手工业者以供急需,利息都很高;他们和高利贷者还从银钱兑换中谋取高额利润。他们承担包税,更是发财致富的源泉。高利贷者的活动甚至扩展到国外,俄国访问伊朗的公使阿·

---

① S.C.雷乔杜里:《莫卧儿印度史》,1984年德里版,第339～340页。
② 阿拉耶夫等主编:《印度中世纪史》,俄文版,第413页。
③ S.C.雷乔杜里:《莫卧儿印度史》,1984年德里版,第339～340页。

沃伦斯基的记述曾提到,"波斯全国的金钱都掌握在印度人手中"①。

商品货币关系的发展,引起了村社土地占有的一些变化。份地可以出售或典押给别人,农民中穷富分化更为剧烈。有为市场生产棉花、靛蓝、香料、烟草、甘蔗等经济作物的大农户,也有只能满足自己需要的小自耕农。还出现了农村的雇佣劳动。自耕农中就有在农忙季节外出做短工的。为数更多的农业雇工是占农村人口约 1/5～1/4 的低级种姓者和村庄仆役,他们除按惯例为高级种姓提供强迫劳动(begār)服务以外,以出卖劳动力为生②。

商品货币关系也渗入到手工业生产部门。手工业者中同样产生了贫富分化。有的破产而丧失了生产资料,被迫从事雇佣劳动。少数手工业者发财致富,雇佣工人扩大自己的生产。商人收购手工业者生产的制品,有的向手工业者预付现金,从而取得收购产品的垄断权。类似劳动组合的生产组织也出现了,17 世纪 70 年代在高康达的造船业中雇佣木匠、铁匠等一百多人,钻石矿场工人达 6 万人,工作分组进行,每组负责六七个独立工序,工人工资用现金支付③。这些可以说是资本主义生产关系的萌芽形式,它们是从印度的封建经济内部出现的,但因为受到苛重的捐税与种种勒索的损害,加之地方官吏的压制,因此,发展十分缓慢。

附录:

  关于印度资本主义萌芽的时间问题,学者们没有一致的意见。主要有两种观点。多数学者认为是出现于 17—18 世纪,当时印度社会生产力的发展,社会分工、商品货币关系也有了进展。农村公社开始分化瓦解,雇农雇工出现,有了手工工场,富农经济。持这种观点的除我国和苏联的部分学者外,杜德的《今日印度》,尼赫

---

① 《国立中央古代文献档案库》波斯案卷,1715—1719 年。
② J. 雷乔杜里、I. 哈比布:《剑桥印度经济史》第 1 卷,第 248～249 页。
③ 斯·马斯特:《斯特雷恩萨姆·马斯特日记 1675—1680 年》第 2 卷,1911 年伦敦版,第 174 页。

鲁《印度的发现》也同意这种说法,并认为主要是英国殖民主义侵入印度后才使这一发展遭到破坏。另一种观点是认为在英国人侵占印度以前,印度尚不存在资本主义萌芽。由于商品货币关系的影响不大,不足以使农村公社解体,公社便一直持续到19世纪中叶。此前的手工作坊不是手工工场,包买商也不是新的资本主义关系的代表,资本主义企业是英国人建立起来的。主张这一说法的有苏联的部分学者。还有一种综合这两种观点的说法,认为印度资本主义萌芽第一次发生在17—18世纪,后为英国入侵所毁;第二次则在19世纪中叶,这时印度大部分农村公社已在英国土地政策的打击下解体,资本主义关系才又重新萌芽。这里的关键问题是如何估价莫卧儿帝国社会经济发展的水平和程度,如何认定当时封建经济结构中出现的新关系和新因素,以及如何评价英国殖民主义侵略所起的作用。这些问题都值得我们作进一步的思考和探讨。

第二节 莫卧儿帝国由盛转衰与人民运动的兴起

王位继承战争 在莫卧儿王朝历代司空见惯的王位继承战争中,最激烈、最残酷的一次是沙·贾汉晚年爆发的内战。沙·贾汉共有4个儿子:长子达拉·舒柯;次子舒贾,孟加拉总督;三子奥朗则布,德干副王;幼子穆拉德,古吉拉特总督。其中达拉·舒柯品德、才能都较出众,而且一直留居亚格拉宫中;奥朗则布则有突出的外交手腕和军事才能,是王位的主要竞争者。1657年9月,皇帝卧病的消息一传出,舒贾首先在孟加拉首府拉杰马哈尔自行称帝,并向帝国首都进军,但被达拉·舒柯的军队打败后退兵。穆拉德也于同年在艾哈迈达巴德加冕,接着他在马尔瓦与奥朗则布会师,并结成联盟。联军挥师北进,1658年4月15日与皇帝派遣的帝国军队会战于达尔马特,结果政府军大败。5月29日,联军又与达拉·舒柯亲自率领的5万军队会战于亚格拉以东的萨穆加尔,经过激战,最后联军凭借优越的战术和炮兵力量取得胜利。萨穆加尔之战实际上决定了这场内战的结局。不久，奥朗则布于6月8日占领亚格拉，幽禁其父王。沙·贾汉被囚在城堡内达8年之久，在孤独中度过了悲惨的余生，于1666年1月去世，终年74岁。奥朗则布又进兵德里，1658年7月21日在那里加冕为皇帝。接着，他先后击败并处死了同胞兄弟穆拉德王子和达拉·舒柯王子；又将舒贾王子驱逐到国外。这样，历时两年的王位继承战争便以奥朗则布的胜利而告结束。

奥朗则布的统治政策　奥朗则布（Aurangzeb，1658—1707年在位）统治的50年时间可以分为两个大致相等的阶段。第一阶段（1658—1681年）以北印度为政治、军事中心；第二阶段（1682—1707年）统治重心南移到德干。

宗教政策：奥朗则布是一个偏执的逊尼派穆斯林。他违背了阿克巴的宗教宽容政策，对非穆斯林，尤其是印度教徒采取极为严酷的政策。

首先，他多次下令禁止兴建印度教寺庙，拆毁近10～12年内建成的印度教寺庙，并捣毁庙中的偶像。1669年再度颁布敕令："拆毁异教徒的一切学校和寺庙"。1679年下令恢复征收杰齐亚税。当德里的印度教徒示威抗议时，他便派出象队镇压。征收其他税项也采取歧视政策。如1665年4月颁布的法令规定，凡穆斯林商人须交纳商品总值的2.5%作为关卡税，而印度教商人则须交纳5%。1667年5月更下令免除穆斯林商人的税收，而印度教徒的税率不变。

奥朗则布还干涉印度教徒的宗教生活。1668年颁令禁止庆祝"迪瓦利节"和"霍利节"（即泼水节或洒红节）等印度教节庆；同年下令禁止印度教徒朝圣。他在政府内革除了印度教徒担任的一切官职，1671年又规定王室领地的收税官必须由穆斯林担任。奥朗则布的严酷政策大大伤害了非穆斯林群众，尤其是印度教徒的宗教感情，使宗教矛盾重趋尖锐化。

德干政策：奥朗则布统治的最后25年，几乎全用于经营德干。他常驻奥兰加巴德，以对付比贾普尔、高康达和马拉塔人的势力。

奥朗则布向南扩张的第一个目标是比贾普尔的阿迪尔·沙希王国。1685年他率军亲征比贾普尔，围城17个月之后终于攻破，苏丹锡坎达尔·阿迪尔沙被迫投降。下一个目标是高康达的库特卜·沙希王国。1687年2月奥朗则布亲临高康达，围城8个月，久攻不克。他一面派遣增援部队，一面用金钱收买守军，遂得以攻入城堡，苏丹阿布尔·哈桑被废黜，库特卜·沙希王朝至此结束。

奥朗则布德干政策的另一个方面，是镇压新兴的马拉塔人的势力。马拉塔首领希瓦吉利用莫卧儿王位继承战之机，占领了孔坎、卡利安、马胡利、科尔哈普尔等县，并击败德干总督谢斯塔汗。奥朗则布派遣贾伊·辛格前去围攻普兰达尔要塞，1665年6月希瓦吉被迫签订条约，答应交出3/4的领土，并承认莫卧儿王朝的宗主权。此后保持了若干年的和平。1670年希瓦吉又夺回了割让的领土和要塞，并加冕自称为独立的统治者。其他马拉塔酋长承认他的权威，并缴纳乔特税（"四一税"）。1680年希瓦吉死后，其子萨姆布吉继续对抗莫卧儿王朝。1683年奥朗则布派遣沙·阿拉姆进攻马拉塔人，收获甚微，只得退兵。1689年2月，穆卡拉布汗率领的莫卧儿军乘隙在桑伽梅什瓦尔偷袭马拉塔军成功，萨姆布吉及其首相等均被捕获并处死，都城赖加尔也被占领。但马拉塔人的力量不但没有就此被消灭，而且不久后再度崛起，最终成为埋葬莫卧儿王朝的一支主要力量。

到1698年，奥朗则布的势力达到了顶点，莫卧儿帝国的疆域也扩大到了前所未有的规模：从喀布尔到吉大港，从克什米尔到卡维里河，除半岛极南端以外的整个次大陆都纳入了版图。但是，辽阔的疆土和旷日持久的德干战争成为莫卧儿统治者的一个沉重的负担，庞大的帝国内已蕴藏着深刻的危机。

人民反抗运动和莫卧儿帝国的衰落　奥朗则布的对内对外政策，使莫卧儿王朝中期一度缓和的民族矛盾、阶级矛盾和宗教矛盾重趋尖锐，并导致一系列的人民起义和教派运动，这是莫卧儿帝国由盛转衰的重要标志。

贾特人起义：贾特人是居住在朱木拿以南亚格拉、马图拉周围地区的一个人数众多的农民种姓，信仰印度教，17世纪末—18世纪初曾先后3次举行起义。因不堪忍受当地的军事行政长官阿卜杜勒·纳比的残酷压迫，贾特农民于1669年在其领袖柴明达尔戈克拉的领导下发动反莫卧儿起义，杀死纳比。起义持续1年之久才被镇压下去，戈克拉被处死。1685年贾特人在罗阇拉姆领导下再度起义。1688年劫掠了锡坎达拉的阿克巴陵，焚其尸骨。起义军战斗6年之久，于1691年暂时平息下来。后来罗阇拉姆战败被杀。1705年他们在另一领袖朱拉曼·辛格的领导下再次起义，建立图恩要塞，坚持长期的游击战争，到1721年才被击败，朱拉曼自杀。其余部继续在德里、亚格拉等心脏地区打击莫卧儿统治者。

本德拉人起义：本德拉人是拉杰普特人的一个部族，居住在朱木拿河与文迪亚山之间的本德尔汗德地区。族民强悍好战，阿克巴时期曾被降服。1671年他们在酋长查特拉沙尔的领导下发起反莫卧儿起义，曾几次战胜莫卧儿军队，并在马尔瓦东部建立起以潘纳为首都的独立公国。

萨特纳姆人起义：萨特纳姆人是居住在纳尔诺尔和梅瓦特县一带的印度教部族，又称蒙提人（意为"剃光胡须的人"）。他们从不屈服于外族的压迫。1672年5月，因莫卧儿步兵杀害了一个萨特纳姆农民，而当地的希克达尔又包庇凶手，他们便聚众举起了义旗。参加起义的不仅有享有全权的村社社员，而且还有村社中最受压迫的阶层——不可接触者。萨特纳姆人攻占纳尔诺尔，击败了奥朗则布派去镇压的军队，在占领区建立了政权。起义军向德里挺进，与莫卧儿大军在德里西南地区进行决战，最终被残酷地镇压下去。

拉杰普特战争：1678年，为莫卧儿朝廷效力的马尔瓦尔罗阇贾斯万特·辛格去世后,奥朗则布迅即改变以前莫卧儿诸帝执行的与拉杰普特族和亲的政策,并发动了对拉杰普塔纳的战争。他首先派兵进攻马尔瓦尔,在乔德普尔战役中轻易地打败了拉托尔人,接着下令摧毁所有的印度教寺庙,重征杰齐亚税。贾斯万特的遗腹子阿吉特·辛格长大后,奥朗则布拒绝承认他的王位继承权,并强令他改宗伊斯兰教,这严重地伤害了拉托尔人的民族感情。拉托尔人的一位卓越的将领,被誉为"骑士之精英"的杜尔加达斯于1679年将拉妮们与阿吉特救回乔德普尔,并与梅瓦尔拉那拉杰·辛格联合抵抗莫卧儿军队的追击。但拉杰普特联军终因寡不敌众而被击败,以后退入山区坚持抗战。

莫卧儿人经过长期的战争并未能最终战胜拉杰普特人,奥朗则布被迫于1681年6月与梅瓦尔拉那贾伊·辛格签订和约。马尔瓦尔继续进行一场"三十年战争"。杜尔加达斯领导的拉托尔人不断骚扰莫卧儿前沿部队,迫使当地莫卧儿官员向他缴纳"乔特税"。战争一直持续到奥朗则布死后,他的继承人巴哈杜尔沙一世于1709年承认阿吉特·辛格为马尔瓦尔的拉那。拉杰普特战争不仅使莫卧儿王朝失去了最有战斗力的盟友,使两个最强大的拉杰普特部族公开与朝廷对抗,而且使帝国耗费了巨额的金钱和无数的生命,大大削弱了国家的实力,这也是导致帝国衰落的原因之一。

锡克教运动:锡克教运动是16世纪初在旁遮普由师尊那纳克倡导的教派运动。"锡克"一词源于梵文Sikha,意为"弟子",因教徒自称为师尊的弟子而得名。教徒奉那纳克为祖师,以《格兰特·沙哈卜》为主要经典。其教义在印度教巴克提派的基础上,摄取了伊斯兰教苏菲派的神秘主义因素,主张业报轮回和众生平等,取消种姓等级,提倡修行,反对祭祀、偶像崇拜和苦行主义。阿克巴在位时,与锡克教保持友好的关系,他曾亲往拉合尔拜访第三代师尊阿默达斯,并在阿姆利则赐予他一块土地,即后来锡克教的圣城及金庙所在地。从第四代师尊拉姆达斯开始,师尊成为世袭的职位。第五代师尊阿尔詹·马尔是一个组织能力很强的领导人,他在位时锡克教团人数增加很快。他又整理前 4 位师尊的遗训,编成锡克教的第一部圣书——《格兰特·沙哈卜》;他还鼓励信徒努力经营农业、商业,为教团捐款,积累庙产,实行带有强制性的"宗教贡金"制度,并使教团转化为一个军事性的政权。贾汉吉尔和沙·贾汉在位时,锡克教团实际已成为一个独立的土邦,与莫卧儿政权经常发生摩擦。

奥朗则布的宗教迫害政策引起了锡克人的强烈不满,1675 年他处死第九代师尊特格·巴哈杜尔更激起锡克人的复仇情绪。为了把反莫卧儿的斗争继续下去,第十代师尊戈文德·辛格(1675—1708 年在位)对锡克教作了重大改革。他将锡克教团改名为"卡尔萨"(锡克教徒公社),将宗教和世俗的最高权力交给卡尔萨,要求教徒履行"五 K"的教规,即:蓄长发长须(Kes)、佩剑(Kripan)、穿短裤(Kachcha)、戴梳子(Kangha)和钢手镯(Kara),发给每个锡克教徒以"辛格"臂章(即"狮子章")。公社内实行严格的民主制度。教徒不分种姓、部落,一律平等。到 17 世纪末,在教团中占大多数的农民群众和城市贫民已成为锡克教反封建运动的主力。1708 年戈文德·辛格遇刺身死,师尊制至此终止。但此时锡克教团已经成为旁遮普地区一股重要势力,并在印度以后的政治生活和军事斗争中起重要的作用。18 世纪 50 年代锡克教运动再度兴起,并于 1765 年建立独立的锡克国家。

马拉塔人的兴起和马拉塔王国的建立:17 世纪中叶后 1 个多世纪内兴盛一时的马拉塔王国,是介于莫卧儿帝国与英属印度之间使印度教势力得到再度复兴的政治实体。马拉塔人居住在马哈拉施特拉多山地区,北部有文迪亚山脉和萨特普拉山的保护,还有纳尔马达河和塔普蒂河的屏卫,以及许多易守难攻的城堡要塞,为抵御莫卧儿人入侵和保卫民族独立提供了良好的地理环境。15—16 世纪这里兴起的巴克提信仰,在马拉塔人中培育了团结的精神和社会平等的理想,马拉塔语言和文学的兴起又为民族国家的形成提供了一条联合的纽带。

17世纪中叶，马拉塔民族出现了一位杰出的统帅和政治家——希瓦吉（Shivaji，1674—1680年在位），他联合了马拉塔各部族，成为马拉塔民族国家的缔造者。希瓦吉1630年2月出生于马拉塔封建主邦斯拉（Bhonsla）家族。他12岁就开始经营浦那的扎吉尔领地。16岁那年利用比贾普尔国内的混乱，率军攻占托尔纳要塞。1656年并吞焦利公国。1657年初，当德干总督奥朗则布进攻比贾普尔时，希瓦吉第一次与莫卧儿人发生冲突。他利用莫卧儿军忙于进攻卡尔扬尼的机会攻入朱纳尔城，并获得大量战利品。1663年他成功地袭击驻兵浦那的莫卧儿总督谢斯塔汗，次年1月又劫掠了西部富庶的海港苏拉特。1674年6月16日，希瓦吉在拉杰加尔隆重加冕，采用"查特拉巴蒂"（独立君主）的称号，正式建立独立的马拉塔王国。此后，希瓦吉继续扩张王国的疆域。1677—1678年，马拉塔人的势力达到极盛。北起苏拉特的拉姆纳加尔，南到卡尔瓦尔的整个沿海地区、西卡纳带克和近代的迈索尔王国的大都都纳入了马拉塔王国的领土范围。正当希瓦吉的事业顺利发展时，他却于1680年4月去世，终年50岁。

希瓦吉的行政、军事体制：希瓦吉不仅奠定了马拉塔王国的疆域，而且建立了一整套中央集权的行政体系。政府的最高首脑查特拉巴蒂（国王）拥有主宰一切的权力。辅佐国王的主要政府机构是"八大臣内阁"（Ashtpradhan），它由佩什瓦（首相）、财政大臣（Amatya）、书记官（Mantri）、监督官（Sachiva）、外交大臣（Samant）、王室教士与赈济官（Pandit Rao）、总司令（Senapati）和首席法官（Nyayadhish）组成。政府也分成八个部，各由相应的大臣主管。地方行政划分为若干省（Prant），由中央政府直接任命的副王管辖。希瓦吉死时为4省。省以下再划分为帕尔加纳和塔尔夫，最低行政单位是村庄，由帕特尔负责征税。

财政制度方面，希瓦吉取消扎吉尔封地制，以现金支付官员薪饷。废除包税的惯例，代之以通过国家官吏直接向农民征税的办法。由于马哈拉施特拉山区提供的土地税不多，希瓦吉还常常向由他支配的邻近地区，以及莫卧儿王朝、比贾普尔的某些辖区征收"乔特税"和"什一税"作为补充。

军事方面，希瓦吉整编平时在田间劳动，到旱季才服现役的马拉塔军队，创建正规的提供薪饷、住处的常备军，其大部分由骑兵组成，规模也很大，据估计，希瓦吉死时这支军队包括4万骑兵、1万步兵和1260头战象，还有炮兵和舰队。希瓦吉的军队中既有印度教徒，也有穆斯林，纪律十分严明，规定"不许任何妇女、女奴或舞女随军"，不得抢母牛，不许骚扰婆罗门。他还修筑了约280座城堡、要塞，为防御提供了坚固的屏障。

希瓦吉死后其长子沙姆布吉（1680—1689年在位）继承王位。沙姆布吉虽然勇敢善战，但不善于行政管理。他1681年曾远征詹吉拉的西迪人，两年后又进军葡萄牙人占据的港口乔尔和果阿，但1689年2月遭到一个名叫穆卡拉卜汗的莫卧儿军官的袭击，沙姆布吉及其首相、大臣共25人都被俘，后被凌迟处死。

继位的罗阁拉姆（1689—1700年在位）仅19岁，但得到罗姆金德拉·潘特和普拉拉德·尼拉吉的辅佐，再度开展了一场抗击莫卧儿人的民族战争。罗阁拉姆改以金吉为首都。这时马拉塔人虽然没有一个强有力的领袖和统一的中央政府，但能干的将领们各自为战，运用游击战术给莫卧儿人以沉重打击。奥朗则布无法对付这场人民战争，他处处受敌，战争无止境地拖延下去。

1700年罗阁拉姆死后，由他的遗孀、一个气概非凡的妇女塔拉·巴伊摄政（1700—1707年在位）。她继续鼓励马拉塔人抗击奥朗则布。马拉塔酋长四处袭击，大大增加了财力、物力，实际上已经主宰了德干和中印度某些地区的形势，使莫卧儿军望而生畏。奥朗则布死后，马拉塔人进一步发展成为次大陆一支主要的政治力量。

第三节　西欧殖民者和其他外族的入侵

西欧殖民者侵入印度　正当莫卧儿帝国由盛转衰、人民反抗运动风起云涌的时候，欧洲各国的殖民势力进入了印度。

最早到达印度的是葡萄牙人，1498年5月17日，瓦斯科·达·伽马绕道好望角，抵达印度马拉巴尔海岸的港口卡利卡特。奠定葡萄牙在印度权力的基础的是阿丰索·德·阿尔布凯克。1509年，他被任命为葡萄牙印度事务总督。次年11月，他占领了当时属于比贾普尔苏丹领地的富庶港口果阿。但葡萄牙人没有深入到印度内地，仅在沿海建立了许多重要殖民地，如第乌、达曼、萨尔塞特、巴塞因、乔尔和孟买，马德拉斯附近的圣托梅和孟加拉的胡格利，其中位于印度西海岸的果阿城则是他们的主要基地。

荷兰人、英国人接踵而至。到17世纪，印度存在着葡萄牙人和荷兰人、葡萄牙人和英国人、荷兰人与英国人之间的竞争。英国人和荷兰人先后在1600年和1602年组成东印度公司作为殖民工具，进行激烈的竞争。1759年11月贝达拉战役，荷兰的军事力量遭到沉重打击，从此荷兰人的势力就逐渐从印度消失了。

法国在印度登场较晚，直到1664年才成立东印度公司，而且它的商业活动发展比较缓慢。1673年建成本地治里城，后来它成为法国在印度殖民地的首府。1697年以后，法国东印度公司才摆脱过去的停滞状态，并逐渐繁荣起来。1668年在苏拉特建立第一个商馆，随后在昌德纳戈尔建立商馆，1725年占领马拉巴尔海岸的马埃，1739年占领卡里卡。1742年后，法国人开始抱有在印度建立一个法属殖民帝国的野心，印度遂成为英法角逐的舞台。

英国东印度公司的建立　16世纪末到17世纪初，为适应资本原始积累的迫切需要，英国的大商人、银行家急忙参加由地理大发现开始的欧洲国家对亚洲国家的殖民扩张。早在16世纪末，就有不少英国冒险商人来到印度。如1599年，伦敦的一个冒险商人约翰·米尔登霍尔由陆路来到印度，住了7年。英国变印度为殖民地的决定性第一步，是1600年12月31日成立的东印度公司。女王伊丽莎白颁发特许状，授予它为期15年的东方贸易特权。此后它在印度竭力设法向莫卧儿帝国索取贸易权，建立商馆，排除自己的竞争对手。1613年初，贾汉吉尔颁发一道敕令，准许英国人在苏拉特设立一永久性的商馆。1619年之前，又在亚格拉、艾哈迈达巴德和布罗奇等地建立一系列商馆，并取得某些贸易特惠条件，所有这些商馆都受苏拉特商馆的总管和参事会的控制。此后英国商馆迅速增加，并且从印度西海岸向东南海岸和东北海岸发展，在马苏利帕塔姆、阿尔马冈建立商馆。1639年，东印度公司以每年600英镑的代价从昌德拉吉里的统治者手中租得马德拉斯，在那里建筑了命名为圣乔治堡的堡垒，后来在该城堡的周围形成了马德拉斯城，它成为科罗曼德尔海岸的英国殖民总部。1668年，东印度公司以每年租金10英镑的代价从英王查理二世手中租得孟买（1661年孟买作为葡萄牙公主凯瑟琳嫁给查理二世的嫁妆），从此孟买变得越来越繁荣，而且有良好的防御设施，1687年取代了苏拉特的地位，成为英国在印度西海岸的主要基地。1690年，东印度公司在孟加拉的苏塔纳提开设一个商馆，建筑了名为威廉堡的堡垒，即加尔各答城，它成为英国人在孟加拉的贸易中心。

17世纪末和18世纪初，东印度公司利用贸易特权，获得了丰厚的利润。1680年，奥朗则布颁布敕令，命令任何人不许滋扰公司的商人，不得向他们索取关税，同时规定英国人货物除缴纳2%的关税外，尚须再缴1.5%的杰齐亚税。东印度公司的活动遇到了来自英国本土新的公司的竞争和挑战。1698年成立了一个名叫"英国对东印度群岛的贸易公司"，该公司获得了在印度贸易的独享权利，成为老公司的竞争者。1702年两家公司在内阁的压力下决定合并，1708年组成"英商东印度贸易联合公司"，从此东印度公司成为拥有军队、军舰，以及在印度宣战媾和等特权的强有力的组织。它从一个纯粹的商业特权公司，发展成为一个拥有广泛的商业、政治、军事特权的三合一组织。它是英国统治阶级对印度实行侵略扩张政策的重要工具。

英法殖民者在印度的角逐　18世纪中期，在印度形成了欧洲殖民者的两大势力——英国东印度公司和法国东印度公司，它们之间激烈的商业竞争最后导致了武装争霸。

1740—1748年英法在欧洲卷入了奥地利王位继承战争，这场战争到1746年也波及印度。本地治里的法国殖民总督迪普莱克斯具有殖民侵略的"才干"，他于1740年按欧洲方式组织和训练了一批印度雇佣兵（西帕依），凭借这支军队，企图征服印度，建立法兰西殖民帝国。但在实现这个野心的过程中，遇到了最大的障碍和劲敌——英国。因此，他一心要把英国势力赶出印度。事实上，战端是由巴尼特指挥的英国海军捕获法国船只而引起的。迪普莱克斯向毛里求斯总督拉·布尔东奈请求援助。当拉·布尔东奈率领的法国舰队出现于印度海面时，战局便迅速改观。英国舰队退向胡格利，从而使马德拉斯沿海的制海权掌握在法国人手中。法国的陆海军迅速包围马德拉斯，经过短期的战斗，仅以伤亡6人的代价攻克该城。当时卡纳蒂克[①]的纳瓦卜安瓦尔-乌德-丁认为，法国人未获允许就进攻马德拉斯是不能容忍的，他要求法军撤出马德拉斯城，并派其长子率兵前往援助英国人。但这支援军也被法军击败，法军暂时取得胜利。在胜利面前，法军内部出现了倾轧和不和。拉·布尔东奈主张只要英国人交纳一定数量的金钱，就同意将马德拉斯完整无缺地交给英国；而迪普莱克斯拒绝这样做。1746年10月，拉·布尔东奈的舰队遭到一场大风暴的袭击，损失惨重，被迫将舰队撤出印度海面。此后，由于没有海军的支援，迪普莱克斯的进攻遭受挫折。1748年，欧洲奥地利王位继承战争结束，签订了《亚琛条约》，该约规定马德拉

---

① 卡纳蒂克（Karnafic）是欧洲人对使用卡纳达语的科罗曼德尔海岸及其腹地的称呼。

斯应归还英国。英法战争的第一阶段就这样结束了。这就是印度史上的第一次卡纳蒂克战争。

第一阶段战争属于序幕性的，更大规模的战争接踵而来。英法殖民者都想插手和利用德干地区封建贵族争夺王位的斗争，借扶植自己的傀儡以称霸南印度。1749年8月，迪普莱克斯支持觊觎纳瓦卜职位继承权的金达·萨希卜和穆扎法尔·姜格，三方结成同盟，在安布尔战役中击败并杀死已接替纳瓦卜职位的安瓦尔-乌德-丁。萨希卜当上丁卡纳带克的纳瓦卜，穆扎法尔·姜格则宣布为德干的苏巴达尔。后者为感激法国盟友的帮助，委任迪普莱克斯为克里希纳河以南莫卧儿帝国全境的总督，并送予本地治里附近以及包括有名的市镇马苏利帕塔姆在内的奥里萨海岸的领地。应穆扎法尔·姜格的要求，迪普莱克斯派他的得力将领比西率一支法军常驻海得拉巴。法国殖民者实际上成为德干高原东南部的太上皇。

法国殖民者在德干高原势力的膨胀，必然引起英国殖民者的极大关注。1751年英国殖民者决定全力支持穆罕默德·阿利，协同进攻萨希卜。马德拉斯的文职雇员罗伯特·克莱夫率200名欧洲人和300名印度士兵，迅速攻破和占领萨希卜的首府阿尔科特。这一袭击的胜利是对法国殖民者致命的打击。又经过多次战斗，终于击败法国及其傀儡军，金达·萨希卜投降，整个卡纳蒂克落入英国傀儡穆罕默德·阿利之手。迪普莱克斯不甘心失败，从外交上和军事上作了反攻的准备，企图挽回败局。在整个1753年中，战争双方互有胜负。但法国东印度公司的股东们认为，战争不但使他们得不到好处，相反还要支出大量军费，因此他们决定不惜任何代价结束战争。法国东印度公司董事戈代厄于1754年来印度接替迪普莱克斯的工作。是年他同英国缔结一项条约，双方同意不干涉当地王公间的争吵，保持缔结条约时各自实际占有的领土，第二次卡纳蒂克战争至此结束。从此，除海得拉巴外，法国差不多丧失了迪普莱克斯时所占有的所有领土。

在卡纳蒂克，由《戈代厄条约》所确立的和平，又被在欧洲爆发的七年战争（1756—1763年）所破坏，英法再次成为敌对的双方。战争爆发的消息于1756年11月传到印度，1758年才开始大规模的战斗，史称第三次卡纳蒂克战争。法国政府派德·拉利伯爵到印度指挥作战。1758年6月，法军攻占圣大卫堡，但法国舰队被击败，不得不撤离印度海面。克莱夫乘隙夺取了海得拉巴邦，并强迫该邦统治者签订关于把法国势力赶出其境的条约。1760年5月，英军包围本地治里，次年1月攻克该城。随后，马拉巴尔海岸的法国殖民地金吉和马埃相继投降，法国在印度东南部的大片殖民地丧失殆尽，实际上结束了法国在印度的殖民统治。1763年英法签订《巴黎和约》，这些地方才又归还给法国人。

在德干地区，法国也屡战皆败，最后被驱逐出去。英国又于1757年占领了富饶的孟加拉。至此，英国殖民者确立了在印度的优势地位。

波斯和阿富汗人的入侵

纳迪尔沙的劫掠：马拉塔人的兴起和西北边防的削弱，导致波斯王纳迪尔沙的入侵。纳迪尔沙帮助萨法维王朝从阿富汗人手里收复波斯以后，于1732年废黜了国王塔赫马斯普，自己出任摄政，1736年正式成为波斯国王。1738年他以穆罕默德沙收容了阿富汗人并扣留他的使者作为借口，开始向印度进军。次年纳迪尔沙轻易地攻占了加兹尼、喀布尔和拉合尔。这时莫卧儿皇帝还在德里寻欢作乐，毫无戒备，直到波斯军队距离德里城仅几英里时，他们才匆忙应战。2月，莫卧儿军队在卡纳尔战败，8 000官兵被杀，皇帝也被俘虏，波斯军队开进德里城。

纳迪尔沙逗留德里期间，因一些波斯士兵被杀，他为了报复而下令屠城。据当时的记载，大屠杀从早上8时持续到下午3时，约有2万人被杀，住房被洗劫一空。德里城呈现一派恐怖景象，前后达8星期之久。纳迪尔沙撤走时还抢走了皇宫的所有珠宝，包括著名的"科-伊-努尔"① 钻石、沙·贾汉的孔雀宝座和许多宝贵的波斯文手稿。据估计，纳迪尔沙从德里共劫走了1.5亿卢比现金和大量的贵重物品，还带走300头象、1万匹马和1万匹骆驼。纳迪尔沙的入侵不仅使莫卧儿王朝威风扫地，而且使衰朽不堪的国家又遭到一次沉重的打击。

艾哈迈德沙·阿卜达利的入侵：1747年纳迪尔沙被刺杀后，他手下的一个军官、阿卜达利部族的阿富汗酋长艾哈迈德建立了独立的阿富汗王国。他宣布纳迪尔沙所占领的莫卧儿边省，即坎大哈、加兹尼、喀布尔、哈扎拉、白沙瓦、德腊贾特、木尔坦和信德都归于阿富汗的版图。他在1748—1767年间先后8次入侵印度。

1748年1月艾哈迈德沙第一次入侵印度，在曼普尔战役中被莫卧儿军击败。紧接着他于1750年第二次入侵旁遮普，打败莫卧儿总督米尔·曼努，并征服了旁遮普。次年12月，阿富汗人第三次入侵印度，征服了克什米尔，并迫使莫卧儿皇帝割让锡尔欣德以西的地区。1756年11月艾哈迈德沙为了收回拉合尔省的控制权，第四次入侵印度，于1757年1月23日到达德里城下。此后旁遮普地区因为几股势力的争夺而陷入混乱之中，已经控制了印度斯坦本土的马拉塔联盟，又开始向西北地区发展，1758年4月拉古纳特·拉奥率领一支马拉塔大军进入旁遮普，占领拉合尔并驱逐了阿富汗人。为了报复，艾哈迈德沙于1759年10月第五次入侵印度。阿富汗人与马拉塔人之间一场决战已属不可避免。

第三次帕尼帕特战役 1760年10月和11月，萨达西夫·拉奥·巴奥统帅的马拉塔军队和艾哈迈德沙统帅的阿富汗军队先后到达帕尼帕特这个历史性的战场，开始了一场决战。阿富汗军队有6万兵力，其中骑兵和炮兵都占优势。在作战方法、行军与纪律方面也胜过马拉塔军

---

① 科-伊-努尔（Koh-i-nur），意为"灿烂之山"，形容钻石之大。该钻石产于印度，重1两2钱，现藏在英国博物馆。

队。马拉塔军因缺乏给养，于次年1月14日主动挑战。阿军战将阿卜达利将18 000本国军队置于阵中，左右各有纳吉卜和鲁赫拉军队，两翼为瓦济尔统帅的1万骑兵。巴奥军有45 000人，分成三路：中路由巴奥本人统率，左为西帕依军，右为霍尔卡尔、信地亚家族的分遣队。凌晨，马拉塔军先以炮轰发动猛烈进攻，获得初战的胜利。但阿卜达利以13 000生力军增援中军右翼，迅速扭转了战局。午后一时阿富汗军开始反攻，两小时内"马拉塔军就烟消云散了"，4万人被俘，死者无数，主帅巴奥阵亡，阿富汗军获得全胜。这次战役史称"第三次帕尼帕特战役"。

J.N.萨尔卡尔称此役为"弗劳顿式的战役"①，它使马拉塔人受到了毁灭性的打击，并丧失了称霸北印度、恢复印度教统治王朝的历史时机；同时，这次战役也使马拉塔人和穆斯林在殊死的较量中彼此削弱，为英国人乘隙而入、攫取次大陆霸权提供了机会。正如马克思所说："大莫卧儿的无限权力被他的总督们打倒，总督们的权力被马拉塔人打倒，马拉塔人的权力被阿富汗人打倒；而在大家这样混战的时候，不列颠人闯了进来，把所有的人都征服了。"②

本章主要参考书

[1] R.C.马宗达等：《高级印度史》，张澍霖等译，商务印书馆1986年版，第二篇下篇，第三～六章；第三篇上篇，第一～二章。

[2] L.P.沙尔马：《印度中世纪史》，维卡斯出版社1981年版，第四篇有关章节。

---

① 1513年英格兰军在弗劳顿战场大败由苏格兰国王詹姆士四世率领的军队，后者全军覆没。

② 马克思：《不列颠在印度统治的未来结果》，见马克思、恩格斯：《马克思恩格斯选集》（第二卷），中共中央马克思恩格斯列宁斯大林著作编译局编译，人民出版社1972年版，第69页。

第十二章 中古时代印度的文化

第一节 中古时代印度文化的成就

印度进入中古时代，随着封建帝国的建立，经济的繁荣以及与外国经济文化的交流，印度文化在继承上古文化的基础上又有了发展。这在文学艺术、科学、哲学等方面表现特别明显。笈多帝国时期是梵语文化的黄金时代，出现了不少著名的作家和学者，并取得了许多重要的成就。戒日帝国时期，哲学、文学、雕刻艺术也有一些发展。突厥、阿富汗人的入侵，传入了伊斯兰教文化，它和印度教文化相融合，使印度文化具有了新的特色。方言文学从这时期开始兴起。由德里苏丹到莫卧儿帝国时期，印度传统文化与中亚、波斯文化又进一步结合。方言文化有了进一步发展，建筑艺术也取得了重要的成果。通过我国僧侣和阿拉伯商人的传播，印度传统文化对世界各地产生了很深的影响。印度的中古文化在世界文化史上占有一定的地位。

文学 笈多王朝时期是梵语文学的兴盛时期。著名的两大史诗的整理定型就在这一时期，一些往世书和法典如《毗湿奴往世书》《伐由往世书》《那罗陀法典》《布里哈斯帕蒂法典》等，也大致在本时期内出现。但往世书和法典的文学价值不高。梵文诗中著名的有诃梨犀那的颂诗（Parasasti），这在前面已经提到。本时期最伟大的梵文诗人和剧作家，是最负盛名的迦梨陀娑（Kalidasa）。他大约是公元3至5世纪的人，可能是邬阇衍那的婆罗门家庭出身。关于他的生平，没有留下可靠的资料。传说他幼年是一个孤儿，由牧牛人抚养成人，很是粗野。因崇拜迦梨女神才得到智慧，因此取名迦梨陀娑，意为"迦梨的奴仆"，后来成为超日王宫廷"九宝"①之一。他在古代文坛上有很高的地位和很

---

① 九宝指当时宫廷供养的才学人士共9人，见R.C.马宗达等：《高级印度史》，张澍霖等译，商务印书馆1986年版，第162页译者注。

大的影响，他的作品是古今公认的梵语古典文学的高峰。他写的诗有《鸠摩罗出世》、《罗怙世系》、《云使》与《时令之环》，其中最著名的是文采韵律并美的《罗怙世系》和情意缠绵、技巧新颖的《云使》。印度人民对这两篇杰作评价极高。他的剧本流传到现在的有三部，都是以爱情为主题的宫廷剧，它们是《沙恭达罗》、《勇健与广延》与《摩罗维迦和火友王》。《沙恭达罗》是七幕剧，为世界文学名著，剧本取材于《摩诃婆罗多》和《莲花往世书》等，内容是叙说国王豆扇陀和森林修道者的义女沙恭达罗之间的一场悲欢离合的爱情故事。作者以丰富的想象，高超的手法，对人物的心理、性格描写得十分细致。随着剧情的发展，被侮辱的纯洁少女与忘恩负义的国王之间的矛盾冲突逐步达到高潮，然后宛转现出结局。剧中台词文体不同，对话用散文，独白用诗歌，交相穿插，不显呆滞。不同社会阶层的人物用语也不同，天神、帝王、贵族用梵语，妇女、奴仆等角色讲俗语。全剧文笔优美、音调和谐，塑造的沙恭达罗是封建时代受压抑的善良妇女的典型，直到今天仍深得人们的同情。其他二剧都是五幕剧，《摩罗维迦和火友王》一剧水平较低，可能是他的早期作品。迦梨陀娑以后，梵文诗的体裁与词句多流于程式化、雕环堆砌、因袭模仿，没有什么新内容，只供少数人欣赏。古典戏剧也大多脱离现实斗争，注意辞藻，讲究形式，有的还灌输不少思想毒素，为巩固封建制度服务。

在笈多以后的时期，能够接触现实，有进步思想和独特风格的剧作家是公元8世纪前半叶的薄婆菩提，他自称生于印度西南的一个婆罗门学者世家，曾在曲女城王耶输跋摩庇护下生活。他留下三个剧本：一是《茉莉和青春》，共十幕，剧情是公子青春和小姐茉莉相爱，但国王要把茉莉嫁给他的一位幸臣。他俩借朋友的帮助共同反抗国王与幸臣，终于冲破封建束缚而结合。作者大胆写出对封建统治的反抗斗争，反对包办婚姻，强调男女平等自主的结合，这是有积极意义的。他的另外两个剧本都以罗摩的故事为题材，一是《大雄传》，一是《罗摩传后篇》。两剧都是七幕。作者有很大勇气，敢于改动已成为经典的史诗故事，强调夫妇对等关系，反抗封建道德。他确是一位离经叛道的作家。他的文笔雄健有力，感情强烈，戏剧手法也很新颖，但也带有崇尚华丽，讲究辞藻的倾向。《罗摩传后篇》的水平较高。写政治斗争题材的剧作家，值得重视的有毗舍佉达多（写作七幕剧《指环印》）和婆吒那罗衍（写作六幕剧《结髻记》），他们的剧本都反映封建统治者的内部斗争，这类作品在古典文学中比较少见。

小说故事与历史文学方面，有柽丁的《十公子传》和巴纳的《戒日王传》与《迦丹波利》。柽丁是约公元7世纪时的一位诗人、小说家。《十公子传》是他用散文写的冒险故事，反映当时城市的社会生活，特别是上层人物内部斗争的情景。它对揭露封建社会的黑暗而有一定的意义。巴纳是戒日王时期的人，也是小说家。《戒日王传》是记述戒日王朝早期事迹的历史小说，也是一部名著，书中作者自述其家世与经历，有助于对当时印度社会的了解。《迦丹波利》是描写女郎迦丹波利的爱情与友谊的传奇故事，在印度传统中它被认为是无韵律诗的最高峰，类似我国的赋和骈文体裁，内容方面也有一些反封建的思想。小说故事的发展趋势和诗、戏剧相似，作者多注重文字而不是内容，日益陷入形式主义而衰微了。梵语古典文学为主流的时期到12世纪外族入侵后即告结束。胜天的《牧童歌》可以认为是梵语古典文学最后的名作。

公元10世纪随着封建经济的发展，各地文化水准也有提高，方言文学开始出现。印地语、孟加拉语、马拉提语、泰卢固语等先后有了自己的文学作品。德里苏丹时期，波斯语是官方用语。哈勒吉王朝的桂冠诗人阿米尔·胡斯劳（Amir Khusrav，1253—1325）是最有名的波斯语文学家。他在诗歌、散文和音乐等方面都有造诣，是一位多产的作家。他的诗歌（Ghazals）朴素和谐，富有感情，深受波斯诗人重视。他最早用乌尔都语（Urdu）① 写作诗歌，也用印地语写作。除文学作品

---

① "乌尔都"，突厥语，意为"军营"。指穆斯林君王的营帐即其官廷。在宫廷营帐里，讲波斯语、阿拉伯语的统治者与说印地语的臣民长期交谈，几种语言逐渐混合，形成一种新的语言，因而称为乌尔都语。

外，他还写有《阿拉伊史》，包含阿拉-乌德-丁在位最初几年的历史，对布格拉汗与其子凯库巴德的会晤，对德里他都作过有趣的描述。与他同时的另一位著名的波斯语诗人是米尔·哈桑·德赫勒维，他擅长抒情诗，撰写的《情歌》很有名。15世纪盛行的宗教改革运动对各地方言文学的发展产生了很大影响。罗摩难陀和卡比尔用印地语传道。卡比尔充满虔诚热情的诗歌，是印地语文学的光辉范例。那纳克及其门徒则用旁遮普语写诗歌传道。纳马德瓦和埃格纳特的诗作极大地促进了马拉提文学的发展。孟加拉语文学的发展则应归功于毗湿奴派导师，其中最重要的是抒情诗人钱迪廷斯。他写有《黑天颂》，歌颂毗湿奴神的化身黑天，对后人影响很大。后又有宗教改革家阇多尼耶的倡导，孟加拉的穆斯林统治者组织翻译梵语古典文学（主要是史诗），这都促进了孟加拉语文学的成长。泰卢固语文学的盛行则是由于毗阇耶那伽罗王国统治者的赞助和倡导。国王克利希那德瓦拉亚写了泰卢固语诗集《阿姆克塔马利亚达》（*Amuktamalgyada*）。他的宫廷有号称"诗坛八象"的八位泰卢固语诗人，其中以写《摩奴传》的贝登纳最为著名。另外，毗湿奴派和湿婆派的诗人也用泰卢固语写诗传教。到莫卧儿帝国时期，波斯语文学和各地方言文学继续发展。波斯语仍为官方语言。根据阿克巴命令，许多古代印度文献被译成波斯文，著名的波斯语诗人有克扎里·麦什哈迪、设拉子的乌尔菲和阿卜杜勒·费济。印地语方面，最早的作家是贾亚西，他写的《莲花公主》是带有哲理的优秀叙事诗。比尔巴尔是宫廷诗人，曾得到阿克巴授予的"人们喜爱的诗人"的称号。但最伟大的印地语诗人是杜尔西达斯（Tulasidāsa，1532—1623）。他一生大半在贝拿勒斯度过，写了近25本书，其中最著称的是取材《罗摩衍那》，用东部印地语写成的《罗摩功行录》，这是深受印度教徒欢迎的著名的诗篇。与他大致同时的盲诗人苏尔达斯，用西部印地语写的《苏尔诗海》，歌颂黑天的生平和事业，也很著名。此外，著名的印地语诗人还有阿卜杜尔·拉希姆大汗、女诗人米拉巴伊、凯萨瓦达斯等。孟加拉语文学在这时期大多数是以阇多尼耶的生活和思想为主题。杰出的作者有布林达万·达斯、贾亚南达、克利希那达斯和特里洛金·达斯等。乌尔都语文学在德干得到比贾普尔和高康达统治者的支持。比贾普尔的统治者伊卜拉欣·阿迪勒沙创作的《九歌》，毛拉·瓦吉的《古图卜·穆什塔里》诗集都是名作。其他方言文学也都有进展。

史学 印度早期的历史著作有比鲁尼提到的贵霜后裔在丝绸上书写的"王朝编年记"，玄奘也记有"尼罗蔽荼"（梵语 nilapita，意为"青藏"），说是"记言书事""善恶具举、灾祥备著"，类似我国的史诰。到12世纪，在克什米尔就有卡兰纳（Kalhana）编写的《诸王世系》，记事翔实，对研究克什米尔历史很有参考价值。与此同类的著作有尼泊尔的《帝王世系》与阿豪马人的《布伦吉斯》（Buranjis）即年代记等。古代印度只有往世书、系谱，后来有以"本行"（Charita）为名的传记，接着才是年代记。在年代记以前的那些接近历史的文献，大多只是一些神话传说或是表示赞颂的文学作品，不能称为按今天标准理解的历史书。年代记的编写在古代印度是没有的，上面提到的最早的一些编年史多半出自与中国有几百年交往历史的边沿地区的王国，在古代只有中国有悠久的编史传统与丰富的史籍，因此，印度著名史学家巴格奇提到"人们总认为这是受到了中国的影响"。到德里苏丹时期就有了不少卓越的历史著作。它们是用波斯文撰写的。作者往往是所记事件的目击者和参加者，因此很有史料价值。如明哈杰-乌德-丁著的《纳西尔通史》、巴兰尼的《菲罗兹王朝史》、阿菲夫的《菲罗兹王史记》、亚·宾·艾哈迈德·萨尔欣迪的《穆巴拉克王朝史》等。莫卧儿帝国时期许多皇帝都撰有回忆录。如巴布尔的《回忆录》、胡马雍的侍从赵哈尔的《大事回忆录》等。阿克巴时代，阿布勒·法兹勒是最著名的学者、史学家，他是阿克巴的密友，他写的《阿克巴本纪》和《阿克巴则例》，历史价值极高。有关阿克巴的历史著作还有尼扎姆-乌德-丁·艾哈迈德与费济等人撰写的作品。此外，还有巴道尼的《历史选集》和阿卜杜勒·巴吉编的《拉希姆的同代俊杰》。贾汉吉尔和沙·贾汉时期也有《贾汉吉姆鼎盛大业史》《贾汉吉尔的同代俊杰》《帕德沙本纪》等名著。奥朗则布反对写本朝的历史，哈菲汗的《精华录》是在他在世时秘密撰写的。此后，还有米尔扎·穆罕默德·卡济姆的《阿拉姆吉尔本纪》、穆罕默德·萨吉的《阿拉姆吉尔的同代俊杰》、比姆森的《称心的手稿》等史籍。菲里什塔（1570—1623）为比贾普尔的朝臣，他写的德干穆斯林国家的编年史比较翔实。

哲学 在中古时代有了进一步的变化与发展。笈多时期印度教六派哲学都有各自的经书与注疏，逐渐形成体系。它们都是以吠陀为根据的正统学派。非正统的学派则包括佛教、耆那教、顺世论派等。各派之间的争论最终仍归结为唯心主义与唯物主义两大类。顺世论仍利用各种论据否认灵魂脱离肉体独立存在，否定灵魂的不灭。它是其他一切唯心主义哲学派别主要攻击的目标。但是唯物主义观点也广为流传，甚至在一些婆罗门正统的哲学流派（数论和胜论派）中也有唯物主义的倾向。以数论派为例，这派学说的系统论述见于约公元 4 世纪的自在黑（Jsvarakrsna）著的《数论颂》。我国陈真谛（约公元 548—596）译的《金七十论》就是它的注释本之一。最初它认为宇宙有两种实体存在，即原始物质（Prakrti）和神我（Purusa）。原始物质有三种属性，即萨埵（Sattva）、罗阇（Rajas）和多磨（Tamas）。对这三种属性有多种的解释，有认为是分别指喜、忧和阇；也有认为是轻、运动和重；还有认为是道德、情欲和昏暗等。原始物质的三种属性处于均衡状态，这三种属性的相互作用构成自发性的发展与演化。道德的性质存在于所有真、美、善、智的事物中，情欲的性质存在于所有的凶恶、狂暴、猛烈、强力和活动的事物中，昏暗的性质则存在于那些黑暗、愚昧、阴郁、悲惨和不幸的事物中。神我是离开原始物质而独立存在的精神实体。神我有意识但不活跃，原始物质有活力而无意识。在原始物质演化为现实物质世界时，神我只是在场，而不参与这种进程。了解神我与原始物质的这种差别，就不会有痛苦，就会获得解脱。这一派承认物质的客观存在，又认为物质本身具有发展的因素。这就是它的唯物主义成分，有着重要的意义。但它承认神我的独立存在，到后期更强调它在物质发展中的作用，竟至认为不活跃的神我是创始者，向宗教化发展，成为印度教的思想体系之一。胜论与正理论也承认世界、灵魂和神的实在性，并用逻辑推理加以论证。它们在公元5至10世纪期间使逻辑学在印度达到极盛。到13世纪，甘格霞著有《真理如意珠》，创立新正理论派，专门探究推理规则与争论方法，陷入无穷的定义与定理中，成为为神学体系服务的工具。

佛教哲学方面，笈多时期大乘佛教盛行。这一时期兴建与扩充的那烂陀寺成为佛教世界的学术中心，一直保持到12世纪末，穆斯林侵入时才被毁。其他佛教中心还有伐拉毗、建志等。著名佛教学者有约公元5世纪的无著与世亲兄弟2人，他们是北印犍陀罗人，都是先习小乘后改宗大乘。他们传述的《瑜伽师地论》是大乘佛学中的重要经典。无著还写有《摄大乘论》，世亲也有《唯识论》。他们应用逻辑学（称为因明）证实纯意识是唯一的实在性。它是包括法、我，主客观，世界的真如，即永不变化、真实存在的精神意识，完成了佛教唯心论的思想体系。这派佛学称为瑜伽行派，著名大师有陈那、护法、戒贤等，它由玄奘传入我国。大乘佛学中，与这一派对立的有继承龙树的中观学派，这派大师有佛护、清辨。他们都对龙树的《中论》作过注释。他们以逻辑的方法证明包括意识在内的一切存在物的非现实性。但清辨的学说中也有一些唯物的因素，如承认心外有境，反对唯识，对外境也说是由极微积集而成。戒日王以后，大乘佛教逐渐由烦琐的理论转为持诵密咒，向密教发展。波罗王朝达摩波罗统治时就崇尚密教。除那烂陀寺外又在恒河南岸建毗讫罗摩尸罗寺，据称规模比那烂陀寺大，它就是密教的中心。到13世纪初该寺也被穆斯林烧毁，标志着佛教在印度本土的消亡。

在中世纪的印度哲学思想中，占统治地位的是商羯罗的不二论唯心主义体系。到了12世纪，在马德拉斯附近，有一位叫罗摩奴迦（Ramanuja，1017—1137）的婆罗门，和商羯罗观点不同，提出有保留的一元论（Visishtādvaita）。认为除梵和个体灵魂以外，还存在世界，世界不是虚幻的而是真实的。梵就是神毗湿奴，是有形的。世界和个体灵魂是神创造的，为神的一部分，依存于神。宗教的解脱靠对神的虔信，这对印度教虔诚运动的发展是有影响的。他对《梵经》和《薄伽梵歌》都作过注释。在罗摩奴迦的哲学思想影响下，中世纪印度出现了许多有神论和神秘论的吠檀多流派。13世纪坎纳达的婆苏提婆，一般称为摩德婆，也是有名的哲学家。他以梵经和奥义书为理论根据，写有37篇注释文章。他提出无保留的二元论（Dvaita），认为神创造了个体灵魂，但后者不是神的部分，绝不与神合为一体。只有虔信，才能使灵魂接近神。但灵魂只能永远保持无限接近超越宇宙的神性，一直知道它与神的差异。这方面表明他可能受到叙利亚基督教徒的影响。印度的中世纪哲学就是这样具有神学的、宗教的色彩，用烦琐哲学和神学压制了自由思想。

科学知识　随着农业、手工业的发展，内陆与航海贸易以及同外国交往的增多，印度人的科学知识也逐渐丰富起来。数学在古代印度已比较发达，到笈多时期更达到相当高的水平。由于零的使用和十进制的完善，大大促进了数学的发展。公元5世纪末的《圣使集》中提到的数学知识包括平方、立方根，简单的面积体积、圆、正弦、磐折形①等的特征问题，算术级数、因素、简单代数恒等式等课题。其中圆周率 π 的计算已精确达到了3.1415。代数学已作为独立学科，并能解答一次不定方程式。它还提到球面天文学，有助于后来穆斯林天文学家对球面三角学的研究。随后，公元7世纪梵藏著《梵明满手册》，9世纪大雄的《算法精义》，12世纪作明轨范师的《顶上珠手册》，都是这一时期印度

---

① 磐折形是由平行四边形的一角截击较小的相似平行四边形所余的图形。

数学方面的成就。这里有正负数、求平方、立方根，有关整数、分数的记号与运算，排列与组合等，对零与无穷大的含义有了充分的理解，作明证明 $x/0=\infty$，而不是以往数学家所认定的 X；又确定无穷大无论怎样分割，始终仍是无穷大，即 $\infty/x=\infty$。代数方面对二次方程式作了特别的研究，解决了以往留下的难题，作明、阿穆利与赫瓦里兹米等人贡献较大。几何学方面，欧几里得的几何学译本是研究的基础。作明根据他对中国《周髀算经》得到的启示，用实际制作正方形方法证明毕达哥拉斯定理，与欧几里得用演绎法论证不同。到 1356 年有那罗延那，以研究魔方著称。印度对魔方的研究在 17 世纪暹罗数学中也有反映。对欧几里得几何的注释在印度有毛勒维·穆罕默德，巴尔卡特与米尔·穆罕默德·哈希姆的著作。这一时期印度数学在三角学、球面几何与微积分等，特别是与天文学有关部分的研究都有一些进展。

天文学与数学的研究有密切关系。中世纪印度数学就包括天文学，因此，著名的天文学家往往也是数学家。印度天文学受到希腊、罗马天文学的影响，使用希腊、罗马的天文术语与单位。著名的天文学家圣使提出了与传统不同的见解，他说大地是球体，绕太阳而旋转，又绕地轴自转。他还正确地解释月蚀的原因是地球阴影遮掩月球造成的。他的这一说法比哥白尼的"太阳中心说"要早 1000 多年，但未被后来的天文学家彘日、梵藏等所接受，因而不能得到发展。彘日大约于公元 505 年编有《五种历数全书》（*Panchasiddhāntikā*），其中最后一种为《太阳手册》（*Sūrya Siddhānta*），它对中世纪印度天文学影响很大，探讨了行星的运行、位置、会合，日月蚀的性质，星座，日、月的升降，宇宙的起源，测量仪器与计时方法等课题。这本书有不少名家注释，到 18 世纪初就有不下 28 种。但它仍奉行地心说，认为大地不能转动，季节是由于太阳绕地而转形成的。而且这时的天文学仍未能从占星术中摆脱出来。彘日就是一位著名的星相学家。他著有《星宿幸运交合时的征伐》，讨论国王出征时的预兆。胜天为人们解释梦而编有《梦之宝鉴》

等。穆斯林征服印度带来了波斯、阿拉伯天文学的影响。后者重视观测仪器技术的传统，在印度继续保持到18世纪中叶，如星盘、象限仪、日晷等的制作都很完善。这时建立天文台的城市除邬阇衍那和贝拿勒斯外又增加了德里、马土腊等。德里苏丹国和莫卧儿帝国的统治者都很重视天文学与占星学。据《阿克巴本纪》记载，阿克巴有4位占星家替他占卜。贾伊·辛格（1686—1743）从1718到1734年在德里和斋浦尔作了连续的天文观测；使用的主要仪器是星盘、象限仪、浑仪等，并改进了一些仪器，增加了准确性并扩大了天文学的范围。他的《天文表》是划时代的著作。

中世纪印度医学的成就也很可观。公元4世纪下半叶的医学文献手稿，于1890年由英人鲍威尔在我国新疆库车佛教寺塔中发现。它的内容有三：论大蒜疗效，古代治病处方与名为《精髓》的古代论著提要，可能属于在此以前几世纪的医学研究的成果。这时期阇罗迦的著作有了增订本，并译成波斯文与阿拉伯文。对《妙闻集》的注释最早在11世纪。公元7世纪的名医婆拜多著有《八科提要》，我国唐朝高僧义净曾提到此书。义净在《南海寄归内法传》中还记述了印度的治病、卫生、针灸、药物等。摩陀婆伽罗所著《尼旦那》是病理学著作，对重要的疾病都有论述。对药物的研究有11世纪孟加拉医生萨勒斯婆罗的《药用植物》。以鸦片和菝葜为药物是由阿拉伯人传入的。16世纪巴婆米斯罗对《寿命吠陀》有全面的评注，对后代很有影响。印度的外科、眼科、鼻科、骨科等继承了古代医学的成就，直到18世纪都远远超过欧洲。印度的兽医受到统治阶级的重视，有兽医官治疗象与马。但这时期医学还夹杂有巫术与炼丹长生不老等迷信成分，又禁止接触尸体与解剖，这些都阻碍医学的发展。中世纪医学除印度传统医学外，还有阿拉伯医学。伊斯兰教不反对解剖动物，阿拉伯人曼苏尔有解剖学著作。但当时的外科水平很原始，往往用放血来治病，在进行剖腹、割扁桃腺、鼻息肉、截肢甚至头部外科手术后，是用棉线或丝线、猪鬃，甚至女人头发缝合的。阿拉伯人还以眼科著称，眼科医师以伊本·海塔姆最负盛名。其他名医有图格卢克王朝的谢赫·艾哈迈德·宾·西哈卜·苏菲，莫卧儿帝国时期的哈基姆·阿里·吉兰尼，还有治愈沙·贾汉闭尿症的哈基姆·杜努德·宾·伊纳亚图拉·阿卡拉巴迪等。医学著作如对热病、器官病、眼病等有专著，还有有关毒药和解毒的书。

　　造型艺术　雕刻、绘画和建筑是密切相关的艺术，在笈多时期都有发展，萨尔纳特的大量佛像，占西县德奥加尔庙精巧嵌板上刻画的印度教神像都有一些好的作品。在苏丹甘杰发现的高 7.5 英尺的青铜佛像也是名作。除阿旃陀石窟外，在其西北约 150 英里处有 6 至 7 世纪开凿的巴格石窟，共 9 窟；还有 5 至 8 世纪在奥朗格巴德附近兴建的埃罗拉石窟，共 34 窟左右；都有石雕、壁画。这些作品大多数表现古代印度人生产、生活、游乐乃至国际交往等情景。有的画中人物很多，但姿态表情各异，布局和谐，色彩鲜艳。它们不仅有很高的艺术价值，而且对研究当时历史也是十分具体生动的资料。雕刻艺术也有发展。帕拉瓦王朝在马默拉普拉姆兴建的浮雕和石庙很有特色，其中以"恒河神下降"为主题的大型浮雕最为壮观。接着是朱罗王朝的舞王湿婆的雕像，至今仍享盛名。

　　随着穆斯林的入侵和统治，波斯画传入印度。波斯和我国唐朝交往，接受了中国画法，因而印度绘画也间接受到中国画如花鸟画的影响。为了适应统治者欣赏的需要，小型画代替壁画于 16 世纪兴起。内容也由宗教题材改为描绘宫廷贵族的生活。印度与波斯、中国艺术的结合是本时期的特色。到阿克巴时期，宫廷画家中，信奉印度教的占多数，作品有人物肖像、书籍插画、装饰画和动物画。著名画家有巴萨万、拉尔、凯苏、穆昆德、哈里班斯和达斯万特，波斯和其他外国画家最著名的有阿卜杜斯·萨马德、法鲁赫·贝格、胡尔绍·古利和贾姆谢德。贾汉吉尔时，耶稣会教士带来欧洲画的影响，使印度绘画艺术更加丰富。但伊斯兰教禁止描画生物外形，又反对偶像崇拜，禁止雕像。这对雕刻绘画的发展极为不利。阿克巴和贾汉吉尔赞助雕刻绘画，当时制作不少象牙小雕像，这种艺术在这两个统治者在位时期有一些成就。到奥朗则布时，他认为赞助艺术就是违背圣法，不仅不再支持绘画雕刻，而且加以破坏，连阿克巴陵墓的图像也遭到粉刷。艺术家逃到那些莫卧儿势力控制不到的土邦，这一艺术就衰落了。

中世纪印度的建筑也经历了一些变化。笈多时期除前面提到的石窟外，据文献资料还有一些壮丽的宫殿，但大部都已毁坏。现存遗迹的有山奇石庙、德奥加尔石庙、比塔尔冈的砖庙等，设计都很好，一般比较小巧，并有雕刻的嵌板装饰。此后，石庙建筑代替木质结构，并出现了不同的风格。大致有两种重要的建筑式样：北印度的印度雅利安式和南印度的达罗毗荼式。两者的差别在于高楼塔（悉卡罗，Sikharas）的上层构造的形状。北印的是尖顶、中围突出、外边呈曲线形的高塔；南印的则是以圆石为顶，由上小下大的层楼构成，如同金字塔。北印的完全没有柱子，南印的则柱子占重要地位。前者如卡朱拉霍的庙宇群，这些庙宇从上到下满布雕刻，显得十分庄严堂皇，其中大天庙最为美好。后者有马默拉普拉姆的7塔庙，还有坦焦尔的大湿婆庙。大湿婆庙有14层的大悉卡罗，圆顶由一块巨石修成，从底层到顶端也都有雕刻和装饰的线条。

从公元7世纪中叶起，伊斯兰教建筑艺术逐渐传入印度，其特点是广泛使用圆屋顶、拱门、尖塔，没有人物和动物的雕饰，而以几何图形、花叶、书法铭刻作装饰。到德里苏丹时期，伊斯兰艺术和本地风格结合，形成了一些新的风格。各地情况也有不同，如在德里由于穆斯林人数多，伊斯兰艺术的影响占优势；在德干则以当地风格为主。德里苏丹初期建筑以过多的装饰和门廊亭阁为特点，到图格卢克时期则由于统治者的宗教思想和财政匮乏，建筑变得平淡、单一和简朴，以后也未恢复初期的状况。这一时期的代表作是德里的库特卜·阿·伊斯兰清真寺，寺内有著名的库特卜高塔，高238英尺，为印度最高的石塔。这个清真寺之南有阿来门，也是德里苏丹初期的作品。还有贾马阿特·哈纳清真寺，都显示出伊斯兰艺术的优势。而江普尔的阿塔拉清真寺则有明显的印度特色，古吉拉特的大清真寺是按本地风格砌成圆拱屋顶15个，由260根柱子支撑。这里的建筑也是以印度教传统占主导。孟加拉的建筑则有一种混合的风格。如潘杜阿的阿迪纳清真寺就是一例，它可能是印度最大的清真寺，有着400个拱形圆顶。曼杜和德里一样，建筑物主要呈现伊斯兰艺术的特点，如大清真寺、印多拉宫、胡尚格沙的陵墓等。在南印度，巴曼王朝的建筑由于有西亚、埃及人的参加，因而还带有突厥和埃及的艺术成分，如都城古巴加的大清真寺。此外，印度教王公在他们的辖区内也有一些有名的建筑。如梅瓦尔的拉那古姆帕在奇托尔建造的9层、高122英尺的胜利塔。毗阇耶那伽罗王国的建筑艺术成就也很可观，都城有庄严的城门、宽阔的街道、坚固的城堡、精美的房屋、庭园、寺庙等。其中哈扎拉庙是现存印度教庙宇中最完美的样板之一。可惜王国的大部建筑都毁于穆斯林侵略者的战火中，只剩下一些废墟。

莫卧儿帝国时期，印度教与伊斯兰建筑艺术的结合又有新的发展。阿克巴以前的建筑，值得一提的是阿富汗人舍尔沙短暂统治时期的称作"古堡"的清真寺和舍尔沙陵。它们都显示了印度教和伊斯兰教建筑思想的巧妙结合，又标志着德里苏丹与莫卧儿帝国建筑之间的联系。莫卧儿艺术的独特风格，应当说开始于阿克巴。这在离亚格拉约22英里的法特普尔·西克里都城建筑中以及拉合尔城堡中，都可以见到。如乔德·巴伊宫、比尔·巴勒宫、勤政殿、枢密殿、大清真寺、凯旋门等，在设计、建筑和装饰上都具有明显的印度教特点。还有五层宫（Panch Mahal）是金字塔形的5层楼阁，每层楼都由精致的列柱支撑，底层有84柱，逐层减少，在顶层只有4柱。上为圆顶华盖，含有佛教艺术成分。贾汉吉尔时开始用白色大理石代替红色砂石，他的建筑物很少。到沙·贾汉时，建筑显著增多。帝国各地都建有宫殿、大厦、城堡、花园和清真寺。其中也有不少名作，如德里的杰米大清真寺、亚格拉的珍珠清真寺，还有德里的红堡宫殿等。这时期莫卧儿建筑发展到了顶峰，它的杰出的代表作就是亚格拉的泰姬陵。这是沙·贾汉为他心爱的皇后穆姆塔兹·马哈勒所建的陵墓。工程于1632年开始，到1653年才全部完成，每天有2万工人参加，耗资约达4000万卢比。在艺术风格上，除印度教、伊斯兰教艺术成分外，可能还受到欧洲，特别是意大利的影响，其中门窗雕饰据说出自中国工匠之手。陵墓规模宏大，陵园内除中央的寝宫外，西有清真寺，东有会堂。寝宫台基四角各有一座3层的尖塔，前为花园，中有水池，两旁是用石径切割成的整齐的花圃。主体陵墓寝宫和尖塔都由白色大理石砌成，寝宫拱门上刻着《古兰经》的经文，镶嵌着红绿宝石的装饰性花边。门扉窗棂上是用黄金、翡翠、宝石、水晶、玛瑙等42种珍宝透雕的花枝藤蔓，东西两座建筑则用红砂石筑成。整个建筑群结构严谨，协调和谐，融为一体。白璧无瑕的王后陵墓与碧绿的池水相辉映，这是建筑、雕刻和园林艺术的巧妙结合，它表现了十分高超的艺术水平，不愧为世界奇观之一。这一朝代的另一著名艺术品就是孔雀宝座。那也是价值连城的珍贵文物。奥朗则布即位后不再重视建筑，莫卧儿建筑艺术也就衰落了。

第二节　中古印度与外国的文化交流

印度与中国　中世纪时期印度与外国的文化交流，随着对外贸易与交往关系的发展而日渐增多。印度和中国的文化交流，从公元4世纪起到9至10世纪之间是以佛教的传播为主要内容。印度佛教在古代就已传入中国，但那时主要经西域各国如大月氏、安息、康居等间接输入，这时则以印度僧侣直接来华传教者为多。其中影响较大的有鸠摩罗什、佛驮跋陀罗、达摩笈多等。鸠摩罗什译的经典文笔流畅，又能保存原书风格，正确表达原文的内容和含义。他对佛学在中国的传播有很大贡献。他属大乘空宗即中观学派，他介绍的佛教哲学丰富了中国的哲学思想。他翻译的《大庄严论经》是一部很好的故事集，对中国的文学也有影响。达摩笈多是6世纪末到中国的，除译经外还对中国和尚彦悰讲述沿途经历国家的情况。彦悰记录成书的《大隋西国传》，是玄奘《大唐西域记》的先驱，可惜已经散佚。印度佛僧在这一时期也到中国的西藏（当时名吐蕃）传教，著名的有寂护、莲华生等。中国（包括西藏）去印度求佛法的也很多，如法显、宋云、惠生、玄奘、义净、玄照、悟空等都很著名。他们也传播了中国文化，如宋云曾向乌苌国（在今斯瓦特河沿岸）国王介绍中国儒、道思想以及医病、占卜方术等。他们都对中印文化交流作出了贡献。10世纪时中国宋朝曾由政府派遣大批僧侣去印留学，求舍利与贝多叶书，但没有什么突出的成就。在印度的佛教圣地菩提伽耶曾发现了一些宋朝的碑铭，记载中国僧侣修塔的功德。这时印度佛教已衰，来华的佛僧也不多。11世纪印度波罗王朝与中国西藏仍有佛僧往还。东孟加拉名僧燃灯阿底峡应邀至西藏传播佛法，译经授徒，他还传授印度医学。此后，中印之间佛教僧侣交往之事就很少有记载。

中印文化交流的成就很可观。大量佛经译成汉文、藏文。汉文大藏经在宋初雕版刻印，共计5048卷，并传到日本、朝鲜，藏文大藏经分成甘珠尔与丹珠尔两部，共收书4569种。这些经典中包括许多有关印度文学、哲学、天文历数、医学、音乐等多方面的文献，对中国文化的各方面都有深刻的影响。在中国修建佛塔有印度工匠，印度医生在中国开业治病，印度会画像的佛僧在中国寺庙墙上作画。天竺乐舞在隋唐时代的中国宫廷乐舞中占有重要地位，印度乐器筚篥、琵琶传入中国。印度文化从各个渠道深入中国社会。中国学习印度拼音文字后，开始注意汉语音韵，定出四声，有了反切。唐朝僧人守温仿照梵文字母表，定出汉语辅音字母表，使汉语语音学得到新的发展。西藏也依照印度字母制成藏文字母，成为拼音文字。汉、藏语文中都吸收了很多印度词汇，如刹那、夜叉、佛、魔等。佛经中谈神说怪的寓言故事，到中国发展成为

"传奇"，从唐到清，形成小说的文学传统。印度的诗文结合的体裁传到中国，就有了唐代的"俗讲"、宋朝的"话本"，又说又唱的新体裁。佛教大、小乘各派以及后来的密教传到中国，影响儒家思想而有了宋明理学，在西藏、蒙古有了喇嘛教。印度天文学者在唐朝天文台任职，制定历书。唐僧一行研究印度天文学说后，根据实际观测，制定更精密的《大衍历》。唐朝孙思邈编的《救急千金要方》载有印度医方。明朝李时珍著《本草纲目》药物书也有印度传来的药。《隋书·经籍志》提到印度天文、数学、医方等书。此外，如龟兹音乐家苏祇婆传来的"七调"，还有辎子氏的《绘画六法》等艺术理论都直接或间接来自印度。这一切说明印度文化传入中国确实丰富多彩。

中国文化对印度的影响，相对来说比较少，但也有很重要的意义。除前面已经提到的蚕丝、瓷器等特产，编年代记、用"天子"称号等传入印度以外，本时期还可看到中国道教思想传入印度。东天竺王请赐老子像与道德经，玄奘曾奉命译《道德经》为梵文传入印度，这对印度密宗的形成起了促进的作用。还有道家的炼丹长生术也随之传入，对印度化学的发展也起了作用。养蚕法、造纸术也是这一时期传入印度的中国发明。据考古发掘，中国瓷器在印度沿海口岸都有发现，有的地方还发掘出中国唐、宋时的钱币。中国僧侣在印度佛教圣地造塔并留下碑文，中国的工匠参加了泰姬陵的修建。中国名僧玄奘在印度各地讲学，宣传中国文治教化，影响深远。《秦王破阵乐》于公元620年制作，在638年以前已传到迦摩缕波。这一切说明中国文化也从各方面深入印度，影响到印度文化的发展。

印度与东南亚　本时期内，印度文化对东南亚的影响也增多了。扶南（今柬埔寨）的建国者传说来自印度。据中国史籍《梁书》称，约公元4世纪时天竺的婆罗门侨陈如，由扶南人拥立为王，因而有国，并改用天竺法。《扶南记》还记载，从印度来的1000多名婆罗门留住某国，人民信其教并以女妻之。这里的某国是指扶南南边的敦逊王国（马来半岛北部）。据最早的碑铭资料，公元 5 世纪前后占婆（今越南中部）国王巴陀罗跋摩研习四吠陀，又建湿婆庙。玄奘的《大唐西域记》提到室利差呾罗（下缅甸）和堕罗钵底（泰国湄南河下游）那里也发现佛像和佛寺，还有梵文碑铭。公元 7 世纪中叶，强盛的室利佛逝兴起于苏门答腊，唐僧义净去印度求经时先后 3 次到此地，据称它是南海诸岛中的佛教中心。到公元 8 世纪，以中爪哇为中心的夏连特拉王朝拥有强大的海军，国土包括马来半岛和几乎整个印度洋群岛，并曾攻占占婆和甘孛智（这时取代了扶南），成为当时南海最强大的帝国。国王信奉大乘佛教，孟加拉佛僧鸠摩罗戈沙是王朝的国师。他在印度那烂陀修建寺院又保持与波罗王朝联系。他们还在本国都城附近（今爪哇中部日惹和梭罗间）建造了举世闻名的婆罗浮屠。它雕有佛像和佛经故事，技巧工艺十分高超。到 11 世纪，随着南印度朱罗王朝海军势力的增强，他们为了打破马来帝国在商业上的垄断，远征这一帝国，曾一度征服它的大部国土。朱罗文化也随之传入。以后东爪哇的地位逐渐增强。到 13 世纪末，以满伯者夷（故址在今惹班）为都的新王朝又强大起来。国土几乎包括整个马来半岛和马来群岛。印度文化在这里继续盛行，佛教密宗和印度教湿婆派都有发展。印度史诗被译为爪哇文，皮影戏也以史诗故事为题材，但已有民族色彩。

　　伊斯兰教于公元 9 或 10 世纪随着印度的穆斯林商人开始传入马来半岛，到 13 世纪有了大量信徒，马六甲成为伊斯兰教的重要据点，伊斯兰教成为马六甲王国的国教，到 16 世纪中叶已扩展到今天的马来西亚、印尼和菲律宾等地。信奉印度教的满者伯夷王朝被推翻，帝国分裂为许多信奉伊斯兰教的小王国。文化中仍保留了印度教的成分直至今天。印支半岛上的甘孛智于 9 世纪脱离夏连特拉王朝的控制，以吴哥城为都，建吴哥王朝，最盛时包括整个印度支那半岛的中部及马来半岛的一部分，有大批梵文碑铭和著名的吴哥建筑，这表明它是受印度文化的影响。吴哥建筑的代表作是 12 世纪前半叶建成的吴哥窟和随后修建的吴哥通王城。两者的设计和布局都很完善，规模宏伟，浮雕装饰特别精美，充分显示了柬埔寨人民的创造才能。他们吸取了印度的佛教艺术，但从形式到内容都反映了本民族特色。

印度与伊朗、阿拉伯　中世纪印度与伊朗、阿拉伯的交往十分密切。早在古代，印度西北部就曾受到波斯文化影响。如崇拜太阳神就是受到祆教的影响。在呾叉始罗最早有太阳神庙。又伊朗的摩尼曾吸取佛教灵魂转世的信仰，建立摩尼教，后又传入印度。萨珊波斯的银币刻有佛像，说明印度文化也传入伊朗。伊斯兰教阿拉伯人征服波斯后，大批波斯祆教商人逃入印度避乱。他们在孟买附近定居，保持自己的宗教习俗，直至现今。据中世纪穆斯林著作家称，5世纪时波斯王曾与曲女城统治者通婚，并曾要求后者选送万名吉卜赛男女竖琴手至波斯。戒日王马厩中充满波斯马匹。印度动物故事，医药与化学也于此时传入波斯。这一切可见它们之间交往频繁。到德里苏丹时期，波斯文化更加深入印度，直到莫卧儿帝国时，波斯语都是官方用语。各种梵文著作都译成了波斯文，这时写出的文史著作也都使用波斯文，这在前面已经提到。波斯称呼、衣着、爱好等生活方式流行印度全国。

印度和阿拉伯在公元前已有接触。阿拉伯商人来到印度西部海岸，阿拉伯文献中提到印度钢刀是名产，印度香料是阿拉伯商人采购的主要货物。阿拉伯马匹是南印度需要的，马可波罗曾称阿拉伯每年有2000匹马运往印度。公元8世纪阿拉伯帝国形成后，国土包括埃及、美索不达米亚、波斯等文明古国（地区）。阿拉伯原有文化与被征服民族文化融合渗透，又吸收了希腊和印度的文化，形成新的阿拉伯文化。这时期阿拉伯人还征服了信德，获得了有关印度宗教、哲学、医学、天文数学以及民间传说故事等各方面的知识。学者们也有互访，印度天文学家于8世纪后期访问巴格达，带来天文表等文献。阿拉伯天文学家也曾到贝拿勒斯研究天文学，有的达10年之久。阿拉伯旅行家和学者也致力于介绍印度学术文化，其中最著名的如比鲁尼（Al Biruni, 937—1048）。他曾伴随加兹尼苏丹马茂德去印度，他学过梵文、读过印度教经典，又懂天文数学、理化矿物与编年史等，著有《印度史记》等书。还有马苏迪（？—957），他曾游历过非洲、印度、东南亚等地，著有《黄金草原》，介绍各地地理历史和社会风习，其中也包括印度。许多印度文学、医学、天文学等著作被译成阿拉伯文，印度文化就这样成为阿拉伯文化的渊源之一。阿拉伯名医阿维森纳也提到印度名医阁罗迦的名字，受到印度医学的影响。另外，印度的文化成就又通过阿拉伯人的翻译、论述，而传播到西欧，如印度的数字符号、十进位法、医学等。波斯、阿拉伯人也将古典希腊著作介绍到印度，据称欧几里得原理就是经由穆斯林而传到印度的。又如波斯、阿拉伯的天文、数学、医学等，还有建筑、绘画都对印度有不同程度的影响。有些已在前面提到，就不重复了。

　　印度与欧洲　公元4至5世纪时，印度与罗马帝国的交往已陷于停滞不前的状态。直到8至9世纪之际，阿拉伯帝国、查理曼帝国先后建立，形势比较稳定，经济有了发展，交往才渐有开始。印度文化是通过阿拉伯人而传入欧洲的。很有意思的是，原来是印度受到希腊罗马影响的天文学手册与阁罗迦、苏斯鲁达的医学著作等，现在又从梵文译为阿拉伯文，然后又译为拉丁文返回西方。阿拉伯医学著作阿维森纳的《医典》受到印度医学的影响，也译为拉丁文，而成为中世纪欧洲的权威著作。又印度的寓言故事早在古代就对西方有影响，这时著名的《鹦鹉故事七十则》有几个波斯文译本，也传入欧洲。一些故事被《天方夜谭》采纳，后又为英国名著《坎特伯雷故事集》收入。《五卷书》在6世纪时译为帕拉维（安息）文，后被译为阿拉伯文，随后又译为拉丁文、西班牙文，1481年有了德文刊印本，后来又有意文、英文本。在欧洲，它以《皮尔佩（Pilpay）寓言集》为书名，皮尔佩是维迪亚帕蒂（Vidyāpati）一词的讹传，这个词的意思是智慧大师，是指在故事中起主要作用的多才多智的婆罗门。著名的《安徒生童话集》中有些故事也源出于印度。英国戏剧家莎士比亚、法国诗人拉封丹等都曾利用过印度的故事。由此可见印度文化对欧洲文化的影响之深。

第三节　印度中古文化的历史意义

印度中世纪文化是上古印度文化的继续与发展。它的历史意义首先在于它继承了上古印度文化的传统，在笈多帝国时期又取得了丰富的成果，并具有十分深远的影响。其次，随着突厥—阿富汗人对印度的侵入和统治，伊斯兰教社会与印度教社会在几个世纪中同时并存，相互影响，彼此渗透，因而在文化上有了新的进展。其三，在封建制时期，随着地方经济的发展，各地区文化也有相应的提高，方言文学的兴起与繁荣就是一个重要的表现。上古印度文化的重要成果被译为各种地方语言，这既有利于印度传统文化的普及，又沟通各地人民的思想，培育了更多的人才，提高了印度的文化水平。其四，这时期印度人民与世界各国人民有更多的交往和文化的交流，印度文化一方面吸收了不少外来的文化成分，补充了自己的缺陷，如印度的上古传统文化中对年代学、史学不重视，文史不分，到了中世纪，可能受到中国的影响才开始有了编年史。到了德里苏丹和莫卧儿帝国时期，史学才有了发展，填补了印度文化的空白。而印度已有基础的文化，得到外来文化的启示，采纳外来文化的一些成分，融合为一整体，从而丰富了印度的传统文化。另一方面，在这一时期内，古代印度文化的经典作品大量译成汉文、藏文、阿拉伯文、波斯文，后又转译为拉丁文和其他各国文字，因而对世界各国文化有着广泛的影响，结出不少新的成果。中世纪印度文化确是人类文化中的一个重要的组成部分，在印度文化史上也占有一定的地位。

本章主要参考书

［1］金克木：《梵语文学史》，人民文学出版社1980年版，有关部分。

［2］A. L. 巴沙姆编：《印度文明史》，1975年牛津版，有关部分。

［3］R. A. 贾伊拉兹波伊：《古代印度的外来影响》，1963年纽约版。

［4］P. C. 巴格奇：《印度与中国》，1981年萨拉斯瓦特版。

《古代印度河流域的文化》*(全文)

印度河是南亚次大陆最长的一条河流,全长约三千公里,由北向西南,主要流经今天的巴基斯坦伊斯兰共和国境内,最后注入阿拉伯海。印度河流域是人类文明的发祥地之一,几座闻名的古城遗迹都陈列在它的两岸。但是,这一重要的文化宝藏却一直沉睡在地下,无人知晓,直到 19 世纪 70 年代才开始发现。

1875 年,在今天巴基斯坦境内的哈拉巴地方,有人挖掘废弃的砖块时,发现了刻着动物图案的印章,但并未引起人们的注意。1922 年,印度考古学家拉·巴涅尔吉在哈拉巴西南约六七百公里的摩亨佐·达罗(在今天巴基斯坦的信德省拉尔卡纳县)发掘佛塔废墟时,意外地发现了刻着动物形象和图画文字的印章,于是学者们断定这一带有远古文化的遗迹,便开始系统发掘。结果,在这里发现了七个依次重叠着的考古层。原来这是一座古城的遗址,它像一本厚厚的历史书,记载着这一文化兴衰的过程。同年,学者们在印度河的上游哈拉巴地方又发现了一座与摩亨佐·达罗同时代的古城遗址。这两个地方都是古代印度河流域文化的重要中心。接着,在巴基斯坦的旁遮普与印度的旁遮普、哈里亚纳、北方邦、比哈尔和古吉拉特等地也陆续发现属于这一文化的遗址,共有二百多处,分布的范围北起喜马拉雅山麓,南至纳巴达河,西自伊

---

* 该书是涂厚善先生编撰的《外国历史小丛书》中的一种,商务印书馆 1981 年版。

朗的莫克兰海岸,东达恒河盆地,在人们面前展示了一个人们所不知道的古代世界。由于哈拉巴发现最早,古城遗址最大,因此,学者们也称这一文化为哈拉巴文化。它的年代大体上是公元前 2500—前 1700 年①。

一、古代印度河流域文化的产生和发展

南亚次大陆的西北部,气候温暖湿润。印度河从北方山地流来,水量充足,每年夏季,山上积雪融化,河水上涨,被水淹没的河谷,土壤肥沃,适于农作物的生长。但由于土质松软,河岸容易被洪水冲决,往往泛滥成灾。当时,印度河流域榛莽丛生,老虎、野象、熊和犀牛等野兽常在茂密的丛林里出没;河岸湖边,潜伏着鳄鱼、野水牛等;沼泽地区又多蚊蝇,传染疾病。当时人们就在这里清除树木,排干沼泽,捕杀野兽,并和洪水、疾病进行不断的斗争,创造了灿烂的古代印度河流域的文化。

古代印度河流域的主要居民一般认为是达罗毗荼人。另外,还有原始澳语人、蒙古人等。五千多年前,他们用磨光的石器,在河谷地区开始耕种田地,驯养牲畜,制造陶器,织布,摩擦竹木取火,过着定居的生活。后来他们学会了制造铜器,运用陶轮制作彩陶。他们已会建筑房屋,并用石头做屋基,以防止洪水的冲刷。同时,开始有了埋葬死者的习俗。

公元前三千纪②,印度河流域的生产力已经发展到相当高的水平。当时,人们已经会制造铜器和青铜器,对自然斗争的力量增强了。例如,他们用青铜斧和石斧一道砍伐森林,开辟场地,并取得了建筑材料和燃料。此外,还有镰、锯、小刀、钓鱼钩、剑头和矛头等。但这一时

---

① 古代印度河流域文化存在的年代,各家有不同的说法,这里采用一般认为比较恰当的说法。

② 千纪即为千年,公元前三千纪指公元前 3000—前 2001 年,但一般习惯上则作为公元前 3000—前 2000 年。

期的金属工具还不能完全代替石制工具。居民主要从事农业。在和洪水进行斗争中，人们已经学会了拦河筑坝和引水灌溉，开拓耕地和牧场。青铜的鹤嘴锄可能是常用的翻地工具，并用水牛和犎牛作耕畜。主要农作物有大麦、小麦、稻、胡麻、豌豆、甜瓜、椰枣和棉花等。畜牧业在经济中占有很重要的地位。已经驯养的牲畜有水牛、犎牛、黄牛、山羊、绵羊、猪、狗、猫、鸡、象、骆驼，等等。在手工业方面，冶金、制陶、纺织等的技术水平都有了提高。随着物质财富的增多，商业也发展起来。在哈拉巴遗址中还发现了许多来自印度次大陆其他地方和西亚的物品。这说明不仅在印度本土有经济往来，而且同西亚也有贸易联系。由于经济的发展，就促进了城市的形成；随着城市经济的繁荣，人口也增多了。学者们根据遗址所占的面积和居住人口的密度推算，估计当时城市居民一般有 35 000 人左右。社会经济的发达和人口的密集，有利于文化的交流和发展。

随着社会经济的发展，社会出现了贫富的分化和阶级对立的现象。我们从哈拉巴遗迹中可以看到，有少数设备完善的高楼大厦，也有大量矮小简陋的茅舍。在殉葬品中，有金玉珠宝的精巧制品，也有泥土和贝壳制的粗劣物品。贫富差别悬殊。另外，从已经发掘的印章来看，有描绘奴隶主拷打奴隶的图案。这一切都说明阶级矛盾已经存在。从当时的城堡塔楼之森严和高墙深院以及城市生活的管理来看，统治机构已经形成，国家也产生了。这时人们已经学会了计算，并发明了象形文字，制造各种精美的印章、雕像、金银珠宝和象牙刻制的妆饰品，以及各种玩具等。奴隶们的辛勤劳动创了古代印度河流域的灿烂文化。

古代印度河流域文化的产生，邻近地区的各族人民也有一份功劳。因为印度河流域人们制造的工艺品原料很多来自邻近地区及印度以外的地方。如制石珠用的深绿玉髓、玛瑙和碧玉是印度西北部的拉杰普塔纳和西部的卡提阿瓦半岛出产的，许多宝石是从阿富汗、伊朗、帕米尔、东土耳其斯坦以及我国的西藏输入的。制造金属饰物的黄金来自印度德干高原南部阿南塔普尔县，银可能来自阿富汗、伊朗等地，铜是由拉杰普塔纳、巴基斯坦西部的俾路支和印度东南沿海的马德拉斯运来，印度西北部的阿杰米尔则是铅的供应地。作为装饰和镶嵌用的介壳大多来自印度沿海和波斯湾。这些都是各地劳动人民辛勤劳动，并经过长途运输，才到达印度河流域。另一方面，随着原料输入的，还有外来文物及其制造技术。古代两河流域的圆筒形印章和化妆用具在印度河流域都能找到它们的仿制品。例如，在两河流域的印章上，刻画着传说中的英雄吉尔伽美士降服狮子和半人半兽的安吉杜勇斗天牛的故事，在印度河流域的印章上只是把狮子改成了老虎、天牛换成了独角兽。使用陶轮制作陶器及涂上沥青防止水池漏水等技术知识，可能是从两河流域学来的。念珠、项圈的形状，赤陶塑像的造型与家具上的雕饰和埃及的同类物品相似，发针也类似克里特的产品。这说明古代印度河流域在创造自己的文明过程中，吸取和融合了外来的文化，因而它的内容更加丰富多彩。

二、古代印度河流域文化的主要成就

城市建筑与下水道

印度河流域及其附近的地区发掘出来的古城遗址有几十处。这些城市都有一个共同的特点：街道整齐，房屋布局井井有条，水井、浴室、沟道、供水与排水体系严密，设备完善。哈拉巴和摩亨佐·达罗是最大的两座古城，各占约二三百公顷土地的面积，是古代印度河流域文化遗址的代表。

哈拉巴城市规模较大。它分为两个不同的区域：一个是在高丘上的城堡区，这里有高厚的城墙，每隔一段距离就有一座方形棱堡，矗立在用泥砖砌成的堤坝上。显然，这是统治阶级居住的地方。另一个是面积较大、地势较低的居民区，拥有许多住房和比较整齐的街道。哈拉巴的最大建筑物是一个谷仓。它位于城堡北面,靠近拉维河。这座谷仓构造坚固,附近有供打谷用的圆形平台,用红砖砌成。还有作坊和劳动者的宿舍,宿舍可容数百名雇工和奴隶,谷物大概是由水道运来,储存在谷仓内,就在附近加工。从谷仓和邻近的加工场地的选择以及劳动者的简易宿舍安排来看,当时的城市建设已经有了初步的规划。但由于市区遗址遭到破坏,对这一古城的考古研究又开展得不够,因此,其他情况就不得而知了。

摩亨佐·达罗的遗址保存较完好。这座古城同样分卫城和下城两部分。卫城即城堡区,四周有高厚的砖墙和供防御用的塔楼。城内有不少大的建筑物,为了防止洪水冲刷,下层有堤坝作为屋基,其高度超出洪水泛滥时的水平线。卫城中央的建筑物是一个宽大而富丽的公共浴室,长约55公尺,宽约33公尺,成长方形。浴池在它的中心,也是长方形,长12公尺,宽7公尺,深约二公尺半,两边都有砖梯,砖梯最后一层有一些不大的平台,是专供那些不愿和不敢下到深水去沐浴的人用的。浴池建造十分齐全,有供水、排水和储水的设备。在附近的一个房间里,有一口大井专门供水。浴池又与一条高约1.8公尺的砖砌拱形暗沟相通。有闸门可以随时开关,以便排水。为了防止浴池漏水,在它的底层和四周都用厚约二厘米的沥青夹在砖墙之间。大浴池北有两排八间小浴室,室内高台上放有水罐,大概是供热水用的。大浴池可能用作公众净身,以履行某种宗教仪式;小浴室则是给僧侣准备的。

大浴室的东北有一组建筑群,其中是一座长方形的建筑物,占地面积约一千平方公尺,外墙厚达一公尺半,中间有许多厅堂、仓库和一个金属作坊间,它可能是高级官员和僧侣统治阶级居住的宫殿。在浴池的西边,有规模宏大的谷仓和作坊等。谷仓面积为50×25平方公尺,内部有排列成行约高一公尺半的砖台,各行之间有过道隔开,可以通风,以便保持仓内干燥,防止谷物潮湿霉烂。这类专门用作谷仓的建筑,在古代世界其他地区至今还没有发现。

卫城南部是一座约 25 公尺见方的大厅，厅内有二十个石基，排成四行，每行五个，可能是柱基。柱行之间有一些矮凳。这可能是一个会议厅。大厅附近的房间内有一个石刻男人座像和许多加工过的大石环。有的学者认为，这些雕像和石环可能是崇拜的对象，这座建筑物也许就是举行宗教仪式的庙宇。

在下城居民区，可以看到房屋和街道的遗迹。这些街道不是南北走向就是东西走向；有的是平行的，有的成直角相交，排列很整齐。为了便于交通，在十字路转弯处，房屋的墙角都砌成了圆形。街道又宽又直，主要街道宽达 10 公尺，有的小巷则只有 2.3 公尺，街道长的有 0.8 公里。大道上可以并排行走九辆大车。看来，当时来往车辆和行人是很多的。在街道上，每隔一定距离有点灯用的路灯杆，便于行人晚上行走。

房屋大小和设备很不一致。有的是低矮的平房，有的却是二三层的楼房；有的只有一两间小房，有的却多到十几间；有的十分简陋，没有排水设备，只用一种破罐埋在地下，让脏水由下面漏出。这说明当时的阶级分化已经十分明显。在一些富人的住宅里，楼房建筑非常讲究，楼下是储藏室、浴室和供水设备；楼上有起居间，也有浴室、陶制水管和暗沟等良好的排水设备。这些大的住宅还有开阔的庭院，厨房设在庭院的一角。房屋的门窗都面向庭院，窗户在墙的上方，数量不多而且很小。临街的墙壁没有门窗，大门在狭窄的小巷里，门内有门房，由看门人住守，显然是为了防范盗贼的缘故。

这些建筑物大多是用火砖、灰泥和石膏等材料建成。可能还有木材，但没有保存下来。火砖通常是红色，长方形，和现在的砖大体相似。砖有大有小，大砖长 52 厘米，宽 21 厘米，厚 5 厘米，小砖比大砖约小一半。这些砖制作得很坚固，而且各有各的用处。大砖用来盖沟，小砖则用于铺砌浴室，粗砖填塞屋基。墙壁多用一般大的小砖砌成，再用泥浆粉刷。地板也是用砖铺的，在浴室或其他容易磨损的地方，用砖较多，表面也很光滑。墙上有方形或矩形涵洞，是放木梁的地方。屋顶是平的，用木架和芦席搭成，上面加上捶紧的泥土并放上一层砖。简陋的房屋没有铺砖，只用泥土和牛粪。屋顶周围还有低的围墙，据说是为了热天乘凉而设置的。

城市有完整的供水排水系统。大多数房屋都有自己的水井，在两栋房屋中间还有一口公共水井。井口呈圆形或椭圆形，直径约 0.6 公尺到 2 公尺，大小不等。井上有绞盘，供吊水时使用，井的边缘还可以看到吊拉水桶的绳索磨成的凹槽。有的井口高出地面，上面还有顶盖，以防止井水污染和行人失足落井。大街小巷下面都有阴沟，上面盖上砖或石块，每隔一定距离就有一个水坑和下到水坑的阶梯，人们可以下去检修沟道，清除沟中积存的渣滓，以免淤塞。每个住房都有水坑，通过阴沟同街道下的排水沟相连。浴室靠近街道，室内的地面略向沟道倾斜，脏水可以顺着地面流入沟内。楼上的浴室也有垂直的管子通向地下沟道。各家的污水流进阴沟，最后流进大河。这样精心规划的城市建设在古代世界是很少见的。特别应该指出的是，这里城市的建设不仅注意洁净，防止污染，而且讲究实用，舒适方便。这里到处有水井，用水十分方便。浴池设备十分齐全，而且坚固耐用。大浴池经历了几千年的磨损，到发掘时还能看出它的眉目。这些都是古代印度河流域劳动人民勤劳和智慧的结晶。

度量衡制度与科技知识

古代印度河流域文化的另一个重要成就是统一的度量衡制度。当时，计量长度有两种：一种是用介壳尺，另一种是青铜杆尺。前一种残片是在摩亨佐·达罗发现的，长 16.8 厘米，上面刻有九个明显的标度，每个标度平均长 0.67 厘米，在第五个标度处有一个特别的记号，五个标度的总长约等于 3.3 厘米。看来，当时已采用十进位制，一尺即为 33 厘米。青铜杆尺的残片是在哈拉巴发现的，有 3.8 厘米长，上面刻有四个完整、准确的标记，每一单位长为0.9厘米。这是属于古代世界广泛流行的一腕尺的量度。介壳尺与腕尺两种量度同时并行。

重量是用砝码来衡量。在印度河流域文化的各个遗址中，已经发现了各式各样的砝码。这些砝码是用浅燧石、硬黑石、石灰石等不易磨损的石料制成，质地坚硬，在使用中不致因磨损而有所减轻。砝码通常是立方体，也有圆锥体、桶状和圆柱状，表面都比较光滑。砝码的单位重量为0.875克，最重的砝码有10.97公斤，最轻的还不到一分克。发现最多的砝码重是13.64克，大致相当于单位砝码重量的十六倍。这些砝码的重量成一定的比例，即1、2、4、8、16、32、64等。小的砝码用二进位制，大的用十进位制。制造和买卖珍宝珠玉的匠人和商人用的是小砝码，非贵重物品则用大砝码。木秤杆没有保存下来，青铜秤杆只有一些残片。秤盘有铜制的，也有陶制的。

度量衡制度是生产发展和在产品交换的情况下产生的。它反映了古代印度河流域文化的发展水平，它的出现不仅促进了生产与交换的进一步发展，同时也有利于科学技术的提高。

古代印度河流域的科学技术知识是多方面的。其中比较突出的是建筑技术。例如，他们在建造城市和地下水道工程时，能用精确的几何测量和数学计算，显示了较高的技术才能。他们用砖砌成的逐层内伸的拱形排水沟就是拱门结构的先驱。在砖井、列柱、水闸、楼房、庭院等结构和工艺方面，也有较高的水平。当时，人们为了保持墙面的平整，已知使用铅垂。在修造排水管道时，已知用一根陶管套上另一根陶管，逐渐增加它的长度。这些技术都是印度河流域的劳动人民在生产实践中创造的丰硕成果。

随着金属器的发明和使用，他们对金属的物理性质有了一定的了解，知道对金、银、铜、锡、铅等多种金属进行锻冶、铸造和焊接，也知道按一定比例制造铜锡合金或铜砷合金，即青铜。他们还学会用蜡做模型，涂上泥土，加热使蜡熔化，泥土便成为烧硬了的铸模，然后倒入熔化了的金属液，冷却后就凝结成为所需要的金属器，并在器物表面加工修饰，使之美观。这就是所谓熔蜡铸造法。

古代印度河流域的制陶工艺水平也是很高的。陶工善于掌握火候，烧出的陶器色彩鲜艳，有深红色，也有浅黄色，上面的图案是黑色或带绿色。有些上了彩釉的陶器，上面还涂着宝石黄，画有深绛色图案。另外，还有非常精美的蛋壳陶和穿孔陶器。这类陶器，底部有大孔，器壁还有许多小孔，可能是作过滤用的。有些陶制容器大小规格不一，小的不到一二厘米，制作得很精致，形态小巧玲珑，十分可爱！

古代印度河流域的人民经常和洪水疾病作斗争，因此，在防洪和医药方面积累了不少知识。例如，他们加高屋基、建造堤坝，以便防止洪水侵害村庄和农作物。在医疗方面，当时人们已知道使用药物治疗疾病，如内服乌贼骨可以开胃，外敷又可以治耳、眼、喉和皮肤等疾病。鹿角、羚羊角，以及犀牛角等也都用来作药物。在动植物方面，他们学会了栽培棉花和驯养大象。印度河流域是古代世界最早的植棉地区。他们还懂得从茜草中取得紫色染料。在哈拉巴和摩亨佐·达罗地区，发现了不少紫色棉布的碎片和盛染料的大桶。

文字铭刻与印章雕画

人类进入文明时代的一个重要标志就是文字的发明。古代印度河流域已经有了文字。这些文字大多刻在石头或陶土制成的印章上，因此称为印章文字。但也有刻在陶器和金属制品上的。书写的材料可能有棕榈叶、桦树皮、羊皮、棉布、木片等，不过这些材料都容易腐烂，没有保存下来。有趣的是在出土文物中，曾经发现一个黏土制的墨水瓶，这可能与书写有关。发现有铭文的文物，大约有二千件。大多数学者认为，这种文字所代表的语言是原始达罗毗荼语，还处在象形文字的阶段，但已有了一些发展变化。文字符号有五百多个，一般是用直线条组成，字体清晰。每个文字一般是由两个或两个以上的符号组成，有的加上笔画可能表示重音。也有的学者认为，这是古印欧语的文字，是向字母文字过渡的表音文字，基本符号只有二十二个。不过，这种文字至今尚未解读出来。已经发现的铭文都很短，不超过二十个符号，而且大多数只有一行。

由于文字译读没有解决，刻有文字的印章究竟是什么意思，至今还不十分清楚。有的印章上刻有文字和雕画，雕画与所刻的文字又是什么关系？也不十分清楚。根据学者们的推测，这些铭文可能就是印章主人的姓名、头衔，印章所雕画的图案可能是他们崇拜的事物。在财物上，如箱口、瓶口等都盖上印章，并且加以封闭，表明这是某人所有。在古代两河流域南部的温马城，曾发现一捆印度棉织物，包上盖有印记，这可能是制造者的标记。当然，这些解释都不能作为定论。不过，这些印章本身就是一种雕刻艺术，反映了当时人们丰富的社会生活与思想内容。

印度河流域各地发掘的印章共有二千多枚。这些印章大多是用皂石、黏土、象牙和铜制成的。制作的方法，先用锯将皂石等锯成所需要的形状和大小（铜的制作情况不详），再用刀凿进行修整，然后加上石英粉或钢砂一类的磨料，用小凿或小锥以及三角形雕刀刻画文字与图画，然后再涂上一层碱，加热变硬，这样就制成了表面色白有光泽的印章。印章的大小不等，有 12.7 厘米，也有 6.35 厘米，通常使用的是 2.3 厘米的。印章一般是方形，也有圆形、椭圆形、矩形等。印章背后有印纽，中有孔洞，便于使用；有的用绳穿过孔洞系在身上，以防丢失。当然，也有没有印纽的印章。

印章上刻有许多形象生动的浮雕。其题材主要是描绘当时印度常见的动物，如犎牛、短角公牛、象、犀牛、虎、水牛、鳄鱼、羚羊等。有的还刻画着一些神怪动物，如独角兽、多头兽、四不像的复合动物（人面、象牙、象身、牛角、羊腿、虎尾等合为一体）等，是想象力很丰富的作品。刻画最好的是牛，艺术家们用不同的线条巧妙地表现出牛的筋肉、骨骼等，形象十分逼真生动。如水牛微抬着头，仿佛在吼叫声中炫耀它那一对强大的牛角；野牛在弯成弓形的肩背与较小的臀部巧妙的配合对比下显得十分勇猛；有驼峰的公牛刻画得也很逼真、形态魁伟、浑厚有力。这在古代雕刻中是独具一格的艺术杰作，充分反映了艺术家们观察动物的敏锐眼力和表现艺术的才能。

有些印章刻画着古代印度河流域人民狩猎、航行和娱乐的情景。例如，在一个印章上，刻画着猎人用弓箭射杀野山羊和大羚羊的图案，猎人弯弓射箭的神态和山羊奔跑的情景，表现得十分逼真。又如在一个图章上，刻画着一条大船，上有舵手，有中舱但没有桅杆，船首和船尾都向上翘起，表现出当时已具有高超的造船技能。有些印章上面刻有小手鼓、竖琴、七弦琴等乐器图形，反映出当时音乐艺术已很发展。有的印章内容较复杂，情节动人，引人入胜。例如，在一个印章上刻画一头野水牛进攻六个人，将他们逐个冲倒在地。在古代印度，野水牛被认为是最凶猛的动物，触人往往致人死命，因此人们对它非常畏惧，把它看成是死神的坐骑。还有一个印章刻着一只老虎，张着血盆大口，伸出舌头，回头凝视着一个坐在树上的人，老虎的前脚好像在向前跨出，准备离开，但又不愿轻易舍弃这个等了很久而无法到手的猎物。这两幅刻画的情节虽然比较简单，但却能把胜利后的水牛那种趾高气扬的神态和寻食失望的老虎那种懊丧的神情充分表现出来。当然，这些雕画也反映了古代印度河流域的人们深受野兽威胁并同野兽进行斗争的情景。有的印章上面还刻有五六个男人在一头水牛上翻筋斗的图画，似乎是在表演杂技，很富于生活气息，反映出人们驯服野兽后的欢乐情绪。

有些印章的雕画含有宗教神话的意义。例如，在一个印章上，刻画着一位头上戴有牛角王冠的三面神，他双足相抵，盘膝坐在一张矮几上，胸前佩着一种三角形的胸饰，手上戴着手镯，左手有八个小手镯和三个大手镯，右手好像也戴着同等数目的手镯。身上似乎只束着一幅宽腰带。他的右上方是象和虎，左上方与象虎对称的是犀牛和水牛，座前下方有两支有角的动物，样子像羊。这尊神像肃穆庄严，据说这就是"百兽之王"，即后来印度教中湿婆神的前身，因为从图上可以明显地看出作为湿婆神象征的一头三面和阳物（男性生殖器）。同百兽之王有类似意义的印章雕画还有两幅：一幅是头上盘绕着眼镜蛇的神像，神前跪着一人，表明对蛇神的崇拜。另一幅是在菩提树下的长发女神，头边饰有长角，这是神的标志。神前有一人向女神微屈左腿表示朝拜，两手似乎做祈祷状。他的身后跟着一头人面山羊的复合动物。另外，在神的下方还刻着七个蓄长辫的侍女伫立着。这是否意味着用人面山羊做牺牲向树神祭祀，还是打算用站成一排的七个侍女献祭？就不得而知了。

雕像艺术与珠宝装饰

古代印度河流域还发现一些造型美观的雕像，有陶制品，也有石制和青铜制品，数量虽然不多，但可以看出古代印度河流域的文化艺术水平是很高的。

陶像中发现最多的是动物塑像，其中最出色的是上了彩釉的小松鼠。这个陶像不到五厘米高，松鼠的尾巴翘着竖在后面，背上有紫黑色的条纹，前爪捧着食物在咀嚼，样子十分逗人喜爱！还有一个小猴的陶像。艺术家对小猴的面部表情刻画得很成功，从它的脸神可以看出猴子的烦躁心情，真是活灵活现。最有趣的是一个刻有三猴环抱的小珠，形体很小，一猴前肢抱住另一猴的腰，三猴抱成一团，刻画得颇为精细动人。另外，塑造的短角公牛陶像也非常生动。人物陶像以妇女为题材的较多，这些雕像大多是裸体，只有一条狭带围住腰部，颈、耳和头上都戴着许多珠宝妆饰，造型优美，形象逼真。学者们认为，这些妇女陶像是大地女神的塑像。据说，古代印度河流域的人民有这样一种信念：崇拜大地女神可以防止邪魔的侵袭，保证更好的收成，因此这类陶像比较多。男人陶像是一些头上戴着满布刺痕的圆形便帽，颈戴项圈，前部突出，两手紧抱双膝蹲着，显出卑贱的样子。学者们认为，这些雕像是奴隶陶俑。

　　石像有的以动物为题材，例如，用冻石①雕刻的猛犬，高大凶猛，形象相当逼真。人物雕像中最著名的是一个用石灰石雕刻的男人半身像。他两眼较长，半闭半睁，好像在思考问题，鼻和口配置得很适当，短络腮胡，头发在头中间分开，系着一条素色的束发带，身穿三叶草花纹图案的披肩，右手和右臂袒露在外并戴着一个臂钏，颈部周围有孔眼，表明他似乎戴着项圈。由于三叶草花纹图案在古代印度被认为是神圣的象征，所以有的学者认为这是一个祭司的雕像。这尊石像在风格上比较呆板，但它给我们提供了关于古代印度河流域男人的头型、脸型、发饰和衣着等方面有价值的资料。造型优美的人物雕像有两个：一个是用红色砂岩刻制的男人像，是采取正面的姿态，腹部稍有突出，人体肌肉的线条表现得很成功。另一个是用灰色石灰石刻制的舞者雕像，他右腿伫立，左腿前举，腰身与双臂向左微倾，仿佛在翩翩起舞，体态十分匀称和谐。这种动人的雕像在古代雕刻艺术作品中是少见的。可惜两个雕像都没有留下头部，四肢也残缺不全。

　　青铜雕像最出色的是裸体舞女像。这座雕像身材苗条，右手叉腰，撑在臀部上，左手持一容器，微倚在左腿一侧，神态安详自若。她两腿略向前倾，双脚似乎合着音乐节奏击拍，头发盘绕成髻，从头的左后方向右边卷曲，直至右肩。她的左手戴着二十多副手镯，右手戴着两副手镯，颈上佩戴项圈，下有三个椭圆形垂饰吊在胸前，姿势优美，风格独特。但美中不足的是，这座雕像的手和腿太长，与身体比例很不协调。

　　古代印度河流域的艺术家已知道使用镶嵌手法，以增加塑像的真实感。例如，石灰石公牛塑像的头部嵌上其他材料制成的耳和角，陶制人像用小泥珠嵌入，表示瞳孔眼珠。舞者雕像的奶头是用灰泥弹嵌上的，甚至连祭司雕像的披肩上的三叶草花纹图案也是另外嵌上的，这样可以

---

① 冻石是滑石的一种，石质较软，在印度各地都有生产。

给人以立体感,增强艺术的感染力。

各种人物雕像和印章上的雕画人物,不论男女都佩戴着许多饰物。这表明当时的人们非常喜爱珠宝妆饰。这些珠宝饰品在印度河流域古城遗址里被发现的确实不少,有的地方甚至是成堆的被发现。例如,在哈拉巴的一个茅舍下面二公尺多深的洞穴里,就发现了大量的黄金和宝石珠饰,从臂钏、念珠到完整的项圈将近五百余件。在摩亨佐·达罗也发现四处堆积的珠宝。例如在一个大户住宅的铺道下就挖出了银瓶和青铜容器等,这些器皿内藏有项链、耳环、佩带、手镯、指环等很多贵重饰品,有的还有棉布包裹的痕迹。

印度河流域是古代世界珠宝妆饰品的一个重要产地。在摩亨佐·达罗东南一百六十公里的强胡·达罗的地方发现有专门制作珠宝的店铺。制造珠宝饰品的原料是贵重金属、宝石和次宝石等,如金、银、琥珀金①、青铜、象牙、紫晶、水晶、蓝宝石、碧玉、玛瑙、硬玉、深绿玉髓、青金石、绿松石和蛇纹石等。关于宝石饰物制作的过程,有人推测,珠宝匠先将产地运来的石料进行选择。在选择时,不仅注意品种,还考虑石头的色泽和纹理。其次在选好的石材上加石英粉或钢砂一类的磨料,按需要制成各种形状坯样。接着再进一步磨光,修整加工以及绘制各种不同的颜色图案。制造工序比较复杂,工艺水平也较高。例如,将五块不同的玉髓和深红玉髓,依其纹理、色泽拼合而成的石珠,竟像一个完整无瑕的天然石珠一样。制成的珠宝在形状、大小、色彩等方面各不相同。以形状为例,就有球形、圆柱形、盘形、桶形、扇形等。项链就是将这些不同形状的珠子每隔一定数目加上一个金盘或小珠,两头用三角形或半圆形的饰物串连起来的,色彩鲜明,颇为美观。其他金银饰物的品种也很多,有头饰、佩带、耳环、臂钏、手镯、指环、脚镯、腰带、胸饰、纽扣等(其中腰带、鼻饰、耳环、脚镯只有妇女佩戴)。

---

① 为金银合金,呈浅黄色。

除了贵重的饰物外，还有用黏土、介壳、陶片、骨头等制作的饰物，比较粗糙低劣。

另外，在哈拉巴还发现了一个梳妆盒，盒内盛有穿孔器、耳杓子和镊子一套梳妆用具。在这里还发现了专供妇女使用的梳妆台、椭圆形的青铜镜、大小不等的象牙梳子和各种类型的剃刀。盛放化妆品的化妆瓶有用象牙或金属制成的，也有陶制和石制的。上彩釉的化妆盒内分格盛放各种香料和化妆品。也有的用海扇介壳盛放化妆品。用于化妆的材料有红赭色胭脂、白色扑粉、绿色土块、眼膏等。用来涂抹化妆品的工具可能是用铜或青铜制的金属杆，它的两端都磨制得很光滑。可见当时印度河流域的人们已经知道涂口红、扑粉、擦眼膏、洗发、修面、梳辫等美容方法。石灰石的雕刻男半身像面部的修饰和青铜舞女像的优美发式，都可以作为这一方面的例证。

娱乐玩具与生活用品

古代印度河流域的人们在游艺玩乐方面有着自己的特色。最流行的游戏是掷骰子。在哈拉巴和摩亨佐·达罗的遗址中，发现了大量的骰子，有陶、石和象牙做的三种骰子。形状有立方体，也有平板体，比今天的骰子稍大些。立方体骰子面上点数的配置有两种方式：一是相反的两面上的点数加起来等于七，即一面是一，其相反的一面是六，或是二与五，或是三与四，和现在欧洲人使用的骰子相似。另一种是一与二、三与四、五与六相对应。平板骰子是三边有点，即一、二、三三边，余下的一边无点，有几条纵线妆饰。这三种骰子的玩法是否相同，就不得而知了。还有所谓"九柱戏"，玩法，大概是用球和弹子滚动，碰倒竖立的象牙柱子就为胜。最简单的游戏是投掷方形象牙杖，根据它落地时的不同状况定输赢。另外还有圆形的象牙杖和扁平的象牙鱼玩具，如何玩法目前尚不清楚。这些游戏用的象牙制品和刻制精细的介壳球都是同珠宝一道发现的，保存相当完好，可见当时人们非常珍视这些玩具。

音乐舞蹈也是当时的一种娱乐。古代印度河流域的人民能歌善舞，舞女颈上挂着手鼓用手击拍，随着节奏敲打响板翩翩起舞。在舞蹈时可能还有竖琴、七弦琴等乐器伴奏。此外，人们还喜爱看斗牛和斗鸡。狩猎、钓鱼在少数人中是作为游乐的。养虫、养鸟也是一些富人的嗜好。

在哈拉巴的遗址中，还有不少儿童玩具。其中最多的是陶制的玩偶、石弹等简易的玩具。也有一些如拨浪鼓、陶制鸟形哨等小玩具。比较有意义的是一些制作精巧、能够活动的玩具。这方面发现较多的是小泥车，也有一些铜车，它可能是当时儿童最喜爱的玩具。一辆两轮的泥车由一头公羊拖拉，羊颈上有孔，大概是穿绳拖车用的。还有能够点头的公牛玩具，是用硬皮筋拉扯牛头活动。比较复杂的玩具是用绳索操纵猴状动物沿绳上下爬动，爬行的快慢可以由牵引的绳索掌握。这些玩具色彩鲜明，造型美观，坚固耐用。有些玩具是在当时浴室的遗址里发现的。可见，当时有些儿童甚至在洗浴时也不肯放下他们心爱的玩具，因而就遗留在那里了。发现玩具最多的是一个叫作强胡·达罗的地方，有人认为这是当时制造玩具的一个中心。

古代印度河流域人们的生活用品也是相当齐全的。先从饮食用具说起。碾谷用的石磨，是用一根石杵在另一块扁平的石块上来回滚动，将谷物磨碎。食品加工有陶制的擦肉具、制饼模子。烹饪有烘面包的炉子、做菜的锅。盛放食物和饮料有瓮、罐、碗、碟、盘、杯等各种容器。尖底杯比较粗糙，是最普通的饮具。古代印度河流域的人们非常讲究洁净，用这种杯子喝一次水就扔掉不要了。纺织缝制方面有纺锤，大部是陶制的，也有介壳做的；有铜针、青铜针、骨锥、象牙锥等。家具有床、桌、柳条凳、苇席等。但是这些家具都没有保存下来，我们只是从印章图画上和陶制玩具模型中看到的。照明有陶灯、介壳灯和铜灯。还发现有陶制烛台，表明当时可能已经用棉芯蜡烛或脂烛照明。取暖用的有暖手炉和火盆。炉子成圆柱体，约 3.8 至 50.8 厘米高，长短大小不一。在一个手炉内，还有燃剩了的灰烬。交通工具有船、骆驼，以及马和牛车等。从发现的儿童玩具车辆来看，可以想象当时的车辆式样：有两轮的，这是一般的大车，有轻便遮盖物的货车；也有四轮的货车，上面有遮雨板。车身的宽度约 0.06 公尺，和今天的车辆大体相似。

三、古代印度河流域文化的衰落

古代印度河流域文化在各地的发展是不平衡的，兴衰也不尽相同。大约到了公元前十八世纪，这一文化的中心地区如哈拉巴、摩亨佐·达罗等地就开始衰落了，城市建筑已经没有什么规划，有些大的建筑物已经颓废破落，地板上堆满了大量碎石；庭院被分隔成若干小的房间；巷道被一些简陋的小屋所拥塞，几乎不能通行；排水设备遭到了破坏，城市的洁净问题已被忽视了；贸易也不像以前那样活跃了；等等。

但是，当哈拉巴、摩亨佐·达罗等中心区的文化衰落后，有些边远地方还在继续发展，例如在罗塔尔（位于古吉拉特邦）的地方，直到公元前一千年左右，这里还保持着印度河文明。罗塔尔是当时的一个商业中心，也是贸易港口。全城大致呈长方形，东西长约 210 公尺，南北长约 360 公尺，周围有砖砌的防洪大堤。城内主要街道宽达 6 公尺，小巷也有 2 公尺。排水设备很完善。街道两侧房屋建筑整齐，有珠宝匠、金匠和铜匠等作坊。城东南有类似摩亨佐·达罗的大谷仓，在高约 4 公尺的砖台上有一系列的小平台，中间有通气的孔道。谷仓总面积约 48.5×42.5 平方公尺，规模很大。在它的后面有一排十二间的浴室，和摩亨佐·达罗的浴室相似。这里最重要的发现是东边的大船坞。它的面积约 219×37 平方公尺，是砖砌的。保存下来的砖堤有四五公尺高。这个船坞有一条长二公里半的人造运河，与流入坎贝湾的河流相通，并有能够开关的闸门，可以随时把船只引进水坞修理。但是，罗塔尔的古城文化到公元前 1000 年左右就衰落了。

印度河流域文化衰落的原因，由于缺乏文献资料，仅有的一些印章文字与铭文尚没有译读出来，这里只能根据遗迹、遗物进行推断。一般学者认为，这主要是由于内部阶级关系的紧张所造成的。从发掘出的文物来看，当时阶级分化已经十分明显，贫富悬殊很大。奴隶主阶级为了满足生活上的需要，对劳动人民进行着沉重的剥削，这从规模宏大的谷仓上可以明显地反映出来。因为，当时生产工具十分简陋，生产水平低下，要填满这么大的谷仓，必然要对平民和奴隶加重剥削。统治阶级住的卫城区，城墙高大森严，并建立防御的楼塔，说明内部阶级关系十分紧张。另一方面，由于当时人们还不能认识自然界生态平衡的规律，大量砍伐森林，造成水土流失，印度河淤塞，河床升高，河流改道，经常泛滥成灾，对生产和人民的生活造成了很大的破坏。森林的减少也影响了气候的变化，雨量减少，结果是沙漠扩大和土壤日益盐碱化，严重地影响了农业生产。频繁的自然灾害加重了劳动人民的苦难，在统治阶级残酷剥削和压迫下，阶级矛盾更加剧烈，这就为外族的入侵造成了可乘之机。大约在公元前 1750 年左右，印度河流域的很多城市都遭到程度不同的破坏，摩亨佐·达罗被彻底摧毁了，房屋被焚烧，居民受到屠杀，连儿童也不能幸免。例如在下城南部的一个房屋里发现有十三个成年男女和儿童的骨骼，他们杂乱地躺在那里，其中有的人还戴着手镯、戒指和串珠等。屋里屋外、街头井边都有尸体，有的尸骨上还留有斧砍刀伤的痕迹，有的四肢似乎在痛苦痉挛，做挣扎状，显然这是被侵略者杀死的。劫后余生的居民四散逃跑，从此摩亨佐·达罗就荒凉了。在哈拉巴的卫城也有同样被破坏的迹象。除此之外，在摩亨佐·达罗以南的几个城镇还发现有新的类型的陶器和新的埋葬仪式。在强胡·达罗，随后在罗塔尔，也发现了与原来不同的文物和粗糙的陶器。这一切都说明了入侵者占据了印度河流域的文化中心区。从此，印度河流域的文化就湮没无闻了。

最近，关于印度河流域的文化衰落的原因又有一种新的解释，认为在古代摩亨佐·达罗不远的地方是一个地震中心，大约在公元前 1700

年发生过一次地震，并引起了水灾，由此导致了摩亨佐·达罗城市的毁灭，致使整个印度河流域的文化衰落了。究竟哪一种推论正确？古代印度河流域文化衰落的原因到底是什么，这有待于今后进一步从考古发掘中考察和对印章文字的译读研究中作出正确结论。但是，不论是什么原因，古代印度河流域的文化衰落已成为历史事实。

大约从公元前二千纪后期开始，属于印欧语系的雅利安人的部落陆续侵入南亚次大陆，在印度河流域文化的废墟上开创了雅利安人的文化，从此开始了印度史上的吠陀时代①。然而印度河流域的文明长期以来却被厚厚的沙丘掩埋起来，一直无人知道，直到本世纪②二十年代，通过考古发掘，才与世见面，向人们展示了光辉灿烂的古老文化。

四、古代印度河流域文化的历史意义

古代印度河流域的文化是南亚次大陆产生的最早的文化，在人类文明的各个方面都有其独特的贡献。首先，古代印度河流域是世界上最早的植棉地区，并且很早就发明了纺织技术，对南亚次大陆、西亚和两河流域的经济发展起了一定的影响。大约过了三千年后，这种棉花种植和纺织技术才传到西方。其次，印度河流域的建筑技术在古代世界是首屈一指的。例如摩亨佐·达罗城市建设规模宏伟，布局很有条理，街道整齐，地下排水设备也相当完善，不仅是印度河流域文明的典型城市，在古代世界也是少有的。第三，在印章文字、雕刻艺术和珠宝妆饰等方面也显示了古代印度河流域人民的创造才能。他们的文化成就在世界史上有着重要的意义。

古代印度河流域的文化也是以后印度文化发展的前驱。现代学者曾

---

① 吠陀时代是由阐述这一时代的历史文献资料《吠陀》而得名。时间大约在公元前十六世纪至公元前七世纪。《吠陀》是印度婆雅利安人的圣书。

② 指成文的 20 世纪。——编者

经从文学、宗教、医学等方面寻求这一文化同以后印度文化的关系，但至今成效甚微。不过从一些考古资料中仍然可以看出古代印度河流域的文化对后来印度文化的影响。例如古代印度钱币的造型和钱币上的各种印记就是接受了印度河流域文化的影响，钱币的符号和印章文字相似，重量标准也基本符合摩亨佐·达罗的度量制。另外，从印度河流域的文化反映出来的对动物、树木、河水和阳物的崇拜，以及对三面神和大地女神的信仰，也影响到后来的印度宗教。例如三面神，即"百兽之王"，传说中的婆罗门教和印度教的主神之一湿婆，其前身就是百兽之王。在医药方面，印度历史上著名的医书《寿命吠陀》记载了古代印度河流域文化时期使用过的药物，如乌贼骨、鹿角等。罗塔尔的墓葬中发现的成对尸骨可能是后来印度寡妇殉葬习俗的开端。

古代印度河流域同西亚、两河流域等地区有着广泛的经济文化交流。例如在苏美尔和伊朗西部的埃兰地区就发现了印度河流域的文字印章和陶片。在哈拉巴也发现了许多来自两河流域和叙利亚的物品。在生活习俗方面，两河流域也接受了印度河流域文化的影响。例如，古代苏美尔妇女在梳头时喜欢将头发梳成辫子，盘绕留在后面，样子非常美观。据说，这种梳头式样就是从印度河流域妇女那儿学来的。另外，据一些史料记载，印度河流域的文化，通过苏美尔和埃兰传到埃及和克里特岛。可见，印度河流域的文化在世界古代史上有着重要的历史地位，是值得我们重视的人类文明宝贵的遗产。